Contrato matrimonial y terapia de pareja

Contrato matrimonial y terapia de pareja

Clifford J. Sager

Amorrortu editores
Buenos Aires - Madrid

Biblioteca de psicología y psicoanálisis
Directores: Jorge Colapinto y David Maldavsky
Marriage Contracts and Couple Therapy. Hidden Forces in Intimate Relationships, Clifford J. Sager

Traducción: Zoraida J. Valcárcel

Primera edición en castellano, 1980; primera reimpresión, 1997; segunda reimpresión, 2003. Segunda edición, 2009

www.amorrortueditores.com

Queda hecho el depósito que previene la ley n° 11.723

Industria argentina. Made in Argentina

ISBN 978-950-518-142-1

Sager, Clifford
Contrato matrimonial y terapia de pareja. - 2ª ed. - Buenos Aires : Amorrortu, 2009.
352 p. ; 23x14 cm. (Biblioteca de psicología y psicoanálisis / dirigida por Jorge Colapinto y David Maldavsky)

Traducción de: Zoraida J. Valcárcel

ISBN 978-950-518-142-1

1. Psicología. 2. Psicoanálisis. I. Valcárcel, Zoraida J., trad. II. Título.
CDD 150.195

Impreso en los Talleres Gráficos Color Efe, Paso 192, Avellaneda, provincia de Buenos Aires, en noviembre de 2009.

Tirada de esta edición: 1.500 ejemplares.

Dedico esta obra a Marge.

Índice general

11 Introducción

17 1. El concepto de contrato matrimonial y sus aplicaciones en terapia

25 2. El contrato individual

39 3. El contrato de interacción

63 4. Empleo de los contratos en terapia

73 5. Los Smith: un matrimonio en transición

125 6. Perfiles de conducta

151 7. Combinaciones de cónyuges

183 8. Congruencia, complementariedad y conflicto

201 9. Principios y técnicas de la terapia

229 10. El sexo en el matrimonio

251 11. Parejas en transición, en consolidación y en disolución

321 12. Aplicaciones generales y educación para el matrimonio

327 Apéndice 1. Lista recordatoria para el contrato matrimonial de cada cónyuge

333 Apéndice 2. Determinantes intrapsíquicos y biológicos

337 Referencias bibliográficas

Introducción

Bajo las presiones a que lo somete nuestro cambiante mundo, el matrimonio está siendo dolorosamente cuestionado en cuanto principal institución de la sociedad para la procreación y la crianza de los hijos, y para la satisfacción de las necesidades emocionales y de seguridad de los adultos. Según nuestros actuales índices de matrimonios y divorcios, el 50% de los matrimonios celebrados en Estados Unidos acaban en juicios de divorcio, amén de la incalculable cantidad de personas que sufren a causa de uniones insatisfactorias o destructivas. Es evidente, pues, que necesitamos hallar el modo de comprender cómo y por qué los matrimonios no cumplen con sus fines, y de prevenir o aliviar esta desgracia.

Los objetivos de este libro son tres: 1) ofrecer una serie de hipótesis que nos ayudarán a comprender por qué la gente actúa así dentro del matrimonio, ya sea este legal o de hecho; 2) presentar un método de terapia basado en dichas hipótesis; 3) aclarar la idea equivocada de que la terapia marital sólo es válida para el tratamiento de problemas conyugales y no resulta apropiada para los padecimientos individuales. *El concepto central es que cada cónyuge* aporta al matrimonio un contrato individual no escrito, un conjunto de expectativas y promesas conscientes e inconscientes.* Aunque estos contratos individuales pueden modificarse durante el matrimonio, no se unificarán a menos que ambos esposos sean lo bastante afortunados como para poder establecer un contrato conjunto, único, «sentido» y aceptado en todos los niveles de su conciencia, o que procuren arribar a un contrato único con ayuda de profesionales.

El poder de la interacción marital es un elemento eficaz en el tratamiento de los problemas emocionales y conductales de los individuos, aun cuando sus síntomas no se presenten origi-

* El autor utiliza indistintamente los términos «*spouse*» («esposo», «cónyuge»), «*partner*» («compañero») y «*mate*» («pareja») para referirse a los integrantes del matrimonio legal o de hecho. En bien de la claridad, preferimos reservar la palabra «pareja» para emplearla como sinónimo de «matrimonio», aludiendo siempre a los dos tipos de unión. (*N. de la T.*)

nariamente dentro de la relación matrimonial, de modo que no hay por qué reservar la terapia conjunta para los casos exclusivos de desavenencia conyugal. Las manifestaciones de percepciones distorsionadas, represión, determinación transferencial de sentimientos y acciones, mecanismos de defensa y expectativas quiméricas por parte de un cónyuge, existentes en muchos matrimonios, pueden proporcionar rápidamente una fuente de excelente manejo terapéutico. Asimismo, el tratamiento conjunto de la pareja permite a menudo tratar la sintomatología individual y sus orígenes etiológicos, además de la desavenencia matrimonial.

También planteo aquí otro concepto, que conecta a los anteriores: el de que todo matrimonio legal o de hecho elabora un contrato operativo de interacción que es producto de su sistema marital, de las formas conscientes e inconscientes en que ambos esposos actúan (conjunta o antagónicamente) para tratar de cumplir las cláusulas o estipulaciones de sus contratos individuales.

Historia del concepto de contrato

Tal vez le interese al lector conocer la historia de las ideas que aquí presento, y tener una noción parcial de cómo fueron desarrollándose en mi propia obra y en una serie de fructíferas colaboraciones con colegas.

En 1961 mantuve una conversación con el doctor Jay Fidler, mientras este esperaba el ascensor en el piso 13 del Hospital Metropolitano de la Ciudad de Nueva York (los ascensores eran tan lentos, que solíamos celebrar nuestras conferencias más fecundas mientras los esperábamos). Yo le contaba el caso de una pareja a la que estaba tratando sin mucho éxito; Fidler captó el problema al instante y, al abrirse la puerta del ascensor, me dijo por encima del hombro, mientras entraba en él: «Parece que firmaron contratos matrimoniales diferentes: él actúa según un conjunto de estipulaciones y ella según otro. Es natural que tengan problemas». ¡Su comentario dio en el blanco! Partiendo de esta observación penetrante, empecé a generalizar, a probar y elaborar la noción de los contratos no escritos. Mis colegas del Comité de Investigaciones Maritales de la Sociedad de Psicoanalistas Clínicos (los doctores Ralph H. Gundlach, Helen S. Kaplan, Malvina Kremer, Rosa Lenz y Jack R. Royce, este último ya fallecido) trabajaron conmigo sobre esta idea y la incorporamos a nuestro programa de investigación. En 1971 publicamos juntos un artículo sobre el concepto de contrato matrimonial en *Family Process*.

Desde entonces he ampliado el concepto en forma tal, que puede servir de base para organizar una información que haga más comprensibles los misterios de la interacción marital; también puede usárselo como guía para una tipología de las interacciones conyugales y para el tratamiento de las desavenencias entre esposos. El enfoque desarrollado en este libro tiende a incrementar la eficacia de la mayoría de los modos teóricos y clínicos de encarar el trabajo con parejas.

Ordenamiento del libro

En el primer capítulo trato el concepto de estos contratos matrimoniales y sus aplicaciones en terapia marital. En el segundo describo detalladamente los términos específicos de los contratos individuales y los niveles de conciencia en que se dan. En el tercero expongo el contrato operativo o de interacción que surge del sistema marital. Este sistema tiene características exclusivas para cada pareja, si bien puede contener aspectos de otros sistemas maritales que cada cónyuge haya conocido con anterioridad; no es inmutable, sino que varía a medida que los esposos reciben el influjo de diversas fuerzas internas y externas.

En el capítulo 4 esbozo los usos terapéuticos específicos del material individual e interaccional. Aquí importa subrayar que todos estos datos, más las interpretaciones del terapeuta, deben emplearse dinámicamente en pro del objetivo final del concepto de contrato: el logro de un contrato único y conjunto, comprensible, satisfactorio y practicable para ambos cónyuges. El capítulo 5 contiene la historia de una pareja que hizo uso intensivo de los contratos matrimoniales durante su terapia; muestra cómo este concepto los ayudó a avanzar hacia un contrato único, e indica cómo podemos recurrir a una variedad de enfoques teóricos y técnicos para elaborar un método terapéutico global y práctico.

En el capítulo 6 describo categorías de perfiles conductuales individuales, no en el sentido de tipos de personalidad absolutos, sino más bien como elementos útiles de diagnóstico y tratamiento en terapia marital. Los principales perfiles son: cónyuges igualitarios, románticos, parentales, infantiles, racionales, compañeros y paralelos. En el capítulo siguiente explico la forma más típica de interacción adoptada por cada uno de estos perfiles en diversas combinaciones conyugales, mientras que en el capítulo 8 describo las combinaciones de cláusulas que pueden conducir a la congruencia, complementariedad o conflicto en la elaboración de los contratos matrimoniales.

En el capítulo 9 profundizo sobre los principios terapéuticos y algunas de las técnicas que pueden emplearse en terapia marital, cuando se trabaja con el concepto de contrato. Mi intención es ayudar al terapeuta para que elabore un enfoque ecléctico y dinámico, echando mano a múltiples teorías y modalidades, y demostrar cómo puede emplearse el concepto de contrato dentro de las propias tendencias teóricas. Buena parte de este material está implícito en todo el libro, pero aquí lo expongo con la mayor claridad posible para uso de psiquiatras, psicólogos, asistentes sociales, consejeros matrimoniales, estudiantes de ciencias de la conducta y quienes trabajan en campos afines.

Dedico el capítulo 10 a los componentes sexuales de los contratos, o sea, a las expectativas sexuales de la pareja dentro del contexto de una relación marital, para brindar una perspectiva de las opiniones cambiantes acerca de la sexualidad dentro del matrimonio. En fecha reciente, la información proporcionada por los adelantos de la terapia sexual ha hecho que algunos terapeutas tomen mayor conciencia del papel que desempeña el sexo dentro del matrimonio, impulsándolos a revisar drásticamente sus opiniones anteriores sobre cómo utilizar los componentes sexuales en la evaluación cualitativa de una relación, y a redeterminar las prioridades que han de establecerse para el tratamiento de los problemas sexuales, frente a otros aspectos de la desavenencia conyugal.

En el capítulo 11 me valgo de seis historiales clínicos diferentes para ejemplificar los múltiples resultados obtenibles con la terapia marital, a la luz de diversos contratos matrimoniales. En el 12 y último expongo las aplicaciones del concepto de contrato en otras relaciones y, lo que es aún más importante, su uso educativo y preventivo; mi intención aquí es señalar el camino hacia la prevención de la discordia y fracaso conyugales, ayudando a los jóvenes a comprender y saber tratar esta esfera vital de su existencia adulta. El Apéndice 1 —para uso de terapeutas y parejas— contiene una lista recordatoria de los aspectos importantes que son comunes a muchos contratos matrimoniales y una planilla de trabajo para volcar la información. El Apéndice 2 presenta un ordenamiento de los datos descriptivos que suelen aparecer en cada perfil conductal.

Reconocimientos

Estoy en deuda con tantas personas que sólo puedo elegir unas pocas para nombrarlas. Le estoy particularmente agradecido a la doctora Helen S. Kaplan, cuyas innovaciones conceptuales y técnicas en terapia sexual me han proporcionado modelos utilísimos para ampliar mis enfoques teóricos y técnicos en mi resolución de otros problemas maritales. Asimismo, merece especial agradecimiento mi amigo y editor, Bernie Mazel, por haber asegurado, con su fe y perseverancia, la realización de esta obra: si él estaba dispuesto a arriesgarse, también yo era capaz de hacerlo... Y debo dar las gracias a la señorita Susan Barrows, por su aliento y asesoramiento en la redacción del libro.

Estoy en deuda con Sanford Sherman, director ejecutivo del Servicio Judío de la Familia, por su apoyo y por las críticas sagaces y constructivas que le mereció la lectura del borrador; con los doctores Kitty La Perriere, Harold I. Lief y Ralph H. Gundlach, por sus útiles críticas de mi manuscrito; con la señorita Mary Heathcote, por la gran pericia, paciencia y respeto a mis sentimientos autorales que puso de manifiesto al ordenar el manuscrito; con la señorita Caryl Snapperman, por la ayuda dispensada en la fase inicial del trabajo.

A todos los demás (son tantos que no puedo nombrarlos), les doy las gracias por haberme ayudado de mil maneras distintas, como familiares, pacientes, colegas, amigos y estudiantes. Vaya mi especial agradecimiento a quienes participaron en los seminarios que dirigí en el Servicio Judío de la Familia y en el Hospital y Facultad de Medicina Monte Sinaí, cuyos debates y preguntas contribuyeron a aclarar mis ideas.

Clifford J. Sager
Nueva York, junio de 1976

1. El concepto de contrato matrimonial y sus aplicaciones en terapia

Los contratos matrimoniales escritos han existido desde los orígenes de nuestra historia. En 1971, el *New York Times* informó que dos eruditos habían traducido un contrato matrimonial celebrado entre Tamut, una liberta recién convertida al judaísmo, y su esposo Ananiah bar Azariah, funcionario del templo israelita de Elefantina, isla del Nilo. El documento databa del año 449 a.C. La fotografía con rayos infrarrojos, sumada a otras técnicas nuevas, reveló que Tamut debió de haber regateado bastante, y con éxito, ya que el papiro mostraba varias borraduras y correcciones, todas ellas a su favor; por ejemplo, se modificó la disposición de que, en caso de enviudar, heredaría la mitad de los bienes de su esposo, otorgándosele en cambio su totalidad, y se especificó que su antiguo amo sólo podría reclamarle a su hijo, Pilti, a cambio del pago de 50 siclos, que era una suma prohibitiva. Otras modificaciones aumentaron el valor de la dote que ella debía aportar al matrimonio. ¡Evidentemente, la lucha por los derechos de la mujer no comenzó con George Sand!

Contratos legales

En todas las épocas, los códigos legales han institucionalizado los derechos conyugales con respecto a personas y bienes, legislando generalmente a favor del varón. Empero, estos convenios legales son sólo una pequeña parte de los contratos matrimoniales a que nos referimos aquí. Recientemente, Sussman, Cogswell y Ross (1973)* combinaron sus talentos de sociólogos y legistas para emprender un estudio de los contratos matrimoniales usados en la actualidad, observando que estos suelen incluir las siguientes estipulaciones: 1) división del tra-

* Para las referencias bibliográficas, Sager indica en cada caso los autores y el año de edición, remitiendo al lector a la bibliografía, dividida por capítulos, que se incluye al final de la obra. (*N. de la T.*)

bajo doméstico; 2) uso del espacio habitacional; 3) responsabilidad de cada cónyuge en la crianza y socialización de los hijos; 4) disposiciones sobre bienes, deudas y gastos de subsistencia; 5) dedicación profesional y domicilio legal; 6) derechos de herencia; 7) uso de apellidos; 8) relaciones lícitas con terceros; 9) obligaciones de la díada marital en diversos aspectos de la vida diaria, como trabajo, esparcimiento, vida social y comunitaria; 10) causales de separación o divorcio; 11) períodos contractuales iniciales y subsiguientes, y su negociabilidad; 12) fidelidad sexual y/o relaciones sexuales extramatrimoniales; 13) posición asumida en lo que respecta a la procreación o adopción de niños.[1]

Por lo común, cláusulas de este tipo figurarían —aunque no de un modo tan formal— en los contratos estudiados en este libro, que son fundamentalmente acuerdos tácitos, no escritos, entre cónyuges y concubinos. El contrato formal que puede firmar una pareja expresa su ideología y resume sus principios; es una expresión concreta de sentimientos y actitudes, en la medida en que los individuos son conscientes de ellas. Dichas actitudes también quedan expresadas, aunque de una manera más simbólica, cuando las parejas omiten la frase «y obedecer» en el juramento matrimonial de la esposa; esta pequeña omisión implica un gran cambio en las relaciones entre marido y mujer.

Si bien deben alentarse los contratos escritos, estos no están destinados a contemplar las necesidades, expectativas y obligaciones emocionalmente determinadas, y más o menos conscientes, que existen en toda relación íntima. A decir verdad, los contratos con que nos topamos en terapia no son tales: la esencia de la relación es que los integrantes de la pareja no han negociado un contrato, sino que cada cual actúa como si su propio programa matrimonial fuera un pacto convenido y firmado por ambos; cada cual piensa únicamente en su propio contrato, aunque llegue a desconocer partes de él. Así pues, no son verdaderos contratos, sino dos conjuntos diferentes de expectativas, deseos y obligaciones, cada uno de los cuales existe sólo en la mente de un cónyuge. Estos no-contratos representan el ejemplo más común, clásico y devastador (en cuanto al daño que infligen a la condición humana) de falta de comunicación eficaz, de conciencia de uno mismo y de una percepción

[1] Noto que aquí falta un punto que trate de métodos conciliatorios para aquellos casos que los cónyuges sean incapaces de resolver por sí mismos. Sería importante, al parecer, fijar algún sistema de arbitraje o ayuda de terceros a un nivel igualitario, o bien de ayuda profesional.

exacta de los demás. Cada miembro de la pareja cree *que recibirá lo que quiere, a cambio de lo que él dará al otro*. Pero como cada cual actúa basándose en un conjunto diferente de cláusulas contractuales, e ignorando el de su compañero, y como, además, esas cláusulas van cambiando con el tiempo —al alcanzarse distintas etapas del ciclo vital y actuar fuerzas externas sobre la pareja como tal o sobre sus integrantes—, suele ocurrir que uno de los esposos modifique las cláusulas o reglas de juego sin discutirlas y, ciertamente, sin el consentimiento del otro. Dadas estas circunstancias, no es sorprendente que en 1975 haya habido un millón de divorcios en Estados Unidos, lo cual representa, aproximadamente, un divorcio por cada dos matrimonios.

Lo sorprendente es que, siendo el matrimonio la más compleja de las relaciones humanas, la psiquiatría y psicología recién ahora comiencen a dejar de estudiar y tratar al individuo para ocuparse de los dos esposos dentro de su contexto conyugal. La terapia marital sólo superó la etapa de mero asesoramiento alrededor del año 1930 (Sager, 1966*a*, 1966*b*). Berman y Lief (1975) resumen el estado actual de esta especialidad, indicando que en ella se ha hecho habitual practicar el tratamiento conjunto —o sea, trabajar con ambos cónyuges juntos—, pero que todavía falta un sistema teórico o de diagnóstico amplio, o aceptable en líneas generales, que describa y explique los factores que contribuyen a establecer y mantener una buena o mala relación marital. Aunque los escritos sobre el matrimonio y la terapia marital abundan cada vez más, no se han desarrollado conceptos unificadores. Recientemente, en una revisión crítica de la terapia marital y familiar, se ha confirmado la falta de una base teórica sólida (Olson, 1975).

Hace algunos años, mis colegas y yo establecimos el concepto de contrato matrimonial (Sager y otros, 1971), como un paso hacia la elaboración de un medio para conceptualizar y ordenar los innumerables factores intrapsíquicos y transaccionales que determinan la calidad de la interacción marital. En este libro expondré mi ampliación y perfeccionamiento de dicho concepto, tal como se aplica en la comprensión y tratamiento de las relaciones defectuosas, utilizando la interacción marital como instrumento para ayudar a cada cónyuge a superar sus fallas individuales.

Contratos matrimoniales individuales

Este concepto ha resultado utilísimo en el tratamiento de matrimonios y familias, como modelo para dilucidar las interacciones entre los esposos. Específicamente, procuramos comprender dichas interacciones en función de la congruencia, complementariedad o conflicto existente entre las expectativas y obligaciones recíprocas de los esposos. Siendo esta «dinámica contractual» un poderoso determinante de la conducta individual dentro del matrimonio y, asimismo, de la calidad de la relación marital, es lógico suponer que el análisis de las transacciones maritales basado en este modelo nos permitirá, quizás, aclarar conductas y sucesos conyugales de otro modo inexplicables, y nos proporcionará un foco en torno del cual organizar una terapia eficaz del individuo, matrimonio o familia afectados.

Entendemos por *contrato individual* los conceptos expresados y tácitos, conscientes e inconscientes, que posee una persona con respecto a sus obligaciones conyugales y a los beneficios que espera obtener del matrimonio en general y de su esposo en particular, pero subrayando, por encima de todo, el aspecto recíproco de este contrato: lo que cada cónyuge espera dar al otro y recibir de él a cambio de lo otorgado constituyen elementos cruciales. Los contratos abarcan todos los aspectos imaginables de la vida familiar: relaciones con amigos, logros, poder, sexo, tiempo libre, dinero, hijos, etc. El grado en que un matrimonio pueda satisfacer las expectativas contractuales de cada esposo en estos terrenos es un determinante importante de su calidad.

Los términos de los contratos individuales son fijados por los profundos deseos y necesidades que cada persona espera satisfacer mediante la relación marital; estas necesidades pueden ser sanas y plausibles, en un sentido realista, pero también las habrá neuróticas y conflictivas. Es importantísimo comprender que, si bien cada integrante de la pareja puede tener cierto grado de conciencia con respecto a sus propios deseos y necesidades, por lo común no advierte que sus intentos de satisfacer los requerimientos de su compañero están fundados en el supuesto encubierto de que con ello satisfará sus propios deseos. Más aún, cada esposo suele ser consciente (al menos en parte) de sus estipulaciones contractuales y de algunas de las necesidades que les dieron origen, pero quizá no lo es, o lo es apenas, de las expectativas implícitas de su cónyuge. En verdad, hasta puede suponer que existe un acuerdo mutuo sobre un contrato cuando, en realidad, no es así. En este caso, el individuo actúa como si hubiera un contrato real a cuyo cumplimiento estuvieran obligados por igual ambos cónyuges; al no poder cumplirse puntos importantes del convenio (lo cual es inevitable), especialmente cuando estos escapan a su propia conciencia, el esposo defraudado puede reaccionar con manifestaciones de ira, ofensa, depresión o retraimiento, y provocar una desavenencia conyugal actuando como si se hubiese quebrantado un convenio real. Esto ocurre, sobre todo, cuando cree que él ha respetado sus obligaciones pero su compañero no.

En mi propia práctica, los pacientes y el terapeuta elaboran en forma conjunta el contenido del contrato matrimonial individual, dividiéndolo en tres categorías de información o estipulaciones: 1) expectativas del matrimonio; 2) determinantes intrapsíquicos de las necesidades del individuo; 3) focos externos de problemas conyugales, síntomas producidos por problemas suscitados en las dos categorías anteriores. Cada categoría contiene materiales procedentes de tres niveles de conciencia distintos: conscientes y expresados, conscientes pero no expresados y no conscientes. Como regla general, el terapeuta puede sonsacarles a los cónyuges mismos las estipulaciones correspondientes a los dos primeros niveles de conciencia, pues las parejas que buscan tratamiento suelen estar preparadas para verbalizar lo ya expresado, e incluso lo conocido pero no expresado por miedo o angustia. Para descubrir el material contractual que escapa a la conciencia es preciso depender, en parte, de la interpretación que dé el terapeuta a lo manifestado por los pacientes. Además, los esposos ayudan a menudo a arrojar luz sobre las estipulaciones inconscientes del compañero.

Aplicabilidad del concepto de contrato

En terapia marital pueden emplearse muchas técnicas y enfoques, siempre y cuando concuerden con las opiniones y preferencias teóricas del terapeuta. El concepto de contrato matrimonial es adaptable a la mayoría de los enfoques teóricos. En términos específicos, el terapeuta que utiliza el enfoque contractual supone que los desengaños relacionados con el contrato son una causa fundamental de desavenencias conyugales. Por consiguiente, procura aclarar los puntos importantes de los contratos teniendo en cuenta los determinantes psíquicos de la mayoría de las cláusulas, y, de infringirse estas, trata de ayudar a la pareja a renegociar y elaborar otras más aceptables. Aunque la comprensión y el cambio pueden darse en forma simultánea, también es posible que haya cambio sin comprensión y, a menudo, esta sola no basta para producirlo. Como no siempre sabemos cuál es la manera más eficaz de generar el cambio, el terapeuta necesita disponer de una amplia gama de enfoques teóricos y técnicos.

Conviene introducir el concepto de contrato individual a comienzos del tratamiento, subrayando desde un principio los elementos mutuamente satisfactorios que poseen los de los cónyuges. Con frecuencia, podemos plantear dicho concepto en la primera sesión. El temprano énfasis en los elementos contractuales positivos hace que la pareja tome conciencia de los aspectos valiosos de su matrimonio y la motiva para la difícil tarea terapéutica que le aguarda. Es importante que el terapeuta no pierda de vista los elementos positivos de la relación, incluyendo la complementariedad positiva que existe entre dos personas.

Por lo general, el paciente experimenta alivio cuando logra percibir (en el sentido de un *insight*) las causas de la cólera e irritabilidad exacerbadas que lo perturban y confunden. Empero, también es posible que se desconcierte al verse confrontado con las decepciones sufridas en su matrimonio, por lo cual el terapeuta debe ser sensible a los efectos potencialmente disociadores que sus interpretaciones pueden ejercer sobre la relación. El fin último del tratamiento es mejorar la relación marital, el funcionamiento de la familia y el crecimiento de los individuos, y como esto exigirá, quizás, una comunicación abierta entre los esposos, en todos los niveles, se alentará a cada uno a declararle a su compañero los aspectos tácitos de sus contratos. No obstante, el terapeuta debe actuar con máxima sensibilidad y pericia al aclarar y utilizar con eficacia el material contractual, especialmente cuando este refleja la dinámica inconsciente o trasunta un intento de solucionar una dificultad intrapsíquica. La interpretación del material contractual inconsciente puede provocar reacciones intensas, potencialmente muy constructivas, pero que también encierran el riesgo de un efecto negativo sobre los esposos o sobre el sistema marital. Esta clase de material debe manejarse con respeto, tal como ocurre en cualquier otra modalidad psicoterapéutica.

Los progresos técnicos y de conceptualización nos permiten aplicar métodos desconocidos quince años atrás en el tratamiento de problemas intrapsíquicos en terapia conjunta. De este modo, el esclarecimiento de las transacciones contractuales en terapia arroja luz sobre los factores intrapsíquicos y los modifica, y viceversa; el terapeuta obra guiado por su conocimiento de ambas variables.

Cuando un matrimonio es viable, la aclaración de los contratos individuales puede originar una mejoría notable en la relación de pareja, así como en el crecimiento y desarrollo de cada esposo. En algún momento de la terapia, cada cónyuge se ve frente a realidades antes ignoradas por él: «En esta relación no puedo lograr mi deseo *A*, pero sí mis deseos *B* y *C*», o bien: «Mis deseos son quiméricos y nadie puede satisfacerlos». Estas intelecciones tienden a hacer que los individuos se empeñen más en su matrimonio y opten por aceptar sus limitaciones realistas, lo cual, a su vez, facilita la resolución de los problemas presentados.

Sin embargo, de vez en cuando se da el caso de que la revelación de las cláusulas contractuales suscita el descubrimiento de desacuerdos e incompatibilidades graves, previamente negadas, que pueden acelerar la disolución del matrimonio. Por ejemplo, uno de los esposos se da cuenta de que «Conceda lo que conceda, no podré obtener lo que quiero de esta unión», o de que «Sólo podré satisfacer a mi cónyuge destruyéndome a mí mismo». El hecho de que una pareja resuelva deshacer su matrimonio en el entendimiento, realista y comprensivo, de que no pueden brindarse uno al otro lo que desean, no significa que el tratamiento haya fracasado. En tales circunstancias, la disolución de un vínculo huero o doloroso puede constituir una experiencia constructiva para ambos; más aún, es posible que esto reduzca a un mínimo las experiencias penosas y destructivas que acompañan a menudo al divorcio.

El concepto de contratos matrimoniales individuales ayuda a cada miembro de la pareja a familiarizarse con las necesidades propias y de su compañero, y también con sus respectivas voluntades de brindarse y de señalar los aspectos problemáticos de su relación; los matrimonios suelen mostrarse muy receptivos a esta manera de estructurar sus problemas. Esta técnica resulta particularmente eficaz en las sesiones conjuntas, ya que facilita la comunicación y coloca a los esposos en mejor posición para comprenderse a sí mismos, el uno al otro, y su relación marital al revelarse las estipulaciones contractuales. Entonces se aclaran los motivos de su infelicidad, de su conducta aparentemente irracional, de su acritud o altercados triviales. Es frecuente que, una vez adquirida cierta comprensión de sus decepciones contractuales individuales, los cónyuges se sientan menos desamparados y puedan buscar soluciones más realistas y eficaces para sus problemas.

Las expectativas recíprocas de la pareja son poderosos determinantes de la conducta. Al intervenir activamente en el matrimonio problema, tratando de alterar aspectos cruciales de los procesos generados por las expectativas recíprocas de interacción, el terapeuta puede aplicar métodos basados en la intelección psicodinámica o en la teoría del aprendizaje, junto con un enfoque transaccional sistémico. Los contratos individuales y el de interacción proporcionan una guía constante para la fijación de objetivos terapéuticos y para la intervención.

El concepto de contrato integra los dos parámetros de los determinantes de la conducta, el intrapsíquico y el transaccional. Las cláusulas individuales derivan de necesidades y conflictos que se comprenden mejor en términos intrapsíquicos y culturalmente determinados, siendo a menudo intentos adaptativos de resolver conflictos mediante interacciones específicas. El consiguiente proceso de interacción, que constituye el contrato interaccional en sí, se convierte en un determinante fundamental de la calidad del matrimonio o relación.

Los contratos individuales nos proporcionan una base dinámica para mejorar o comprender el mecanismo marital, dándonos indicios de por qué, cómo y bajo qué circunstancias se suscitan y exacerban las desavenencias conyugales. El diagnóstico dinámico varía a medida que la terapia modifica el sistema marital: cuando los contratos independientes van aproximándose más claramente a su fusión en un contrato único, con cláusulas conocidas y aceptadas por ambos esposos, cabe esperar que entre estos habrá un intercambio más saludable y satisfactorio. A esta altura, los contratos individuales han entrado en sintonía con los propósitos del sistema marital y las necesidades de cada cónyuge.

2. El contrato individual

Los contratos matrimoniales no escritos contienen cláusulas que abarcan casi todo lo referente a sentimientos, necesidades, actividades y relaciones; algunas son conocidas por el contratante y otras escapan a su conocimiento. Como la desavenencia conyugal suele caracterizarse por presentar unas pocas cuestiones claves referentes a la relación, no hace falta tratar clínicamente todas las áreas. Es posible que algunas de esas cuestiones sean importantes para uno solo de los cónyuges, y puedan convertirse fácilmente en base de negociaciones *quid pro quo* cuando salen a luz. Aquí enumeramos las estipulaciones posibles, ordenándolas para que el terapeuta elija, para estudiarlas, aquellas que correspondan al caso en tratamiento.

Los cónyuges traen a la relación marital sus propios contratos, y deben tratar de elaborar uno conjunto y único. El clínico les ayuda a explicitar los objetivos del sistema marital. En algunas áreas, la pareja ya comparte quizás un objetivo común, mientras que en otras habrán de buscar metas de compromiso que tengan en cuenta los deseos más vivos de cada esposo. Los cónyuges deben tratar de formular sus propósitos y objetivos individuales en forma clara e inequívoca, sin ambivalencias, para que afloren las áreas de coincidencia y desacuerdo. Como resulta difícil, si no imposible, ser un cónyuge colaborador y cabal si se advierte que la relación está operando en contra de los propios intereses, el primer paso será elaborar objetivos, metas o funciones comunes en áreas conflictivas. Una vez que se posean objetivos claros, será más fácil asignar tareas y responsabilidades, pudiendo entonces examinar y evaluar la eficiencia con que el sistema avanza hacia el cumplimiento de dichos objetivos y propósitos. Estos deben ir cambiando a medida que surjan nuevas necesidades en el ciclo de vida marital, para reflejarlas, pues de lo contrario habrá dificultades.

Los profesionales que hacen terapia marital tienen una amplia variedad de listas del tipo y número de áreas que se juzgan importantes para evaluar la calidad de un matrimonio. En los últimos quince años, en que me he ocupado de tratar desavenencias maritales, el examen del material recogido de los pacientes (ya sea durante las sesiones clínicas o de sus contratos escritos, cuando los utilicé) me ha demostrado que las áreas más importantes son las que expongo a continuación. Como advertencia previa, aclaro que en un contrato matrimonial puede incluirse un número casi ilimitado de áreas, pero sería un esfuerzo innecesario tratar de mencionarlas a todas. Para nuestros fines, las cláusulas contractuales pueden dividirse en tres categorías:[1]

Categoría 1. Parámetros basados en expectativas puestas en el matrimonio. El acto de casarse, con o sin la sanción efectiva de la Iglesia o del Estado, denota un importante grado de compromiso, no sólo con el compañero, sino también con una nueva entidad: el matrimonio. Cada persona se casa con ciertos propósitos y objetivos específicos respecto de la institución en sí. Por lo general, no todos ellos son plenamente conscientes.

Categoría 2. Parámetros basados en necesidades intrapsíquicas y biológicas. Algunas necesidades individuales son de origen biológico, en tanto que otras nacen del ambiente familiar y del medio cultural total; ambas influyen en las expectativas puestas en la relación marital. Quien ha heredado una diátesis esquizofrénica puede ser más propenso a perder la confianza en su compañero; por lo tanto, es posible que subraye la importancia que ella tiene y sospeche abiertamente de los demás. Este ejemplo constituiría un caso biológico e intrapsíquico. Aunque al tratar de aislar áreas dentro de esta categoría no nos ocupamos de la etiología de las necesidades particulares, cabe aclarar que con frecuencia algunos de estos factores han formado parte de la personalidad del individuo durante largo tiempo, en tanto que otros sólo han estado latentes, manifestándose únicamente en la interacción con un determinado tipo de cónyuge. Por lo común, no hay una separación nítida entre la categoría que nos ocupa y las otras dos, sino más bien una transición gradual, con superposiciones. Buena parte del material escapa al conocimiento consciente y se esclarece extrayendo deducciones de las obras y acciones totales del paciente y su cónyuge. Las descripciones de lo visto en esta categoría variarán un tanto según la orientación del terapeuta, pero algunos aspectos serán percibidos de una manera similar por clínicos y pacientes, sean cuales fueren sus prejuicios o inclinaciones.

[1] En el Apéndice 1 enumero estas categorías y sus parámetros de una manera algo diferente, más accesible para las parejas.

Categoría 3. Parámetros que son focos externos de problemas originados en las categorías 1 y 2. Después de haber examinado a 750 parejas que acudieron buscando ayuda para sus situaciones conyugales, Greene (1970) estableció que las quejas más comunes eran las doce siguientes, enumeradas por orden de frecuencia: incomunicación, reyertas constantes, necesidades emocionales insatisfechas, insatisfacción sexual, desavenencias económicas, problemas con los suegros y cuñados, infidelidad, conflictos referentes a los hijos, cónyuge dominante, cónyuge desconfiado, alcoholismo, agresión física. Estas quejas no constituyen el problema central, sino sus síntomas; describen posibles perturbaciones de las pautas de conducta transaccional, pero no la causa subyacente. De ahí que los agravios que impulsan más frecuentemente a las parejas a buscar ayuda sean de tipo derivativo, y que deban buscarse las dificultades subyacentes en las categorías 1 o 2.

Categoría 1. Expectativas puestas en el matrimonio

Además de las expectativas de cada esposo respecto a qué recibirá del matrimonio y qué está dispuesto a darle, el sistema marital en sí —como cualquier otro sistema— puede modificar las metas existentes o crear otras nuevas. Las áreas de expectativas iniciales más comunes pueden incluir:

1. Un compañero que sea fiel, devoto, amante y exclusivo, que ofrezca la clase de relación interpersonal ansiada, quizás, en la infancia, pero que nunca se tuvo o que se disfrutó y perdió; alguien con quien crecer y desarrollarse.
2. Un sostén constante contra el resto del mundo. Se espera que los esposos se apoyen mutuamente en la adversidad, ya sea que esta provenga de causas externas (p. ej., pérdida del empleo o problemas con la ley) o internas (p. ej., enfermedad física o mental).
3. Una compañía que asegure contra la soledad.
4. El matrimonio en sí es una meta, más que un comienzo. Algunas personas no piensan más allá del día de su boda. En vez de considerar al matrimonio como un punto más dentro de una relación continua que genera constantemente nuevos objetivos, suponen que, una vez que se casen, vivirán siempre felices «por obra de magia».
5. Una panacea contra el caos y la lucha de la propia vida. «Casándonos, todo será tranquilo y ordenado».

6. Una relación que debe durar «hasta que la muerte nos separe». Tradicionalmente se ha visto en el matrimonio un compromiso a perpetuidad, pero hoy día muchas personas están cambiando de opinión.

7. Una relación sexual lícita y fácilmente asequible.

8. La creación de una familia, y la experiencia de procrear y participar en el crecimiento y desarrollo de los hijos.

9. Una relación donde el acento está puesto en la familia, más que en un simple compañero. Este concepto tiene cierta afinidad con el del «buen miembro del equipo empresario». Actualmente, en Estados Unidos hay dos corrientes contradictorias: una subraya la primacía del individuo; la otra, la primacía de la unidad familiar.

10. La inclusión de otras personas dentro de la nueva familia: padres, niños, amigos y hasta animalitos domésticos.

11. Un hogar donde refugiarse del mundo.

12. Una posición social respetable. Muchas personas creen que el hecho de estar casado, de ser o tener un esposo, confiere cierto estatus.

13. Una unidad económica.

14. Una unidad social. La familia, como unidad económica y social, contribuye a dar un sentido de continuidad, de planeamiento y construcción para el futuro, que por sí solo otorga un significado y finalidad a la vida del individuo. Así opina la mayoría de las personas: muchos creen (correctamente o no) que sin el matrimonio sus vidas carecen de propósito.

15. Una imagen protectora que despierte deseos individuales de trabajar, construir y acumular riquezas, poder y posición social.

16. Una cobertura respetable para los impulsos agresivos. Las características competitivas y hostiles se justifican arguyendo que son para el bien de la familia. El matrimonio provee un cauce socialmente aceptable para los impulsos agresivos, puesto que se aprueba y alienta que uno mantenga y proteja la propia familia, hogar y bienes.

Categoría 2. Determinantes intrapsíquicos y biológicos

Estos parámetros se basan en las necesidades y deseos que surgen dentro del individuo; en buena medida, están determinados por factores intrapsíquicos y biológicos más que por el sistema marital propiamente dicho, si bien este puede causar grandes modificaciones. Así pues, derivan del individuo tomado como sistema, mientras que los de la primera categoría toman como tal al matrimonio y guardan estrecha relación con él. Estos parámetros «individuales» son importantes porque en ellos se diferencia al cónyuge de la institución matrimonial, considerándolo el subsistema que —según se espera— habrá de satisfacer las necesidades del otro subsistema. En esta área adquiere especial importancia la índole recíproca de los contratos individuales, sean estos conscientes o no conscientes: «Quiero tal y tal cosa, y a cambio de ellas estoy dispuesto a dar tal y tal otra».

1. *Independencia / dependencia.* Esta área crucial involucra la capacidad del individuo de cuidar de sí mismo y obrar por sí solo. ¿Necesita un cónyuge para completar su noción del propio yo, o para iniciar lo que él no puede hacer por sí solo? ¿Tiene la sensación de que no podría sobrevivir sin él? ¿Su idea del propio valer depende de la actitud de su esposo, o de lo que este sienta por él? ¿Depende de él para trazar planes, para fijar sus características, ritmo y modalidad?

2. *Actividad / pasividad.* Este parámetro se refiere al deseo y capacidad del individuo para emprender la acción necesaria a fin de alcanzar lo que quiere. ¿Puede ser tan activo en sus obras como en sus ideas? Si es pasivo, ¿siente hostilidad hacia un compañero activo? Por ejemplo, ¿ejercerá su poder de veto sin sugerir otras alternativas?

3. *Intimidad / distanciamiento.* ¿Su angustia aumenta con la intimidad, o al descubrir ante el cónyuge los propios sentimientos, ideas o actos? Frecuentemente, las pautas y problemas de comunicación están relacionados con la capacidad o incapacidad de tolerar el trato íntimo. ¿La comunicación es lo bastante abierta como para manifestar necesidades, resolver problemas, compartir sentimientos y experiencias? «Dime en qué piensas» puede ser una pregunta intrusiva, dominadora, o la invitación a un diálogo abierto, íntimo y sincero. ¿Qué defensas muestra cada cónyuge contra la intimidad? ¿Cuán imperativa es la necesidad de espacio vital propio? ¿Qué grado de resistencia opondrá a una intrusión en dicho espacio? Estos interrogantes pueden llegar a ser impactos reveladores para una buena relación.

4. *Uso / abuso del poder.* La relación de poder y su necesidad influyen en la mayoría de los matrimonios. ¿Pueden compartir el poder ambos esposos, o sólo existe la posibilidad de que uno de ellos lo delegue en el otro? Una vez adquirido, el poder puede utilizarse en forma directa o indirecta, delegarse o abdicar-

se. ¿Puede el individuo aceptarlo y emplearlo sin ambivalencia ni angustia? ¿Teme a tal punto carecer de él que debe dominar siempre, o llega a la paranoia si percibe que su cónyuge posee el poder? Y a la inversa, ¿tiene necesidad de renunciar a su propia ansia de poder, y piensa que su compañero esgrimirá el suyo en favor de él?

5. *Dominio / sumisión.* (Continuados o alternados: si uno sube, el otro debe bajar.) Este aspecto puede guardar relación con el punto 1 (Independencia/dependencia). ¿Quién se somete? ¿Quién domina? ¿O la pareja resuelve sus cuestiones de otro modo? Este parámetro se superpone al de poder, del mismo modo que este se traslapa con el de independencia.

6. *Miedo a la soledad o al abandono.* El «amor» al esposo, ¿hasta qué punto está motivado por el miedo a la soledad? ¿Qué acciones se esperan de él, que prevengan la soledad y alivien el propio temor a verse abandonado? ¿Qué efecto causan estos miedos sobre el funcionamiento del individuo dentro de la relación? ¿Ha elegido por esposo a alguien proclive a permanecer a su lado, o a alguien que habrá de acrecentar sus temores?

7. *Necesidad de poseer y dominar.* ¿El individuo necesita dominar o poseer a su cónyuge para sentirse seguro? (Este punto podría incluirse bajo el parámetro de poder, pero se obtiene buena cantidad de datos útiles considerándolo por separado.)

8. *Grado de angustia.* Algunas personas se angustian más que otras, por razones fisiológicas y/o psicológicas, manifestando a menudo su ansiedad en forma abierta y directa. ¿Cómo afecta al cónyuge la angustia manifiesta o la defensa contra ella? ¿Puede un esposo aceptar la angustia del otro sin aceptar, al mismo tiempo, que se lo culpe por ella? ¿Responde a esa angustia de manera tal que la aumenta o disminuye?

9. *Mecanismos de defensa.* ¿De qué modos característicos encara cada cónyuge la angustia y otros estados psíquicos perturbadores? ¿De qué manera afecta esta modalidad al otro compañero? El terapeuta debe buscar los mecanismos de defensa más comunes: sublimación, sometimiento altruista, represión, regresión, formación reactiva, defensa y/o desmentida perceptual, inhibición de impulsos y afectos, introyección (incorporación e identificación), reversión (vuelta sobre la persona propia), desplazamiento, proyección, aislamiento e intelectualización, anulación (mágica) y fantasía (para sostener la desmentida). (Este punto lo trato más a fondo en el capítulo 3.)

10. *Identidad sexual.* Se entiende por tal «la identidad, unidad y persistencia de la propia individualidad en cuanto hom-

bre o mujer (u homosexual), en mayor o menor grado, especialmente tal como se la experimenta en la conciencia de sí mismo y en la conducta. La identidad sexual es la vivencia íntima del rol sexual, en tanto que este es la expresión pública de aquella» (Money y Ehrhardt, 1972). El individuo, ¿se siente seguro al respecto? Si es varón, ¿depende de su esposa para tranquilizarse acerca de su masculinidad? Si es mujer, ¿necesita que el marido la haga sentirse femenina? ¿Cuán defensivo y agresivo es cada esposo al reafirmar su sexo?

11. *Características deseables en el compañero sexual.* Los rasgos deseables en el compañero incluyen, por ejemplo: sexo, personalidad, rasgos y donaire físicos, requisitos del rol; necesidad de dar y recibir amor; sentimientos, actitudes, aptitud sexual y capacidad para el goce sexual conyugal; nivel de logros del compañero, capacidad de supervivencia, habilidades, etcétera.

12. *Aceptación de uno mismo y del otro.* Cada esposo, ¿es capaz de amarse a sí mismo tanto como al otro? ¿El narcisismo interfiere en el amor objetivo? ¿Se cree que el amor es sinónimo de vulnerabilidad y, por consiguiente, debe evitarse?

13. *Estilo cognitivo.* Puede definirse como la manera típica con que una persona selecciona la información que ha de tomar, la procesa y comunica el resultado a otros. «Si bien el término "cognitivo" suele emplearse para definir el pensamiento consciente, nosotros lo usamos en un sentido más amplio, en el que todos los procesos mentales, conscientes o no, adquieren igual importancia dentro de un sistema de recepción y procesamiento de información o datos» (B. y F. Duhl, 1975). Con frecuencia, los cónyuges difieren en su manera de encarar y tratar los problemas, o de ver las situaciones; seleccionan o perciben una variedad de datos, pudiendo llegar a conclusiones muy diferentes. La discusión directa rara vez resuelve esta diferencia: demasiado a menudo el cónyuge no respeta el valor que encierra el estilo del compañero y el hecho de poseer uno y otro conjuntos diferentes de percepciones o procesos. La diferencia de estilos cognitivos, que incluye las discrepancias en la percepción sensorial y los procesos de pensamiento, da origen a muchos conflictos e infelicidad conyugales. Al hablar de las diferencias gonadales tendemos a exclamar «¡Viva la diferencia!», pero pocas parejas aprenden a aprovechar culturalmente las disimilitudes en esos estilos. El terapeuta debe dirigir su atención y la de los esposos hacia el examen del área cognitiva, para ver si las diferencias allí existentes generan problemas; dicho examen es de suma importancia, porque los profesionales han reparado menos en este parámetro que en otros.

Es correcto incluir la inteligencia dentro del estilo cognitivo, pues si su nivel difiere mucho entre los cónyuges, pueden aumentar sus diferencias de modalidad y sus problemas de comunicación, generando innumerables insatisfacciones cuya causa difícilmente perciben.

Categoría 3. Focos externos de problemas conyugales

Muchas veces, los síntomas de estos focos parecen ser el núcleo de las desavenencias conyugales cuando, en realidad, suelen ser manifestaciones secundarias de áreas problemáticas surgidas de las expectativas puestas en el matrimonio, o de índole biológica o intrapsíquica. Por lo común, las quejas concretas pertenecientes a esta categoría 3 son las primeras en aparecer, pero generalmente atraen la atención hacia motivos de discordia más importantes, casi siempre inadvertidos.

1. *Comunicación.* ¿Con cuánta franqueza y claridad intercambian los cónyuges su información y «mensajes»? ¿Pueden expresar abiertamente su amor, comprensión, angustia, ira, deseos, etcétera?

2. *Estilo de vida.* ¿Hay al respecto similitudes que facilitan la compatibilidad, o, a la inversa, las diferencias existentes y su percepción conducen a una lucha o subyugación constante? ¿Los cónyuges «marchan cada cual por su lado», llevando existencias paralelas? ¿Uno es «noctámbulo» y el otro «diurno»? ¿Uno sociable y el otro solitario? ¿A uno le gusta permanecer en casa y al otro salir? ¿Uno prefiere los platos sencillos y el otro las exquisiteces de *gourmet*? ¿Qué otras diferencias importantes se observan en sus gustos? ¿Son estas diferencias el reflejo de otras más fundamentales?

3. *Familias de origen.* Un cónyuge puede abrigar resentimiento hacia la familia del otro, o hacia determinados miembros de ella (la madre, el padre o algún hermano menor). ¿Cómo actúa la pareja en lo concerniente a las visitas familiares? ¿Hasta qué punto logran tomar decisiones satisfactorias en cuestiones que afecten sus actuales relaciones con ambas familias de origen? El apego excesivo a la propia familia de origen es causa frecuente de graves problemas. Algunos individuos intentan conservar un rol infantil, en tanto que otros asumen y ejercen una responsabilidad parental con respecto a sus propios progenitores o hermanos menores.

4. *Crianza de los hijos.* Aquí los principios teóricos no importan tanto, quizá, como la práctica diaria. ¿Quién posee autoridad sobre los niños? ¿Cómo se toman las decisiones sobre su educación y cuidado?

5. *Relaciones con los hijos.* ¿Qué alianzas se establecen con ellos y con qué fines? ¿Se considera que determinados hijos pertenecen más a un progenitor que a otro?

6. *Mitos familiares.* ¿Colaboran ambos cónyuges en el mantenimiento de mitos? ¿Se afanan por presentar una imagen determinada de sí mismos, su matrimonio, su familia?

7. *Dinero.* ¿Quién lo gana y cuánto? ¿Cómo se controlan los gastos? ¿Quién lleva la contabilidad doméstica? ¿Se lo identifica con amor y/o poder?

8. *Sexo.* Las actitudes individuales pueden diferir en cuestiones tan fundamentales como: frecuencia de las relaciones sexuales, quién las inicia, objetos sexuales alternativos (relaciones homosexuales, heterosexuales, bisexuales, fetichistas o grupales), medios de lograr o aumentar la gratificación (fantasías y/o su dramatización), y fidelidad. ¿De qué manera se interrelacionan los sentimientos de amor y consideración con el impulso sexual y su satisfacción?

9. *Valores.* ¿Hay acuerdo general con respecto a las prioridades (p. ej., dinero, cultura, educación, hogar, vestimenta, código moral personal, religión, política, otras relaciones con terceros)? Aunque se reflejan en la mayoría de las otras áreas aquí enumeradas, los valores también merecen ser considerados en forma específica.

10. *Amistades.* ¿Cuál es la actitud de cada esposo con respecto a las amistades del otro? ¿Qué pretende cada cónyuge de sus amigos? ¿Pueden tener amistades comunes y también otras personales? ¿Cuáles son sus reglas básicas para trabar amistad con compañeros de trabajo o con personas del sexo opuesto, o para entablar amistades de tipo personal? ¿Comprende cada esposo que no puede, ni debe, tratar de satisfacer por sí mismo todas las necesidades emocionales y recreativas del otro?

11. *Roles.* ¿Qué tareas y responsabilidades se espera que cumpla cada cónyuge? ¿Quién se encargará de cocinar, hacer las compras y demás quehaceres domésticos? ¿Quién se hará responsable del cuidado de los niños, de programar las vacaciones, fiestas y diversiones, de atender las finanzas? ¿Los roles están determinados estrictamente por el sexo, son compartidos o se adaptan a las inclinaciones personales y circunstancias del momento?

12. *Intereses.* Cuando uno de los esposos se interesa por una actividad, ¿insiste en que el otro comparta su interés? ¿Respetan las divergencias o ven en ellas una ofensa? Deben examinarse los intereses referentes al trabajo y al tiempo libre, teniendo en cuenta su relación con el parámetro intimidad/distanciamiento de la categoría 2. ¿Cuál de esos intereses constituye una manifestación de individualidad, y cuál de ellos expresa una necesidad de distanciamiento, o de aferramiento y dependencia?

Esta lista es forzosamente parcial, ya que cada pareja —al igual que las personas— tiene problemas determinados por su relación peculiar; por ejemplo, las diferencias raciales, religiosas o sociales son parámetros que incumben a algunas parejas y a otras no. Sin embargo, es lo bastante completa como para que pacientes y profesionales tengan una idea de cuáles son las «áreas difíciles» más comunes que aparecen en terapia marital, y podrán añadirse otras cuando así lo indiquen las circunstancias.

Causas de dificultades contractuales

Son muy diversas. Por de pronto, los cónyuges pueden estar actuando según contratos muy distintos e incongruentes. Una causa clásica de tal incongruencia es la diferencia, de origen cultural, entre las expectativas de hombres y mujeres con respecto al rol a desempeñar. Si un cónyuge tiene conflictos intrapsíquicos sobre sus propias necesidades y deseos, las cláusulas del contrato que procura imponer a nivel de integración dual reflejarán esos conflictos y contradicciones. Obviamente, el «pacto» no puede funcionar en estas condiciones y sobreviene el inevitable desengaño.

Cierta vez traté a una pareja en la cual la esposa planteaba el caso típico de muchas mujeres de la actualidad. Le habían enseñado desde la cuna a ser «femenina»; su rol era convertirse en esposa y madre. Empero, ya casada y con hijos, sintió una necesidad a medias consciente de ser más autónoma, de emplear su capacidad intelectual en algo productivo. Por un lado, era bastante independiente; por el otro, experimentaba una necesidad abrumadora de que la cuidase un hombre fuerte, enérgico y parental. Poseía el grado de ambición adecuado, era extraordinariamente competente en su trabajo y deseaba dedicarle toda la jornada, pero al mismo tiempo le parecía que sólo ella podía atender a sus hijos del modo apropiado. Sin exponer en forma franca su conflicto, ya que no era plenamente consciente de esos impulsos, en apariencia antagónicos, ni de su miedo a perder el amor de su esposo «parental», la mujer cambió de manera inconsciente su contrato original con el marido, que estipulaba que ella sería la principal responsable del cuidado diario de los niños. Luego, empezó a fundar sus actos en el supuesto de que su esposo había convenido en restar algún tiempo a sus actividades laborales para dedicarlo a los hijos. Cuando él se rehusaba a hacerlo, ella se enojaba creyéndose frenada en su desarrollo; cuando accedía a sus pedidos, la invadía el temor de que dejara de amarla, viendo en ella una competidora demasiado fuerte. También competía con él por el cariño de los hijos, temiendo que si él les dedicaba «demasiado» tiempo acabarían queriéndolo más que a ella. Sus conflictos se reflejaban en su enmienda unilateral del contrato y en la consiguiente desorganización familiar. En este caso, fue el marido quien insistió en buscar ayuda en un tratamiento.

Con frecuencia, un cónyuge frustra las expectativas del otro en un área determinada porque algún aspecto de la transacción genera considerable angustia. Sin embargo, hay relaciones maritales en las que un esposo sádico disfruta con la sensación de poder que experimenta al frustrar al otro. Algunos matrimonios están destinados al fracaso porque uno de los contratos individuales, o ambos, se basan en expectativas quiméricas: aunque el esposo o esposa cumpla con sus obligaciones, sus propias necesidades quedan insatisfechas por el simple hecho de que su compañero es incapaz de complacerlas; esto puede ocurrir, por ejemplo, cuando uno de los cónyuges es mucho menos inteligente que el otro o presenta una psicopatología grave. Digamos, por último, que algunas expectativas están condenadas al fracaso porque se basan en fantasías que, en realidad, ninguna relación podrá cumplir.

Conciencia del contrato

Desde el punto de vista clínico, conviene considerar en tres niveles distintos la conciencia que tiene cada cónyuge de su contrato matrimonial individual:

Nivel 1. Puntos conscientes y expresados

Este nivel comprendería todas las expectativas que han sido comunicadas al cónyuge en un lenguaje claro y comprensible. Es posible que aunque uno de los esposos se las exprese claramente al otro, este prefiera cerrarse a toda comunicación y no escuchar, o no registrar, lo que le han dicho, porque sus propias expectativas o su disposición mental son diferentes. En las comunicaciones, la recepción es tan importante como la emisión, de modo que es preciso que los cónyuges se escuchen mutuamente y se expresen con sinceridad, sin tapujos. Como ya vimos, no es usual que se expresen o reconozcan los aspectos recíprocos de las expectativas formuladas; lo común es que se las formule como una apetencia, deseo o plan apenas definido, pero no en términos de «esto es lo que espero que hagas por mí a cambio de. . .».

Nivel 2. Puntos conscientes pero no expresados

Entran aquí las expectativas, planes, creencias y fantasías de cada cónyuge que sólo difieren de las contenidas en el nivel 1 en que *no han sido comunicadas verbalmente al compañero*, ya sea por vergüenza o por temor a provocar su ira o rechazo (estas son las razones más comunes). El individuo puede ser consciente de sus incertidumbres con respecto a entablar una relación más plena, o a sus desengaños y conflictos incipientes, pero abstenerse de expresarlos y discutirlos abiertamente. A veces, actúa así adrede para manipular a su esposo u obtener beneficios mezquinos; estos casos son más raros de lo que supondríamos cuando la pareja tiene en vista casarse o vivir en concubinato, abundando más en las relaciones pasajeras.

Nivel 3. Puntos no conscientes

Este tercer nivel abarca los deseos o necesidades (a menudo contradictorios y poco realistas) de los que el cónyuge no tiene conciencia; pueden ser similares o contrarios a las necesidades y expectativas de los niveles 1 y 2, según el grado de integración del individuo. Algunas de las cláusulas contractuales de este nivel pueden ser preconscientes y apenas ocultas, en tanto que otras escapan más al conocimiento consciente. Las necesidades de poder y dominio y de intimidad o distanciamiento, los impulsos contradictorios de actividad y pasividad, los conflictos entre una conducta infantil y una adulta, los de identificación sexual, etc., pertenecen todos a esta esfera. En muchos aspectos, es el nivel contractual más importante por las múltiples sutilezas de comportamiento y relación producidas por las fuerzas en juego, las defensas levantadas contra ellas y los efectos de estas.

Existe la posibilidad de que las manifestaciones de enfermedades mentales graves, esquizofrenia, perturbaciones afectivas primarias o psicosis orgánica impidan el mantenimiento de una relación razonablemente satisfactoria.

Desde el punto de vista clínico, es dable considerar los aspectos de los contratos individuales inaccesibles a la conciencia como hipótesis de trabajo inferidas de la conducta, fantasías y otras producciones de cada cónyuge. Los contratos de este nivel pueden tener las características irracionales, contradictorias y primitivas atribuidas al «inconsciente» según la teoría psicoanalítica. Como regla general, estas estipulaciones no pueden cumplirse por su carácter quimérico y mutuamente contradictorio; la incapacidad de cumplimiento del compañero genera, a su vez, la discordia conyugal. La insatisfacción de las expectativas inconscientes tiende a provocar reacciones emocionales intensas, que confunden y turban a ambos esposos. De producirse un desplazamiento del afecto, estas reacciones parecen no adecuarse a la realidad del estímulo inmediato.

En todos y cada uno de sus niveles, los contratos son dinámicos y pueden cambiar en cualquier momento de la relación marital. Como cabe suponer, dichos cambios suelen ocurrir al producirse una modificación importante en las necesidades, expectativas o requisitos de rol de uno o de ambos esposos, o cuando una nueva fuerza ingresa al sistema conyugal. Así pues, hay varios puntos del ciclo de vida familiar en los cuales la naturaleza del contrato matrimonial podría tener particular interés: durante el galanteo, al cumplirse el primer año de matrimonio, después del nacimiento de los hijos, durante una experiencia disociadora y después de ella, cuando los hijos abandonan el hogar, cuando uno u otro esposo enferma de consideración, etc. Por supuesto, la naturaleza del contrato en el momento del examen clínico resulta importantísima para la terapia, en tanto que para el asesoramiento prematrimonial lo son los contratos elaborados durante el galanteo y los proyectos futuros de la pareja.

La congruencia de los contratos en el primer nivel de conciencia puede llevar a la pareja al altar; la disparidad en el segundo nivel causará dificultades en las etapas iniciales de la vida marital (a menudo, al cabo del primer año de casados); la incongruencia en el tercer nivel, si no va acompañada de una razonable complementariedad no ambivalente, contribuye en mucho a provocar elecciones de objeto neuróticas y está en el origen de los problemas con que nos topamos más frecuentemente tras los primeros años de matrimonio. Los problemas surgidos de incongruencias contractuales en el tercer nivel de conciencia se manifiestan, por lo común, en discrepancias insignificantes suscitadas en la vida cotidiana de la pareja, las cuales ocultan las verdaderas fuerzas dinámicas que actúan dentro de la díada.

Por lo general, es posible determinar las «cláusulas contractuales» correspondientes a los dos primeros niveles (o sea, las conscientes expresadas y las conscientes no expresadas) basándose en el material proporcionado por los mismos pacientes. Cuando dos cónyuges se someten a terapia, suelen venir preparados para verbalizar lo que antes temieron decir, y no tienen grandes dificultades con aquello que conocían pero que no habían expresado. La averiguación del contenido contractual que escapa al conocimiento consciente (nivel 3) depende, en parte, de cómo interpreta el terapeuta —previa selección— el material proporcionado por sus pacientes. Por supuesto, las conclusiones a que llegue respecto de la dinámica contractual a nivel 3 reflejarán su propia tendencia teórica, debiendo juzgarse de acuerdo con ella. Es interesante acotar que, con frecuencia, cada cónyuge percibe más las necesidades inconscientes de su compañero que las propias, lo cual puede resultar útil para aclarar las estipulaciones de uno y otro. No es raro que una esposa diga: «Sé que a él le gusta ser fuerte y posesivo, pero también noto cuánto depende de mí y qué infantil es en muchas cosas». Y el marido dirá: «Ella padece un gran conflicto. . . De veras quiere ser independiente y obrar por sí sola, pero al mismo tiempo desea que yo sea su Papito Grande y la cuide».

Una vez establecidas las áreas básicas del contrato matrimonial individual (expectativas puestas en el matrimonio, necesidades intrapsíquicas y biológicas, y focos externos de las dos áreas), y habiendo observado que todas las cláusulas operan en los tres niveles de conciencia, estamos en condiciones de examinar el tercer documento no escrito que subyace en todos los acuerdos matrimoniales: el contrato operativo o de interacción que rige el funcionamiento del matrimonio.

3. El contrato de interacción

En el capítulo anterior describimos las áreas y niveles de conciencia de los contratos individuales. Ahora trataremos de comprender cómo dos individuos se convierten en un sistema marital, y de qué modo los dos contratos independientes se manifiestan operativamente en el contrato de interacción de la pareja.

El sistema marital

Cuando dos individuos se casan, pasan a integrar una nueva unidad social, un «sistema marital»; este sistema no es la simple suma de dos personalidades, con sus respectivas necesidades y esperanzas, sino una entidad nueva y cualitativamente distinta: el todo difiere de las partes.

Hasta hace poco tiempo, la psiquiatría no había conceptualizado al individuo como un sistema que funciona como subsistema dentro de numerosos sistemas pluripersonales, cada uno de los cuales afecta su conducta y contribuye a determinarla, en tanto funcione como parte de él, e incluso cuando salga de él para pasar a operar dentro de otro sistema. En la vida diaria, acostumbramos definir a una persona según cómo actúa en diferentes sistemas: «Es una madre maravillosa y una maestra excelente, pero no es buena como amiga», «Es un marido afectuoso y considerado, y un estupendo jugador de tenis, pero no es muy bueno como padre». Se estudia cada vez más al individuo en relación con los sistemas mayores de los que es parte integrante. Aun antes de que Von Bertalanffy planteara el concepto de la teoría general de los sistemas, y la aplicara en seres vivos, los psiquiatras clínicos y teóricos ya se habían orientado, instintivamente, hacia un enfoque del matrimonio y la familia basado en el sistema. «La teoría general de los sistemas es una nueva disciplina centrada en la formulación y derivación de aquellos principios que son válidos para los sistemas en general», dijo Von Bertalanffy (1952), y definió al sistema como conjuntos de elementos interactuantes (1956).

Cuando dos personas comienzan a interactuar y a establecer una relación continuada, se comunican entre sí en forma verbal y no verbal; siguen las reglas del galanteo o las infringen de una manera previsible, de acuerdo con alguna variante de conducta anticultural; fijan de consuno reglas básicas para su conducta y métodos de comunicación, incluyendo mensajes y respuestas estereotipadas o abreviadas. En un proceso gradual pero ininterrumpido, van convirtiéndose en un sistema. Si se casan o se comprometen formalmente, cada uno abrigará un conjunto de expectativas con respecto al otro y acerca de la relación en sí.

Al unirse en matrimonio, los esposos, que traen consigo sus respectivos contratos individuales, crean un nuevo sistema dotado de contrato propio, el cual puede contener en buena medida características procedentes de aquellos o ser bastante distinto de lo que uno y otro cónyuge habían negociado. Como muchas personas no son conscientes de sus deseos más profundos, no es raro que consideren «autónomo» a este tercer contrato. Muchas veces, los sistemas maritales cumplen propósitos ignorados por ambos cónyuges.

Los objetivos y fines iniciales del sistema marital pueden cambiar. Por ejemplo, una pareja conviene aparentemente, como condición esencial para su vida conyugal, que cada cual pueda seguir una profesión, situando la procreación en un lugar muy bajo dentro de su escala de prioridades. Empero, a poco de casarse, ambos pueden sentirse presionados interna y externamente a tener hijos: el hecho de estar casados ha generado una *meta* o *propósito nuevo* para su relación.

Por lo general, el sistema recién creado continúa añadiendo objetivos y funciones adicionales, desechando quizás algunos de los primitivos. Hasta es posible que estas nuevas funciones adquieran primacía, en detrimento de las que concibieron y le atribuyeron originariamente los individuos involucrados; también podrían estar en discrepancia, y aun en conflicto, con el contrato individual de uno o ambos esposos, o con el contrato matrimonial original (explícito o implícito). Un ejemplo de esto sería el marido que se preocupa a tal punto por ganar dinero para su familia, por mantenerla en un alto nivel de vida, que cae virtualmente en una incomunicación emocional con su esposa e hijos. Aquí, una función conyugal ha eliminado a las demás, frustrando la necesidad de compañía e intercambio afectivo que puede tener la esposa.

El nuevo sistema diádico pasa a ser una «tercera persona» autónoma, cuyos propósitos pueden complementar o contrariar los objetivos maritales (parámetros contractuales) de uno u otro cónyuge. Además, existe la posibilidad de que sus efectos sobre cualquiera de ellos afecten profundamente su funcionamiento dentro de otros sistemas: el marido que se siente presionado para que proporcione a su familia un mejor nivel de vida adquirirá, quizás, una mayor autoafirmación o eficiencia en el trabajo; tal vez se intensifique su espíritu competitivo, relativamente nulo hasta entonces. Si no es ambivalente respecto de sus dotes competitivas en materia de negocios, es posible que obtenga mucho éxito en el mundo comercial, pero si lo es corre el riesgo de salir perdidoso en los dos sistemas, el familiar y el comercial.

Es preciso redefinir y aclarar continuamente los objetivos y funciones del matrimonio, ya que pueden modificar sobremanera el sistema. Las tareas que deben llevarse a cabo para alcanzar una meta —en el ejemplo anterior, ganar dinero— alteran el sistema. Este concepto de que *la tarea cambia el sistema* tiene gran importancia en terapia (véase el capítulo 9).

El sistema marital en evolución existe dentro de un medio que lo afecta de diversos modos. Es posible que cada esposo obre por sí solo buena parte del tiempo pero que, aun así, el sistema marital influya en la mayoría de sus actos aun cuando no esté en presencia de su compañero. El grado en que esto ocurre varía de un sistema a otro, y hasta entre individuos pertenecientes a un mismo sistema. A decir verdad, la influencia del sistema marital sobre una misma persona puede diferir mucho de un momento a otro.

En estos últimos años, el «estilo de vida» del sistema marital ha ido cambiando, ya no lo integran dos personas estrechamente ligadas, con roles precisos determinados por el sexo, sino dos seres «libres» e independientes, cada uno de los cuales mantiene en alto grado su propia personalidad. Este cambio es una tendencia, no una realidad concreta. En tanto ocurre, el matrimonio tiende a transformarse en un sistema al que ambos cónyuges dedican sólo una parte de su tiempo, como lo hacen con el sistema laboral, el escolar, el de su club más frecuentado o el de su familia de origen. Este concepto del matrimonio como un sistema entre varios, aplicable a ambos cónyuges, permite comprender mejor muchas de las modificaciones actuales de la relación entre marido y mujer. Por lo común, los hombres han tenido otros cauces para realizarse y definir su personalidad, en tanto que un buen número de mujeres recién ahora comienzan a desarrollar esa posibilidades extramaritales y extrafamiliares. El sistema marital ya no tiene por qué ser de importancia vital para quien disponga de otras áreas trascendentes de involucración creativa y emocional; *ya no es preciso que se convierta en la única o principal fuente potencial de realización o definición del sí-mismo.*

El sistema marital nace bajo las siguientes condiciones: cuando cada individuo «invierte» en él algo acorde con su interpretación del contrato matrimonial, y con su disposición y capacidad para dar y recibir; cuando los objetivos y propósitos del nuevo sistema (el matrimonio) quedan más o menos definidos en varios niveles de conciencia, con la posibilidad de reexaminarlos y reafirmarlos o cambiarlos constantemente; cuando se asignan o asumen los roles, tareas, responsabilidades y funciones correspondientes a cada persona, con miras a alcanzar los nuevos objetivos y fines; cuando se elabora algún método de comunicación que permita transmitir el entendimiento alcanzado. Las reglas del sistema se fijan según una norma simple o doble, en función del *Zeitgeist* de cada cónyuge (esto es, de su medio tanto global como inmediato: amistades, familia, colegas, medios de comunicación de masas, lecturas, rasgos propios de su nacionalidad, etc.) y de los contratos matrimoniales individuales. Lo mejor es que todos los parámetros de la relación se negocien de algún modo; no es indispensable hacerlo antes de casarse: también pueden convenirse en el momento necesario.

La situación más frecuente en que el sistema marital genera antagonismo y desengaño es aquella en la cual uno de los esposos siente que él no pudo haber participado en la hechura de ese monstruo que no se ajusta a sus especificaciones (o sea, a su contrato individual). En cambio, si se llega a un contrato conjunto y único, con objetivos, tareas y fines claramente formulados, discutidos y aceptados en todos los niveles, es probable que la relación progrese, siempre y cuando haya amor y voluntad de avanzar hacia una convivencia armónica. Esto no significa que un contrato así disipe toda la ambivalencia inconsciente, o aun consciente, de los esposos; lo que sí implica es que tal ambivalencia no destruirá forzosamente el sistema si puede someterse a una nueva deliberación. La elaboración del contrato único es un proceso continuo; dado que describe un sistema dinámico, cambia y evoluciona constantemente. En él, los *quid pro quo* son claros y explícitos, de modo que cada esposo sabe qué se espera de él y qué puede esperar a cambio de ello; sólo entonces se tiene una base para una vida racional. Esto no quiere decir que se excluya el placer del misterio y los descubrimientos inesperados que dos personas comparten a medida que se conocen mutuamente.

Una vez aclarado, el enfoque sistémico le proporciona al terapeuta varias alternativas para el tratamiento de la disfunción conyugal. El problema «individuo *versus* enfoque sistémico» es falso, aun cuando está enraizado en nosotros y continuamos marcándolo al preguntarnos, por ejemplo, cómo puede una persona casarse y mantener su propia personalidad. Es cierto que el individuo cambia al entrar en una relación (sistema), sea cual fuere la fuerza del vínculo; la cuestión reside en que esta puede constituir una experiencia restrictiva o una apertura hacia nuevas perspectivas de crecimiento.

A continuación me extenderé sobre algunos de los factores que determinan la esencia del sistema marital en funcionamiento.

El contrato de interacción

Si bien los contratos matrimoniales individuales forman la base del modo de interactuar propio de cada pareja, no son los únicos determinantes de la unicidad de sus interacciones y la calidad de su relación.

Además de estos contratos individuales, cada pareja posee un *contrato de interacción* común, único y en buena medida tácito. Este tercer contrato no equivale en absoluto al contrato único desarrollado en terapia a medida que van solucionándose las disparidades de los contratos individuales, y que se refiere a los deseos de cada persona, lo que está dispuesta a dar, y los objetivos y fines que entraña la relación para cada cónyuge y para el sistema marital en sí; en cambio, el contrato de interacción constituye el convenio operativo mediante el cual ambos esposos procuran satisfacer las necesidades expresadas en sus contratos individuales. Es el conjunto de convenciones y reglas de conducta, de maniobras tácticas y estratégicas, elaboradas en su trato mutuo, y puede contener elementos positivos y negativos.

En este contrato de interacción, los dos cónyuges colaboran para establecer y mantener un método que les permita satisfacer suficientemente sus necesidades biológicas, sus deseos adultos y sus deseos infantiles remanentes. Para que el sistema marital permanezca viable, deberá cumplir estos fines sin generar un grado tal de angustia defensiva o agresión que destruya el matrimonio en cuanto unidad capaz de alcanzar sus objetivos. El contrato de interacción se ocupa de establecer de qué modo una pareja procurará satisfacer conjuntamente sus objetivos individuales; se refiere al *cómo*, no al *qué*.

Aunque cada esposo ve su contrato individual como algo muy real, lo común es que no sea la representación exacta de todas las expectativas o factores que determinan su conducta, puesto que no es una entidad estática; sufre modificaciones debido a la interacción con el otro cónyuge y, a menudo, se le añaden nuevas cláusulas para «corregir» el comportamiento de este o hallar el modo de adaptarse a la relación. Los contratos individuales ayudan al terapeuta a comprender los ingredientes personales que entran en el sistema de interacción de los cónyuges. Luego, uno y otros podrán visualizar el contrato de interacción vigente. Generalmente, ambos esposos interactúan sin tener conciencia de las sugerencias no verbales y expresiones verbales que contribuyen a la calidad de su interacción. *El contrato de interacción proporciona el campo operativo en que cada cónyuge lucha con el otro para cumplir su propio contrato individual en su totalidad, esto es, en todas sus cláusulas realistas, irrealistas y ambivalentes.* Es el terreno en que cada esposo procura alcanzar sus objetivos propios y obligar al compañero a conducirse de acuerdo con su propia concepción del matrimonio.

La interacción de la pareja y sus pautas interaccionales *son* la estructura de su relación.

El contrato de interacción tiene características únicas para cada pareja, porque se desarrolla a partir de los deseos y esfuerzos más básicos de cada cónyuge, así como de sus maniobras defensivas. Cada miembro de la pareja estimula en el otro maniobras defensivas, que pueden ser o no típicas de él en otra relación.

Las observaciones que haga el clínico sobre los parámetros de las tres categorías de cláusulas de los contratos matrimoniales permiten evaluar la modalidad de conducta de cada cónyuge dentro de la relación. Todos estos parámetros pueden juzgarse en función del papel que esa área en particular desempeña *actualmente* en la relación. Entre las áreas que determinan el comportamiento en las relaciones íntimas, las más importantes son las correspondientes a los trece parámetros biológicos e intrapsíquicos de la categoría 2 (véase el capítulo anterior). Una vez que evaluamos la carga emocional de cada una de estas áreas, y la conducta generada por sus fuerzas motivadoras y por los mecanismos de defensa empleados, estamos en condiciones de usar una expresión abreviada, un perfil conductal especificativo, para describir la actitud significativa adoptada por cada esposo en el sistema de interacción (véase el capítulo 6). Dichos perfiles resumen la calidad, matiz y metodología básicas de la interacción de cada cónyuge con el otro; no son absolutos, y es dable modificarlos a medida que continúa la relación. Si bien cada integrante de la pareja posee muchas otras características conductales, para determinar su perfil prefiero elegir el contenido principal de su actual modo de interactuar con su compañero. Durante una interacción, los esposos pueden intercambiar sus roles o tomar otros, a medida que avanza el ciclo o secuencia interaccional.

Buena parte de la terapia consiste en hacer que los cónyuges sean más conscientes del contrato de interacción y de su propia conducta dentro de él, y en emplear esta toma de conciencia para alcanzar un nuevo contrato único que sirva de base a interacciones más saludables, esto es, que cumplan objetivos razonables y proporcionen, tanto al individuo como a la pareja, la mayor gama posible de metas adultas. Dado que son los esposos quienes determinan los objetivos del matrimonio, las cláusulas de cada contrato individual pasan a primer plano y es preciso tratarlas. Yo procuro aclarar los principales aspectos positivos y negativos de los contratos individuales, para que cada cónyuge pueda ajustar más los suyos a las exigencias reales resolviendo sus cláusulas conflictivas y ambivalentes. La toma de conciencia no constituye un prerrequisito necesario para el cambio, pero sí es preciso estar dispuesto a esforzarse por cambiar.

Para completar este epítome sobre la dinámica interaccional de la pareja, debemos describir sucintamente las dos clases de vínculo, expresar nuestra ignorancia con respecto al fenómeno del amor y tratar algunos factores implícitos en la elección de pareja. También dilucidaremos algunas de las amenazas al sistema marital y las reacciones que provocan en este: su autoafirmación hacia el cumplimiento de sus fines, sus reacciones defensivas ante amenazas internas y externas.

El vínculo

Tiger y Fox (1971) sostienen que las fuerzas ligadoras de las sociedades humanas son las mismas que rigen en otras sociedades de primates: el control del macho sobre la hembra con fines sexuales y de dominio (el cual conduce a lo que denomino «vínculo de corto plazo» o pasajero), y el uso del macho por parte de la hembra para su propia fecundación y protección. El rol masculino de padre y protector de la familia, *tal como lo ha estructurado la sociedad*, crea la necesidad de un «vínculo de largo plazo» o duradero, al que Tiger y Fox no le atribuyen necesariamente una determinación biológica. Sugieren, en cambio, que nosotros mismos nos persuadimos de que debemos aceptar el vínculo a largo plazo (matrimonio) porque la sociedad se lo impone al varón, y que para hacerlo agradable la pareja se esfuerza por recapturar la excitación y esa aura especial de los primeros días de su amor... por lo común infructuosamente. Los autores citados establecen una separación neta, para los hombres, entre el vínculo de pareja y el vínculo parental: el primero es biológico, el segundo es de origen cultural.

Sean cuales fueren sus causas determinantes —biológicas y/o culturales—, lo cierto es que casi todos los hombres y mujeres adultos, o en los últimos años de la adolescencia, experimentan la necesidad de este vínculo. Aunque bajo el frecuente influjo de anhelos infantiles remanentes y de factores transferenciales en la elección de pareja, se presenta también como una necesidad madura. Ello involucra sentimientos de amor, deseos sexuales, ansias de permanecer largo tiempo junto al compañero, y el propósito de formar con él una unidad para todo lo atinente a los proyectos futuros, la economía cotidiana y la procreación y crianza de los hijos. Significa compartir esperanzas, expectativas y el devenir de la vida diaria, e implica una considerable comunidad de intereses. Para la mayoría de la gente de hoy, también significa que ambos cónyuges tendrán un margen de libertad para participar en diversas actividades y relaciones con otras personas.

Al parecer, hay dos tipos de vínculo: pasajero y duradero. El primero se caracteriza casi siempre por la intensidad de los sentimientos sexuales y amorosos, y por la angustia que provoca la separación; según mis observaciones, suele durar entre una semana y tres años. El vínculo pasajero, o de corto plazo, puede convertirse en duradero, pero este último también puede establecerse sin pasar por la etapa de intensidad de aquel. El vínculo de largo plazo, en su mejor forma, se caracteriza por una profunda aceptación del compañero y de uno mismo, y de las respectivas limitaciones. Ambos cónyuges suponen que atravesarán juntos las diversas fases de su propio ciclo vital y del ciclo matrimonial; entre ellos hay fidelidad, dedicación mutua y comunión íntima.

Algunos mantienen durante décadas la intensidad pasional del vínculo de corto plazo, en tanto que otros establecen una relación menos apasionada pero no por ello menos significativa. Las luchas y los conflictos, y la solución más o menos buena de importantes discrepancias contractuales, pueden integrar este cuadro. Algunas relaciones de largo plazo son hermosas; otras son desagradables. . . pero algo sigue manteniéndolas; el miedo a la soledad, la hostilidad, la ira, la inercia, el temor a trabar una nueva relación, o razones de seguridad (económica y de otras clases).

Elección de pareja

Trataremos sólo unos pocos de los factores involucrados en la elección de pareja y relacionados con la calidad de la interacción conyugal. Dicks (1963, 1967) ha descripto las complejas relaciones de objeto implícitas en el matrimonio, indicando que cierta conducta regresiva es normal en él y necesaria para el diálogo humano. Además, valiéndose de los conceptos de Fairbairn sobre las relaciones de objeto, aplicados a parejas, ha planteado la hipótesis de que aquellas partes del progenitor que fueron introyectadas en la infancia son luego proyectadas sobre el objeto elegido. Según Dicks, tendemos a elegir una pareja que se avenga a aceptar la introyección (así lo esperamos inconscientemente) o, dicho de otro modo, buscamos en forma inconsciente un compañero que concuerde con nuestras necesidades de transferencia, y que responda con una adecuada conducta de contratransferencia. Estudiando los contratos matrimoniales individuales, vemos cómo las personas se preparan a sí mismas y a sus cónyuges para esto. Por otra parte, aun suponiendo que el elegido actúe según lo exija la transferencia o proyección, habrá dificultades, puesto que son frecuentes las ambivalencias y los conflictos entre lo introyectado y su proyección. Estas clases de datos se van aclarando a medida que examinamos los contratos individuales junto con el de interacción.

Numerosos trabajos sociológicos sobre elección de pareja tienden a respaldar la hipótesis de que las personas con antecedentes raciales, culturales, geográficos, religiosos y socioeconómicos similares tienen mayores probabilidades de lograr continuidad en sus matrimonios. Empero, es posible que esto haya perdido vigencia en una sociedad tan cambiante y relativamente desarraigada como la nuestra.

El amor es un factor primordial en la elección de la pareja y para determinar la índole de sus relaciones. Sin embargo, permanecemos perplejos ante ese fenómeno común, aunque esotérico, que llamamos «amor» y su papel en las relaciones humanas. Podemos describir la conducta del «enamorado», el hecho de que una persona pueda «enamorarse» o «desamorarse», pero nos es imposible explicar *por qué* ama o deja de amar. Conocemos el amor por las manifestaciones de su presencia, pero no sabemos qué es; es un síndrome polimorfo, pero ignoramos cuál es el agente etiológico. Aunque abundan las hipótesis, aún no hemos logrado aislar las variables que nos permitirían pronosticarlo. ¿Es una enfermedad, un fenómeno regresivo o transferencial, un producto de nuestra imaginación y deseos, como cuando decimos que «la belleza está en los ojos del que mira»? ¿Es una necesidad instintiva que debemos satisfacer para alcanzar las mayores gratificaciones y/o sufrimientos en la vida? ¿Por qué algunas personas pueden morir de amor, o por falta de él, en tanto que otras no se conmueven mucho ante él, ni ante su propia incapacidad de conquistar el amor del ser deseado? ¿Se debe ello, acaso, a que algunos individuos tienen «buenas defensas» contra sus sentimientos, en tanto que otros son «hiperreactivos» frente a ellos? Tal vez el amor esté estrechamente ligado a la reproducción, y la posibilidad de procrear constituye, por fuerza, un requisito previo, pero esto no regiría para las parejas de homosexuales que se aman mutuamente, o de individuos que han pasado la edad fértil. Algunos animales son tan monógamos como nosotros, o más. El amor no es sinónimo de monogamia; habrá muchos que aman y son monógamos, pero también hay quienes no lo son.

Las diversas hipótesis sólo parecen revelar nuestra ignorancia. Quizá sólo podemos decir que el amor existe realmente, que es una fuerza muy poderosa e importante cuya presencia o ausencia contribuye en mucho a determinar la naturaleza de las relaciones diádicas. Cuando un cónyuge deja de amar al otro, rara vez puede revertirse el proceso y reinstaurarse el amor, aun queriéndolo ambos. Es comprensible que todavía haya demanda de hechizos y filtros de amor. . .

No obstante nuestra ignorancia acerca del amor, nos vemos obligados a apreciar la fuerza plena de su poder. Es imposible negar o ignorar su existencia, como lo sería negar la del viento porque no podemos verlo. El amor es parte importantísima en la ecuación de la interacción de una pareja, si bien continúa siendo una incógnita en dicha ecuación.

Los sentimientos y los hechos, los determinantes conscientes e inconscientes, desempeñan un papel parejo en la elección del compañero. Ambos participantes saben que desean la clase de apoyo y satisfacción que sólo podrán obtener uniéndose a otra persona durante un tiempo. Sin embargo, a medida que el sistema marital elabora sus propias reglas, costumbres y modalidad de interacción, que *constituyen* su relación, muchas parejas descubren que la felicidad y los goces anhelados no llegan, o son meramente marginales. Con frecuencia, los esposos parecen causarse más desdicha y frustración que felicidad y contento.

En este aspecto, los determinantes inconscientes no son más infalibles que los conscientes. Aunque los objetivos primarios expresos del matrimonio son aumentar el placer, la realización personal y de determinadas metas biológicas, psicológicas y culturales, lo más probable es que no los cumpla en grado suficiente. Como clínicos y científicos de la conducta, debemos descubrir —y, de ser posible, cambiar— los factores que producen las interacciones negativas, o cuestionar la validez de esos objetivos y la posibilidad de su cumplimiento.

Muchas personas eligen por compañero a alguien a quien consideran inferior porque los angustia la posibilidad de acceder al ser «superior» que en verdad preferirían, pero al que no se atreven a aspirar; esta es una elección de compromiso, y el matrimonio peligra a menos que el individuo se acepte a sí mismo y a su cónyuge. Otros elegirán, quizás, a alguien que les parezca dotado de cualidades complementarias. Por ejemplo, una persona sexualmente tímida e inhibida elige a alguien que disfruta del sexo en forma abierta y sin inhibiciones, o se deja elegir por él. Según sea su interacción, el esposo tímido puede florecer sexualmente y aproximarse a su compañero, o bien angustiarse más acerca del goce erótico —impulsado por sus propias defensas o por el modo de ser del otro— y retraerse o criticar la franqueza sexual de su cónyuge (franqueza que él deseaba y quizá todavía desea, pero cuyo disfrute no le está permitido); al criticarlo por sus experiencias sexuales anteriores, puede hacerle sentirse bestial. Por su parte, el otro tratará por un tiempo de vencer la angustia de su compañero y ganar su confianza, pero luego es posible que se sienta amenazado o irritado y reaccione con una agresión defensiva, o retrayéndose ofendido. Entonces se establece entre ambos una interacción de defensa que continuará, cuesta abajo o con altibajos, para mantener el grado de sexualidad «justo y correcto» que conserve la angustia del uno a un nivel aceptable (para él) que le permita funcionar moderadamente bien, y que retenga al otro apenas por debajo del nivel que lo impulsaría a buscar una relación extraconyugal. Por lo común, este compromiso es inestable, existiendo la posibilidad de que ambos esposos reaccionen con gran angustia ante estímulos externos relativamente leves.

Pautas conyugales de autoafirmación y de defensa

Las maniobras defensivas y de autoafirmación (o lucha por la realización personal) *son funciones de los deseos individuales y colaborativos de la pareja, tal como se expresan en los tres contratos matrimoniales, así como de las defensas levantadas para hacer frente a la angustia que genera la proximidad de la satisfacción o frustración.* Las defensas también responden a ataques exteriores y a interferencias en el logro de los objetivos y fines del sistema. El individuo puede reaccionar ante los estímulos en forma individual y como parte del sistema marital.

Las reacciones de autoafirmación y defensa facilitan el cumplimiento de *todas* las cláusulas de *todos* los contratos matrimoniales, esto es, los objetivos maritales comunes a ambos esposos y sus metas individuales. En otras palabras, ayudan a alcanzar los objetivos y propósitos mutuamente aceptados, los antagónicos y aquellos pertenecientes a los contratos individuales que generan conflictos internos o ambivalencias. Cuando los objetivos de los esposos se excluyen entre sí y no están abiertos a una discusión verbal, entran a funcionar las pautas de autoafirmación y defensa para tratar de llegar a una solución dentro del sistema marital. En tales circunstancias, suelen motivar una interacción negativa. Supongamos que cada cónyuge tiene objetivos que produzcan felicidad, satisfacción, crecimiento o cualquier otro resultado que se considere positivo, y que simultáneamente, en otros niveles de conciencia, coexistan objetivos negativos, inhibitorios o destructivos en relación con los primeros. Esta actividad inhibitoria dirigida contra los objetivos positivos es la que origina buena parte de la ambivalencia y conflicto maritales. Los objetivos negativos no siempre son inconscientes. Las reacciones de autoafirmación y de defensa pueden ser motivadas por los deseos, necesidades y angustias conscientes e inconscientes de ambos individuos, y actuar con idéntica fuerza en defensa o cumplimiento de objetivos positivos o negativos. Quienes han tratado de alterar la conducta masoquista de un esposo, han percibido la fuerte resistencia al cambio que presenta la adaptación masoquista del individuo. Muchas veces, las reacciones mutuas de los cónyuges establecen un sistema de reflejos y escaladas que pueden ser positivas o negativas con respecto a los objetivos y fines del sistema marital.

Los *aspectos de autoafirmación* son esfuerzos por alcanzar un objetivo positivo o negativo. El término «autoafirmación» resume las fuerzas relacionadas con la independencia, actividad, iniciativa, uso del poder o de la autoridad, dominio, y postergación razonable de las gratificaciones presentes en aras de una meta más distante; o sea, cualquier medida activa tendiente al logro de objetivos. Estos pueden ser adultos, infantiles o «neuróticos», no aplicándoseles juicios de valor en cuanto a los factores que provocan las reacciones de autoafirmación y defensa. El conflicto surge cuando los deseos de los esposos de alcanzar un objetivo determinado no concuerdan o se complementan, o cuando no se ha establecido un *quid pro quo* satisfactorio en ningún nivel de conciencia.

Los *aspectos de defensa* de esta red son actividades destinadas a defender y proteger la autoafirmación de cualquier amenaza de interferencia, así como de la angustia. Pueden ser positivas o negativas con respecto al cumplimiento del objetivo marital y a sus efectos sobre los individuos: lo que es positivo para el matrimonio, no siempre es juzgado como personalmente positivo por uno o ambos cónyuges, y viceversa. Existe la posibilidad de que muchos de los mecanismos de defensa comunes ejerzan un efecto positivo o negativo sobre el cumplimiento, por parte del sistema marital, de sus propios objetivos y fines, y lo mismo cabe decir de los individuos. Cuando un esposo se siente amenazado por una creciente intimidad con su compañero, se activa con frecuencia una defensa que le es útil al individuo, pero que perjudica al sistema marital. Veamos un ejemplo: un hombre, angustiado por el miedo a que «descubran» en él alguna insuficiencia en su relación íntima con su esposa, empieza a intelectualizar y a invalidar sus sentimientos afectuosos e íntimos; ofendida por su retracción emocional, la esposa procura inútilmente mantener la intimidad. Si no logra revertir las maniobras de distanciamiento del marido, la mujer se inquieta y reacciona con manifestaciones de ira, las cuales son desplazadas hacia cuestiones triviales. Por su parte, el esposo interpreta este enojo aparentemente injustificado como una confirmación de que él obró bien al apartarse antes de que «esa mujer imposible» pudiera rechazarlo. En este caso, él se defendió de la angustia aislándose y distanciándose de su esposa, para que no descubrieran su insuficiencia, en tanto que ella se defendió de su consiguiente angustia absteniéndose de enfrentar las causas del retraimiento de su esposo (o sea, la amenaza de abandono) y expresando, en cambio, ira e irritación por nimiedades de la vida diaria. Ambos temieron básicamente ser abandonados, y ninguno fue capaz de encarar ese temor. Empero, por una paradoja, él los impulsó a poner en serio peligro un objetivo cardinal de su matrimonio: la seguridad de que ninguno sería abandonado jamás. Sus defensas individuales habían producido interacciones contrarias a la finalidad del sistema marital.

La parte defensiva de la red de autoafirmación y defensa puede responder a amenazas provenientes de tres fuentes principales: 1) las operaciones intrapsíquicas de uno u otro cónyuge; 2) el sistema (excluida la dinámica intrapsíquica de uno u otro cónyuge): su interacción, los objetivos y fines del sistema o los métodos elegidos para alcanzarlos, etc.; 3) las amenazas objetivas de la realidad, ajenas al sistema marital. Sea cual fuere la causa de las maniobras defensivas, la reacción de cualquier miembro de la pareja afecta a todo el sistema marital.

La rama defensiva de las reacciones de autoafirmación y defensa puede emplear los mecanismos defensivos de cualquiera de los subsistemas, o los del sistema marital propiamente dicho. Cuando los subsistemas actúan de consuno, se considera que la defensa es un ejemplo de buena unión conyugal y trabajo de equipo si se adapta a la realidad exterior; caso contrario, podrá verse en ella una *folie à deux*. El sistema marital, o cualquiera de los esposos, también puede reaccionar autoafirmándose o desmoralizándose; en matrimonios o en circunstancias diferentes, es posible que el sistema responda cambiando el foco de sus actividades para salvarse (p. ej., «tomémonos unas vacaciones» o «tengamos otro hijo»), o sea, desviando sus energías del tratamiento de las causas hacia otras tentativas de solución menos angustiantes. Una *folie à deux* puede ser vista como una maniobra defensiva del sistema, en la cual ambos cónyuges actúan o perciben al unísono; aunque no concuerde con la realidad y aleje más a la pareja de los otros, tiende a preservar la integridad del sistema y su propia «realidad» interior.

Mecanismos de defensa

A menudo, los mecanismos que aquí tratamos defienden al sistema marital, más allá de las maniobras defensivas del yo y/o del ello de cada individuo, aunque también sirven para la defensa del yo individual en la relación marital, y para controlar los impulsos* y sus afectos conexos. Como cabría suponer,

* «*Impulses*», a diferencia de «*drives*», término empleado en la bibliografía psicoanalítica en inglés para designar las «pulsiones». (*N. de la T.*)

los mecanismos de defensa individuales son fácilmente activados dentro de la relación marital, debido a la interdependencia y la conducta transferencial y regresiva que reflejan los contratos y, también, al potencial real de satisfacción y frustración de los deseos adultos e infantiles existentes en la relación de pareja. Este potencial convierte al vínculo en una intensa relación afectiva, y explica la probable facilidad con que se activarán los mecanismos defensivos de cada esposo.

Las manifestaciones de los mecanismos de defensa constituyen una parte importante de lo que los cónyuges se muestran mutuamente en sus transacciones y, por consiguiente, son a menudo aquello contra lo que reacciona cada esposo dentro de la relación. De ahí que aparezcan entre los determinantes principales de la interacción del sistema marital.

En síntesis, los mecanismos de defensa manifestados por uno o ambos cónyuges en su interacción son los mismos que es dable observar en los sistemas defensivos que establece el yo del individuo contra los impulsos y sus afectos conexos. Las fuerzas que activan estos mecanismos de defensa pueden radicar en el individuo (intrapsíquicas), en el sistema marital o en la realidad objetiva ajena a dicho sistema. Además y por encima de esto, tales mecanismos pueden influir positivamente favoreciendo el logro de los objetivos comunes y/o individuales de los esposos, o negativamente obstaculizándolo. Influyen en buena parte de las transacciones de los cónyuges y contribuyen a determinar la naturaleza, modalidad y reglas expresas de su sistema marital. Con frecuencia, en el uso de estos mecanismos los esposos entran en una connivencia. Un tipo de connivencia es la que desemboca, por ejemplo, en una especie de *folie à deux* en la que ambos individuos se defienden a sí mismos contra el desenmascaramiento de la falacia de un mito marital (verbigracia, que «somos una pareja de enamorados que nunca discuten ni riñen»), o contra la admisión de dificultades conyugales, transfiriendo la culpa de sus problemas a otras personas o hechos.

Los siguientes mecanismos de defensa son especialmente importantes en el tratamiento de parejas. No incluyo sus definiciones (véase Fenichel, 1945; Anna Freud, 1966) a menos que las use de un modo particular.

1. *Sublimación.* A menudo, esta defensa va acompañada de la aceptación, por parte de uno o ambos cónyuges, de una limitación real propia de la relación. Puede haber una sublimación conjunta o del «sistema»; tal el caso de unos esposos que deseaban tener hijos pero ambos eran estériles, y entonces fundaron un

campamento infantil de veraneo donde noventa niños se dirigían a ellos llamándolos «Mamá Connie» y «Papá Chick».

2. *Sacrificio altruista* de las propias aspiraciones y deseos. El ejemplo más común y evidente es el de la esposa que apoya al marido en su carrera, abandonando la propia o relegándola a un segundo plano. En el pasado, se educaba a las mujeres para esto desde la cuna.

3. *Regresión.* Es uno de los mecanismos más populares dentro del matrimonio; casi invariablemente, en la primera sesión el terapeuta detecta una conducta regresiva en uno o ambos cónyuges. Los componentes transferenciales de la elección de pareja y del matrimonio convierten a esta defensa en una opción inevitable para muchos esposos. Puede haber una regresión «permanente» de un cónyuge frente al otro, o bien una regresión conjunta, pero ello no impide que ambos actúen de un modo perfectamente adecuado y maduro en sus relaciones con terceros.

4. *Represión.* Se la utiliza mucho como defensa contra impulsos y afectos angustiantes generados dentro del sistema marital.

5. *Formación reactiva.* Es muy común en el sistema marital, especialmente para evitar sentimientos hostiles y agresivos; por ejemplo, una mujer que ya había resuelto (en su inconsciente) abandonar a su esposo, sintióse de pronto compelida a hacerle costosos regalos. La formación reactiva también puede usarse como defensa contra sentimientos cariñosos, amorosos y/o sexuales. En el adulto, la causa de esta angustia tiene que ver, por lo común, con el miedo a hacerse vulnerable al rechazo, o a ser dominado por el temor de perder a un ser querido; esto hace, quizá, que el adulto se prohíba a sí mismo captar toda la importancia que tiene para él la persona amada. Los casos en que esta defensa surge de una angustia infantil provocada por el miedo a los sentimientos libidinosos no son tan frecuentes como cabría esperar.

6. *Desmentida* de aquellas manifestaciones de sentimientos o conducta, propias o del compañero, que alterarían los supuestos básicos del sistema marital, así como su *modus vivendi* y *modus operandi.* Es una defensa muy común. Uno de los tipos más importantes de desmentida en las relaciones maritales es la *defensa perceptiva*, proceso activo e inconsciente por el cual se evita la percepción del verdadero significado de lo que captan los sentidos, pues ella provocaría demasiada angustia o exigiría una respuesta demasiado cargada de angustia. Una esposa puede no permitirse percibir los frecuentes comentarios denigrantes que le dirige el marido; los toma como críticas

correctas y procura ajustar su conducta a ellas sin ver la hostilidad de su compañero, porque si lo hiciese tendría que cuestionarla, y eso le causaría demasiada angustia.

7. *Inhibición* de impulsos, no sólo de los «instintivos» (p. ej., los sexuales), sino de todo impulso de sentir, pensar, hacer o decir algo que podría generar angustia, o bien provocar la desaprobación o menosprecio del compañero. Una mujer inhibió su gusto por los platos típicos de su país natal y su deseo de prepararlos, y hasta hablaba mal de ellos cuando tocaban el tema en reuniones sociales, porque su esposo, criado en París, una vez los había calificado irreflexivamente de «comida de campesinos». La inhibición de los sentimientos sexuales es común en el matrimonio, y constituyen una queja frecuente en terapia. Al hacer el diagnóstico, es difícil distinguir entre la inhibición de las respuestas sexuales ante alguien deseable y la falta de deseos hacia alguien por no creerlo sexualmente atractivo.

8. *Introyección, incorporación e identificación* relacionadas con el cónyuge. Estas defensas ejercen un efecto negativo o, a veces, positivo sobre la unidad del sistema marital. Pueden ser sumamente destructivas cuando se emplean como un medio para someterse al cónyuge y perder la propia individualidad. La introyección (el interiorizar a alguien «tragándolo») es un intento de recobrar la omnipotencia previamente proyectada en los adultos. La incorporación, aun siendo una expresión de «amor», destruye objetivamente al objeto como persona independiente en el mundo externo; también puede expresar hostilidad, e incluso ser un modo de identificar a un objeto hostil y hacerle frente.

9. *Reversión*, o vuelta contra la persona propia. Es muy común en las parejas; muchas veces se manifiesta en la depresión (transitoria o crónica) que causa en un cónyuge el miedo a actuar para remediar una tendencia perturbadora existente en la relación marital; la ira así generada es vuelta contra uno mismo.

10. *Desplazamiento* de sentimientos intensos de la causa real a otra cuestión con menor carga emocional. Es una defensa casi universal, tan comprendida por la gente, que a menudo se la emplea como recurso de comedia en los espectáculos familiares de televisión. En la vida real puede ser humorística o intrascendente, pero también extremadamente destructiva.

11. *Proyección.* Es un mecanismo común, mediante el cual se adjudican al cónyuge los sentimientos o impulsos propios.

12. *Intelectualización.* Puede ser muy molesta e irritante para el esposo que busque una mayor intimidad con su compañero intelectualizador. Muchas personas se casan en la creen-

cia de que el amor ablandará a poco esta defensa, si bien hay casos en que la necesidad de intelectualizar e invalidar las respuestas afectivas no emerge hasta después del matrimonio, cuando la pareja actúa en una mayor intimidad. A veces, el amor y el trato íntimo vencen a la intelectualización, pero es más frecuente que la provoquen en el individuo propenso, como una defensa contra la exposición y la intimidad.

13. *Anulación* (mágica). Este mecanismo primitivo no es una defensa interaccional eficaz, porque la compulsión a repetir el mismo acto es tan irritante que genera intolerancia y hostilidad. Los síntomas que representan expiación pertenecen a esta categoría, ya que la idea de expiación expresa creencia en la posibilidad de una anulación mágica.

14. *Fantasías.* Pueden utilizarse como defensa o como medio de gratificación. En el primer caso, invierten la situación real en forma tal que se mantiene la desmentida y se bloquea (o, al menos, se difiere) una amenaza al sistema escondiendo adrede los sentimientos que despierta el elemento perturbador.

Las defensas son determinantes importantes del contrato de interacción de la pareja. Pueden ser positivas, si facilitan el logro de objetivos normales y alivian la tensión dentro del sistema marital, pero también pueden conducir a disensiones y roces conyugales. Si las maniobras de defensa angustian al cónyuge, causan distanciamientos, representan una amenaza o, como ocurre a menudo, provocan reacciones negativas, la posterior conducta de los esposos —por lo general previsible dentro de las reglas del sistema marital— agravará el conflicto. El terapeuta necesita identificar los mecanismos de defensa que emplea cada esposo y encararlos como mejor le parezca, conforme a su enfoque terapéutico.

Cuando la angustia disminuye, gracias a la acción recíproca de las maniobras de autoafirmación y defensa, es posible que la pareja haya cumplido un ciclo o vaivén de intercambio o reversión mutua de sus perfiles conductales, lo cual constituye su típica «danza de adaptación». Si el proceso se ha desarrollado sin inconvenientes, ambos retornarán a su tranquila vida en común, serenos y listos para el próximo ciclo. (Para un ejemplo de este ciclo, véase el caso Smith, en el capítulo 5.)

Algunos procesos dinámicos especiales del sistema marital

Hay unos pocos aspectos de la dinámica conyugal que no han sido tratados con suficiente profundidad en las obras sobre terapia de pareja y de familia, y que requieren mayor examen por el importante papel que desempeñan en muchos sistemas maritales. Me referiré a ellos en particular, como un ejemplo de los múltiples materiales valiosos que pronto se descubren dentro de la actividad de la díada marital, y de un modo de encarar la interacción conyugal. Es fácil llegar a comprender la dinámica del sistema marital: es como un mineral a flor de tierra y ni siquiera es preciso cavar mucho para llegar a una veta productiva.

Describiré aquí los siguientes procesos dinámicos: doble vínculo, tal como se manifiesta en el matrimonio; doble transferencia parental; susceptibilidad del compañero hacia causas de angustia similares, aunque sus mecanismos de defensa sean muy distintos; concepto del desarrollo desigual de los diferentes parámetros del sistema marital.

Doble vínculo

Don y Jane Washington llevan cuatro años de casados; ambos trabajan. Don no logra disipar la ira, resentimiento, decepción o miedo que experimenta hacia Jane, a causa de su conflicto intrapsíquico; de ahí que buena parte de sus actos relacionados con Jane terminen en altercados. Por ejemplo, quiere que ella comparta el poder de decisión, pero también teme que su esposa llegue a dominar la relación conyugal. Por eso ofrece cederle parte del poder de decisión y luego lucha contra la dominación que, según cree, habrá de sufrir porque Jane tendrá entonces en sus manos el control del matrimonio. Muchas personas creen que sólo existe una determinada «cantidad» de poder dentro de un sistema marital, y a menudo suponen que si un cónyuge posee algún poder, debe haberlo obtenido a costa del otro. Por consiguiente, Jane está atrapada en un doble vínculo: le han dicho que sería grato que compartiera el poder con Don, y se lo han conferido, pero cuando lo ejerce percibe el desagrado y tensión de su esposo; haga lo que haga, no logra complacerlo.

Aunque en un principio se lo describió en función de las relaciones entre padres e hijos (Bateson y otros, 1956), el mecanismo del doble vínculo es igualmente importante en el sistema marital. En el caso que nos ocupa no hay problemas de comunicación, porque el mensaje recibido refleja con exactitud el conflicto y la ambivalencia del emisor (Don); la receptora (Jane) está en lo cierto cuando interpreta que, en esta transacción, ninguna de sus respuestas podrá agradar a Don. Y como debe tratar forzosamente con él, le es imposible evadirse del terreno transaccional. Al sentirse impotente, reacciona cayendo en la depresión (reversión, como mecanismo defensivo) y sus reacciones de autoafirmación y defensa realimentan el sistema marital. Su mensaje, transmitido por su depresión, activa las reacciones potencialmente negativas de Don, quien, incapaz de tolerar su afecto, responde a él con una ira manifiesta. Su enojo libera el de Jane, y así siguen los dos hasta que llegan a un *crescendo*, se distancian, y luego van aquietándose poco a poco. . . pero sin haber resuelto el verdadero problema. Era inevitable que la transacción causara dificultades, dado el conflicto en que se hallaba Don con respecto a sus propios impulsos ambivalentes y excluyentes entre sí.

Este ejemplo de doble vínculo marital subraya la necesidad de conocer los factores intrapsíquicos y los interaccionales propios del sistema. Para tratar bien este tipo de situaciones, es preciso atenerse a la interacción del momento y a los sentimientos involucrados en ella, teniendo siempre presentes las fuerzas intrapsíquicas. Asimismo, el terapeuta debe desarrollar métodos que permitan sortear o resolver (esto es, neutralizar) el conflicto en el cónyuge que envía el doble mensaje. Puede lograrlo de diversos modos, entre otros confrontar a Don con el reconocimiento forzoso de que está enviando mensajes de doble vínculo, o hacer que capte el conflicto que imprime al mensaje su doble carácter negativo. Aunque no llegue a resolverse por completo la ambivalencia, muchas veces es posible quitarle su potencial negativo si ambos cónyuges son conscientes de ella. (Digamos de paso que la descripción del matrimonio Washington también ejemplifica un aspecto importante de su contrato interaccional: su connivencia en permanecer distantes uno del otro. La distancia se mantiene cuando la ira de Don libera la de Jane, desatando una escalada de altercados y anulando la intimidad que se estaba gestando cuando Don envió su mensaje de doble vínculo.)

Doble transferencia parental

Los determinantes transferenciales que cumplen un papel tan importante en la elección de pareja para convertirse, después, en motivo de tantos sistemas maritales defectuosos, son bien conocidos, no así la transferencia *simultánea* de los progenitores al cónyuge. Estamos acostumbrados a considerar la transferencia usual, originada en la adaptación del individuo al progenitor del sexo opuesto, y también vemos reacciones transferenciales basadas en sentimientos experimentados a edad temprana hacia el progenitor del mismo sexo. Al examinar los aspectos sutiles del contrato matrimonial, descubriremos, quizá, que los pacientes presentan importantes transferencias simultáneas de sus dos progenitores, las cuales determinan la proyección de sus deseos o expectativas en el compañero, a quien le atribuyen características, ideales o comportamientos ficticios. Esta doble transferencia puede convertirse en determinante importante de mensajes de doble vínculo que expresan el conflicto en que se debate el emisor, y también en fuente de perturbaciones de la relación; se la detecta con frecuencia en terapia marital, y resulta evidente en muchos contratos. En el capítulo 5 (caso Smith) doy un ejemplo detallado de ella.

Similitud de angustias y diversidad de defensas

Uno de los determinantes decisivos de la calidad de un matrimonio es el modo en que los esposos encaran mutuamente sus angustias y mecanismos defensivos. En teoría, los cónyuges pueden prestarse uno al otro un servicio importante si reaccionan de manera positiva para calmar la angustia del compañero, pero en la práctica es común (e incluso inevitable en la interacción de muchas parejas) que la aumenten reaccionando con la angustia propia. Por ejemplo, un hombre necesitaba mantener la imagen que tenía de su esposa como un ser fuerte, capaz de enfrentar todas las adversidades, y se afligía cuando ella, a veces, se mostraba angustiada y pedía que la ayudaran o tranquilizaran. La necesidad que experimentaba el marido de no percibirla como persona «débil» lo movía a emplear una defensa perceptiva, no «oyendo» su pedido de socorro, apartándose cuando ella más lo necesitaba o impacientándose y enojándose con ella por cualquier nimiedad. Ante esto, la esposa sentía que no tenía a quién recurrir. Una y otra vez vio frustrarse sus expectativas de que su marido estuviese a su lado cuando lo necesitara, y esta falta de respuesta hizo que perdiera todo amor y respeto hacia él.

Buena parte del comportamiento que impide la comunicación e intimidad, aumentando el distanciamiento y la ira, es obra de los mecanismos de defensa. Aunque no siempre se utilizan con intención de dañar al cónyuge o la relación, eso es precisamente lo que hacen con demasiada frecuencia. . . Es común que ambos cónyuges sean sensibles a la misma causa subyacente de angustia. En el ejemplo siguiente, se trata de una causa muy difundida: el miedo a ser abandonado, temor profundo y generalmente ignorado por los esposos, los cuales sólo advierten las defensas del otro y no el motivo de la angustia. Veamos ahora el caso de Carol y Walter. Carol reacciona frente a su miedo a ser abandonada exigiendo que la tranquilicen; para ella, el amor se expresa cuidando del ser amado en un sentido material, así que cuando está angustiada pide obsequios y atención, no obstante ser capaz de brindar amor. Por su parte, Walter reacciona en forma contrafóbica frente a su propio miedo al abandono, rodeándose constantemente de amigos y aduladores. Debido a los efectos recíprocos de sus defensas, estos esposos se sentían a menudo ofendidos, deprimidos o irritados. Las exigencias de Carol alejaban cada vez más a Walter, que la juzgaba celosa y explotadora; si en vez de eso la hubiese comprendido, si hubiese actuado de un modo que la tranquilizara, la pareja no habría tenido que pasar por muchas de sus transacciones negativas. A la inversa, Walter, con su necesidad de compañía constante, era como el neurótico que por su fobia a la oscuridad ilumina exageradamente su casa; le infundía a Carol la sensación de que ella no lo contentaba, de que era incapaz de satisfacer su necesidad de amistad y amor sinceros, y el consiguiente miedo a ser abandonada, el cual acentuaba su necesidad de una reafirmación material de su amor. A partir de allí, los respectivos sentimientos iban en aumento, ya que cada intercambio parecía corroborar los peores temores de cada uno. Si Carol hubiese comprendido y asistido a Walter en su ansia de amistades, en vez de sentirse amenazada, tal vez no habría habido desavenencia. (No quiero decir con esto que fuera la única solución, o la mejor.)

Con frecuencia, los esposos abrigan la esperanza ilusoria de que el compañero puede arreglarles las situaciones que los angustian, ya sean reales o imaginarias. Al examinar los contratos matrimoniales individuales, se percibe a menudo la similitud de sus respectivos factores activadores de angustia. De ahí que la persona tímida, temerosa de ser abandonada, suela casarse con un individuo extrovertido que, al parecer, se siente socialmente a sus anchas, pero que comparte el mismo temor. Uno y otro buscan una complementariedad negativa que parece existir, y existe, pero sólo en la superficie, y que es incapaz de proporcionar el apoyo deseado. La primera admisión de su similitud subyacente puede causar enojo, frustración, y hasta la sensación de haber sido engañados o burlados; pero, en general, una vez que ambos han comprendido que son sensibles a los mismos estímulos angustiantes, les es más fácil adquirir una nueva complementariedad positiva. Por lo común, la franqueza les permite encontrar medios satisfactorios para apoyarse uno al otro según sus respectivas necesidades.

Es importante que el terapeuta que busca las causas básicas del descontento conyugal esté al tanto de los mecanismos de defensa y de cómo las defensas de un cónyuge pueden irritar, deprimir o angustiar al otro. Muchas veces se echa mano de las manifestaciones negativas de las defensas del compañero para confirmar los peores temores con respecto a él (transferencia, proyección de introyecciones). Las defensas deben figurar en las cláusulas de los contratos, aunque sea tal como las desarrolla el terapeuta, si escapan al conocimiento de los cónyuges; por ejemplo: «Cuando te vea angustiado, lo negaré. Quiero que seas fuerte».

Desarrollo desigual

Así como los individuos y las naciones no desarrollan todos sus recursos potenciales en forma pareja y simultánea, del mismo modo, los parámetros del sistema marital experimentan un desarrollo irregular; esto queda aclarado en los contratos matrimoniales. Podemos decir que un parámetro es sano o funciona bien cuando cumple con sus fines para el individuo o el matrimonio. Algunos no funcionan bien, o están «subdesarrollados» o «hiperdesarrollados», pudiendo trabar o frustrar el cumplimiento de su objetivo o propósito.

En terapia, al trabajar con los parámetros conflictivos, «hiperdesarrollados» y «subdesarrollados», de ambos contratos, notamos con frecuencia que si damos un empujoncito aquí y una sacudida allá, el panorama cambia gradualmente (o, a veces, de golpe) y pasa a primer plano un área rezagada.

El trabajo en vaivén entre parámetros o cláusulas contractuales es una estrategia común y necesaria en terapia. No todas las áreas requieren un manejo directo durante el tratamiento, ya que al cambiar una de ellas pueden modificarse otras. De esto surgen dos conceptos importantes para nosotros: 1) las relaciones, y los individuos involucrados en ellas, tienen por lo común diferentes niveles de madurez o competencia, y sus diversos parámetros van madurando en forma desigual; 2) muchas veces, al cambiar algunos parámetros, se producen modificaciones que generan nuevos cambios en otros puntos del sistema y sus subsistemas.

La terapia se asemeja un tanto a la afinación de un instrumento de cuerda: se tensa una cuerda, luego otra, y después se tocan unas pocas notas ascendentes o descendentes; cada tensión o aflojamiento cambia la tensión de todo el instrumento, incluida la pieza a que van sujetas las cuerdas. A este primer proceso de tensión y distensión deberá seguir un segundo, y aún más; poco a poco va lográndose una afinación perfecta, en la cual las cuerdas y la pieza a que van sujetas forman una entidad armónica, un sistema de funcionamiento correcto, listo para cumplir los fines para los que fue creado. Algunos instrumentos —como algunos matrimonios— son más propensos a desafinarse que otros.

Estos cuatro ejemplos de dinámica marital no agotan, ni con mucho, la lista de fenómenos que encontramos a medida que tratamos de comprender las complejidades del sistema interaccional de pareja. Son sólo unos pocos entre los múltiples ejemplos de la dinámica de la interacción. Eso sí, indican un modo de encarar los efectos del sistema marital sobre la conducta y poner de manifiesto los desafíos a la voluntad de ayuda del terapeuta, así como a la curiosidad y pericia de este.

4. Empleo de los contratos en terapia

El modo en que se utilicen los contratos incidirá en la manera en que se recojan los datos, así como también en su procesamiento o evaluación.

¿Para información y uso de quién son los datos?

Los datos obtenidos por medio de la estructuración de los contratos matrimoniales (hasta entonces amorfos y, en buena medida, tácitos e inconscientes) son para uso del terapeuta y de la pareja. Cuando los esposos se afanan por volcar al papel sus contratos individuales, la información resultante aclara, comúnmente, sus pensamientos acerca de sí mismos y su matrimonio, activando los primeros esfuerzos hacia una acción constructiva. (Para una lista recordatoria de las áreas contractuales, véase el Apéndice 1.) Si se le pide a la pareja que escriba sus contratos, estos últimos deberán ser complementados con información recogida por el terapeuta. Los contratos pueden utilizarse después de la primera sesión o en una etapa ulterior del tratamiento, de conformidad con la voluntad y la disposición que muestren los cónyuges para enfrentar y tratar juntos los problemas básicos.

Las áreas contractuales también están destinadas a servir de lista de control para uso del terapeuta, el cual puede elegir las que desea utilizar y agregar los puntos que hagan falta. Los contratos no son un «test» de los pacientes, sino una anotación de sus sentimientos y necesidades individuales a esta altura de su relación.

El tratamiento puede centrarse desde un principio en los dos contratos independientes, permitiendo al terapeuta individualizar las causas internas del mal funcionamiento del sistema marital con bastante rapidez, y empezar a elaborar un modelo esquemático del probable contrato interaccional de la pareja. De este modo, evitará enredarse en una maraña indescifrable de reconvenciones recíprocas que, a menudo, acaban dejando a ambos cónyuges exhaustos, tendidos en el campo de batalla, y al terapeuta sumido en la misma impotencia que un observador del Cuerpo de Paz de las Naciones Unidas.

En toda mi carrera tuve un solo caso en que la redacción de los contratos provocó una ruptura grave. Era una pareja con 28 años de casados. La mujer leyó el contrato de su marido sin su consentimiento y encontró una alusión a una aventura extraconyugal; ambos esposos descargaron su ira sobre mí por haber «hecho» que el incidente saliera a luz, y abandonaron el tratamiento. La experiencia de aliarse contra mí —el enemigo que amenazaba su sistema y se convertía en un buen chivo emisario— puede haber tenido efectos terapéuticos, pues esa fue una de las pocas veces, en muchos años, en que se pusieron de acuerdo; pero, por supuesto, habría sido mejor que siguieran la terapia y trataran de solucionar sus problemas. De todos modos, dudo de que los hubieran solucionado, ya que la mujer estimaba que la terapia conjunta amenazaba demasiado su *statu quo* conyugal; para ella era más seguro mantener el matrimonio tal como estaba, con todos sus defectos, que renunciar al control del sistema. En cuanto al marido, tras disparar su dardo contra ella, dejando su contrato en un lugar donde seguramente lo vería y lo leería, retornó a su aquiescencia habitual; su consentimiento a abandonar la terapia era otra manifestación de su alianza masoquista con la esposa, tendiente a mantener su *statu quo*.

El contrato matrimonial es un fenómeno diádico e individual, y también un concepto terapéutico y pedagógico que procura descifrar lo vago e intuitivo; penetra hasta el núcleo de cualquier relación diádica importante, desenmascarando prontamente lo que hace que sea buena, deficiente o imposible. Los contratos individuales son algo real creado por ambos cónyuges: han existido en la realidad, aunque hasta ese momento no hayan sido expresados totalmente. Al revés de lo que sucede con un complicado examen radiológico, los dos contratos no sólo son inteligibles para el profesional experto, sino que los mismos cónyuges pueden «leerlos» y comprenderlos sin dificultad. No obstante, el terapeuta puede provocar que se establezcan estipulaciones adicionales antes inconscientes y utilizarlas durante el tratamiento en interés de la pareja.

¿Cómo se recogen los datos?

No hay, ni puede haber, un método rígido para recoger la información necesaria. Los datos correspondientes al primer y segundo nivel de conciencia (esto es, conscientes expresados y conscientes no expresados) pueden obtenerse de la pareja en el transcurso de las sesiones, así como de sus respuestas al pedido de que escriban sus respectivos contratos. Muchas veces, si se les explica a los cónyuges el concepto de los dos contratos, proporcionándoles una lista recordatoria de temas, les será más fácil comprender qué se espera de ellos y tendrán menos miedo a poner por escrito sus pensamientos; de acuerdo con mi experiencia, la lista recordatoria es bien recibida por la mayoría de las parejas, sea cual fuere su grupo cultural o socioeconómico. No es preciso que los pacientes mismos escriban sus contratos, pero la práctica me demostró que cuanto menos me turbaba pedirles que lo hicieran, tanto más positiva era su respuesta en tal sentido.

El terapeuta puede usar la lista recordatoria como una guía eficaz para obtener información verbal sobre los contratos. Personalmente, prefiero recurrir a los datos que puedan proporcionar los pacientes por sí solos, en su hogar, y al material conseguido durante las sesiones, ya que el uso de la lista lleva bastante tiempo, puede tender a infantilizar a la pareja y, además, existe la posibilidad de que los esposos sean más francos estando solos.

Empero, no deberá pedírsele a la pareja que escriba sus contratos cuando: 1) los cónyuges consideran que su problema se limita a un área específica y no están dispuestos (por el momento) a ir más allá; 2) uno de ellos guarda un secreto importantísimo, cuyo mantenimiento negaría todo el proceso; 3) uno de ellos es tan paranoide y/o destructivo, que la técnica resultaría contraproducente. En algunos casos, no les pido nunca que escriban sus contratos porque vislumbro que se resistirán y les será imposible examinarse a sí mismos, o que serán incapaces de dialogar entre sí sin dar un uso hostil a la información.

A veces, cuando las parejas vienen buscando el divorcio o la separación, les pido que escriban sus contratos, lo mejor que puedan, tal como eran en el momento de casarse, indicando los supuestos incumplimientos propios o del cónyuge; también puedo pedirles que escriban su contrato ideal actual. Hago esto porque algunos matrimonios en realidad no quieren separarse, y en cierto nivel me están pidiendo que se los impida; la tarea les dará tiempo (y una buena excusa) para intentar de nuevo la reconciliación. De todos modos, dos personas que han mantenido una relación formal tienen la obligación de tomarse su tiempo para separarse y para extraer enseñanzas de dicha relación.

Puede ocurrir que sólo uno de los cónyuges esté dispuesto a escribir un contrato. La mayoría de las veces, el que se rehúsa es el que menos motivos tiene para mantener la relación, pero aun así el hecho de que no traiga su contrato escrito no debe tomarse como evidencia de que desea separarse, o trabar el mejoramiento del sistema marital. Aunque escribir el contrato parezca una tarea formidable, quienes lo hicieron se han sentido bien recompensados (con la posible excepción de la pareja a que nos referimos párrafos atrás). Las renuencias son comprensibles. Muchos son reacios a examinar su relación adulta más importante; para la mayoría constituye una amenaza hurgar en su propio rol y el del compañero, investigar si su matrimonio les brinda o no lo que desean. Además, en ciertos casos, algunos terapeutas pueden apoyar esta resistencia o renuencia porque a ellos mismos les disgusta examinar su propia situación.

A medida que avanza el tratamiento, van recogiéndose más datos en las entrevistas individuales o conjuntas, durante las cuales el terapeuta le pregunta a cada esposo «qué desea, necesita, espera o supone que sería lo ideal» y otras cuestiones por el estilo, con referencia a diversos aspectos de su relación. También da resultado interrogar a cada uno sobre los deseos y expectativas del compañero, pues esto provoca un intercambio de opiniones y una corroboración o desacuerdo, además de revelar las desinteligencias.

Naturalmente, los datos más difíciles de obtener son los del tercer nivel (cláusulas contractuales no conscientes); son, asimismo, los más controvertidos porque a menudo dependen de elaboraciones o supuestos teóricos. Lo primero que hay que hacer es obtener una breve reseña de cada esposo, procurando reconstruir el contenido latente partiendo de las interacciones conscientes; también puede solicitarse y examinarse material onírico. Otros datos útiles son la interpretación de cada uno con respecto a la relación entre sus propios progenitores, así como sus conjeturas acerca de los contratos de aquellos.

En lo inmediato, la mejor ayuda para acceder al material inconsciente es saber qué piensa cada esposo sobre las necesidades más profundas del otro; su sensibilidad a las necesidades y conflictos psicológicos del compañero es asombrosa y, al mismo tiempo, comprensible. Con frecuencia, los contratos escritos revelan una gran comprensión de las necesidades mutuas, aun entre pacientes que no han estado sometidos a ningún tipo de terapia, y la entrevista conjunta ayuda sobremanera a adentrarse más allá del material consciente incluido en los contratos escritos. Los seres humanos nunca admiten todo cuanto saben sobre sí mismos y sus allegados íntimos, *en tanto no se los presione para que lo hagan.* Personas aparentemente simples son capaces de inteligir sus profundos conflictos de identificación sexual, poder, dependencia, pasividad versus actividad, etc., y los del compañero; las pistas están en los pensamientos, temores y recelos hasta entonces rechazados.

Frecuentemente, presento hipótesis tentativas con respecto al tercer nivel de los contratos, las cuales pueden ser confirmadas o negadas por las reacciones de los esposos. Por lo general, estas hipótesis son interpretaciones y forman parte del trabajo terapéutico, aunque sean de tipo exploratorio y diagnóstico. Por ejemplo, durante una sesión conjunta le dije a una mujer que se mostraba muy cruel y defensiva: «Estoy tratando de imaginar cuán grande debe haber sido el daño que recibió, para que sea tan dura con David y lo mantenga a tanta distancia. Usted teme dejarle ver aquellas facetas suyas que a él le agradarían». Esta combinación de hipótesis, observación e interpretación desató en ella un torrente de sentimientos que le permitieron ser más franca y menos defensiva.

Es posible que los contratos comiencen a emerger de entre el material recogido en la primera entrevista, tras lo cual el terapeuta podrá organizar esta información utilizando las tres categorías de cláusulas contractuales como puntos de referencia: 1) cláusulas referentes a las expectativas sobre lo que cada esposo está dispuesto a dar al matrimonio y lo que espera de él, y sobre los objetivos y propósitos desarrollados por el sistema marital; 2) estipulaciones basadas en determinantes biológicos e intrapsíquicos y en los mecanismos de defensa propios de cada individuo; 3) condiciones que constituyen una manifestación secundaria de las categorías 1 y 2, y que emergen como las quejas de cada cónyuge con respecto al otro. A medida que van saliendo a la luz los dos contratos individuales, aflora también el de interacción, o sea las reglas, estrategias y tácticas de la relación.

Encarando a los esposos como un sistema abierto formado por dos personas interdependientes, comienzo de inmediato mis reflexiones en torno al contrato de cada cónyuge y al grado de congruencia, complementariedad o exclusión mutua que pueden presentar diversas partes de los dos contratos, y organizo tentativamente la información a medida que va surgiendo, siempre dispuesto para reordenarla sobre la marcha mientras continúa evolucionando el cuadro general. Trato de no interesarme por mantener mi hipótesis primitiva, y no doy prioridad absoluta a la obtención de una cantidad específica de datos contractuales durante la primera sesión: antes que nada, está aquello por lo que ha venido la pareja, lo que ansían tratar, comunicarse o comunicarme urgentemente. La historia va revelándose en forma dinámica, igual que la información contractual, y yo la sigo, guiándome por las necesidades de la pareja.

Una vez que los esposos se sienten menos apremiados, empiezo a redondear la imagen determinando cuánto amor y consideración se dispensan entre sí, hasta qué punto les interesaría seguir juntos y cuál es el material de fondo; observando sus modalidades de interacción, comunicación y conocimiento, sus valores, su respeto mutuo, las tensiones que la realidad provoca en sus vidas, los efectos causados por otros miembros de la familia, etc. Doy importancia a los factores e incidentes que generan sentimientos de conflicto, discordia, indiferencia y sufrimiento, a aquellos que cumplen con los propósitos del sistema marital, y a las expresiones de amor, preocupación, interés y ternura. Los contratos individuales y el de interacción pueden estructurarse partiendo de la interacción de la pareja, de lo que dicen y cómo lo dicen, de su lenguaje corporal y de las hipótesis que yo haya extraído de la totalidad de dicho material. La historia conyugal de sus respectivos progenitores, los datos sobre sus relaciones infantiles y actuales con ellos y con los hermanos, proporcionan pistas adicionales; también puede ser útil conocer qué opina cada esposo sobre las relaciones actuales entre sus progenitores y su compañero. Asimismo, los interrogo más a fondo sobre qué esperaba cada uno del matrimonio y del cónyuge en la época del galanteo, qué deseaba dar a cambio, y si esas expectativas se han visto colmadas.

Si bien la principal modalidad terapéutica es la sesión conjunta, es importante entrevistar a solas a cada esposo —aunque sea por breves minutos— durante la primera sesión o muy poco después, puesto que ambos tienen derecho a guardar para sí ciertas cosas y, quizás, aprovecharán la ocasión para comunicarle al terapeuta puntos capitales de aquellas cláusulas de las que son conscientes, pero que nunca han expresado ante el cónyuge.

Es imposible establecer con rigidez en qué momento exacto debe planteárseles a los cónyuges el concepto de contrato matrimonial. Ante todo, el terapeuta debe estar convencido de su valor si es que quiere emplearlo con eficacia. En segundo lugar, ningún cuestionario o formulario debe utilizarse en forma rutinaria, ni deben introducirse los contratos en la primera, segunda u otra entrevista por simple rutina, ya se elaboren en sesiones conjuntas con el terapeuta o respondiendo a la lista recordatoria en el hogar. El momento oportuno para introducirlos es cuando se ha aliviado la presión de las quejas inmediatas y se ha determinado que ambos esposos desean esforzarse por cambiar su relación.

Suelo introducir el concepto de contrato de la siguiente manera: discuto con la pareja el hecho de que son dos personas estrechamente interdependientes, pero sus sueños, esperanzas y expectativas individuales con respecto a sí mismos, al compañero y al matrimonio han tomado, de algún modo, un cariz no anticipado. Luego trabajo sobre los contratos, extractando de lo que ya han expresado algunas de sus coincidencias y malentendidos contractuales y procurando indicarles el origen de algunos de sus sentimientos de ira, decepción, depresión o autoconmiseración. También les muestro (si hay pruebas de ello en la información recogida) cómo uno y otro se sienten defraudados porque creen haber cumplido con su parte del convenio, en tanto que el compañero ha faltado a algunas cláusulas de un contrato que nunca se acordó. La necesidad de señalar con el dedo a quien violó primero «el contrato» es casi universal; la autojustificación y la vanagloria de la propia rectitud constituyen, con frecuencia, el primer obstáculo que hay que vencer en el tratamiento.

A esta altura del proceso suelo entregarles a los cónyuges la lista recordatoria de parámetros contractuales, a fin de ayudarlos a aclarar su contrato actual. Puede darse el caso de que durante la sesión ya hayan tocado algunos de los puntos salientes y empezado a elaborar sus contratos individuales. Más adelante, les pido que comiencen a redactar juntos las diversas partes de un contrato único que ambos puedan suscribir. Por lo general, para ese entonces ya habremos avanzado bastante en esta dirección, aunque a veces sólo tenemos conciencia de lo recorrido cuando empezamos a trabajar más formalmente sobre un nuevo contrato conjunto. El esfuerzo por elaborar un contrato único suele estimular en los esposos un intercambio que representa una experiencia nueva y valiosa para ellos. El terapeuta debe tener presente que el contrato es un instrumento cuya utilidad depende de que se lo emplee con suma flexibilidad, especialmente porque sus aspectos más importantes son a menudo preconscientes o inconscientes.

Una pareja redactó sus contratos individuales tras dos meses de borrascosa terapia, durante los cuales hubo dos separaciones y otras tantas reconciliaciones. Al presentarlos, ambos esposos dijeron que ahora habían resuelto separarse; el proceso de volcar al papel sus deseos individuales les había revelado, en forma independiente, que no querían continuar el matrimonio y que este había sido desacertado desde un principio. En este caso se obtuvo un resultado positivo. Desde varias semanas atrás yo venía advirtiendo que el divorcio era inevitable, y les había pedido que redactaran sus contratos en la esperanza de que uno y otro llegaran a la misma conclusión, cada cual por su lado. El uso de los contratos como técnica de confrontación ha sido de gran utilidad en muchos casos similares. (En el capítulo 11 presento una serie de contratos conyugales que produjeron variados resultados.)

El contrato de interacción se determina observando el modo en que la pareja interactúa durante la sesión conjunta, sus propios informes sobre sus transacciones y la manera en que cumplen con sus deberes y responsabilidades conyugales. La grabación de las sesiones en cinta magnetofónica o videocinta es un medio excelente para observar cómo funcionan las pautas interaccionales; además, pasándolas en el momento se enfrenta directamente a la pareja con su modalidad de trato mutuo. Estas técnicas nos permiten ayudar a los pacientes a volcarse antes hacia transacciones menos perjudiciales.

Evaluación de los datos

El proceso de evaluación comienza cuando los esposos y el terapeuta descubren cuáles son los puntos de congruencia o complementariedad de los contratos, y cuáles los conflictivos. (Para mayores detalles sobre congruencia, complementariedad y conflicto, véase el capítulo 8.) En su evaluación, el terapeuta debe establecer las conexiones existentes entre las quejas, interacciones y cláusulas contractuales. Si un cónyuge ha dado gran importancia a una cuestión que el otro no ha mencionado, el terapeuta puede preguntarle sobre ella y anotar la respuesta. Frecuentemente, comienzo el arbitraje o negociación de varias áreas conflictivas en forma inmediata, para probar la capacidad conciliadora y la motivación de cada esposo. Por lo común, las áreas reacias a soluciones sencillas de tipo *quid pro quo* derivan de factores intrapsíquicos importantes, así como de una desconfianza básica de sí mismo y/o del otro. Estas áreas constituyen la base de una labor terapéutica polifacética. Una vez que los esposos han escrito sus contratos, es fácil señalar con un lápiz de color las áreas problemáticas de cada contrato y los puntos de discrepancia grave; muchas veces, la falta de respuesta a un tema determinado puede indicar la presencia de un área conflictiva.

Tras haber identificado las áreas de congruencia, complementariedad y conflicto, el terapeuta ayuda a la pareja a evaluar las necesidades emocionales subyacentes en sus pautas de comportamiento, haciendo obviamente hincapié en aquellas que incidan más en el sistema marital. Por ejemplo, un hombre puede experimentar una profunda necesidad psicológica de que su esposa tenga una conducta parental con él. Si ella tiene la necesidad complementaria de ser parental, quizá no haya conflictos, pero si el reconocimiento consciente o inconsciente de la necesidad del marido le produce angustia, es posible que presione sobre él instándolo a «ser hombre» y cuidar de sí mismo. Él reaccionará, tal vez, a esta «falta de dedicación» o «falta de comprensión» retrayéndose, con lo cual se agrandará el problema sin que ninguno de los cónyuges sepa por qué se siente tan desdichado e insatisfecho con su compañero.

El terapeuta puede valerse de esta clasificación de las cláusulas contractuales como elemento auxiliar en la organización de los datos buscados y recibidos de las parejas. Se exprese o no en estos términos, y sean cuales fueren los medios con que se la practique, la esencia de la terapia marital consiste en inculcar a los cónyuges la necesidad de tener un contrato único, mutuamente aceptable, y en trabajar con ellos a tal fin. La remoción de los obstáculos que impidan alcanzar ese contrato único y practicable, el establecimiento de mecanismos que permitan revisarlo cuando fuere preciso, constituyen el proceso de terapia y se erigen, por sí solos, en uno de los objetivos del tratamiento. Por consiguiente, el terapeuta debe tener conocimientos de dinámica diádica, teoría de sistemas, psicología y psicodinámica individuales, y de una amplia gama de técnicas derivadas de la terapia de la conducta, análisis transaccional, terapia guestáltica, psicoanálisis y terapia de parejas. En suma, puede y debe recurrir a cuanto ayude a producir el cambio planeado y deseado, a cuanto proporcione a los esposos las intelecciones y elementos necesarios para funcionar juntos *como sistema* y *como individuos*.

Lo ideal sería que el método del contrato se convirtiera en un proyecto perpetuo, iniciado con ayuda del terapeuta y sostenido por los mismos cónyuges, no como un fin en sí mismo, sino como una ayuda para alcanzar los objetivos y fines conyugales. Desde un punto de vista operativo, todas las parejas tienen contratos. Nuestra tarea como terapeutas es procurar traerlos a un nivel de plena conciencia y darles un uso constructivo.

5. Los Smith: un matrimonio en transición

«A los siete años, es como si el ciclo del matrimonio tuviera un comienzo, una etapa media y un final; es como un ciclo o espiral. Al cabo de siete años estábamos en los últimos estertores de esa fase. Ahora está alzando vuelo en su segunda espiral. Hay mucho que decir sobre la perseverancia: si al séptimo año uno se da por vencido, se produce una muerte, pero basta que persevere para que sobrevenga una resurrección. En esta resurrección todo adquiere un doble sentido, un significado más rico, y es más interesante». Susan Smith.

El caso de los Smith no sólo nos enseña cómo pueden usarse los contratos matrimoniales en terapia, sino que también ejemplifica el enfoque polifacético, flexible y ecléctico que trato de aplicar. Los Smith, sus contratos y su tratamiento servirán como punto de referencia clínico de los conceptos que expondré en los próximos capítulos.

Mi interés primordial es ilustrar al lector sobre el uso de los contratos matrimoniales como instrumentos conceptuales y operativos. En este mismo caso, podría haberse recurrido a un sinnúmero de enfoques, teorías o técnicas de terapia diferentes de las aquí descriptas; a decir verdad, estoy seguro de que el lector, al adentrarse en el caso, notará en muchos puntos que determinadas transacciones podrían haberse manipulado de otro modo, o disentirá tal vez con todo el enfoque teórico y técnico. La cuestión es juzgar de qué manera pueden utilizarse los contratos matrimoniales, en un sentido conceptual y como guías de terapia, dentro del marco de referencia de las propias convicciones del lector.

El concepto de contrato puede ser útil y valioso dentro del marco de referencia de casi todos los sistemas teóricos o técnicos que concedan acción recíproca y validez a los aspectos transaccionales e intrapsíquicos, como determinantes de la calidad de un matrimonio. Proporciona un medio para comprender estos determinantes duales y una forma de emplearlos terapéuticamente.

Detallaré el caso de los Smith más de lo que suele hacerse en la casuística, pues quiero compartir el proceso con el lector con la mayor plenitud posible, con fines demostrativos y didácticos.

Susan y Jonathan Smith (de 30 y 32 años de edad, respectivamente) llevaban siete años de casados cuando se sometieron a tratamiento; tenían un hijo de 5 años y una hija de 2. En la sesión conjunta, el esposo fue el primero en declarar las dificultades conyugales: «Hay demasiada amargura y pocas satisfacciones; reñimos por cualquier tontería». Ella dijo: «Yo quería un marido fuerte, pero no demasiado, pues entonces no sería libre y caería en la misma situación en que estuve, y aún estoy, con relación a mi madre. Jon no es lo suficientemente libre conmigo, y a menudo es más terco que fuerte. No puedo jugar con él: le falta imaginación. Nuestras relaciones sexuales son deficientes: no son frecuentes y yo ya no alcanzo el orgasmo; no hay trato sexual a menos que lo inicie yo».

Jon era ingeniero y el año anterior había aceptado un puesto donde ganaba un 33% menos que en el precedente, pero que le gustaba porque en él tenía mando directo sobre un gran número de trabajadores de obra, en vez de ocuparse principalmente de tareas de oficina como ocurría antes. Susan lo había apoyado en esto, sabiendo que disfrutaría en su nuevo empleo. A ella no le importaba que su marido no ambicionara llegar a la cima en su profesión, pero sí le preocupaba que el alto nivel de vida al que estaban atados los obligara a aceptar nuevamente dinero de su madre. Esta, a su vez, insistía en que colaborara con ella en su negocio, pero Susan se resistía porque su madre era dura y dominante con ella, sobre todo en el trabajo: «Allí tú no eres mi hija, sino tan sólo una empleada más», le decía. Susan componía y cantaba canciones folklóricas con mediano éxito, y también había actuado en forma exitosa y creativa en el negocio de su madre. Su ira hacia Jon saltaba a la vista mientras le decía en tono mordaz, mirándolo a la cara, que no le importaba aceptar dinero de su madre, pero que no aceptaría su dominación.

La lectura de un artículo especializado sobre contratos matrimoniales (Sager y otros, 1971) que les había mostrado un amigo hizo que Jon y Susan resolvieran verme, de modo que ya venían preparados para trabajar sobre sus contratos. No me ocupé formalmente de estos en la primera sesión debido a la gran presión que ejercía la frustración y sufrimiento de la pareja, aunque en parte lo hice cuando elegí centrarme antes que nada en su relación sexual, que ellos presentaban como compendiando las causas y efectos de muchos problemas conyugales. Lo que me decidió a entrar en su sistema por esta puerta, para intervenir en él, fue la pronunciada diferencia de las cláusulas sexuales de sus contratos y la prioridad que ambos cónyuges acordaban a una mejora en esa área. Cada uno deseaba tener con el otro un tipo definido de relación sexual, creyendo haber recibido una promesa en tal sentido, y ambos se sentían decepcionados e irritados porque les parecía que el compañero no había cumplido su promesa. Desde mi punto de vista, el parámetro sexual resumía su deficiente comunicación y sus malentendidos mutuos, por lo que podía ser un excelente punto de partida para la elaboración de un contrato único. Resolví que en este caso el sexo podría conducirnos rápidamente hasta el núcleo de sus discrepancias.

Sexualmente, Susan había sido una mujer segura de sí, carente de inhibiciones. Había tenido relación sexual con varios hombres antes de casarse, y a Jon le gustaba oírle contar en detalle esas experiencias que lo excitaban, pero ahora ella ansiaba que su marido la deseara sexualmente, que fuera él quien la excitara, y no a la inversa. Este deseo se avenía a su imagen romántica de gozar espontáneamente del amor sexual en medio de un bosque, sintiéndose consustanciada con su compañero y con toda la naturaleza; para ella, el trato sexual no debía empezar en la cama, sino que era parte integral de una relación amorosa cálida y amparadora.

Jon —que también había tenido bastantes experiencias sexuales antes del matrimonio— quería ser pasivo; esperaba que ella fuera seductora, desenfrenada, y que iniciara apasionadas relaciones sexuales con él. Pero ella, sintiéndose culpable y arrepentida por su pasado promiscuo, creía que debía ser amada como mujer y madre, y no como mero objeto sexual.

Susan se presentó a sí misma en la sesión como una especie de sílfide con los pies bien puestos sobre la tierra; entraba y salía de los límites de su yo con hermosa fluidez. Jon era más pragmático, manifestaba preferencias y rechazos definidos, y se adaptaba a las cosas con una evidente agresividad pasiva; su franqueza y brusquedad tenían un carácter refrescante, y no cabía duda de que era fiel a su esposa. Decía que quería brindársele más, pero que ignoraba cómo hacerlo al modo de ella. Susan declaró que «quería abrirlo más, pues entonces yo también seré más abierta», y lo dijo con una sonrisa que traslucía el doble sentido de sus palabras.

Jon habló sin dificultad acerca de sus depresiones, sus estados de ánimo «morbosos» y la preocupación que le causaba la violencia. En esos momentos diseñaba y supervisaba la instalación de dispositivos de seguridad en una cárcel nueva, y en la primera entrevista pudo explayarse sobre sus fantasías sádicas, sobre el placer que experimentaba al pensar que «su» cárcel sería realmente segura y mantendría a los presos separados de la sociedad (y de las mujeres), porque habían dañado a seres inocentes. Por su parte, Susan dijo amar a toda la humanidad; deseaba ser fiel a sí misma, consustanciarse con el cielo, la tierra y el mar. La discrepancia entre ambos con respecto al crimen y la violencia, sumada a la necesidad de Jon de aislar a las «fuerzas criminales», eran motivo de constantes altercados entre ellos. En una oportunidad, Jon declaró que le gustaba leer acerca de la violencia y que imaginaba agresiones contra aquellos que dañaban a los demás, admitiendo que así dominaba su propia violencia interna; él creía controlar bien estos sentimientos. La revuelta ocurrida en 1971 en la cárcel de Attica, y sus consecuencias, los había lanzado a una reyerta enardecida, ya que él estaba de parte de «la ley y el orden» y ella simpatizaba con los presos como víctimas de los males sociales, generadores de sus crímenes. Como dijo Jon: «A mí me preocupan más las víctimas de la violencia, y a ella, quienes la perpetran».[1]

Yo comenté su aparente antagonismo con respecto a la violencia, acotando que quizá sus opiniones y sentimientos se asemejaban más de lo que ellos sospechaban: todo dependía de que vieran sus respectivas posturas como puntos de un círculo casi cerrado o como los extremos de una línea recta. No dije esto en la creencia de que aceptarían la idea del círculo casi cerrado, sino para mostrarles cómo hasta las opiniones aparentemente más divergentes pueden estar más cerca de la conciliación que lo que suponen sus protagonistas, tanto en el aspecto filosófico como en el práctico. Jon parecía mantener mejor contacto que ella con su ira primitiva y la amenaza a su omnipotencia: las sublimaba libremente en su trabajo y en sus fantasías en torno a la violencia, en tanto que ella recurría a la formación reactiva como una importante defensa contra sus impulsos asesinos. En realidad, uno y otro luchaban de manera diferente contra una ira infantil subyacente.

Al sugerirles que empezáramos ocupándonos del área sexual, les impartí la tarea de dramatizar por turno, en el hogar, los deseos sexuales del compañero; *de este modo, ninguno capitularía ante el otro*, lo cual era importante para ellos. Para evitar una discusión sobre qué fantasías se dramatizarían prime-

[1] El lector notará con cuánta facilidad el sistema de valores del terapeuta puede hacer que tome partido en esta clase de intercambio, o que incline sus simpatías y su actitud hacia uno u otro cónyuge.

ro, le pedí a Jon que iniciara él la tarea; además, como Susan mostraba más obstinación en su sentimiento de ser injuriada, me pareció que a él le resultaría más fácil dar el primer paso y a ella corresponderle. Así empecé a enseñarles la posibilidad de solucionar sus desavenencias inconciliables mediante concesiones mutuas.

Susan había imaginado que disfrutarían mucho haciéndose el amor en un bosque cercano a su hogar; asigné a Jon, pues, la tarea de mantener una relación erótica con ella en el bosque en el término de dos días; dentro de los dos días subsiguientes, Susan debería hacerle el amor tal como él lo había imaginado, tomando la iniciativa y mostrándose «lasciva» y apasionada, mientras que él se mantendría pasivo. Ambos aceptaron mis instrucciones, al parecer complacidos. Era como si hubieran estado esperando que alguien cortara el nudo gordiano de su lucha de poder. Programé sus tareas para ver si eran capaces de aceptar lo que decían desear, de brindarse el uno al otro. No me preocupaba su funcionamiento sexual, ya que evidentemente no había disfunciones sexuales, pero, ¿cómo reaccionarían ante la oportunidad de tener lo que decían desear?

Cuando volví a verlos, una semana después, me contaron que habían mantenido relaciones sexuales varias veces, turnándose en dramatizar sus fantasías, y que *ambos* habían disfrutado *todas* las experiencias. Hacía mucho que no tenían una semana tan tranquila. Sin embargo, la noche anterior a esta segunda entrevista Susan había tenido un sueño que indicaba que no todo andaba bien: había soñado que su vello pubiano crecía desmesuradamente y que Jon se lo metía en la vagina, llenándola y taponándola por completo, causándole con esto cierta depresión (no muy fuerte) porque ya no podría hacer el amor. Jon informó que no había soñado nada.

Al preguntarle qué sentía ante el sueño de su esposa, contestó que lo interpretaba como una suposición, por parte de ella, de que él no quería que mantuviera relaciones sexuales, y agregó: «No quiero que haga el amor con otros hombres, pero por supuesto deseo que lo haga conmigo. Tal vez creyó que ese taponamiento era como si yo le pusiera un cinturón de castidad, pues una o dos veces hablamos de él en broma». Susan admitió que había algo de verdad en sus palabras, pero que sentía como si él, o tal vez ella misma, quisiera anular su sexualidad, lo cual la preocupaba porque durante esa semana había gozado del sexo. Le señalé que era *su* sueño, que en él había hecho que su esposo le taponara la vagina y que eso implicaba, quizás, un deseo de culparlo a él en caso de que cesara su función erótica. ¿La había perturbado de algún modo el goce de esa semana? Me respondió que se sentía mejor cuando hacían el amor en el bosque, que disfrutaba más cuando su esposo se mostraba activo. Le sugerí que, en vista de todo cuanto habían dicho sobre el control y la violencia, era comprensible que temiera confiarse a su marido; no obstante, parecía preferir que este se hiciera valer.

Aunque, en apariencia, ambos coincidían con lo formulado por mí, Jon se puso un tanto a la defensiva, diciendo que ella sabía desde un principio cómo era él, que lo había seducido contándole sus aventuras eróticas y su gran actividad sexual. Los dos sabían que él era celoso pero trataba de dominarse. Susan expresó que había sido seductora al comienzo de su relación, pero que había cambiado y ya no deseaba hablar de sus antiguos amoríos aunque él la instara a hacerlo. Quería que ambos abrieran su corazón el uno al otro, pues luego les sería fácil y natural hacerse el amor. Jon interpretó esto como que quería «cerrarle las puertas» de su vagina a menos que se aviniera a actuar como ella deseaba y reaccionó manifestando sentimientos contradictorios, en tanto que ella asumía una postura inflexible: la franqueza y cariño manifiestos eran requisitos indispensables del goce sexual; sin ellos, tenía la sensación de que su vagina se cerraba: «Ni siquiera puedo lubricarla». Examiné con ellos las buenas relaciones eróticas que habían tenido, sugiriéndoles que el sueño de Susan había hecho aflorar la angustia que le provocaba su mutuo éxito sexual y que esa angustia reflejaba, posiblemente, la de Jon. Les advertí que no era necesario que concordaran por completo; en cambio, debían reparar en lo mucho que habían disfrutado dramatizando las fantasías del otro.

Me pareció que sería contraproducente continuar con el tema sexual, de modo que les sonsaqué cuáles eran sus expectativas con respecto a los sentimientos del compañero hacia los dos hijos, la distribución de roles entre los niños, las responsabilidades parentales, etc., obteniendo así más material contractual sin tratar de llevarlos hacia áreas sensibles. Pude notar que Susan disfrutaba con su rol maternal, pero deseaba que su esposo participara más de la vida de los niños, a los que incluía en su unidad matrimonial como pieza central, en tanto que Jon los mantenía a alguna distancia, sintiendo hasta cierto punto su existencia como una intrusión.

Luego discutimos las ideas básicas del contrato matrimonial, recurriendo a los conceptos empleados en el artículo que habían leído (el cual describía los tres niveles de conciencia: consciente expresado, consciente no expresado, no consciente) y haciendo hincapié en su cualidad de intercambio: «Yo hago esto y aquello por ti, y espero que tú hagas esto y aquello por mí».[2] Les pedí que escribieran sus contratos por separado, en su casa, tomando como modelo el artículo y sin conversar acerca de ellos hasta que ambos hubieran terminado la tarea. Si después querían leerlos o discutirlos, perfecto; si hacían cambios o agregados, deberían dejar la versión original tal como estaba y anotar con claridad las modificaciones resultantes del debate.

Así pues, en este caso pedí durante la segunda sesión que redactaran los contratos y los trajeran para la tercera, considerando que los esposos estaban preparados para hacerlo y que aprovecharían la oportunidad de un modo constructivo. Los Smith salieron de esta segunda entrevista, provistos de dos clases de instrucciones: escribir sus contratos matrimoniales individuales, y seguir alternando en la iniciación del trato sexual y la dramatización de sus fantasías; aquel que iniciara la relación, dramatizaría las propias. Les impartí estas instrucciones sabiendo que lograrían un avance genuino hacia el contrato sexual único cuando cada cual utilizara, también, parte de las fantasías del otro en su propia iniciativa; de esta manera, durante un mismo acto sexual el liderazgo oscilaría entre uno y otro sin que ninguno se preguntara «¿Qué es para mí y qué para él?».

Al comienzo de la tercera sesión, me informaron que no se había mantenido la mejoría en la actividad y placer sexuales obtenida en la primera semana. A Susan le parecía que su marido se limitaba a seguir mis instrucciones sin sentir el amor adecuado hacia ella, puesto que se mostraba amante tan sólo cuando deseaba tener una relación sexual. Veía en mí a su madre, haciendo mover las marionetas, y en su esposo a su padre débil. Me valí de esta imagen para señalar que sería preciso reevaluar muchos puntos de su relación, pero que el amor y el buen goce sexual estaban a su alcance si ambos se sentían dispuestos a dar y a recibir, lo cual no dependía de mí ni era para mi provecho. Interpreté su designación transferencial que me identificaba con una madre fuerte, mostrándole cuán contraproducente era para ella en la situación en que se hallaba. Habría que esperar antes de continuar con la cuestión sexual o, eventualmente, seguiría adelante por sí misma cuan-

[2] Por entonces, la lista recordatoria comenzaba a ser utilizada por los profesionales, pero aún no se había preparado para uso de los pacientes. Yo empleaba como modelo para los pacientes el artículo publicado, entregándoles una copia e impartiéndoles instrucciones verbales.

do ya no hiciese falta recurrir a la sospecha, la hostilidad y el sexo en su lucha de poder.

La atención puesta en la cuestión sexual al comienzo de la terapia había ejemplificado a sus ojos la esencia de sus problemas, indicándoles que podrían remediarla y alcanzar la satisfacción erótica si así lo deseaban, pero que su problema sexual era un síntoma, y no una causa, de sus dificultades conyugales más generales.

Les sugerí que examináramos juntos sus contratos matrimoniales. Aunque no habían tenido tiempo de conversar sobre ellos antes de la sesión, me dijeron que no tenían inconveniente en que el otro conociera ahora su contenido.

Contrato de Susan Smith

Este es mi minicontrato:

Si haces que pueda ser independiente y no necesitar de nadie, me proporcionas estabilidad y seguridad. Cuando las responsabilidades me agobian, dejo de dar amor y goce sexual. No te daré amor si tú no me proporcionas estatus y seguridad; a cambio de eso, seré una esposa amante. «Hestal».*

Mis obligaciones

Ser fiel.
Disfrutar dando placer.
(La prohibición de mi esposo —«No busques tanta intimidad»— interfiere en el cumplimiento de mis obligaciones.)
HESTAL: Cuidaré del hogar y de los hijos.

Mis beneficios

Tener hijos.
Recibir placer del marido y de los hijos.

PODER: Tendré poder para ocuparme de mi propio trabajo y continuar viviendo a mi manera.

* Alusión a Hestia, diosa griega de la vida doméstica, del hogar y del fuego (es la Vesta de los romanos). Hay aquí un doble sentido, consciente o no, ya que Hestia fue siempre virgen. (*N. de la T.*)

Contrato más detallado:

1. Consciente y expresado

Expectativas

Él me dará seguridad económica y emocional; será para mí como un buen volante de reloj.

Compartirá mis intereses.

Recibir

Obtendré una profunda satisfacción de nuestra relación; me sentiré segura y protegida.

Trabajaremos juntos por un objetivo común (los dos tenemos la misma meta, mi querido compinche. . .)

2. Consciente pero no expresado

Dar

Quiero estar por entero a merced de él, ser su víctima. Él me hará sentir. Las mujeres débiles sienten, las fuertes no. Me pondré totalmente a su merced. Seré su concubina, su esclava, su víctima.

Recibir (a cambio)

Él es un varón poderoso.

Profundos sentimientos femeninos: es bueno depender del hombre fuerte; así me realizo como mujer, en lo más profundo de mi ser. Un hombre fuerte. Entonces recibiré protección a un nivel terrenal.

3. No consciente

ERES UN HOMBRE FUERTE, no como mi padre.

Temo tu fuerza y quiero destruirla.

No estimularé tus fuerzas porque puedes destruirme.

Necesito ser yo el miembro fuerte e independiente del matrimonio.

Quiero que seas débil, subordinado.

Contrato de Jonathan Smith

Consciente y expresado

Dar

1. Sostenerte económicamente lo mejor que pueda.
2. Ser tu compañero y «escolta» en todo lo que atañe al aspecto social.
3. Serte sexualmente fiel.
4. Ayudarte a resolver los problemas de la vida diaria.
5. Ocuparme de aquellas tareas domésticas que resultan pesadas o inusuales, y que yo soy capaz de hacer.
6. Ser una figura paternal para los niños.
7. Compartir verbal y emocionalmente las experiencias compartibles.
8. Adaptarme a tus prejuicios y trabas personales.

Tomar a cambio

1. Serás una buena esposa y una buena madre; administrarás el hogar.
2. Serás mi compañera y «escolta» desde el punto de vista social.
3. Me serás sexualmente fiel.
4. Compartirás las experiencias compartibles.
5. Me ayudarás a relajar mis nervios y aliviar mis tensiones tras la jornada de trabajo.
6. Serás comprensiva con respecto a mis prejuicios y trabas personales.

Consciente pero no expresado

Dar

1. Te permitiré dedicarte a actividades que personalmente me desagradan (religiosas, espiritistas, etc.).
2. Toleraré tus caprichos y mal humor.
3. No me impondré sexualmente, sino que estaré a tu disposición cuando lo desees.
4. Estoy dispuesto a admitir que no gano lo suficiente como para mantenerte en forma apropiada.

Tomar a cambio

1. Me permitirás dedicarme a actividades que no te gustan.
2. Quiero que seas sexualmente apasionada y ávida.
3. Soportarás los rasgos negativos de mi personalidad.
4. Te arreglarás con mi sueldo, sin quejarte.

Subconsciente o inconsciente

Dar

1. Estoy dispuesto a «olvidar y perdonar» tus pasadas experiencias eróticas, aunque soy celoso y me siento inseguro al compararme con [tus] amantes anteriores.
2. Estoy dispuesto a renunciar a prohibirte que recibas dinero de tu madre, porque comprendo que lo necesitamos.
3. Estoy dispuesto a no tener relaciones con otras mujeres, aunque la idea me atraiga.

Tomar a cambio

1. Quiero una compañera de lecho salvaje y apasionada como una ramera, que sepa hablar mientras hace el amor y se adapte a mis fantasías eróticas.
2. Quiero una mujer que me adore y halague verbalmente, que masajee mi yo personal y masculino.
3. Quiero que seas atractiva y excitante para otros hombres, pero que nunca estés disponible para ellos.

Estos «contratos» son bastante reveladores, aun en sus subtítulos: Susan empleó los términos «expectativas» y «recibir», en tanto que Jon puso «dar» y «tomar». Ambos pares de palabras son válidos, pero el de ella sugiere un enfoque más suave en comparación con la rudeza de él. No obstante, en la realidad ella es tan firme como él, si no más, en lo que se relaciona con sus deseos.

La capacidad de estar en contacto con fuertes deseos contradictorios a un nivel profundo, «no consciente», no es inusual, aunque, por supuesto, si esas estipulaciones escaparan totalmente al conocimiento consciente no podría haber respuesta. La existencia de esta categoría, y las áreas sugeridas en ella, hace que muchas personas tomen contacto con sensaciones o sentimientos vagos que, a menudo, no se han animado a examinar o considerar en forma abierta hasta entonces. Este nivel de conciencia es, pues, importante y expande el conocimiento de ambos esposos, guiándolos en general hacia una mayor comprensión mutua.

Susan mostró que sufría un gran conflicto de control: deseaba asumirlo, pero también quería que la esclavizaran y era incapaz de confiar; aparentemente, relacionaba esta ambivalencia con los sentimientos que experimentaba hacia su madre. Sus deseos de ser madre y esposa y de tener ocupación propia eran evidentes y, al parecer, compatibles con su comportamiento real. Estaba bien al tanto de su necesidad «inconsciente» de ser fuerte y tener mando, la cual provocaba conflictos internos en ella y entre los cónyuges, aunque también aceptaba y disfrutaba su fuerza. Por su parte, Jon trazó límites y definiciones más marcados sobre lo que estaba y no estaba dispuesto a hacer.

Al discutir por primera vez los contratos, creí que las diferencias eran más rígidas y pronunciadas de lo que resultaron después. Con el tiempo, la necesidad de distanciamiento de Jon se hizo más nítida, pero ya había indicios de ella en «compartir experiencias compartibles» y «permitir que me dedique a actividades que no te gustan». El deseo y empeño en hacer funcionar la relación marital eran fuerzas motivadoras más potentes de lo que sugería el texto de los contratos; lo mismo ocurría con la comprensión y simpatía que cada cual sentía hacia los problemas del otro.

Los principales problemas parecían radicar en sus diferentes estilos de vida y de conocimiento, en lo difícil que le era a Jon intimar y manifestar abiertamente su amor, en su pasividad hogareña, en su ambivalencia con respecto a la intimidad y el distanciamiento, y en la de Susan con respecto al control y el poder. Uno y otro deseaban tener actividades independientes y parecían dispuestos a permitírselas al compañero, lo cual era un buen *quid pro quo*, siempre que se mantuviera en la práctica. . . Los deseos sexuales de Jon no eran antitéticos para ella, siempre y cuando también le entregara amor y goce sexual tal como ella los quería, esto es, siendo menos pasivo y haciéndola sentirse más deseada. La cuestión económica y el apoyo, económico y físico, que debería brindarle él con respecto a los hijos seguían siendo importantes motivos de discrepancia; una mayor disposición por parte de él a incluir a los niños en la familia (matrimonio) resultaría aquí crucial.

A uno y otro les faltaba seguridad en la feminidad y masculinidad adultas; necesitaban que el compañero los reafirmara, que les infundiera una fuerte confianza. Susan quería sentir la fuerza de Jon, quería que la dominara, pero protegiéndola y amándola; ansiaba ver en él un padre fuerte y cariñoso, no un padre débil o una madre fuerte. Su irritación se debía, en parte, a la creencia de que él era capaz de darle lo que deseaba pero no estaba a la altura de esta capacidad potencial.

Al autoexaminarse para escribir sus propios contratos, ambos habían comenzado a aclarar su comprensión de sí mismos y del otro. En el proceso terapéutico, cada cual había empezado a ver espontáneamente cuán dañinos eran los sentimientos de agravio e ira que experimentaba al juzgar que él había cumplido con sus obligaciones contractuales, pero que el cónyuge no había cumplido con las suyas tal como se especificaban en el contrato unilateral.

Ya el primer párrafo del contrato de Susan revelaba toda un área que encajaba con el incumplimiento, por parte de Jonathan, del convenio unilateral fijado por ella. En el «minicontrato» (que fue idea suya) escribió: «*Si haces que pueda ser independiente y no necesitar de nadie, me proporcionas estabilidad y seguridad. Cuando las responsabilidades me agobian, dejo de dar amor y goce sexual. No te daré amor si tú no me proporcionas estatus y seguridad; a cambio de eso, seré una esposa amante. "Hestal"*». Le parecía que Jonathan no le brindaba bastante apoyo emocional en el hogar, en relación con los hijos y las tareas domésticas, y que ella, por consiguiente, le negaría el amor y goce sexual.

Jonathan creía darle a su esposa la fuerza, seguridad y liberación de preocupaciones materiales que ella deseaba: «Le doy todo eso... Es sólo el maldito dinero; no es que yo no quiera hacerme plenamente responsable de las finanzas, pero no trabajaré en lo que no me agrada para mantener nuestro nivel de vida. O vivimos de otra manera, o aceptamos dinero de mi suegra, o Sue tendrá que trabajar», declaró. Susan comprendió su posición y dijo que eso no la irritaba, pero que sí quería recibir de él apoyo emocional e «intimidad», y que no actuara como si los niños fueran hijos de ella y no de ambos. Desde el punto de vista emocional, creía que el hombre que no ganaba lo suficiente para mantener a su familia y contaba con que la esposa lo haría era un ser débil, como su padre. Sabía que si trabajaba para su madre tendría éxito y, con el tiempo, se haría cargo del negocio; entonces sería rica, pero no respetaría a su marido ni se ocuparía en lo que a ella le gustaba (la música). Aunque sus opiniones intelectuales e ideológicas eran otras, no podía modificar sus sentimientos.

Continuamos dialogando sobre esta cuestión fundamental, y advertí que sus respectivas posiciones se fundaban en profundas necesidades psicológicas: al igual que el sexo, el dinero no era el verdadero problema sino un síntoma de él. El problema de Susan surgía de su ambivalencia (las mujeres débiles tienen sentimientos; las mujeres fuertes como su madre no los tienen) entre dos deseos: el de ser fuerte y el de ser débil y que cuidaran de ella. El de Jonathan arrancaba de su necesidad de mantener la ilusión de una omnipotencia infantil, manipulando a Susan como imagen de una madre embobadamente cariñosa; su empleo actual lo hacía sentirse competente como adulto, ya que le daba poder sobre otros, pero no dejaba mucho campo para su creatividad.

Le señalé a Susan los sentimientos ambivalentes que expresaba en su contrato: sabía que su esposo era realmente un hombre fuerte, y no débil como su padre, y experimentaba la necesidad de ser ella la más fuerte porque temía la fuerza de él. Le pregunté si, a veces, también lo percibía de la misma manera que a su madre fuerte y dominadora, hacia quien abrigaba sentimientos tan ambivalentes, deseando ser su esclava (si la servía bien podría recoger, como migajas, algunos privilegios. . .) y rebelándose al mismo tiempo para ser libre, amándola y odiándola simultáneamente. Lo dicho por ella en el contrato, sumado a sus sentimientos expresados y a la fuerza de su yo, me movían a pensar que podría reformularle sin peligro lo que ella había dicho con otras palabras. Ambos esposos estuvieron de acuerdo, apoyando cada uno mis conclusiones con una anécdota. Luego, Jonathan comentó con amargura: «Así ninguno de los dos puede ganar, ¿no es cierto?».

La clave de su conflicto era evidente. Él necesitaba tranquilidad, apoyo, el amor de una mujer que lo adorara, que excitara a otros hombres y despertara sus deseos, pero, eso sí, proclamando su pertenencia a él. Si ella no se comportaba en forma tal que le infundiera tranquilidad y aplacara su angustia, él la castigaría retrayéndose y negándole lo que ella quería. En su contrato, Susan exigía que él fuera fuerte y débil a un tiempo, planteándole así un doble vínculo imposible. En verdad, su retraimiento sexual, su negativa a aproximarse eróticamente a él, le daban un arma potente en su lucha por el poder. Jon no podía contentarla por mucho tiempo, pues sus necesidades eran contradictorias: él debía ser fuerte y ella su esclava, pero ser esclavizada significaba ser dominada por su madre, y ante eso era preciso rebelarse. Sólo podría ser independiente si él era un hombre débil, su esclavo (como su padre lo había sido de su madre), pero entonces lo despreciaría igual que a su progenitor. Había atribuido a Jonathan características reales e imaginarias de ambos progenitores. (Este caso ejemplifica la atribución simultánea al cónyuge de reacciones transferenciales del padre y de la madre, tratada en el capítulo 3.) El uso de los contratos matrimoniales en terapia marital nos coloca frecuentemente en mejor posición para observar este fenómeno. De este modo, gracias a la colaboración inconsciente de su esposo, a Susan le era fácil provocar en él reacciones contratransferenciales (paratáxicas) que apoyaban sus propias distorsiones y expectativas negativas.

Uno y otro representaban el rol de cónyuge infantil en su contrato de interacción. Los clasifiqué como pareja infantil-infantil, o sea, como dos niños en busca de un progenitor, en contraposición a las parejas infantiles donde los esposos actúan como compañeros de juegos («matrimonios del cuadrado de arena»).*

Jonathan no captaba su inconsciente como Susan captaba el de ambos, pero se mostraba dispuesto a cooperar en la terapia —con sus demandas de franqueza, revelación y cambio— en un grado sorprendente, si tenemos en cuenta que se consideraba a sí mismo un pragmático. Advertí que cada vez sentía más afecto hacia él y lo apoyaba más, porque sabía cuánto más difícil era para él la terapia.

Mientras continuaba el tratamiento, empecé a elaborar más a fondo los contratos individuales de los Smith, sobre la base de los datos recogidos en las tres primeras sesiones. Después de la quinta entrevista, los desarrollé en una versión más elaborada, basándome en toda la información disponible (incluyendo los contratos escritos por Jon y Susan), mi evaluación del material proporcionado por ellos (incluyendo la historia inicial), el material onírico, y sus declaraciones con respecto al compañero, y a sus progenitores. Además, su modo de interactuar durante las sesiones, su manera de reaccionar y tratarse mutuamente mientras informaban sobre otros hechos, la forma en que cumplieron las tareas y reaccionaron ante ellas, me brindaron datos adicionales. Los contratos, tal como se formularon a esta altura del tratamiento, eran hipótesis de trabajo constantemente sujetas a cambios, que nos guiarían hacia la elaboración de un contrato único aceptado por ambos. Para ello, los dos cónyuges deberían transar consigo mismos y entre sí en cuanto a sus propios conflictos y ambivalencias, y tendríamos que fijar algunas cláusulas nuevas; la transacción aceptada y el uso de nuevas estipulaciones o facetas contractuales desarrolladas durante la terapia o como fruto de la experiencia se hallan entre los métodos para llegar a un contrato común.

* Así llamados por alusión al cuadrado de arena que suele haber en las plazas para que los niños jueguen en él. (*N. de la T.*)

Estos contratos se formulan en función de los tres parámetros principales de cláusulas contractuales: 1) qué se espera del matrimonio; 2) estipulaciones basadas en factores biológicos e intrapsíquicos; 3) partes del contrato que reflejan focos derivados o exteriorizados de problemas conyugales que tienen su origen en los dos primeros terrenos. Como aquí presento mi propia formulación, en cuanto terapeuta, en ella aparecen fusionados los tres niveles de conciencia de las cláusulas. Esto se debe a que, siendo estos dos contratos mis hipótesis de trabajo, me resultan más útiles cuando fusiono toda la información obtenida (la correspondiente a los tres niveles de conciencia de los esposos y la procedente de otras fuentes). Hago mis formulaciones dentro de los límites de mi formación teórica y según mi mejor saber y entender, y esto me permite transmitir mis hipótesis, observaciones y maniobras terapéuticas a la pareja, para que pueda utilizarlas de un modo constructivo con miras a alcanzar nuestros objetivos comunes. Como todos los psicoterapeutas, soy pasible de cometer errores, tener fallas perceptivas, dejarme guiar por mis propios valores y establecer conclusiones determinadas por contratransferencia, por lo cual procuro ser consciente de estas falencias y reducirlas al mínimo.

Contratos proyectados

1. *Parámetros basados en las expectativas puestas en el matrimonio*

Susan Smith

1. Matrimonio significa que mi vida y la de Jon se centrarán en nosotros y en nuestros hijos. Somos una unidad autónoma, con apoyo mutuo. Mi carrera creativa está claramente subordinada a lo anterior, pero debo conservarla. Si Jon coopera, no tendré que verme obligada a optar entre una u otra.

2. La unidad familiar la constituimos nosotros —Jon, yo y los niños— y no nuestras respectivas familias de origen.

3. Quiero que él sea un padre cariñoso y comprensivo, pero también firme. Debería preocuparse por el cuidado de los niños y participar en él.

4. La vida familiar será democrática, decidiendo conjuntamente qué haremos, cómo y cuándo. Prefiero que Jon decida

en cuestiones de dinero y sostén [económico] . . . No quiero saber absolutamente nada de esas cosas, con tal que todo vaya bien.

5. Los roles serán los tradicionales. Esto me hace sentir bien y contenta. Yo atenderé el hogar y los hijos; él ganará dinero y me protegerá de las fuerzas externas contra las cuales no pueda luchar.

6. En el matrimonio, los dos cónyuges deben coincidir en materia de gustos e ideas, compartiendo sus sentimientos y pensamientos. Me siento incómoda y preocupada cuando Jon no acepta aquello que para mí es tan importante (la naturaleza, el espiritismo, el concepto de la bondad esencial del hombre, etc.). Si él no puede aceptar esto, no sé si querré tratar de satisfacer sus deseos.

7. En el matrimonio, debemos estar sexualmente disponibles el uno para el otro. Si él me da seguridad y amor, yo seré una esposa modelo. Si he de darle lo que él quiere, debe desearme sexualmente y hacerme confiar en que soy deseable.

8. No quiero ser dominada en mi vida marital como lo fui de soltera por mi madre. Si estoy segura con mi marido, puedo florecer y crecer como la planta que recibe el alimento, riego y luz adecuados; entonces tendré libertad para crear. Mi esposo será generosamente recompensado por esto: cuidaré con gusto del hogar y de los hijos (con su ayuda), me entregaré a él sexualmente y, con mi fértil fantasía e imaginación, haré que la vida sea incitante y estimulante para él.

9. Si no obtengo lo que necesito, no le daré lo que él desea. Tiene que ser lo bastante fuerte como para darme lo que quiero. No quiero que me deje hacer cualquier cosa por debilidad; no quiero tener que ser fuerte por los dos.

10. Transaré; él no está obligado a participar en la mayoría de mis actividades, siempre y cuando me deje continuarlas.

11. La fidelidad sexual no me preocupa mucho. Lo importante no es eso, sino estar allí cuando otro nos necesita. Me inquietaría que mi esposo fuera incapaz de entregárseme sexualmente, pero se entregara a otra.

12. Deberíamos ser capaces de dar rienda suelta, juntos, a nuestras fantasías.

JONATHAN SMITH

1. Sue y yo somos el centro [del matrimonio]; los niños vienen después, y a menudo constituyen una intrusión. Cada uno de nosotros tiene, además, su propia ocupación, y la mía representa algo importante para mí. No sé qué es más impor-

tante. . . En caso extremo, de tener que elegir entre Sue y los niños o mi trabajo, quizás optaría por este.

2. Igual que Susan, pero los niños ocupan un lugar secundario. Cuanto menos tengamos que ver con nuestras familias de origen, tanto mejor.

3. Seré una figura paternal para mis hijos; deben verme como un ser fuerte, sabio y justo. No quiero acercarme demasiado a ellos, ni involucrarme demasiado en sus problemas cotidianos.

4. Asumiré las decisiones sobre dinero y sobre mi trabajo; Sue estará a cargo de las cuestiones domésticas y sociales, en tanto yo pueda contar con ella para hacer las cosas que quiero.

5. Igual que Susan, pero no debería esperar que yo la salve de algunos de sus despistados amigos, o luche por ella a brazo partido.

6. Me gusta la privacidad y únicamente comparto aquello que quiero compartir. Mis preferencias y mis antipatías pueden diferir de las de Sue, y así sucede en la realidad. Soy, y debo seguir siendo, una persona independiente. Sue quiere que me fusione con ella: yo no puedo ni quiero hacerlo. ¡En esto soy terminante!

7. Espero que mi esposa siempre me desee sexualmente y lo demuestre. Ella será mi refugio, mi apoyo. Atenderá a las necesidades de mi yo y manifestará cuánto me ama, cuán sexual soy yo, haciéndome el amor apasionadamente mientras me dice qué maravilloso soy y qué loca está por mí.

8. Mi esposa debe comprender mis necesidades. Soy una persona especial, y debo ser bien atendido porque soy un hombre y porque soy yo. Debo controlar nuestra vida. Le daré alguna libertad para continuar con sus amistades estúpidas, aunque constituyen una amenaza y un motivo de angustia para mí.

9. Si no obtengo lo que quiero, no le daré lo que ella quiere. Debo consolidar mi autoridad para que no la impugne constantemente.

10. No le daré todo lo que quiere porque me tragaría y cambiaría. Si me da lo que quiero, satisfaré sus deseos en lo que pueda. Sé que debemos transar en algunas cosas, como transo yo ahora al aceptar dinero de su madre.

11. Mi esposa debe serme sexualmente fiel. Ya me siento bastante inseguro de mí mismo con las cosas como están.

12. Igual que Sue, pero nuestras fantasías pueden ser diferentes. Yo no puedo, ni quiero, imaginar las mismas cosas que ella; eso no es necesario en el matrimonio. Los esposos no

tienen que asemejarse mutuamente, pero sí corresponderse en forma adecuada.

Puntos positivos: 1) Ambos desean, en términos generales, la misma forma convencional de matrimonio, con roles similares, determinados por el sexo. 2) Uno y otro pueden desarrollar actividades independientes, si bien Susan quiere que Jon participe en las de ella. 3) Uno y otro afirman estar dispuestos a avenirse a ciertas transacciones.

Puntos negativos: 1) Marcada diferencia en cuanto a la inclusión/exclusión de los hijos. 2) Jonathan se muestra más apartado y distante, y esto le parece deseable. 3) Él es autocrático para tomar decisiones, en tanto que Susan dice ser más democrática, aunque sospecho que sólo coopera cuando logra imponer su voluntad. 4) Uno y otro quieren que el compañero encare el amor y las cuestiones sexuales «desinteresadamente», pero amenazan con retraerse, iracundos, si no obtienen lo que desean. Hay verdaderas discrepancias con respecto a las relaciones sexuales: ella quiere manifestaciones amorosas, un trato más espiritual; él quiere una confirmación concreta de que es un hombre deseable. 5) El conflicto de ella respecto de la debilidad y la fuerza es fuente de múltiples confusiones y problemas, y un determinante básico del modo en que funciona su sistema marital. 6) Ella quiere que le dejen hacer «sus cosas» (música, actividades espiritistas y humanísticas), pero no oculta que, en realidad, espera y desea la aprobación y participación del marido; él se rehúsa porque teme perder su sentido de la propia individualidad. Ella quiere que su marido comparta sus gustos y sus ideas; él se opone totalmente a esto. 7) Ella trata de guiarse por una definición estricta de lo que «debe» y «no debe» hacer con respecto a ejercer dominio, pero es ambivalente. 8) Uno y otra manifiestan claramente que se apartarán del compañero si no obtienen lo que desean. 9) Él teme ser dominado, incluso en el terreno de la fantasía. 10) Él adopta una actitud rígida y defensiva con relación a sus derechos de esposo, aferrándose a un modelo que no armoniza con la realidad de su vida actual.

En estos momentos, Susan y Jonathan viven una relación paralela e incómoda, en la que cada cual sigue su camino sintiéndose desdichado, preguntándose por qué no conviven en más armonía si concuerdan en tantas de las expectativas superficiales que tienen puestas en el matrimonio. Empero, la insistencia de cada uno en obrar a su modo en la vida diaria y de relación les impide aumentar su armonía y crecer.

Su ambivalencia en la lucha por un poder que sólo desean a medias constituye una fuerza negativa crucial.

2. *Parámetros basados en determinantes intrapsíquicos y biológicos*

No es necesario que el terapeuta haga una lista tan completa como la que ofrezco aquí con fines demostrativos. En la práctica, lo usual es seleccionar únicamente aquellas fuerzas y áreas problemáticas cuya importancia capital nos es revelada por los contratos y por la conducta de la pareja. En la mayoría de los casos, es útil señalarles a los pacientes las partes contractuales positivas, los puntos de simetría o verdadera complementariedad, y aquellos en que hay discrepancia o conflicto.

Como estos contratos son mis hipótesis de trabajo, incluyo en ellos formulaciones tentativas dinámicas de tipo intrapsíquico e interaccional, pero no es necesario que el lector concuerde con ellas. Dado que sólo puedo ejemplificar un enfoque, he elegido el que adopté en este caso; el lector puede remplazar mis formulaciones por las suyas, basándose en su propio enfoque teórico y clínico. Mis hipótesis y comentarios sobre dinámica intrapsíquica y sistema marital (que aparecen en bastardilla) indican cómo puede incorporar el terapeuta los contratos matrimoniales a su sistema teórico.

1. *Independencia / dependencia*

SUSAN SMITH

Quiere ser dependiente e independiente a la vez, pero en áreas distintas. Esto genera un gran conflicto, que espera le resuelva su marido. Quiere ser la esclava de su esposo, pero también quiere ser libre. *No acepto su formulación consciente de este punto. Creo que quiere un hombre fuerte, pero afectuoso y benévolo, que la proteja y cuide de ella; a cambio de esto, le dará amor, goce sexual, hijos y una cálida vida familiar. Por su parte, él le brindará, además, un ambiente que le permita mantener su independencia en otras áreas. De este modo, sus deseos no tienen por qué ser conflictivos, si el marido* puede *satisfacerlos; esto es posible, y constituye un* quid pro quo *nada excepcional a un nivel más maduro. Por consiguiente, la antinomia amo-esclavo o débil-fuerte no es una evaluación exacta.*

Jonathan Smith

Expresa claramente su deseo de ser independiente, pero esta es una independencia falsa. *Básicamente necesita una esposa-madre que se brinde a él, y que debe satisfacer su necesidad infantil para que él se sienta bien. A cambio de esto, él será un «buen chico» en el hogar, la ayudará, compartirá lo que él quiera compartir y le será sexualmente fiel. Hay una parte de su contrato que aún no puede enfrentar: la que establece su expectativa de que las mujeres allegadas a él le suministren las «golosinas» que desea, mientras él permanece pasivo pero con las riendas en la mano.*

2. *Actividad / pasividad*

Susan Smith

Está dispuesta a ser activa (en ideas y en obras) para producir lo que desea. A cambio de su actividad, quiere que él la proteja y cuide de ella.

Jonathan Smith

Es más pasivo que Susan, pero de una manera muy agresiva. Formula con claridad y de un modo terminante lo que hará. Transará cuando comprenda que si insiste en ganar todas las escaramuzas, acabará perdiendo la guerra (p. ej., se aviene a dejar que ella le pida dinero a la madre, antes que reducir su nivel de vida). Tiene más reacciones que iniciativas.

3. *Intimidad / distanciamiento*

Susan Smith

Afirma que desea intimidad, pero ha de ser una intimidad a su manera y, además, la tolera por poco tiempo. Habla mucha de intimidad, pero también protesta mucho. Para ella, intimidad equivale a dominar o ser dominada. Trata de acercar más a Jonathan, esto es, de hacerle comprender y aceptar su modo de vida y su enfoque cognoscitivo. *Él ve en esto una amenaza y una violación de su integridad.* Sin embargo, él es más capaz de aceptar las diferencias entre sus estilos cognoscitivos. *Susan intenta dominar privándolo de sus defensas (maniobras de distanciamiento) en forma tal, que en realidad le entrega el control a Jon, ya que él es lo bastante fuerte como para negarse a seguirle el juego. Entonces, ella se venga encolerizándose y retrayéndose.* A menudo, su intimidad es interna (conocimiento de sí misma mediante la meditación). En un nivel profundo, *no comprende del todo a Jonathan o no empatiza con él.*

JONATHAN SMITH

Es demasiado cauteloso y precavido con respecto a la intimidad. *Quizá tenga miedo de sus impulsos violentos infantiles y sádicos.* Hará algunos gestos de intimidad, pero se mantendrá distante; se ha trazado un límite al que se aferra tenazmente. *Como dijo Susan, le prohíbe acercarse a él, lo cual la frustra, pues la priva de un arma poderosa y de una fuente de genuina gratificación.*

4. *Poder*

SUSAN SMITH

Se debate en un conflicto evidente sobre cuánto poder quiere tener y cuánto puede darle a su marido para sentirse segura; empero, básicamente desea tener poder y dominio. *Siente que no puede confiar ese poder a Jon: él es demasiado extraño y diferente. La violencia y sadismo que percibe en él la inquietan. Su propia ambivalencia coadyuva a la desavenencia conyugal, pues promete y niega a un tiempo la esposa-madre que él quiere y a la que podrá dominar. La lucha de poder constituye un importante motivo de preocupación para ellos. Ambos disfrutaron con ella al comienzo de su relación, antes de que llegara a deteriorar su matrimonio. Cuando ella tiene poder, lo teme y desea devolvérselo a él . . . pero entonces no puede confiar en sus cuidados; el dilema es terrible, si uno sólo lo observa en función de su silogismo.*

JONATHAN SMITH

No tiene conflicto de poder. Quiere poseerlo, pero desea delegar el rol activo en su mujer, en tanto ella haga lo que él quiera. Es el clásico síndrome de personalidad pasiva-agresiva. *La cuestión del poder y dominio es crucial para ambos. Él querría ejercerlo como el niño que domina a sus progenitores, pero esta táctica no siempre da resultado con Susan; entonces, Jon se turba al verse obligado a reconocer que su omnipotencia está amenazada.*

5. *Miedo a la soledad o a ser abandonado*

SUSAN SMITH

Es un determinante moderadamente importante de su conducta, en especial el temor a perder la fracción «madre fuerte» de su marido. No emerge como una fuerza motivadora primordial; ella vive hermanada con todo el universo. *Probablemente esta sea su última defensa contra la soledad y el abandono.*

JONATHAN SMITH

Oculta bien este miedo, pero se achica de veras cuando Susan se aleja de él. Si ella se mantiene distante, capitula para poder salvar los restos de su fantasía sobre la madre-esposa embobadamente cariñosa y complaciente. Si Susan amenaza con abandonarlo, él amenaza con dejarla de un modo más rápido, total y terrible. *Así, domina estimulando la angustia de ella, en lugar de aliviarla. Lo que podría ser una oportunidad de actuar positivamente se transforma en una lucha de poder.*

6. *Grado de angustia*

SUSAN SMITH

Es manifiestamente mayor que el de su esposo. La expresa con franqueza, la palpa, le pide a él que haga algo para liberarla de ella. Si él no lo hace, descarga su ira en él o lo castiga negándole lo que desea. Cuando se siente demasiado angustiada, teme desintegrarse y se protege retrayéndose, comunicándose con fuerzas místicas que le infunden aplomo, calma y una sensación de contacto. Por consiguiente, acaba creyéndose capaz de arreglarse sin él si es preciso, pero dice que quiere que sus hijos tengan un padre.

JONATHAN SMITH

Defiende mejor su angustia de un percatamiento y expresión directos. Puede medírsela por sus fantasías sádicas, su postura autoritaria y su dogmatismo. Inconscientemente teme ser abandonado; Susan percibe este miedo y hasta se vale de él. Jon quiere que ella mitigue su angustia masajeando su yo y haciéndole el amor; en general, quiere que lo trate como a un hermoso varoncito ciegamente adorado. Sin esta confortación, se convierte en una persona fría que se sabe capaz de herir a «mamá» retrayéndose. Empero, esto no da mucho resultado con Susan, pues no puede dominarla y, además, al verlo actuar así, ella lo percibe de la misma manera que a su padre débil e incapaz, al que desprecia. Cuando esto ocurre, Susan asume el rol de su madre fuerte, para descubrir con horror que ha copiado su propia situación parental. Sólo puede tolerar por poco tiempo esta situación inestable, e insiste en que su marido sea el esposo-madre fuerte y asuma el mando. Pero tampoco tolera su superficial demostración de que él es el esposo-madre fuerte, pues, no obstante sus deseos de verlo como tal, la realidad se abre paso hasta ella. Entonces recae en la ira y retraimiento, huyendo de él para estar con sus amigos del movimiento espiritista. Recuperado el dominio sobre sí misma, vuelve y los dos se preparan para el próximo *round.* La experiencia le ha enseñado a Jon a no angustiarse demasiado por el espiritismo de Susan, que le permite estabilizarse y servirlo de nuevo durante un tiempo. Y así continúan, estimulando y aliviando sus mutuas angustias, como dos niños en busca de un progenitor; ninguno es capaz de aceptar un verdadero rol parental por mucho tiempo, porque ambos necesitan el cuidado y conducción de un progenitor. *La terapia se centró en este vaivén desde muy temprano; el enfoque de* quid pro quo *fue útil, tal como se demostró en el área sexual al asignar tareas en la primera sesión.* La principal defensa de Jon es no permitirle a su esposa que se involucre con él, y mantenerse distante de ella y de los hijos.

7. *Consolidación de la identificación sexual*

SUSAN SMITH

Su identificación sexual es femenina, pero está confundida con respecto a si ser mujer significa ser fuerte como su madre. Quiere ser sensible, pero las personas fuertes no tienen sentimientos: tenerlos es ser débil. Todavía confunde ser una «buena mujer» con ser «hestal», y sin embargo lucha con el deseo de disfrutar de toda una gama de actividades con independencia de su esposo. *¿Cómo puede ser hestal y, al mismo tiempo, fuerte, emprendedora y con mando? Esto la convertiría en el «hombre» de la familia, como a su madre. No obstante, para gozar de independencia debe ser igual que su madre y tener un esposo débil. . . y ella no puede ganar esa libertad porque ser fuerte la atemoriza: eso llevaría implícita la aterradora posibilidad de desafiar a su madre; además, ella es una niña. Susan plantea* *la situación como un dilema, sin advertir plenamente que tanto ella como su esposo pueden ser a un tiempo fuertes y flexibles; que una persona puede cuidar de otra y ser cuidada por ella, puede ser fuerte o débil y ver con agrado que su cónyuge maneje ciertas situaciones en tanto que ella se encarga de otras. Aquí, las posibilidades de compartir, de transferirse mutuamente los poderes, se pierden en la angustia generada al reconocer las propias fallas en el compañero. El traspaso de poder en uno y otro sentido es uno de los problemas más importantes que han de solucionar juntos. Es significativo que rol sexual, dominio, independencia, etc., se conviertan en aspectos conexos de un mismo flujo y reflujo dentro de su sistema marital.* La idea de homosexualidad no le parece aborrecible, pero prefiere tener relaciones sexuales con un hombre. Ninguna mujer, ya sea débil o fuerte, provoca en ella sentimientos eróticos.

JONATHAN SMITH

Se identifica con el sexo masculino, pero como un niño hermoso y amado, al que adoran simplemente porque existe y *no* por lo que brinda o hace. Para él, lo ideal sería estar casado con una mujer que lo adorase, que se brindase «como una ramera en el dormitorio», que sólo emplease su poder y energía en nombre y beneficio de él. No ve una amenaza en el hecho de que su esposa trabaje y gane dinero.

8. *Características sexuales del compañero*

SUSAN SMITH

Quiere un compañero al que excite y que le haga el amor en forma intensa, espiritual y físicamente. No quiere tener trato sexual a menos que él lo instigue con amor. Le irrita que su esposo no cumpla con lo pactado (convenio *quid pro quo*) y ve en esto un ejemplo de lo que ocurre muchas veces. Además, le parece que de soltera fue lasciva y «se vendió» sexualmente porque creía no tener otra cosa que ofrecer; ahora no se siente así y le desagradan las exigencias sexuales de su esposo. Lo encuentra físicamente bien, capaz de excitarla cuando lo desea. En él no hay disfunciones sexuales, sino una falta de iniciativa y autoafirmación sexuales, una incapacidad de crear un ambiente erótico, que la apartan de él y le hacen sentirse indeseable. Cierta vez, Sue dijo: «Yo también quiero ser amada por lo que soy, y no como una simple mujerzuela picante». Quiere que él sea más agresivo, que no se detenga porque ella rechace sus propuestas; a cambio de eso, se le brindará sexualmente.

JONATHAN SMITH

Su compañera sexual ideal se parece al autorretrato de Susan uniéndose a otros hombres. Desde el punto de vista físico, su rostro y su cuerpo le parecen hermosos y voluptuosos, justamente los que él desea, pero le irrita que «se rehúse» a mostrarse ávida y a amoldarse a su fantasía de «ramera en el dormitorio». A cambio de esto, él le sería fiel y cuidaría de ella «lo mejor que pudiera». *He aquí una nueva formulación equívoca que no infunde tranquilidad.* Quiere que ella lo acepte sexualmente, arguyendo que dejó de tomar la iniciativa en esto porque ella lo rechazaba. Susan asevera que el marido la aceptaba con «no» demasiada facilidad y que quiere que él la tome superando sus reparos [los de ella].

9. *Aceptación de uno mismo y de los otros*

SUSAN SMITH

Básicamente cuestiona su propia valía como persona y como mujer. *Por lo tanto, el hombre que la acepte también debe tener defectos. Esto crea un escenario perfecto para la dramatización de problemas basados en su escasa autoestima, especialmente por cuanto su compañero refuerza sus actitudes negativas preexistentes con respecto a sí misma, y es muy parco en reconocer sus aportes y atributos positivos.*

JONATHAN SMITH

Aunque se cree un varoncito adorable, también teme no valer nada frente a un «hombre verdadero» (incluyendo cualquiera de los ex amantes de su esposa). Esta falta de aceptación de sí mismo como hombre adulto explica, en buena medida, su necesidad de controlar y estructurar su mundo en forma tal que siempre parezca que él es quien manda. *Es lo bastante fuerte como para elegir en qué áreas quiere ser «débil», las cuales no coinciden necesariamente con las que ella desea; por ejemplo, Susan quiere que él sea fuerte en ganar dinero, en desearla sexualmente, en tolerar que ella se maneje sola, en ser menos pasivo. Él es fuerte en la ejecución del trabajo que le gusta; en el área sexual, obtuvo una victoria a lo Pirro que precipitó su búsqueda conjunta de terapia.*

10. *Estilo cognitivo, nivel de energía, intensidad, absorción, entusiasmo*

SUSAN SMITH

Su estilo cognitivo es abierto e intuitivo; deja que la información fluya a su alrededor y la penetre, y después toma una decisión basándose en sus sentimientos y ánimo. Escribe sus canciones, letra y música, y así vive. Como le es difícil aceptar la modalidad de Jonathan, muy distinta a la suya, trata una y otra vez de obligarlo a adoptar esta, sintiéndose ofendida y sola porque él no quiere (no puede) unírsele en su enfoque aparentemente falto de estructura. Sin embargo, ella se guía por la lógica y vela por que se satisfagan las necesidades esenciales de ambos y las de los hijos. Su nivel de energía, intensidad, absorción y entusiasmo son considerables y espera que lo sean también en Jonathan; este los posee pero, desgraciadamente, no en las mismas áreas que ella.

JONATHAN SMITH

Su estilo cognitivo es muy lógico y preciso. Como cuadra a un ingeniero, examina todas las situaciones, recoge información, la selecciona, la clasifica de acuerdo con la categoría e importancia adecuadas, y llega a una decisión práctica, acorde con «los hechos». Ha aprendido que su esposa no puede hacer lo mismo y está dispuesto a tolerar, condescendientemente, sus «actividades escapistas, espiritistas y humanísticas». Esta diferencia de estilos es la causa de los problemas de comunicación. Además, uno y otro se impacientan ante el estilo cognitivo y forma de pensar del compañero. *Como saben que no cambiarán al otro tienden a cortar toda comunicación, y no tienen paciencia para escucharse porque creen saber de antemano lo que les dirá el compañero.* Gran nivel de energía, intensidad, absorción y entusiasmo. Ya no le importa mucho en qué vuelca Susan sus energías, con tal de que no sea en algo demasiado amenazador; en última instancia, ella hace lo que él quiere.

3. *Parámetros que reflejan focos derivados o externos de problemas conyugales*

Aquí entran las reconvenciones que a menudo impulsan a las parejas a buscar terapia. Por lo común, son síntomas de algo más básico que genera conflictos o frustración en alguno de los otros dos parámetros, o en ambos.

1. *Comunicación*

Susan Smith

Parece expresar lo que quiere, y lo que no quiere, en forma bastante franca y directa, aun cuando sus deseos sean contradictorios. *Parece* pedir lo que quiere, pero en realidad muchos de sus mensajes son confusos y, a menudo, de doble vínculo debido a su ambivalencia. Está muy al tanto de sus sentimientos, pero deja que los negativos se acumulen, con el consiguiente riesgo de que estallen sin que ella piense debidamente en las consecuencias. Es capaz de expresar amor, ternura, y también ira. Sin embargo, cuando se siente frustrada no manifiesta sus deseos, sino que espera que Jonathan los conozca: emite señales sutiles, que probablemente no serán comprendidas, ni siquiera percibidas, y por último, cuando ya se han acumulado varias «negativas a responder por parte de Jonathan» (según las llama ella), estalla en cólera. En suma, Susan sabe qué siente, pero muchas veces no comunica con claridad sus deseos.

Jonathan Smith

Es franco para expresar las cosas y hechos que desea, pero como no está bien al tanto de cuáles son sus sentimientos, no puede manifestarlos en forma directa. A veces espera que su esposa conozca y satisfaga sus deseos no expresados. Le es difícil manifestar amor, pero puede exteriorizar prontamente su enojo. Muchas de sus comunicaciones se presentan de una manera autoritaria y ruda que irrita a Susan. Al principio, ella interpretó esto como una prueba de su fuerza, pero ahora cree que revelan debilidad y esto la encoleriza. Jon expresa a menudo su hostilidad de una manera indirecta, sutilmente sádica, que apenas si oculta su ira subyacente. Cuando Susan envía sus señales mínimas, él no las percibe o las interpreta mal; en vez de pedir explicación, «adivina» su significado, optando en general por la interpretación más negativa. En suma, Jonathan no está bien al tanto de sus propios sentimientos, como lo está Susan, pero sí comunica con claridad lo que conscientemente desea transmitir.

2. *Intereses*

Susan Smith

Es una artista interesada en cuestiones espirituales y en su propio trabajo, así como en la vida familiar. Esperaba que Jon se interesara por sus inclinaciones y compartiera sus opiniones. Cuando él discrepa con ellas o no logra captarlas, Susan se enfurece y disgusta, creyendo que no la ama. El trabajo de su esposo no le interesa mucho, porque no ha hallado el modo de relacionarlo con su filosofía básica de la vida; de ahí que recele un tanto de su profesión, lo cual irrita a Jon y lo coloca a la defensiva.

JONATHAN SMITH

Su interés se centra, esencialmente, en él mismo. Quiere hablarle a su esposa de su profesión. . . pero sólo de aquellos aspectos que, en su opinión, lo destacan. No le interesa lo que ella hace, pero está dispuesto a vivir y dejar vivir: ella puede continuar con sus cosas en tanto él no se vea privado de sus servicios de esposa; cuando ello ocurre, Jon se desquita con ira.

3. *Estilo de vida*

SUSAN SMITH

Cree en la unidad esencial de toda materia viviente. Quiere vivir libre y espontáneamente, entre personas benévolas, música, canciones, bailes, conversaciones, contacto con la naturaleza. . . y sin preocupaciones económicas. Le gusta salir. Está dispuesta a transar, esto es, desea compartir con Jon todo eso, pero si a él no le gusta, renunciaría a su participación si él no la castiga por el hecho de compartir esas cosas con otros.

JONATHAN SMITH

Es cerrado y ordenado: un planificador. Le gustan algunas personas mientras no amenacen su supremacía; le disgusta el contacto con la naturaleza y prefiere el motel al campamento. Le gusta mucho gastar dinero, si lo tienen. Tolera hasta cierto punto las actividades de Susan, pero al advertir la diferencia que hay entre él y la clase de gente que atrae a su esposa, se siente amenazado y teme perderla. Por consiguiente, trata de refrenarla, provocando su ira, depresión y alejamiento.

4. *Familias de origen*

SUSAN SMITH

La fuerte personalidad de su madre es causa de problemas para ella y para el matrimonio en general. Los sentimientos de Sue hacia su madre son muy ambivalentes: la utiliza como patrón para medir todas las cualidades y defectos humanos. Según ella, su padre es una nulidad afable. Quiere que su madre no intervenga en su vida y, por ende, le duele que Jon «la coloque» en situación de tener que pedirle dinero, pues le parece que ella es quien paga las consecuencias.

JONATHAN SMITH

El apego de Susan hacia su madre le causa temor y celos; cree que su suegra influye demasiado en los asuntos cotidianos del matrimonio, pero contribuye a perpetuar esta situación al no insistir en que han de ajustarse a su sueldo o ganar más dinero. Optó conscientemente por aceptar esta situación, arguyendo que lo hacía por Sue y por los hijos. En la actualidad, su familia de origen no le causa problemas a ninguno de los dos, salvo por los efectos de sus antiguas relaciones con sus progenitores. A veces, Sue juzga con resentimiento la indulgencia con que lo trató el padre y la frialdad y distanciamiento de la madre. El padre ha muerto; la madre vive en otro estado y no representa una fuerza activa en sus vidas, excepto desde el punto de vista histórico.

5. *Hijos*

Ambos concuerdan en que la principal responsable del cuidado de los hijos es Susan, pero ella se irrita cuando Jon no cumple con su parte del compromiso (liberarla de toda preocupación económica y darle seguridad, para que ella pueda dedicarse a la música, las actividades espiritistas y demás inclinaciones). También le disgusta su distanciamiento de los niños, que él interpreta como «darles una imagen paternal adecuada». Hay conflictos menores en torno a cómo criar a los hijos, pero él suele capitular en esta área.

6. *Dinero*

SUSAN SMITH

Lo dicho hasta ahora demuestra ampliamente que, para ella, el dinero representa poder y libertad. Se angustia al notar que escasean los fondos. En vez de disminuir los gastos, opta por la solución fácil de aceptar el dinero (y, por lo tanto, el dominio) de su madre.

JONATHAN SMITH

El dinero tiene el mismo significado para él, pero no se manifiesta abiertamente preocupado por las cosas materiales, confiando en que de algún modo lograrán satisfacer sus necesidades económicas.

7. *Valores*

No hay nada que añadir a lo ya dicho sobre este punto. Hay muchas áreas de concordancia, y también algunas discrepancias profundas.

8. *Amistades*

SUSAN SMITH

Para ella, los amigos representan la independencia. Afirma querer compartirlos con su marido, pero en la práctica eligió como tal a un hombre que no puede compartir sus amistades más importantes.

JONATHAN SMITH

Tiene pocos amigos. Está dispuesto a compartirlos con su esposa, pero a ella le parecen aburridos o molestos. Está de acuerdo con que Susan tenga amistades propias, siempre y cuando no amenacen su posesión sexual de ella.

9. *Roles*

SUSAN SMITH

Está dispuesta a ceñirse a los roles tradicionalmente determinados por el sexo, si a cambio de eso obtiene lo que desea. Le molesta que Jon no acepte por entero las responsabilidades de su rol en cuanto a ganar dinero.

JONATHAN SMITH

Con su sinceridad y brusquedad, a veces parece una versión exagerada del marido dominante pero, en última instancia, condescendiente. Para él, el sexo determina claramente los roles («Ayudaré en las tareas pesadas del hogar, si puedo»), pero desea definir sus responsabilidades y no tolera que las discutan. Su intransigencia frustra a Susan.

Es evidente que tanto ellos como yo percibimos los factores derivados como subordinados a los intrapsíquicos e interaccionales. De ahí que, durante el tratamiento, pronto pudimos abocarnos a estos últimos en forma directa. En lo que respecta a la comunicación, la pista fue la dificultad que tenía Jonathan para captar el concepto más idealizado de Susan sobre amar y brindarse; esto podía deberse, o no, al hecho de que el único progenitor afectuoso y dedicado que tuvo Jon fue su padre. Era preciso que Susan aprendiera a comunicarse con él en forma más directa y ayudarle a comprender el significado de sus mensajes; la terapia podía ser útil en este sentido. Como algunos aspectos de mi propio sistema de valores se aproximaban más a los de ella que a los de él, debí estar alerta para no convertirme en competidor de Jon o actuar de un modo condescendiente, procurando ser en cambio un aliado de ambos. Susan casi se rehusaba a respetar profesionalmente a Jonathan, a causa de lo que ella consideraba sus valores humanísticos, pero en realidad los valores de uno y otro se asemejaban más de lo que ellos advertían. Jonathan se sentía amenazado porque se creía incapaz de ser el hombre espiritual que ella deseaba, y se desquitaba por miedo a perderla. Le intrigaba y atraía la capacidad de Susan para experimentar gozo, y sus aptitudes artísticas lo fascinaban, lo confundían y le hacían sentirse a la defensiva e inadecuado.

Hacia el contrato único

Una vez que hube formulado los contratos precedentes, con sus hipótesis dinámicas, los Smith y yo nos abocamos a la tarea de elaborar un contrato único. Pasamos casi toda la sesión siguiente revisando los contratos matrimoniales que habían escrito originariamente, junto con mis agregados y comentarios: uno de los cónyuges leía una sección de su contrato, comenzando con la parte verbalizada, luego el otro hacía lo propio con la parte correspondiente del suyo, y finalmente discutíamos las similitudes, discrepancias y puntos conflictivos. Yo me explayaba sobre estos o iba directamente a los comunes denominadores, explicándoles las diferencias de sus estilos cognitivos y la importancia de sus disparidades.

Los dos esposos querían trabajar directamente sobre su problema sexual. Antes, yo había pensado que podríamos valernos de la cuestión sexual como un medio para acceder a su sistema de cambio, pero ahora nos hallábamos en un atolladero y sólo podríamos seguir avanzando en ese terreno una vez que hubiésemos tratado otros parámetros angustiantes; la cuestión sexual estaba tan cargada de significados importantes relacionados con todos estos parámetros, que sería inútil seguir tratando de modo directo su síndrome de evitación sexual como medio para modificar toda la relación. A esta altura, pensé que los Smith debían diferir sus intentos de mejorar la calidad y caudal de su expresión sexual, a fin de mejorar la relación marital en general, y así se los dije.

Antes de volver a ocuparnos de la expresión sexual, deberíamos atemperar la angustia y actitud defensiva producidas por otros parámetros. En adelante, y de ser necesario, podríamos valernos del sexo en este sentido o como un fin en sí mismo. Dado el desarrollo desigual de las diversas áreas de su sistema marital, tendríamos que ir y volver de una a otra.

Basándonos en este concepto de la desigualdad de desarrollo, los Smith y yo convinimos en que las principales áreas difíciles con que tropezaban eran: dependencia/independencia, pasividad/actividad, inclusión/exclusión, intimidad/distanciamiento, poder, aceptación de uno mismo, diferencias en los estilos cognitivos, comunicación. Con aprobación de ambos, opté por comenzar a tratar directamente las dos últimas áreas.

Ya les había señalado la diferencia entre sus estilos cognitivos: él recogía datos, los seleccionaba, los examinaba y llegaba a una «opción lógica», en tanto que ella era más «intuitiva» en sus opciones, dejándose llevar por sus sentimientos. Les di ejemplos de sus maneras diferentes de encarar los problemas (incluyendo los que tenían entre sí), de cómo esta circunstancia afectaba, además, su comunicación y hacía que se impacientaran el uno con el otro. Ambos creían que unas pocas palabras bastaban para adivinar qué pensaba el otro sobre cualquier cuestión, y que era inútil decir más, puesto que ninguno podía influir en las ideas del otro. Hacía tiempo que habían alcanzado un punto muerto en materia de comunicación. Era importante que aceptaran sus diferencias de modalidad y que trataran de comprender el enfoque cognoscitivo del compañero, ya que eran rasgos innatos, imposibles de cambiar. Ambas modalidades eran perfectamente válidas, pero distintas. Les dije que, en mi opinión, se complementaban muy bien y les impartí la tarea de buscar la manera de sacar mutuo provecho de sus diferencias. Otra tarea, relacionada con la actividad/pasividad, también tenía que ver con esto, pues debían discutir todos los planes que los afectaran a ellos y a los hijos, explicándose mutuamente qué sentían, qué deseaban y por qué lo deseaban; en caso de no entender a fondo sus discrepancias, se interrogarían el uno al otro con detenimiento. Hice hincapié en que tendrían que comunicarse de un modo claro y simple, comprendiéndose y escuchándose mutuamente, para después tratar de llegar a una transacción o acuerdo *quid pro quo* sin que ninguno de los dos se sintiera derrotado. Esta tarea, sumada a la de utilizar sus diferentes estilos cognitivos, podría provocar rápidos cambios en su relación siempre y cuando no causara demasiada angustia, con el consiguiente sabotaje.

En la entrevista siguiente me informaron de que habían dialogado con más franqueza y libertad durante unos pocos días, pero que luego habían ido retrayéndose y distanciándose. Ninguno había hecho insinuaciones sexuales durante la semana. Jonathan declaró que se sentía perturbado por la falta de trato sexual; le respondí instándole a hacerse valer y a manifestar sus deseos. Cuando le pregunté a Susan qué clase de aproximación sexual le parecía más deseable en su esposo, cuál podría despertar en ella una respuesta más cálida, me contestó en forma terminante pero vaga: «Quiero que le salga del corazón tanto como del pene. . . Me haces sentir como si sólo tu pene me deseara». Le pregunté a Jonathan si sabía traducir sus palabras en sentimientos y acciones, y me respondió que no. Entonces le pedí a Susan que fuera más explícita. Así lo hizo, y su esposo pudo comprender y empezar a valorar la clase de relación amorosa que ella deseaba; pudo oír a Susan por primera vez, y ella captó la dificultad con que había tropezado al no comprender sus anteriores metáforas o alusiones.

Pasaron quince días entre esa sesión y la siguiente, porque Susan —en un arranque impulsivo— se fue a pasar el fin de semana con sus amigos espiritistas. En la noche del día en que regresó de su retiro, Jonathan tuvo el siguiente sueño:

«En el sueño se copula. Sue y yo volvemos de un baile con *B* y *A* [una pareja]. Pasamos frente a una casa, y Sue dice: "Ahí copulé muchas veces". Vamos a un lugar, probablemente nuestro hogar; *B* y *A* todavía están con nosotros. Le pregunto a Sue con rabia: «¿Cuántas veces copulaste ahí?". "No te lo diré", responde ella. Yo insisto, ella sigue negándose a contestarme y, finalmente, le doy unos puñetazos en la cara. Le sale sangre de la boca, y repite: "No te lo diré". Sufre, sangra, y entonces me dice: "Te lo diré: Cuarenta o cincuenta veces". *B* y *A* desaparecen. Yo le digo: "¿Ves lo que hiciste? Gastaste ahí todo tu jugo, y ahora no te queda ninguno. La chica que me aleje de ti ni siquiera tendrá que ser bonita; lo único que tendrá que hacer es copular"».

Jonathan demostró su pasividad dominante relatándole el sueño a Susan, para que ella tomara nota. Susan me lo leyó. Esta fue su manera indirecta de manifestarle la ira que le causaba verse abandonado por ella durante tres días, ira que no había expresado ni antes ni después de su partida. El sueño nos dio pie para penetrar en los sentimientos de rechazo sexual que experimentaba Jon, el miedo al abandono que le había causado el retiro espiritista de Susan, su angustia y desesperación, su pasividad para la expresión directa de su enojo. También nos referimos al hecho de que ella se marchara en momentos en que ambos trabajaban juntos (y conmigo), así como a su efecto provocativo. Sue comprendió entonces que se había distanciado física y emocionalmente de su esposo, angustiada por la creciente intimidad conyugal.

El retiro de Susan y el sueño de Jonathan me permitió confrontarlos con su sensación de ineptitud, con esa necesidad de distanciarse para que no descubriesen sus fallas. La reacción violenta que Jon había tenido en el sueño representaba lo que bullía en su propio interior, según el sentir de Susan, aquello que la asustaba y fascinaba mientras jugaba a provocarlo lo suficiente como para desatar su violencia. La violencia sería una derrota impotente para él, ¿pero acaso deseaba ella realmente que actuara en forma efectiva? Ese era uno de los dilemas de Sue, que él complementaba tan bien con su pasividad agresiva, conduciéndose tal como ella lo deseaba (neuróticamente, y aunque le resultara frustrante).

El rico material contenido en el sueño de Jonathan podía interpretarse de varias maneras. Yo opté por tomar aquellos aspectos que, en mi opinión, concernían a la orientación impuesta en esos momentos a nuestro trabajo. La consideración de otros detalles (p. ej., la importancia y significado de la otra pareja) nos habría apartado de la tarea presente, de modo que utilizamos sólo lo necesario para continuar trabajando en pro del objetivo inmediato. Después de esto, ambos captaron más profundamente la diferencia válida y genuina que había entre sus estilos cognitivos, la valía que cada uno tenía frente al otro y su capacidad de comunicarse mejor *si así lo deseaban* (p. ej., si ella, en vez de huir, se hubiese detenido a pensar en la angustia que le provocaba la intimidad y hubiese conversado con él sobre sus sentimientos).

En las seis semanas siguientes, nos acercamos poco a poco a un acuerdo sobre aspectos importantes del contrato único. Susan pudo aceptar mejor su propia fuerza y su interdependencia conyugal. Jonathan se tornó más sensible con respecto a sí mismo y a Susan, pero no lo suficiente; también aceptó mucho más a los hijos, sobre todo una vez que Sue dejó de utilizarlos para aumentar su sensación de exclusión insistiendo en que se ocupara más de ellos. Esta insistencia le había hecho distanciarse de los niños, y ahora que se veía librado a sus propias fuerzas, comenzaba a incluirlos en su vida. Al consultarle sobre las decisiones que afectaban a los hijos, Jon dio muestras de tomar la iniciativa para desarrollar su propia relación con cada niño, en vez de limitarse a acatar las decisiones de Susan.

Cuando Sue manifestó una creciente disposición a que Jon asumiera más poder en la familia, él lo asumió de un modo más activo. Aunque aún tenían agudas discrepancias, podían discutir sobre ellas más eficazmente, llegando a una solución en vez de desembocar en el inevitable apartamiento o la capitulación iracunda. Convinieron en aceptar sus diferencias respecto de numerosas cuestiones y tipos de problemas, y llegaron a algunas transacciones, tanto en mi presencia como por sí solos. Por mi parte, me ocupé de enseñarles a descubrir y dilucidar los puntos espinosos para llegar, finalmente, a su propia solución aceptable.

Fue importante para ellos aprender, en el transcurso de las sesiones, que ambos deseaban lo mismo: amor, seguridad, independencia y cuidados; que podían brindarse el uno al otro, siempre y cuando tuvieran la certeza de que no serían dominados; que uno y otro deseaban el poder para asegurar la cohesión de su propio mundo, pero también lo temían y lo delegarían gustosos en el otro si supieran que no les haría daño. Les impartí algunas tareas para que salieran de su atolladero adquiriendo confianza mutua, para que dejaran de vigilarse, evaluarse y sopesarse pensando en «quién fue el último que le hizo tal cosa a quién». Una tarea muy útil dentro del área del poder y la confianza —y también de la pasividad/actividad— consistió en que asumieran el control alternativamente, tres días cada uno; en la sesión siguiente, conversamos sobre los fuertes sentimientos generados por esta tarea. La confianza de ambos empezó a mejorar, aunque con ciertos altibajos. Jon se mostró más activo en sus tres días de «mando»; luego adoptó una actitud dependiente, preguntándole a Susan qué debía hacer, y otras veces programó actividades sabiendo que no le agradarían. Ella hizo lo mismo cuando le tocó el turno; sin embargo, apuntaba un cambio en sus interacciones mutuas.

Como habíamos planeado un tratamiento de diez sesiones, tuvimos que terminar la terapia sin haber logrado algunos de los cambios deseados, a sabiendas de que la situación distaba de ser perfecta, pero conscientes de que habían empezado una nueva etapa y estaban mejor equipados para identificar y encarar las áreas problemáticas de sus contratos.

Entrevista de seguimiento

Nueve meses después, mantuve una prolongada entrevista de seguimiento con los Smith, por iniciativa mía. Su aspecto cambiado me sorprendió desde un primer momento: Sue había adelgazado bastante y su rostro se veía hermoso y sereno, como si su propia existencia despertara en ella un nuevo orgullo; Jon había perdido su actitud empecinadamente defensiva, manifestando una soltura y aplomo de los que carecía el año anterior. Parecía mucho más dueño de sí. Los dos habían pasado por algunos momentos difíciles, pero seguían revisando sus contratos. Jon aceptaba más las amistades espiritistas de su esposa, pues ya no se sentía tan amenazado por ellas: ahora comprendía la solidez de su relación conyugal. En la época de la entrevista estaban discutiendo algunas de sus ideas y sentimientos, y recuerdo cómo en un momento, al entender yo mal algo que Jon me había dicho, Sue terció prontamente para advertírmelo; mi error sugería una connotación negativa con respecto a su esposo.

Pocos meses antes, Sue había considerado la posibilidad de divorciarse, pero tras confrontar las diversas alternativas, decidió que la convivencia con Jonathan le ofrecía casi todo lo que ella realmente deseaba. Ahora hablaba de él con cariño y comprensión, incluso respecto de sus ideas sobre la ley y el orden; aunque discrepaba en muchas cosas, respetaba sus opiniones y consideraba válidas muchas de sus manifestaciones. Era como si se hubieran estado escuchando con creciente respeto. Jon también aludía a Sue con cariño, dando muestras de verdadero afecto y comprensión. Dijo que ahora comprendía y aceptaba su periódica necesidad de retraimiento emocional, sus reiteradas afirmaciones de que él no tenía culpa alguna, y podía recibirla cuando ella estaba en condiciones de volver.

Recientemente, Sue había almorzado con su madre, quien le había dicho que ahora se daba cuenta de que era una artista, la respetaba por ello, y podía comprender su necesidad de ser fiel a sí misma. Ya no trataría de convertirla en una mujer de negocios. Al parecer, los cambios producidos en Sue influyeron también en el vínculo con su madre, de quien obtenía ahora una respuesta muy diferente.

Las relaciones sexuales de Sue y Jon (cuando las tenían) eran excelentes, aunque en él persistía en parte el problema de inseguridad, y su tendencia a la rigidez prosaica afloraba de maneras inesperadas, pese al cambio general ocurrido en su comprensión de Sue y de su modo de ser. Por cierto que este y sus mensajes eran, en ocasiones, difíciles de entender. . . Por ejemplo, ahora que era verano, Susan quería dormir en el suelo, al aire libre. Había transado limitándose a dormir sobre el piso, junto al lecho conyugal, pero como no le había dicho a Jon por qué lo hacía, este lo interpretó como un rechazo: ya no quería acostarse con él; además, si ella «se había ido», él no estaba dispuesto a imitarla, tendiéndose en el piso. Resultado: no mantuvieron trato sexual a lo largo de diez días. Le pregunté a Sue por qué hacía eso, y su respuesta sorprendió a Jon: me contestó que deseaba dormir al aire libre pero sabía que Jon se rehusaría, de modo que había optado por un término medio, acostándose en el piso del dormitorio, en la esperanza de que él la imitaría y le haría el amor allí, volviendo o no a la cama según se le antojara. Le parecía que al obrar así le había hecho una insinuación a Jon, pero como no le explicó por qué se tendía en el piso ni él se lo preguntó, ambos se sentían mutuamente ofendidos y heridos en sus sentimientos.

En este caso, la actitud de Sue constituía un ofrecimiento de transacción: ella sólo quería que Jon la visitara allí, en el piso. Al ver que él no comprendía este ofrecimiento, ni lo que ella deseaba a cambio, Susan se sentía rechazada y burlada, puesto que ella también extrañaba las relaciones amorosas y sexuales. Por su parte, Jon creyó que si ella se iba a dormir al piso, sin darle explicaciones, era porque se negaba a tener trato sexual con él; nunca pensó en actuar, ni siquiera en discutir las acciones de su esposa, sino que supuso que ella se proponía hacerle daño. Al aflorar la verdad de esta situación, durante la entrevista, los dos se dieron cuenta de que no podían fiarse de sus mensajes subliminales: debían informarse, interrogarse, explicarse las cosas uno al otro con franqueza y claridad. Sue aceptó la parte de responsabilidad que le tocaba en ese *pas de deux* por no haber verbalizado sus intenciones; Jon aceptó la suya por no haberse acercado a ella, interrogándola.

Después de la entrevista, se me dio por pensar que Sue ya no yacería en el piso, sintiéndose ofendida y rechazada tras su «clarísimo» ofrecimiento, ni Jon estaría tendido en la cama, cerca de ella, sintiéndose dominado y furioso: ahora bajaría al piso y allí disfrutarían del goce sexual. Imaginé que algunas veces él volvería al lecho, luego que Susan se hubiera dormido, y otras se quedaría a su lado toda la noche; a veces, también ella se metería en la cama antes de acostarse en el suelo y allí se harían el amor.

Jon aprende que la intimidad de Sue con la naturaleza no debe excluirlo necesariamente a él. A decir verdad, de vez en cuando también a él le gusta la naturaleza, si bien nunca necesita amarla tanto como ella; siempre seguirán siendo, esencialmente, él un «partidario de dormir en la cama» y ella una «partidaria de dormir en el suelo». A menudo, la necesidad de intimidad y roce podrá más que la necesidad de distanciamiento; cada cual comprenderá lo que ahora sienten: que aquello que ambos desean también es temido, en su esencia, por los dos, aunque no tanto como antes, y que está ahí para que uno y otro lo perciban en el momento en que estén dispuestos a hacerlo.

Cuando volví a ver a los Smith, descubrí que mis pensamientos optimistas no se habían materializado totalmente.

El contrato único

Seis meses después de la entrevista de seguimiento, les hablé a los Smith para concertar una nueva sesión y pedirles que redactaran juntos un contrato único, en el que figuraran las concordancias y las discrepancias. Quedé en enviarles una lista recordatoria que les serviría de guía (Apéndice 1); si lo deseaban, también podían consultar sus copias de los contratos individuales escritos al comienzo del tratamiento. Parecieron recibir con agrado mi idea, y convinimos en que cuando tuvieran listo su contrato único me lo enviarían por correo, telefoneándome para fijar una entrevista.

Como pasaron tres semanas sin que tuviera noticias de ellos, volví a llamarlos. Ambos se manifestaron contentos por mi llamada, pues les ayudaría a sacudir su inercia. Jonathan había echado un vistazo a la lista recordatoria, se la había mostrado a Susan y la había guardado en un cajón; el proyecto parecía entusiasmarlo menos que a Susan. Empero, durante esa semana recibí su contrato único (se veía que ambos habían trabajado en él con cuidado y detenimiento), y al día siguiente me llamaron para concertar una entrevista.

El contrato de los Smith

Los números a la izquierda corresponden a los de la lista recordatoria (véase el Apéndice 1). Las evaluaciones y comentarios que hice durante la sesión, mientras discutíamos el contrato, aparecen en bastardilla.

Categoría 1. Expectativas puestas en el matrimonio

1. Ambos esperan que el compañero sea fiel, devoto y amante, pero no exclusivo. *En la sesión dijeron que no se referían a la exclusividad sexual, sino a que no necesitaban ser posesivos: sólo necesitaban amar, y podían dejar que el otro reservara algún tiempo para sí.*

2. Ambos convinieron en que el matrimonio proporcionaba un sostén contra el resto del mundo. *En la sesión manifestaron su sentido de intimidad y apoyo mutuo a través de varios incidentes, en los cuales se apoyaron uno al otro.*

3 y 4. Ambos convinieron en que les gustaba la soledad y no creían que el matrimonio en sí fuera una meta.

5. Ambos estuvieron de acuerdo en que el matrimonio les ayudaba a enfrentar las luchas cotidianas, pero no como panacea, sino como un instrumento y sostén.

6. Ninguno de los dos juzgaba realista el principio de que el matrimonio debía durar «hasta que la muerte nos separe».

7. La relación sexual sigue siendo un área problemática (véase la categoría 2).

8, 9 y 10. Los hijos son aceptados y sólo ellos quedan incluidos en su unidad familiar.

11. El hogar es un lugar donde refugiarse del mundo. *El esposo contestó «Terminantemente, sí», y ella un «Sí» más débil. Explicaron que esto se debía a que el hogar era, en buena medida, el área de trabajo de Susan, quien a veces tenía que buscar otro lugar donde refugiarse del hogar.*

12. El marido responde «No». *No necesita del matrimonio para tener una posición y estatus respetables.* Ella: Un «Sí» más débil. *Quiere estructurar su vida, pues durante varios años fue una «niña bonita» carente de objetivos y no quiere vivir más en el caos. Esta necesidad de que su esposo la ayude a mantener en orden su vida externa e interna constituye un factor clave que recién aparece ahora. Susan añade: «Había tenido muchísimas relaciones sexuales, había practicado el amor libre. . . ya tenía bastante de eso».*

13, 14 y 15. Ambos coincidieron en que constituían una unidad económica y social, que el matrimonio servía de fuente de inspiración para trabajar y construir, etc., pero no lo consideraron una pantalla para sus impulsos agresivos.

17. Susan: «He sido abandonada como amante, y eso me desanima». Jonathan: «Esperaba que mi esposa se asentara más en un estilo de vida de clase media, y que tuviera un mayor ímpetu sexual. El resultado ha sido incertidumbre y frustración». Ambos cónyuges consideraban que estas respuestas resumían adecuadamente su situación y que no tenían nada que añadir.

Categoría 2. Necesidades intrapsíquicas y biológicas

1. *Independencia / dependencia.* Jonathan: «Fijo mis propias pautas y modo de vida. Siento que dependo demasiado de ella física y materialmente, pero que no dependo lo suficiente en lo espiritual». *En la sesión se explayó más, admitiendo que dependía demasiado de Susan para satisfacer sus necesidades físicas domésticas (p. ej., cocinar, iniciar actividades culturales y recreativas, etc.); en cuanto a «lo espiritual», dijo haber llegado a reconocer y aceptar algunas de las ideas de Susan sobre el modo de encarar la vida y las relaciones con los demás, adquiriendo incluso cierto interés por la música y la importancia de los valores espirituales.* Susan: «Fijé mis propias pautas. Muy a menudo me siento abandonada (algo así como "Dios mío, ¿acaso estoy totalmente sola aquí?"), o agobiada porque mi marido depende demasiado de mí. Es un área conflictiva». *Durante la sesión, hablaban como si estas formulaciones pertenecieran más bien al pasado, de lo cual inferí que estos problemas persistían, pero en menor grado. Citaron diversos hechos para recordarse el uno al otro que la situación había cambiado, aunque sin alcanzar todavía el punto ideal. Jonathan dijo que, en realidad, se estaban volviendo más interdependientes en un buen sentido, y Susan coincidió con él.*

2. *Actividad / pasividad.* Jonathan: «Me parece que los dos somos demasiado pasivos, especialmente yo». Susan: «Estoy de acuerdo». *Durante la entrevista, Susan dio mucha importancia a la pasividad de Jon. Dijo que la irritaba y la anulaba sexualmente, que no le importaba cuán activo podía ser en el trabajo, puesto que con ella actuaba como un niño pasivo. Él lo admitió, y agregó que creía que era así por naturaleza, pero dijo que aceptaría una mayor responsabilidad por las iniciativas domésticas.*

3. *Intimidad / distanciamiento.* Jonathan: «Esperaba una mayor intimidad de la que obtengo. Percibo un distanciamiento entre nosotros». Susan: «Hay un distanciamiento entre nosotros. La intimidad, cuando la hay, es un acontecimiento perceptible y agradable; querría que fuera más frecuente, pero no puedo forzar esta clase de cosas». *En la entrevista, examinamos varios incidentes en los que Susan había causado un distanciamiento por su falta de comunicación con Jon y su proyección de sus propios sentimientos. Para él, intimidad significaba ser el niñito adorado. En realidad, ahora intiman con más frecuencia que cuando los vi por primera vez (p. ej., a menudo Jon le propone ver juntos un partido de fútbol, por televisión, y a veces ella acepta). Susan no es insensible al cambio ocurrido en su esposo, que antes se limitaba a marcharse perentoriamente, dejándola sola. Además, decepcionada por el movimiento espiritista, Sue se ha vuelto más hacia Jon en busca de apoyo e intimidad, y casi siempre lo ha encontrado dispuesto a brindárselos.*

4 y 5. *Poder; sumisión y dominio.* No respondieron a estos puntos. *No estaban en condiciones de encarar, en forma directa, todas las implicaciones de esta área. Al interrogarlos, me dijeron que la cuestión ya había sido tratada adecuadamente al hablar de la pasividad de Jon, y que ambos creían actuar con bastante independencia, compartiendo por lo tanto el poder. Él sólo se sentía sometido a ella en la cuestión sexual; a la inversa, Sue sentíase dominada por su pasividad sexual y su falta de ayuda en los quehaceres domésticos. En realidad, ambos siguen renunciando al poder en muchas áreas comunes de su interrelación, y resuelven este problema mediante una molesta asignación y asunción de roles y deberes tradicionales. Hasta cierto punto, siguen siendo dos niños en busca de un progenitor, si bien reconocen cada vez más que ninguno aceptará el rol parental, y que deben tratar de alcanzar una independencia más madura, abandonando más expectativas infantiles.*

6. *Miedo a la soledad y al abandono.* Jonathan: «Estos temores definitivamente existen y son una fuente importante de

angustia». *Jon se refería al retiro de afecto por parte de Sue, cuando ella se involucraba más profundamente con su secta. Entonces, él sabía que no podía llegar hasta ella. Se siente algo mejor desde que ella ha aflojado sus lazos con la secta, desilusionada porque su líder no resultó ser una figura paterna tan fuerte y cariñosa como ella deseaba. Ahora, Susan se vuelve más hacia su esposo; este cambio complace a Jon, pero también siente cierta aprensión por las expectativas y obligaciones implícitas.* Susan: «Cuando la carga recae sobre mí y me siento inepta, me parece que me han abandonado». *La «carga» son las tradicionales tareas domésticas y de crianza de los hijos. Susan cree tener derecho a que él la ayude más en esto, cuando está en casa, en compensación por haberlo apoyado cuando resolvió aceptar un empleo menos remunerado pero que le agradaba, y por haber convenido en que no aceptarían dinero de su madre. Jonathan está de acuerdo, pero aduce que ella debe decirle qué quiere que haga o en qué quiere que la ayude, en vez de suponer que él «debe» saberlo. Susan admite que es preciso que exprese sus deseos a medida que se presentan, en vez de acumular una larga serie de ofensas.*

7. *Posesión y dominio del esposo.* No respondieron a este punto. *Ambos estimaban que en los puntos 1.1 y 2.1 habían señalado claramente que ninguno deseaba poseer al otro. No obstante, durante la sesión, cada cual admitió que si bien «respetaba» la autonomía del otro, sólo la otorgaba en aquellas áreas que no constituyeran una amenaza o motivo de preocupación para él. Una vez más quedaba sin responder un interrogante referido a un problema clave. Les llamé la atención sobre esto, de una manera humorística, diciéndoles algo así como «Claro, no necesitan dominar cuando están obteniendo lo que quieren. . .».*

8. *Grado de angustia.* Ambos contestaron: «Puede llegar a ser alto en los dos. La activa cualquiera de las áreas problemáticas, en cualquier momento, y reaccionamos ante ella retrayéndonos el uno del otro». *Este reconocimiento significa un gran avance para ambos. Durante la sesión les sugerí que procuraran encarar la angustia en forma más directa.*

Estaba bien que no se sintieran demasiado turbados ante el retraimiento del compañero, ¿pero no podrían ensanchar más este puente hacia la ayuda recíproca?

9. *Identificación sexual.* Jonathan: «Muchas veces me siento inepto». *Funda esta sensación en la poca frecuencia con que Susan halaga su yo o le hace el amor apasionadamente, por propia iniciativa. Por otra parte, reconoce que hace poco tiempo tuvieron un coito excelente en varias oportunidades, cuando él*

le manifestó amor; entonces, ella respondía en forma libre y abierta. ¡Pero él tenía que mostrarse activo! También admite haber gozado eróticamente con Susan, al modo de ella. La sensación de ineptitud que experimentan ambos se basa, además, en otros aspectos contemplados durante la sesión. Señalo la similitud de sus respuestas y les planteo el interrogante de cómo podrían ayudarse mejor a reevaluarse a sí mismos. Susan: «No me siento hermosa o adorable. La sensación de ser deseada, amada, me resulta insoportable y hallo el modo de negarlo. Por ejemplo, siento que mi amante me está convirtiendo en objeto, soy incapaz de concebir el deseo sin esta dimensión misteriosa, o bien recurro a fantasías que avergüenzan. Como la vergüenza duele, evito el trato sexual». *Aunque ya nos ocupamos varias veces del tema, es la primera vez que Susan declara abiertamente que se siente incapaz de ser amada. Su evitación del goce erótico se debe, al menos en parte, a la vergüenza que le provocan sus fantasías y su anterior libertad y promiscuidad sexuales. Jonathan quiere que actúe con él tal como lo hizo con sus antiguos amantes, y esto despierta en ella una gran angustia, antipatía y vergüenza. Si la elogian por su belleza, o por cualquier otro motivo, cree que ese elogio es falso, porque se sabe imperfecta. Desde niña ha creído que para ser amada debe ser perfecta, ¡y ahora su esposo la ama por lo que ella considera una imperfección horrenda! Necesita más ayuda para enfrentar esta contradicción aparente. Al rechazar a Jon por su pasividad, aumentan, a su vez, sus sentimientos de ineptitud viril, de por sí tan cercanos a la superficie.*

10. *Características físicas y de personalidad del compañero que afectan su propia reacción sexual.* Jonathan: «Reconozco que mi esposa es objetivamente atractiva, pero su pasividad y frialdad sexuales me vuelven indiferente. Querría una compañera que fuera más activa y disfrutara con esa actividad». Susan: «Mi marido no me excita porque está demasiado absorto en mostrar una imagen masculina, en ser viril (según la idea que tiene de eso), en conducirse a lo macho. Por ejemplo: gustar del fútbol es una actividad masculina. Además, lo siento materialmente aherrojado. . . físicamente aherrojado». *Sue quiso decir con esto último que el cuerpo de Jon era demasiado rígido, que él era incapaz de volcarse suficientemente, en cuerpo y espíritu, al goce sexual. Sus respuestas también abarcaban otros aspectos de su sexualidad. Aunque la situación ha mejorado, sigue siendo un problema que refleja sus conflictos internos y recíprocos.*

11. *Capacidad de amar. Aceptación de uno mismo y del otro.* Jonathan: «Sí». *En vista de lo que acaba de formular, esta res-*

puesta lacónica no puede tomarse al pie de la letra. Susan: «No, por lo dicho anteriormente». (Véanse los puntos 9 y 10.) *Es bastante evidente que Jon y Susan sólo pueden aceptarse parcialmente a sí mismos. Se observa una creciente aceptación recíproca, que no está basada en la idea de que «no valgo mucho, de modo que no tengo derecho a más». Este concepto pudo haber regido para ambos en forma inconsciente, pero, de ser así, está perdiendo valor.*

12. *¿Cómo encaran los problemas usted y su cónyuge?* Jonathan: «Ambos hacemos algunas tentativas desganadas por superarlos, y luego nos retiramos». Susan: «Encaramos los problemas de manera diferente, y esto nos da de qué hablar. . . Estoy de acuerdo en que nos retiramos tras algunas tentativas desganadas. *A menudo, Jonathan no expresa sus ideas y sentimientos —como cuando no le preguntó a Susan por qué dormía en el suelo—, en tanto que ella pretende tener un marido-padre que adivine sus necesidades y sentimientos. Sue encara los problemas en forma más intuitiva y él de un modo «racional», organizado. Sus tentativas por resolverlos siguen siendo desganadas y les falta constancia para persistir hasta hallar la solución; formulan una posición y luego tienden a dejarla estar, aunque cambiándola con el tiempo. Parecen reacios a admitir los cambios positivos, y vuelven un poco a las andadas cuando no están bajo tratamiento activo.*

13. Ambos creían haber respondido adecuadamente sobre aquellas áreas en que el cónyuge los decepcionaba o les causaba problemas.

15. Ambos creían innecesario este resumen, ya que sus respuestas anteriores incluían información adecuada sobre sus deseos y aquello que estaban dispuestos a dar. *¡Sin embargo, los dos fueron mucho más claros al exponer los primeros que al declarar lo segundo!*

Categoría 3. Problemas derivados

1. *Comunicación (emisión y recepción).* Convinieron en que tenían graves problemas de comunicación. *En la sesión dedicamos especial atención al tema, dado que, a menudo, sus mensajes son oscuros (particularmente los de Sue) y no siempre escuchan el que se les envía. Sue capta demasiado el significado latente de los mensajes de Jon, y este toma los de ella en un sentido demasiado literal. Les enseñé a practicar una comunicación clara y franca.*

2. *Diferencias intelectuales*. Convinieron en que tenían muchas y, además, discrepaban con respecto a su importancia. *Sin embargo, durante la sesión fue evidente que ahora coinciden en muchas más cosas que hace veinte meses. Los dos son muy inteligentes.*

3. *Grado de energía. Ambos esposos interpretaron esta pregunta como referida a su actividad/pasividad. Estuvieron de acuerdo en que Sue tenía mucha más energía que Jon y deseaba que este fuera más enérgico, más activo. Ya hemos tratado este problema.*

4. *Intereses, estilo de vida*. Jonathan: «Tenemos grandes diferencias». *Se refiere a diferencias espirituales, culturales, sobre la vida al aire libre, etc., aunque las actividades compartidas en los últimos tiempos contradecían esta declaración tajante*. Susan: «Me gusta cantar y bailar, y casi nunca lo hacemos». *Pero durante la sesión no llegamos a saber por qué no hace nada en tal sentido, en colaboración con él o por sí sola*.

5. *Familias de origen*. Ahora que Susan y su madre han hecho las paces, estos problemas han desaparecido.

6. *Crianza de los hijos*. Jonathan: «No es un área problemática, pues el marido deja que la esposa se ocupe de casi toda la crianza, con lo que ella se siente ofendida, de modo que en este sentido sí es un tanto problemática». *Estas palabras resumen claramente la cuestión. No hay respuesta individual de Susan, lo cual significa que ambos opinan lo mismo. Como muchas otras contestaciones, esta no implica la existencia de un acuerdo único aceptable sobre el tema, sino una formulación de la situación vigente. Será preciso trabajar sobre ella para cambiarla o hacerla aceptable para ambos, ya sea mediante transacciones o por otros arbitrios.*

7. *Hijos*. Los dos concuerdan en que no se alían con los hijos contra el compañero, ni identifican a un hijo en particular consigo mismos o con el cónyuge.

8. *Mitos familiares o personales*. Ambos responden que no los hay. *Comenté que para mí sí había uno, sobre cuánto diferían el uno del otro, y que esta idea era falsa en muchos aspectos. Esto no le gustó a ninguno de los dos, y tuvo el efecto de un enfrentamiento.*

9. *Dinero*. Admiten que no llega a provocar riñas, pero se preocupan por su escasez. *Han disminuido sus fuertes sentimientos con respecto al dinero; se han ajustado el cinturón. A mí me preocupa un tanto su aparente falta de planes para cambiar la situación; esto revela cierta carencia de sentido de la realidad y, quizá, cierta irresponsabilidad. Susan siente más el peso de la escasez de dinero, pues sufre el lastre de las obliga-*

ciones domésticas, que interfieren en su labor creativa. Por consiguiente, esta es otra área contractual por resolver.

10. *Sexo*. Jonathan: «Mi esposa inicia casi siempre las relaciones, principalmente porque no me siento deseado y no quiero imponerme a ella. La frecuencia es muy escasa. No tenemos otros compañeros sexuales. Lo dicho hace que, por lo general, las relaciones no sean agradables ni gratificantes». Susan: «Véase la categoría 2. Creo que los dos deseamos que haya mucho, pero mucho romance en nuestras vidas. Hay una dureza en mi corazón que me impide sentirme o ser una buena amante. Estamos abriéndonos mutuamente los corazones, pero hasta ahora sólo es una hendija diminuta... Me siento esperanzada, como si el matrimonio recomenzara luego de los primeros siete años, como si estuviera en otra etapa, con cierta confianza». *Como ya dije, sus relaciones sexuales son mejores de lo que declaran aquí, pero aún distan de ser satisfactorias. Al hablar de «dureza en el corazón», Susan alude a su supuesta desilusión por la pasividad del esposo, pero también se refiere a su propia autocrítica, recién revelada. Nótese la queja de Jon y su método de tratar de manipular a Sue para que tome la iniciativa.*

11. *Valores*. Jonathan: «Creo que los valores de mi esposa son más espirituales, románticos, religiosos y artísticos, mientras que los míos son más terrenales». Susan: «Creo que, a menudo, los valores de mi marido son demasiado masculinos, o bien incomprensibles, irreverentes y fuera de lugar. Por otro lado, percibo su sensibilidad hacia los débiles y desvalidos, y querría que se abriera más hacia esa faceta de su personalidad». *Jonathan se muestra un tanto intimidado, a la defensiva, por los valores de Sue, que parece juzgar «mejores» que los suyos. Al comienzo de la terapia, yo podría haber ayudado a acentuar este sentimiento mediante la contratransferencia, pero creo que ya no resulta. Las dos respuestas indican que han avanzado hacia la comprensión mutua, aunque todavía no se aceptan el uno al otro.*

Tanto en este contrato único como durante la sesión, Susan calificó de «demasiado masculinas» muchas de las posturas asumidas por Jon. Aquí tampoco hay un contrato único aceptado, sino que ambos describen las diferencias y Susan indica escuetamente qué cambio desearía en Jon.

12. *Amistades*. Jonathan: «Compartimos la mayoría de ellas. Tengo algunos amigos propios. No tengo amigas, sólo conocidas». Susan: «Tengo amigos y amigas». *Al parecer, ya no hay problemas graves en esta área. Jon se ve mucho menos amenazado por las amistades de Susan, especialmente desde*

que se ha volcado más hacia él, desilusionada con su jefe espiritual.

13. *Roles determinados por el sexo.* Jonathan: «Creo que el marido tiene el deber de trabajar y ganar dinero, y la esposa el de atender el hogar y criar a los hijos». Susan: «Cuando otras cosas no andan bien [la división de roles] resulta irritante y me siento sola en el matrimonio, pero si estamos fuertemente unidos esta división rígida no existe en realidad». *Como ocurre a menudo en él, Jonathan parece mucho más rígido y autoritario de lo que realmente es, y aparentemente Susan se ha percatado de esto. Mi suposición fue corroborada durante la entrevista.*

14. *Enumere las áreas en que se siente decepcionado.* Jonathan: «Primordialmente en materia de relaciones sexuales e intereses comunes». Susan: «En el grado de energía de Jon, en nuestra falta de comunicación, en nuestra pronunciada diferencia de intereses y en el aspecto sexual, estoy decepcionada. Pero no hablo mucho de esto». *Salvo la última frase de Sue, ambos repiten su cantilena habitual. Nótese que en todos los casos en que dan respuestas diferentes, Jon es siempre el primero en responder. Olvidé preguntarles por qué es así.*

15. *¿Cómo reaccionan cuando han sido decepcionados?* Jonathan: «Me retraigo». Susan: «Me retraigo irritada».

16. *Otras áreas no mencionadas.* No hay respuesta.

17. *Resumen.* Jonathan: «Véase mi resumen al final de la categoría 1». *En realidad, no había resumido nada allí y sólo ahondó más en el tema durante nuestra conversación.* Susan: «Quiero mucha energía, mucho intercambio verbal y amoroso entre mi Amado y yo. A cambio, daré mucha energía, intercambio verbal e intercambio amoroso entre mi Amado y yo. Ahora advierto que mi esposo se brinda más a los hijos. Me gustaría que él iniciara más actividades; hay aquí ciertos asomos que querría estimular. Quiero un hombre que guste de la vida al aire libre; a cambio de esto, jugaré a los naipes».

Susan continuó diciendo:

Daré:

Quiero brindar una devoción receptiva. Quiero ser para mis hijos una persona adulta que los ame, cuide y atienda, y una fuerza propulsora para mi marido y mi hogar. Quiero ver la posibilidad de que se exprese mi personalidad divina, la creatividad y el amor que llevo dentro.

A cambio de eso:

Quiero tener un compañero de espíritu ardiente, que con su espiritualidad, buenos pensamientos y sabios consejos proporcione a nuestra familia una figura paternal, vivificante. Pienso en un padre maduro que irradie hacia nuestros hijos su poder creativo de amor y calidez, y cuide de ellos con cariño. *¿Pide más de lo que tiene derecho a esperar de Jonathan? ¿Puede transar sin asperezas? Y él, ¿puede insistir en recibir de Sue una comunicación abierta, en que los dos se acepten recíprocamente a un nivel más realista? Creo que han avanzado algo en este sentido y que quieren seguir avanzando. Por supuesto, son ellos quienes deben decidir.*

Discusión del contrato

El contrato único indicaba que Sue y Jon se conocían mejor a sí mismos y tenían menos ilusiones con respecto al compañero. Eran muy claros al situar y especificar sus problemas. Se veían a sí mismos como pareja y había mejorado un tanto su confianza mutua, pero la cuestión sexual —aunque, en general, había mejorado— reflejaba todavía el empacamiento de ambos en sus propias fantasías acerca de qué querían recibir antes de dar.

Como ya no aceptaban dinero de la madre de Susan, sufrían estrecheces, pero se sentían unidos y satisfechos consigo mismos. No obstante, Susan manifestaba resentimiento por la presión que ejercía sobre ella el tener que atender sola un hogar grande, cuidar y guiar a los hijos, etc., con muy poca ayuda (a su juicio) por parte de Jon. Le dolía lo que ella llamaba «su machismo». Estuvieron de acuerdo en que diferían en muchos gustos e ideas.

Cuando concurrieron a la entrevista de seguimiento, tenían buen aspecto y parecían felices, mostrándose cariñosos y considerados entre sí; me causaron una impresión mucho mejor que la lectura de su contrato único. Les pregunté cómo se sentían con respecto a él, y me dijeron que su redacción les había resultado difícil porque los había enfrentado consigo mismos, provocándoles sentimientos negativos mientras respondían al cuestionario. Sin embargo, declararon que desde entonces se sentían mucho mejor; habían comprendido que, al escribirlo, se centraron en los aspectos negativos, cuando en realidad sucedían muchas cosas positivas entre ellos.

Al trabajar con su contrato único escrito no me atuve estrictamente al orden de la lista, sino que estimulé el debate. Por otra parte, había notado de antemano que existían ciertas áreas que era preciso abarcar, o que yo deseaba interpretar o reforzar. Así pues, empecé leyendo la respuesta de Susan: «Creo que los dos deseamos que haya mucho, pero mucho romance en nuestras vidas (. . .) Me siento esperanzada, como si el matrimonio recomenzara luego de los primeros siete años, como si estuviera en otra etapa, con cierta confianza». Fue entonces cuando ella pronunció las elocuentes palabras con que he encabezado este capítulo.

En un momento, Sue le recordó a Jon varias experiencias sexuales agradables, que habían compartido recientemente, y él a su vez rememoró cuán unidos se habían sentido aquella noche en que viajaban juntos en auto, en medio de una tormenta de nieve: «Actuábamos de consuno, como si fuéramos una sola persona con cuatro ojos». Cuando llegaron a casa, a la madrugada, disfrutaron de la mejor relación sexual que habían tenido desde hacía largo tiempo. En el transcurso de la sesión fueron emergiendo más aspectos positivos de su conducta, a través de sus recuerdos, su interacción y su ternura recíproca.

Jon señaló que Sue acumulaba frustraciones y amargura hacia él, para luego desahogarse de golpe, y le suplicó que fuera más franca y espontánea con él. Ella replicó formulando la intelección ya citada, sobre por qué se turbaba cuando la elogiaban o alababan su belleza: lo hacía no sólo por miedo al trato sexual o a convertirse en objeto erótico, sino también porque de niña debía ser perfecta. Se sentía imperfecta y, por consiguiente, inadecuada. Esta fue una revelación sorprendente para Jon, quien siempre había creído que el imperfecto era él.

Susan y Jon se han acercado el uno al otro, mancomunándose más entre sí y con sus hijos como unidad familiar. Están luchando, abriéndose paso y encarando con mayor realismo su relación y la situación en que se encuentran. Ya no son tanto dos niños en busca de un progenitor, y comprenden que ninguno desempeñará ese rol para el otro; todavía lo desean, pero más bien como si ese deseo se hubiese convertido en pura formalidad, en un ritual desprovisto de significado o de expectativas de realización.

Aunque este caso no fue mi éxito más espectacular, estoy satisfecho con los resultados obtenidos, sobre todo teniendo en cuenta en qué condiciones estaban Sue y Jon cuando iniciaron la terapia. Logramos dar marcha atrás en el proceso de deterioro individual y de los sistemas marital y familiar. Creo que ahora Sue, Jon y los niños tienen una buena oportunidad de convivir mejor. Por supuesto, deberán seguir moldeándose a sí mismos a medida que perfeccionen su contrato único.

En esta última sesión me ocupé, más que nada, de proporcionarles los medios para que siguieran tratando sus problemas valiéndose del contrato único; los equipé y motivé para que continuaran sus intentos de modificar sus áreas problemáticas. Volveré a verlos dentro de seis meses, o antes si así me lo piden.

«Hay mucho que decir sobre la perseverancia: si al séptimo año uno se da por vencido, se produce una muerte, pero basta que persevere para que sobrevenga una resurrección».

6. Perfiles de conducta

Antes de encarar el tema de los perfiles de conducta, es preciso hacer hincapié en algunas observaciones generales formuladas en capítulos anteriores. Hoy día, las fuerzas sociales en rápida mutación están afectando los valores de casi todos los individuos; estos cambios de valores se advierten, especialmente, en las relaciones entre el hombre y la mujer. Al trabajar con parejas, se hace evidente que casi todos nosotros somos más «avanzados» en nuestras ideas que en nuestra disposición emocional para tratar los efectos de nuestra formación, determinada por el sexo. Money y Ehrhardt (1972) descubrieron que a los 18 meses la criatura ya tiene establecida su identidad sexual y que es dificilísimo, si no imposible, modificar la elección y aceptación del sexo mucho más allá de esa edad. Todos llevamos la profunda impronta de lo que nos han inculcado con respecto a la conducta, expectativas y roles determinados por el sexo. Hasta cierto punto, todos somos hijos de nuestra época, pero también sus prisioneros; luchamos por cambiar, pero es difícil lograrlo.

Los perfiles de conducta descriptos en este capítulo serán expuestos tal como yo los he observado, con la mayor imparcialidad y prescindencia posibles. Así y todo, sé que inevitablemente aflorarán ciertos prejuicios, incluyendo algunas actitudes machistas, porque fui criado como varón en una sociedad dominada por los hombres. Estoy aún menos autorizado para hablar en nombre de las mujeres que en nombre de los hombres. Además, cuanto diga no puede ser aceptado por todos, dadas las profundas y naturales diferencias de opinión existentes entre muchas personas bien predispuestas.

Así como hay objetivos diferentes para personas diferentes, también hay muchos caminos distintos para llegar a un mismo objetivo. Es importante que el terapeuta tenga presente que los valores, prioridades, propósitos y objetivos de los demás son tan válidos para estos como los propios lo son para él.

En este capítulo se reflejan varios supuestos que he establecido en mi trabajo con personas: 1) que la mayoría de los hombres y mujeres desean, buscan y necesitan mantener una relación amorosa íntima con otra persona; 2) que el amor puede ser, y es, una fuerza poderosa en la vida de los individuos de todas las edades, y que sólo no es deseado por aquellos que sufrieron agravios o daños a edad muy temprana (y, por consiguiente, nunca aprendieron a amar o les resulta muy difícil hacerlo), por quienes fueron heridos en sus sentimientos cuando amaron y temen volver a hacerlo, o por quienes han sido muy castigados por la vida de algún otro modo.

No existe ningún paradigma acerca de *cómo* los hombres y las mujeres deben o pueden considerarse unos a otros, compartir las tareas y responsabilidades maritales o familiares, desarrollar actitudes y sentimientos con respecto al matrimonio monógamo o sexualmente abierto, etc. Cada pareja que hace vida en común debe hallar el camino que más le convenga al respecto. Por ejemplo, durante muchos siglos se ha sostenido el principio de la actividad masculina y la pasividad femenina en materia de trato sexual y toma de decisiones, y a unos y otras se les enseñó que debían atenerse al rol asignado, pues de lo contrario serían tenidos por castrados o marimachos. Este y otros supuestos han causado mucha infelicidad y explotación en ambos sexos, a lo largo del tiempo. Hoy en día, a medida que va cambiando el clima social, también se modifica la creencia de que la pasividad o actividad son atributos determinados genéticamente por el sexo. Lo mismo ocurre con muchos otros factores que afectan la conducta individual y las interacciones entre hombres y mujeres.

Para que dos personas lleguen a respetar sus respectivas individualidades, a admitir la necesidad de crear un ambiente apto para el crecimiento del compañero y el propio, pero manteniéndose mancomunados como unidad marital y familiar dotada de propósitos y objetivos comunes, es preciso asumir actitudes sutiles, difíciles de lograr y mantener. Cada vez son más los hombres y mujeres que lo desean, y a quienes se les ha enseñado que tienen derecho a esto; sin embargo, pocos son capaces de alcanzar y sostener una relación así durante largo tiempo. En este capítulo investigo más detenidamente los factores que determinan las interacciones cruciales de la pareja. Aunque todavía nos es imposible conocer todos los determinantes de una transacción dada, sí podemos comprenderla —y, por consiguiente, influir en ella— mejor de lo que lo hacíamos pocos años atrás.

Dentro de las parejas que hacen vida marital, cada integrante adopta una manera característica de relacionarse con el otro, una modalidad principal que constituye su «impronta personal» durante cualquier período, si bien puede variar con cierta fluidez ante diversas situaciones. Al unirse a otra persona, aunque esta se parezca al compañero anterior, las leves variaciones existentes pueden generar pautas de conducta diferentes para cada miembro de la pareja. La calidad de su interacción marital dependerá de esta modalidad peculiar de la pareja; ella establece una relación única, determinada por su contrato interaccional tácito.

He descubierto siete modos principales de reaccionar ante el compañero, a los que denomino «perfiles de conducta». Cada uno de estos tipos de cónyuge representa una modalidad de relación con amplias características generales. No son categorías rígidas: la mayoría de las personas manifiestan rasgos correspondientes a diferentes perfiles, o pueden pasar de uno a otro en un mismo día. Al trabajar con parejas, procuro seleccionar aquel perfil que utilicen con mayor frecuencia en las interacciones decisivas, el que mejor refleje el estilo y la calidad de la relación de cada individuo con su compañero, aunque manteniéndome alerta para captar las variaciones inevitables en cada persona.

Ya hemos visto de qué modo cada cónyuge posee su propio contrato (del cual es parcialmente consciente), en tanto que la pareja también tiene otro contrato único, connivente e interaccional (quizá no expresado), algunos de cuyos elementos pueden estar presentes en sus contratos individuales. El contrato interaccional contiene, en esencia, toda su modalidad de tratamiento recíproco, hasta sus juegos en común.

Toda pareja en relación constituye un sistema dotado de sus propias reglas, convenciones, costumbres, prohibiciones, obligaciones y maneras de hacer o no hacer las cosas, las cuales pueden coincidir o no con las creencias individuales de uno o ambos esposos, o con su forma de actuar con otras personas. Conforman un sistema determinado, en parte, por la suma de la herencia y experiencias vitales de cada individuo, pero independiente y distinto de todas las otras díadas, porque su combinación varía tanto como las impresiones digitales de cada persona. Es posible clasificar las relaciones de acuerdo con categorías amplias, en el entendimiento de que las interacciones y pautas diádicas varían (aunque, a menudo, con gran resistencia) en vez de permanecer inmutables como las huellas dactilares.

Cuando se asigna a cada cónyuge un perfil diferente, la combinación resultante (p. ej., pareja romántico-infantil) ofrece una tipología sencilla y grosera del matrimonio, que puede ser de gran utilidad en terapia. Veamos otro ejemplo: la unión de un cónyuge paralelo con un cónyuge igualitario daría como resultado una pareja paralelo-igualitaria. Los determinantes de estos perfiles de conducta obedecen a múltiples causas, pero a esta altura de nuestros conocimientos nos es imposible explicar dichas causas, del mismo modo que no podemos explicar por qué una persona es obsesiva, otra histérica y una tercera presenta un bajo umbral de angustia.

A cada tipo de pauta conductal de la pareja corresponde, en cierto modo y sin que sepamos aún por qué, una pauta peculiar de necesidades, tal como se reflejan en las doce áreas de parámetros biológicos e intrapsíquicos que buscamos en los dos contratos matrimoniales individuales; cada una de estas necesidades se valora en relación con cada área, en una escala que va del 1 al 9 (véase el Apéndice 2). En las descripciones siguientes, nos referiremos a estas doce áreas de necesidades y expectativas al resumir las características de cada perfil de conducta. Según parece, este enfoque, basado en la tipificación de la conducta de cada esposo y de las consiguientes transacciones con el compañero, tiene sus méritos y es clínicamente aplicable. Por supuesto, queda por elaborar una metodología más refinada a los efectos de probar estas hipótesis.

La observación clínica sugiere que, dentro de la relación marital, cada esposo actúa con su compañero como un tipo determinado, de acuerdo con uno de los siete perfiles de conducta. Al considerar estos perfiles, debemos tener presentes tres puntos importantes. Primero: que ellos no comprenden todos los tipos posibles, aunque otras cualidades identificables podrían incluirse, quizá, bajo una de las siete descripciones. Segundo: que el individuo puede elegir pareja guiándose por su percepción del elegido como perteneciente a un tipo determinado; empero, esta percepción no es indefectiblemente exacta: tal vez incidan en ella sus propias necesidades realistas o neuróticas, incluyendo la de negar los atributos positivos o negativos en función de su propio sistema de valores, así como de sus necesidades y miedos inconscientes. Muchas veces, el resultado difiere bastante de lo previsto por cada cónyuge, o de sus actuales percepciones conscientes. Tercero: que uno y otro cónyuge pueden comportarse (repentina o gradualmente) como un tipo distinto al que manifestaban en otro momento de la relación, ya que las experiencias y circunstancias alteran la dinámica individual y la del sistema marital.

Los perfiles aquí descriptos tipifican los casos normales y los psicopatológicos entre leves y moderados, los que podrían rotularse —parafraseando a Freud— como la «patología diádica interaccional de la vida cotidiana». Aunque no me propongo describir las formas de interrelación diádica más patológicas o extravagantes, debo advertir que la extrapolación extremada de cualquiera de estos perfiles podría derivar en una relación sumamente patológica.

Cada perfil se define, en parte, de acuerdo con un tipo conyugal complementario, lo cual esclarece todas las dimensiones de interacción y la índole del tipo de esposo. Los siete perfiles, que expondremos en detalle, son: el cónyuge *igualitario, romántico, parental, infantil, racional, camarada y paralelo.*

Cónyuge igualitario

La posibilidad de ser un cónyuge igualitario constituye, al parecer, una meta óptima mayoritaria (aunque no unánime) entre los individuos de todas las clases de la sociedad actual. Refleja la emergente filosofía contemporánea con respecto al individualismo, la conservación de la propia personalidad dentro de una relación de coparticipación, y la igualdad entre los sexos. Esta filosofía, nacida años ha como un ideal «abstracto» de los intelectuales de clase media, comenzó a concretarse entre las mujeres de la clase obrera durante la Segunda Guerra Mundial, cuando su participación en el trabajo se convirtió en parte importante de la economía familiar y nacional.

La persona que interactúa como cónyuge igualitario busca una relación basada en la igualdad de ambos esposos, la desee o no su compañero. Espera que los dos tendrán los mismos derechos, privilegios y obligaciones, sin ninguna cláusula de doble norma, cubierta o encubierta. Espera que él y su compañero serán personas completas por derecho propio, bastante autónomas en sus trabajos y amistades, pero sensibles a las necesidades del compañero y emocionalmente interdependientes con relación a él. En consecuencia, cada cual respetará la individualidad del otro, incluyendo sus debilidades y falencias.

Frederick S. Perls intentó resumir esta relación, tenida por «ideal» en la década de 1960, en el siguiente poema, frecuentemente citado:

«Yo hago lo mío y tú lo tuyo.
No estoy en este mundo para vivir según tus expectativas,
ni tú lo estás para vivir según las mías.
Tú eres tú y yo soy yo.

Y si, por casualidad, nos encontramos el uno al otro,
eso es hermoso».

En una primera lectura el poema me pareció correcto, pero poco a poco me di cuenta de que no había ninguna alusión a «lo nuestro», de que el texto no transmitía ninguna noción de compromiso o determinación de tratar de mantener vivo algo hermoso. Parecía una reacción frente a los aspectos negativos de ese matrimonio sin amor y sin divorcio que había regido durante siglos.

Unos conocidos míos, que hacían vida en común, tenían una lámina enmarcada en la que aparecía el poema y una hermosa escena con una pareja abrazándose sobre la hierba. Al principio estaba en el dormitorio. Un año después se mudaron a un departamento más grande y la colgaron en otra habitación, que servía de estudio y cuarto de huéspedes. Después se trasladaron a una casa, adquirieron un perro, compraron un bote entre los dos y al año decidieron casarse. La última vez que los visité encontré la lámina en un estante del pasillo que conducía al sótano, bien lejos de la escalera principal; cuando lo llevé arriba para copiar el poema, los dos me preguntaron si querría quedarme con él. Sonriendo, les respondí que no, y entonces conversamos sobre cómo cambiaban nuestras ideas y valores; ellos tenían la impresión de que ahora vivían como cónyuges igualitarios y ya no necesitaban hablar muy a menudo del tema. Pocos meses después me contaron que la hija de él, de 13 años, había reparado en la lámina, que les había preguntado si podía colocarla en su dormitorio. . . ¡y se la dieron gustosos! Aparentemente, el poema se iba alejando de ellos cada vez más a medida que aumentaba la intensidad de su relación. La muchacha lo salvó del olvido, iniciando otro ciclo. Quizá sus versos sean una hermosa expresión del ideal adecuado para un encuentro breve o un vínculo de corta duración, pero no para la relación a largo plazo que parecen buscar la mayoría de las personas. En este último caso, es preciso atemperar la idea de cónyuge igualitario comprometiéndose más entre sí y con la relación.

El cónyuge igualitario tiene que ser razonablemente capaz de aceptar y tolerar una relación de paridad madura, no rivalizar demasiado con el compañero, y comprender y respetar las diferencias sexuales para que no sean utilizadas en desmedro de uno u otro esposo. Debe carecer relativamente del ansia urgente de satisfacer sus necesidades infantiles, y ser consciente de que su derecho a ser amado no puede depender de la eficacia con que satisfaga las del compañero. Empero, al mismo tiempo debe ser capaz de convertirse, a veces, en un niño y dejarse cuidar, o de ser un padre o madre para el compañero en caso necesario.

A continuación enumero las características que tiende a poseer el cónyuge igualitario, dentro de las doce áreas de determinantes biológicos e intrapsíquicos del contrato matrimonial (la de dominio/sumisión queda incluida en la 4). *Ellas revelan una tendencia* y son las que más comúnmente se encuentran, pero no constituyen rasgos absolutos ni excluyentes.

1. *Independencia / dependencia.* Tiende a ser más bien independiente pero no de un modo defensivo; coopera con su compañero y es emocionalmente interdependiente.

2. *Actividad / pasividad.* Por lo general tiende a ser más activo que pasivo y a actuar por sí mismo; puede aceptar un rol pasivo cuando resulta apropiado que su esposo sea más activo.

3. *Intimidad / distanciamiento.* Tiende a ser capaz de mantener una intimidad estrecha y sostenida sin aferrarse al compañero. Una característica positiva de este tipo es su capacidad de mantener la intimidad adecuada sin «devorar» al cónyuge ni dejarse devorar por él. La necesidad de oponer defensas contra la intimidad es mínima.

4. *Poder.* Es capaz de compartirlo, de aceptar una mayor responsabilidad de decisión en ciertas áreas y permitir que el compañero haga lo mismo; oscila en un término medio: ni sumiso ni dominador. La rivalidad con el esposo, cuando existe, no es destructiva.

5. *Miedo al abandono.* Entre leve y moderado, a lo sumo; de lo contrario, un cónyuge igualitario no podría funcionar como tal. El abandono sería para él una sacudida dolorosa, pero no lo quebrantaría. *No* ejerce un influjo importante en su conducta.

6. *Posesión y dominio del compañero.* No quiere dominarlo ni ser dominado por él; eso sí, se compromete en la relación y espera que el otro también lo haga.

7. *Grado de angustia.* Entre muy bajo y moderado; rara vez se mantiene alto por un lapso prolongado.

8. *Mecanismos de defensa.* Puede utilizar cualquiera de los mecanismos de defensa contra la angustia; por lo común (aunque no de manera única) recurre a los siguientes: represión, proyección, intelectualización, sublimación, defensa perceptual e identificación.

9. *Identidad sexual.* Generalmente no constituye un problema importante.

10. *Respuesta sexual al compañero.* Puede variar desde una gran excitación hasta una respuesta moderada.

11. *Amor a sí mismo y al compañero.* Entre excelente y moderado.

12. *Estilo cognitivo. a*) Respeta el estilo de su esposo: es sumamente consciente de su propio estilo cognitivo y del de su compañero. *b*) Puede tener cualquier estilo cognitivo, por lo general bien desarrollado y definido.

Cónyuge romántico

Así como el cónyuge igualitario es la «nueva ola» actual, de la misma forma el romántico representa la «vieja ola» más reciente. Es un concepto que todavía prevalece ampliamente, incluso entre muchos de los que ahora aspiran a ser cónyuges igualitarios. El elemento excitante y multiforme del amor adquiere una importancia suprema para este tipo de individuo.

El cónyuge romántico interactúa como tal aunque no posea una ideología romántica. Se comporta como si quisiera y esperara que su compañero sea su «bienamado del alma» y que juntos formen una sola entidad; se comporta como si fuera una persona incompleta que sólo pudiera adquirir plenitud al lado de su compañero.

Como cree que sólo puede ser feliz y funcionar en forma óptima relacionándose con otro romántico, se vuelve vulnerable cuando su cónyuge se niega a desempeñar ese papel, e insiste en tratar de hacer de él un romántico. Con frecuencia, esto se transforma en su principal juego en común: el romántico empuja y prueba y el otro se resiste estimulándolo apenas lo suficiente como para que siga el juego.

Este juego se convierte, asimismo, en vehículo de sus quejas recíprocas: el romántico dice que su esposo «no es sensible, amante, etc.», y el otro protesta porque «vive aferrándose a mí y planteándome exigencias, siempre quiere estar conmigo, siempre quiere poner a prueba mi amor».

La seguridad que hallan algunas parejas al actuar como díada romántica parece liberar en uno o ambos esposos aptitudes imposibles de autoactivar sin el amor del compañero. El romántico busca satisfacer su aspiración infantil a ser el único objeto del amor, adoración y apoyo de su madre o padre, necesidad frecuentemente enraizada en la situación edípica y en el deseo de tener derechos exclusivos a los servicios y el afecto del progenitor del sexo opuesto. De ahí que sea a menudo insaciable, que las pruebas de amor nunca le parezcan bastantes.

Cuando se siente razonablemente seguro en una relación romántica, este individuo puede florecer y aprovechar su potencial con mayor plenitud. Dado que sobrevalora mucho a su compañero y se siente incompleto sin él, tiende a ser muy celoso y a proteger sobremanera su relación. Por lo común, el amor y la pasión sexual son muy importantes para él, empleando esta última como papel de tornasol para probar la calidad actual de la relación. La interdependencia está muy generalizada e interviene en muchos parámetros de funcionamiento.

La mayoría de estas personas se angustian cuando creen que el esposo puede descubrir algo en ellas que no encaja dentro de la imagen de cónyuge romántico; también temen descubrir en el compañero algún rasgo que no concuerde con su propia imagen del esposo ideal. ¡Quieren creer! Por eso racionalizarán las desviaciones que perciban en relación con su guestalt idealizada (contrato individual), o recurrirán a una defensa perceptual para acallar las voces interiores que le advierten sobre algún rasgo que resultaría incongruente con su percepción del compañero.

Su tendencia a emplear defensas perceptuales y desmentidas explica que se sientan profundamente traicionados cuando les es imposible seguir negando la conducta aparentemente distinta o engañosa de su compañero, aunque, en realidad, no haya habido ningún cambio importante en las acciones o estado afectivo de este último. Sin embargo, la imposibilidad de lograr que el compañero se conduzca, también, de un modo romántico, resulta evidente para cualquier extraño perceptivo capaz de advertir que aquel no le ha brindado, ni podría brindarle, lo que su esposo espera de él.

Los románticos tienden a dar gran importancia a los símbolos sentimentales, posiblemente como un método para materializar su exclusividad recíproca y aferrarse a la pasión de los primeros tiempos, o recuperarla. Por eso les dan enorme trascendencia a los aniversarios (la fecha de su primer encuentro, su primer beso o su primera relación sexual), así como al hecho de compartir canciones que encierran un significado especial para ellos, etc. Se trata de un caso similar al del pensamiento mágico del adulto que procura recapturar recuerdos y símbolos de experiencias infantiles positivas para revivir el pasado en el presente.

El cónyuge romántico tiende a poseer las siguientes características, en las doce áreas que nos interesan:

1. *Independencia/dependencia.* Depende de su compañero, si bien puede o no iniciar o establecer esta modalidad.

2. *Actividad/pasividad.* Puede ocupar cualquier posición entre la actividad extremada y la pasividad relativa.

3. *Intimidad/distanciamiento.* Gran intimidad emocional.

4. *Poder.* Puede ocupar cualquier posición entre la sumisión, la igualdad y la dominación, ya que espera y quiere que su cónyuge tenga los mismos deseos, sentimientos y experiencias que él. También pueden detectarse diversos grados de rivalidad con el esposo.

5. *Miedo al abandono.* Es un factor motivacional intenso e importante en la determinación de la conducta.

6. *Posesión y dominio del compañero.* Muy posesivo y dominante aunque parezca sumiso.

7. *Grado de angustia.* Suele ser alto. La necesidad de un compañero que complete el sentido de su propia personalidad indica, a menudo, una profunda sensación de ser incompleto y una gran incapacidad para hacer frente a un mundo hostil.

8. *Mecanismos de defensa.* Utilizará con mayor probabilidad los siguientes: represión, regresión, formación reactiva, proyección, introyección e identificación, desmentida, defensa perceptual, sublimación, fantasías, sacrificio altruista y reversión. Como es previsible, necesita recurrir a muchas defensas.

9. *Identidad sexual.* Puede tener algunos problemas leves, manifestados, quizás, en una aparente sobreidentificación con el compañero y con conceptos, sensibilidades, etc., contrarios al propio sexo y que él mismo no acepta en un nivel profundo.

10. *Respuesta sexual al compañero.* Por lo común, es muy intensa.

11. *Amor a sí mismo y al compañero.* Puede amarse mucho a sí mismo o bien sentirse vacío y necesitar desesperadamente al esposo. Muchas veces, amor y temor se confunden. Otras, el amor puede no ser tan auténtico y verdadero como aparenta; tal vez haya cierto narcisismo con una identificación tan notable del compañero como parte de uno mismo, que amarlo es amarse a sí mismo.

12. *Estilo cognitivo.* *a*) Por lo general, desea respetar la modalidad del compañero, o se siente impelido a hacerlo, y es posible que utilice con mucha eficacia la complementariedad existente entre ambos. *b*) Su estilo cognitivo puede variar entre intuitivo y moderadamente bien organizado.

Cónyuge parental

Este cónyuge puede considerarse un amo (que es, esencialmente, un progenitor dominante y autoritario extrapolado al extremo); entre el progenitor y el amo están el cónyuge/maestro y el cónyuge/preceptor o profesor que se relacionan con el compañero como si este fuera un niño. En la línea que va del cónyuge «progenitor bueno» al cónyuge/amo hay numerosas variaciones y modificaciones posibles, que se adaptan a las necesidades individuales; entre ellas el cónyuge «salvador», que representa una forma particular, y a menudo pasajera, del cónyuge parental.

El prototipo del cónyuge parental o amo es Torvold, el marido de Nora en *Casa de muñecas,* de Ibsen. Domina al compañero gobernándolo y velando por él, y lo infantiliza. Puede actuar así por inclinación propia, porque el otro lo ha forzado a adoptar esa postura parental, o por una combinación de ambas causas; puede desempeñar un rol benévolo y cariñoso, fomentando la necesidad de crecimiento e independencia del «niño», pero dentro de ciertos límites, pues su papel requiere que el compañero siga sintiéndose lo bastante inseguro como para dejarse «comprar», seducir y dominar, o bien sea lo bastante masoquista como para renunciar a su individualidad o libertad. Por otro lado, en vez de asumir el rol de progenitor protector, el cónyuge parental puede mostrarse riguroso y autoritario, procurando que su esposo desempeñe el papel inverso de hijo obediente sometido a una servidumbre psicológica. Muchas veces, cuando el cónyuge infantil amenaza con perturbar el *statu quo*, el parental se vuelve más exigente, en un esfuerzo por no perder al «niño»; no obstante ello, si es un individuo más maduro, menos patológico, que ama a su cónyuge infantil, reflexionará tal vez sobre qué es lo más conveniente para este y lo ayudará a prepararse para una nueva relación, o colaborará en la instauración de un nuevo modo de vida más equitativo para los dos.

La esencia de su dinámica consiste en que el cónyuge parental necesita apuntalar su sentido de adultez actuando como progenitor de un esposo infantil y obediente. Su palabra es ley y constituye, además, una importante piedra angular de este tipo de díada; tal vez tolere las transgresiones, pero sólo mientras representen las acciones de un niño tonto o apenas rebelde, cuyas flaquezas irresponsables pueden ser perdonadas por el progenitor comprensivo, benévolo y condescendiente. Para defenderse de su falta de autoestima subyacente, el cónyuge parental erige una estuctura rígida destinada a demostrar que él es un individuo adulto, competente, amable, justo y bondadoso. Puede haber intimidad, pero en las condiciones fijadas por él.

Este cónyuge no tiene tiempo para escuchar a su compañero cuando le habla de crecer y tomar decisiones por sí mismo. Quizá lo aliente a abrir un pequeño negocio, a seguir un curso o aun a inscribirse en la universidad, pero para él todo esto equivale al quiosco de venta de gaseosas que un muchachito instala en un camino apartado para la temporada veraniega. Cuando el «niño» llega a trabajar o estudiar en serio, es posible que el cónyuge parental reaccione con un sabotaje sutil o con miedo y cólera manifiestos, al ver amenazado el actual estado de cosas. También puede necesitar un esposo infantil para expresar aquellos aspectos de su personalidad psicológicamente vedados al progenitor. Como es de prever, en la interacción conyugal surge como el miembro más autoafirmativo de la pareja, el más activo en la fijación de modalidades.

Subtipo del cónyuge salvador

Es un subtipo de cónyuge parental que asegura a su compañero una atención especial y, por lo común, forma una relación complementaria con un esposo «deseoso de que lo salven»; es una relación contractual a menudo pasajera e inestable. Una vez pasada la crisis, se establece un nuevo ordenamiento contractual, se disuelve la relación, o aparece una nueva crisis que exige una nueva operación de rescate. En algunos casos, el cónyuge salvador lucha por mantener su rol con ayuda de su compañero.

Este subtipo de cónyuge es manipulado o necesita serlo y acepta a su esposo como una persona a la que hay que salvar de una situación difícil; por su parte, él está dispuesto a responsabilizarse por el salvado. Los casos de salvación recíproca no son raros: dos románticos pueden iniciar su relación para salvarse uno al otro de sus respectivos esposos «no románticos». Empero, lo usual es que el cónyuge salvador deba sentirse superior a aquel a quien salva; entonces puede tratarlo condescendientemente por su debilidad, inmadurez, inexperiencia, etcétera.

Su contrato básico se funda en un esfuerzo por ocupar un nivel superior dentro de la relación: no se limitará a ayudar a una persona amada, sino que atará a sí a alguien «indefenso» salvándolo de una mala situación (el hogar de origen, un mal matrimonio, la pobreza, el alcohol, la drogadicción, una enfermedad), y seguirá protegiéndolo en tanto le sea fiel y acepte su posición de «persona deseosa de ser salvada». El cónyuge salvador que desempeña bien su rol puede convertirse poco a poco en cónyuge parental.

Este subtipo de esposo no es maquinador ni malvado; es posible que actúe con bondad, impulsado por buenos motivos. Simplemente tiene necesidad de salvar a otros, una necesidad basada en su propia sensación de ineptitud o insuficiencia para ser amado.

El cónyuge parental (incluyendo al salvador) tiende a presentar las siguientes características, dentro de las doce áreas:

1. *Independencia / dependencia.* Tiende a ser más bien independiente, aunque puede depender mucho de la permanencia de su esposo en el rol infantil y llegar a grandes extremos para mantenerlo en él, reflejando con esto su propia y profunda dependencia.

2. *Actividad / pasividad.* Tiende a ser más activo.

3. *Intimidad / distanciamiento.* Puede ocupar cualquier punto entre la intimidad y un gran distanciamiento.

4. *Poder.* Necesita sentirlo y emplearlo, dominar a su compañero; es competitivo y debe demostrar constantemente sus aptitudes superiores.

5. *Miedo al abandono.* Es un factor determinante de su conducta; no puede perder a su esposo.

6. *Posesión y dominio del compañero.* Experimenta una gran necesidad de poseerlo y dominarlo aunque a menudo, y en última instancia, es el esposo infantil quien domina.

7. *Grado de angustia.* Varía entre casi nula e intensísima.

8. *Mecanismos de defensa.* Los utilizados más comúnmente son: represión, formación reactiva, intelectualización, desplazamiento, defensa perceptual, fantasías para sostener la desmentida.

9. *Identidad sexual.* Por lo general no hay problemas pronunciados, si bien en el caso del marido parental su posición puede ser una defensa contra una profunda inseguridad sexual.

10. *Respuesta sexual al compañero.* La escala de posibilidades va desde una gran capacidad de respuesta hasta su virtual carencia; comúnmente, tiende más bien a responder.

11. *Amor a sí mismo y al compañero.* Varía entre la falta de amor y una actitud extremadamente positiva.

12. *Estilo cognitivo. a*) Tiende a desaprobar o juzgar con condescendencia el estilo cognitivo del compañero. *b*) El suyo tiende a ser bien organizado, permitiendo la pronta resolución de los problemas.

Cónyuge infantil

Este es la contrapartida del anterior; en su forma extrema y más patológica, el «niño» se convertirá en el «esclavo» del «cónyuge amo». Manifiesta predisposición a interactuar como un niño y reacciona con hostilidad si su compañero desea hacerlo; también es posible que lo manipule colocándolo en el rol parental. En materia de interacción, busca que lo cuiden, protejan, corrijan y guíen; a cambio de esto, le ofrece al cónyuge parental el derecho a sentirse más adulto y necesario, a que apuntalen su sistema de defensa. Además, el «niño» puede alegrar y complacer a su «progenitor» de muchas maneras.

Como ocurre a veces en la realidad entre padres e hijos, el cónyuge infantil se transforma a menudo en el verdadero dueño del poder. Este deriva de la abrumadora necesidad que tiene el progenitor de mantener al niño en un rol infantil, para poder definir así su propio sentido de la personalidad como ser adulto; la mayoría de los cónyuges infantiles perciben su poder, y son capaces de explotar la situación amenazando con marcharse. Aunque este poder aparece con frecuencia en las relaciones heterosexuales, se lo percibe con máxima claridad en las díadas homosexuales, donde el individuo parental suele vivir temeroso de perder al compañero infantil que lo domina.

La mayoría de las personas conservan rastros de dependencia infantil, sea cual fuere el grado de aptitud realista que hayan alcanzado. Muchos esposos son más encantadores por su capacidad de sacar a luz al niño creador y juguetón que llevamos dentro, pero no debemos confundir a este niño creador y juguetón con la persona que se vale de la dependencia infantil y la seudo-inocencia como principales medios para adaptarse a su compañero. El niño exigente o indefenso puede causar tensión en cualquier clase de relación.

Subtipo del cónyuge deseoso de que lo salven

Es el complemento del cónyuge salvador.

Este tipo de cónyuge se siente amenazado y abrumado por un mundo hostil que es incapaz de enfrentar por sí solo, motivo por el cual necesita de un progenitor bueno o un salvador que se haga cargo de él protegiéndolo, actuando en su nombre, resolviéndole conflictos y dirimiendo las ambivalencias que retardan la acción. A cambio de esto, le ofrece fidelidad y amor (gratitud). Generalmente, este subtipo de cónyuge es una persona muy compleja que experimenta miedos infantiles y se aferra a las cualidades salientes de su infancia, pero que, al mismo tiempo, es muy competente y muestra madurez en muchos parámetros.

Puede ser un manipulador consciente o inconsciente que se vale del cónyuge salvador para evadirse de una situación difícil, y luego lo abandona, precipita una nueva crisis o procura establecer una nueva relación con él. De todos modos, es probable que la relación cambie drásticamente después de la operación de «salvamento», al gravitar en el sistema necesidades externas diferentes. Una vez eliminada la tensión exterior, los esposos descubren, quizá, que carecen de las cualidades esenciales para una convivencia feliz, aun habiendo sido perfectos el uno para el otro durante el «rescate».

El cónyuge infantil tiende a manifestar las siguientes características, dentro de las doce áreas:

1. *Independencia / dependencia*. Es más bien dependiente.

2. *Actividad / pasividad.* Tiende a ocupar el extremo más pasivo de la escala.

3. *Intimidad / distanciamiento*. Puede ocupar cualquier punto de la escala.

4. *Poder.* Tiende a no ejercer mucho poder, procurando someterse a su esposo. Sin embargo, en algunos casos puede controlarlo y utilizar el poder para dominar, cuando sabe que el compañero está en una situación de dependencia emocional con respecto a él. La competitividad puede variar entre mínima y muy grande.

5. *Miedo al abandono*. Intenso; motiva buena parte de su conducta.

6. *Posesión y dominio del compañero*. Por lo común se somete a la posesión y dominio del esposo, pero véase el punto 4 para la inversión de esta pauta.

7. *Grado de angustia*. Suele ser más bien alta.

8. *Mecanismos de defensa*. Los de uso más común son los siguientes: represión, regresión, formación reactiva, anulación mágica, proyección, desplazamiento, identificación, defensa perceptual, fantasías para mantener la desmentida, sacrificio altruista y reversión. Por supuesto, necesita recurrir a múltiples defensas, en especial a las más primitivas.

9. *Identidad sexual*. Puede haber problemas, pero son raros. Con frecuencia los hay con respecto a la identificación niño-adulto, pero no deben confundirse con los problemas de identidad sexual.

10. *Respuesta sexual al compañero.* Habitualmente, entre positiva y entusiasta.

11. *Amor a sí mismo y al compañero.* Puede ocupar cualquier punto de la escala. Con bastante frecuencia se observa una incapacidad narcisista de amarse verdaderamente a sí mismo o a los demás.

12. *Estilo cognitivo. a)* A menudo espurio, con ridiculización de la modalidad más organizada del compañero, aunque aprecie profundamente los frutos de las aptitudes cognitivas de este. *b)* Su propia modalidad tiende a ser más bien caótica e intuitiva.

Cónyuge racional

Como su nombre lo indica, este tipo de cónyuge se niega a admitir que las emociones puedan influir en su conducta, y trata de establecer una relación marital razonada, lógica y bien ordenada, delineando con claridad las obligaciones y responsabilidades mutuas. Él cumple las suyas y no logra comprender por qué su compañero no hace lo mismo. Si este falla en la ejecución de una tarea o la asunción de una responsabilidad, es posible que reaccione dándole explicaciones lógicas y pacientes. Si el otro no se corrige puede llegar a la exasperación. Su lógica implacable suele confundir al compañero, provocándole reacciones violentas. No es habitual que el cónyuge racional manifieste afecto o pasión de manera muy abierta, aunque es capaz de amar profundamente y experimentar una sensación de doloroso vacío si pierde al ser amado. Tiende a ser «parco» al encarar cuestiones relacionadas con su vida conyugal. Es pragmático, realista, comprende las reglas del sistema y tiene una tendencia inherente a vivir de acuerdo con ellas; rara vez crea reglas nuevas o cambia las existentes. En cuestiones fácticas, supone que su opinión es correcta; en las referentes a gustos, estilos y cultura, se aviene a menudo a lo que decida el compañero.

Evidentemente, un cónyuge racional generará la hostilidad de ciertos tipos de compañero, aun cuando actúe respondiendo a su propio pedido de que le fije límites; el otro le echará en cara que sea «tan racional», que no obre con más soltura, al tiempo que lo manipulará (con su beneplácito) para que se haga cargo de las cosas y sea extremadamente responsable. Con frecuencia, el cónyuge racional es bondadoso, considerado y cortés en el trato social, y suele acudir cuando su esposo lo necesita, aunque no parezca sensible a todos los matices de sus sentimientos. No debe confundírselo con el narcisista, que es en esencia incapaz de amar a otro. Si la dinámica conyugal es correcta, el cónyuge racional puede convertirse en cónyuge parental (p. ej., cuando el compañero juega el rol de cónyuge infantil indefenso, incapaz de habérselas con todas las complejidades de la vida porque su conducta está altamente determinada por su dependencia y sentimientos infantiles).

El cónyuge racional tiende a serle fiel a su esposo y a procurar con diligencia el buen funcionamiento de la pareja. No obstante, su aparente insensibilidad hacia los sentimientos y necesidades emocionales del compañero contribuye muchas veces a romper la armonía.

Este tipo de cónyuge no debe confundirse con el paralelo, que vive sin mantener un contacto emocional íntimo con su esposo; este contacto se da a menudo en aquel. Por otra parte, la esencia de su conducta no está allí, sino en la fría lógica que parece regir sus decisiones, en la actualización constante y automática de su «balance». A menos que pierda al compañero, ni él ni sus allegados alcanzarán, quizás, a darse plena cuenta de los roles verdaderamente interdependientes que desempeña con su cónyuge.

Dentro de las áreas biológicas e intrapsíquicas del contrato matrimonial, el cónyuge racional tiende a presentar las siguientes características:

1. *Independencia / dependencia.* Con frecuencia es más dependiente de lo que parecería a primera vista. Establece relaciones conyugales íntimas muy dependientes, en las cuales sus propias necesidades emocionales quedan ocultas tras su papel de «administrador» de la relación marital.

2. *Actividad / pasividad.* Muy activo en las cuestiones prácticas, deja a cargo del compañero aquellos aspectos de su vida en común que tienen mayor contenido emocional; de este modo, reparte las responsabilidades entre él y su esposo basándose en un *quid pro quo* que puede ser o no satisfactorio para este.

3. *Intimidad / distanciamiento.* Puede mantener bastante intimidad, aunque tiende a evitar la expresión intensa y continuada de las motivaciones y el análisis de los sentimientos; de hecho puede haber distanciamiento y apartamiento.

4. *Poder.* Tiende a asumirlo y emplearlo, a parecer dominante, pero es habitual que en muchas circunstancias sólo tenga la apariencia de «cónyuge fuerte», y que sea su esposo quien decida en última instancia. El grado de poder varía notable-

mente, desde la sumisión al dominio total. No suele competir con el compañero.

5. *Miedo al abandono.* Puede oscilar entre un temor profundo y penetrante, y su ausencia casi total. Tiene buenas defensas en esta área.

6. *Posesión y dominio del compañero.* Lo mismo que en el punto 4. Parece dominar al otro y a menudo lo hace en muchos aspectos.

7. *Grado de angustia.* Generalmente entre mediana y baja.

8. *Mecanismos de defensa.* Los más probablemente utilizados son: represión, formación reactiva, intelectualización, defensas perceptuales, desmentida, desplazamiento, inhibición de impulsos y afectos.

9. *Identidad sexual.* No hay ninguna tendencia especial a que surjan problemas.

10. *Respuesta sexual al compañero.* Puede variar entre necesitar un esposo para cumplir con las apariencias y con determinadas normas aceptables de conducta sexual, y no darle importancia al asunto. Si existe alguna tendencia, está orientada hacia la adhesión a los conceptos convencionales. No es raro que desee un compañero que exprese la franqueza e impulsividad que él teme en sí mismo.

11. *Amor a sí mismo y al compañero.* Generalmente siente un amor profundo y duradero.

12. *Estilo cognitivo. a*) No es probable que acepte uno distinto del suyo, a menos que lo haga con desdén o condescendencia. *b*) Tiende a ser organizado, a recoger toda la información y llegar a una conclusión lógica y «correcta». Como cree que sus conclusiones son obviamente correctas, espera que los demás se avengan a ellas.

Cónyuge camarada

Este tipo de cónyuge actúa, más que nada, para evitar la soledad; por lo común, es capaz de aceptar el trato íntimo. No espera recibir amor, pero sí busca bondad y cuidado creyéndose dispuesto a retribuirlos, quizá con el agregado de una seguridad económica. Esencialmente busca un camarada con quien compartir la vida diaria; no aspira a un amor romántico (aunque puede desearlo profundamente) y acepta de buena gana las transacciones exigidas por la vida conyugal. Algunos pueden clasificarse como «románticos apagados».

El matrimonio de cónyuges camaradas puede ser muy gratificante cuando satisface las necesidades principales de personas que han abandonado toda intransigencia con respecto a sus ideales, y abunda cada vez más entre la gente mayor, ya se trate de matrimonios legales o de hecho. (A veces optan por este último porque el otro implicaría la pérdida del subsidio social, o por divorcio, pensión por viudez o rentas fiduciarias.) Ven su relación como un acuerdo realista entre personas que ya no tienen ilusiones, que saben cuáles son sus necesidades y cuánto están dispuestas a dar a cambio de la satisfacción de estas últimas.

La modalidad de interrelación del cónyuge camarada se basa en necesidades genuinas y profundas, sumadas a compromisos reales aceptables para él en todos los niveles de conciencia. No debe confundirse con los perfiles de conducta de las personas que pueden entablar una relación marital por temor a la soledad o a no ser amadas, pues estas aún desean un amor romántico, más que una compañía.

El cónyuge camarada tiende a presentar las siguientes características, en las doce áreas:

1. *Independencia / dependencia.* Con frecuencia es una mezcla de ambas, sin inclinarse hacia uno u otro extremo.
2. *Actividad / pasividad.* Suele ser más activo que pasivo, aunque su conducta puede variar mucho en este aspecto.
3. *Intimidad / distanciamiento.* Tiende a evitar ambos extremos.
4. *Poder.* Lo ejerce, pero comúnmente no es necesario que llegue a extremos de sumisión o dominio. Por lo general no es competitivo.
5. *Miedo al abandono.* No constituye una gran fuerza motivacional. Prefiere vivir en pareja, pero no a cualquier precio.
6. *Posesión y dominio del compañero.* Lo mismo que en el punto 4. No necesita poseer ni ser poseído.
7. *Grado de angustia.* Generalmente entre moderada y baja.
8. *Mecanismos de defensa.* Lo más común es que recurra a la sublimación, represión, formación reactiva, intelectualización, fantasías y defensa perceptual.
9. *Identidad sexual.* No suele ser un factor importante.
10. *Respuesta sexual al compañero.* Puede variar desde muy positiva y constante hasta no muy significativa.
11. *Amor a sí mismo y al compañero.* Si cambiamos «amor» por «aceptación», constituye un factor importante. No es necesario que haya amor en el sentido usual de la palabra, que in-

cluye la pasión, pero sí hay aceptación, necesidad, compromiso y bondad.

12. *Estilo cognitivo.* *a*) Puede aceptar el del esposo, si se mantiene más o menos igual a como él lo percibió originariamente. *b*) Tiende a ser ordenado y racional.

Cónyuge paralelo

Es el tipo de cónyuge que interactúa evitando una relación íntimamente compartida. Por más que asegure lo contrario, quiere que el compañero respete su distanciamiento emocional y su independencia. Dentro de la relación diádica, puede obrar así por tres motivos: *a*) respondiendo a los intentos inconscientes del esposo de provocarle una reacción distanciada, si existe una predisposición en tal sentido; *b*) por su propia necesidad imperiosa de mantenerse emocionalmente apartado; *c*) por una combinación de las dos causas anteriores. Desea todos los accesorios convencionales del matrimonio, incluyendo la casa, los hijos, el perro, las pantuflas y el lavarropas, pero no quiere mantener un trato íntimo. Prefiere dormir en camas o dormitorios separados, y hasta vivir en lugares distintos. En una palabra, prefiere rozarse con la punta de los dedos antes que estrecharse en un abrazo. «Compartirá» los hijos, las reuniones familiares y comunitarias, etc.; él y su compañero aparecerán unidos a ojos de los demás, pero íntimamente no lo estarán.

Para él es fundamental manipular al esposo de manera tal que ambos mantengan la distancia, sin acortar el perigeo que le conviene a él. Su contrato matrimonial está basado en el miedo a perder su integridad como individuo, a ser dominado, y se resiste a cualquier clase de fusión. Manifiesta enfáticamente su sistema defensivo mediante su distanciamiento emocional; parece frío y precavido, aunque puede ser una persona sumamente agradable.

A menudo, su necesidad de distanciamiento no es más que una formación reactiva frente a una gran necesidad de dependencia, cuyo reconocimiento consciente le resulta inadmisible; muchas veces es ultraindependiente por pura reacción. Si se penetra su coraza, es posible que se transforme en un romántico deseoso de hallar un compañero que le permita alcanzar la plenitud; tal vez sea por esto que mantiene tan bien sus defensas, pues dicho cambio lo colocaría en una posición muy vulnerable frente a su esposo. El cónyuge paralelo lucha para no interesarse nunca demasiado por su compañero, pues entonces tomaría conciencia de su propia vulnerabilidad.

Este tipo de cónyuge tiende a manifestar las siguientes características, dentro de las doce áreas:

1. *Independencia / dependencia.* Es más bien independiente, pero no desea la dependencia de su esposo; en realidad, prefiere que no dependa de él. Sea cual fuere la actitud del otro, lo esencial es que respete su regla básica de distanciamiento emocional.

2. *Actividad / pasividad.* Por lo general, tiende a ser más bien activo y a autoactivarse.

3. *Intimidad / distanciamiento.* Manifiesta terminantemente un distanciamiento extremado.

4. *Poder.* Tiende a ser dueño de sí y a fijar la modalidad básica de la relación. Fuera de esto, prefiere que el compañero posea poder en las áreas de funcionamiento que él mismo designe, y que tenga actividades propias. No suele haber gran rivalidad entre los dos.

5. *Miedo al abandono.* Está bien pertrechado contra él, gracias a sus defensas básicas. La fuerza de su defensa revela su grado de angustia al respecto.

6. *Posesión y dominio del compañero.* Por un lado, no desea poseer ni ser poseído; por el otro, necesita ejercer un gran dominio para hacer que su esposo adhiera a las reglas básicas.

7. *Grado de angustia.* Tiende a ser baja; está bien defendido contra ella (véase el punto 5).

8. *Mecanismos de defensa.* Actúan con fuerza. Los más comunes son: represión, formación reactiva, intelectualización, sublimación, inhibición de impulsos y desplazamiento.

9. *Identidad sexual.* Habitualmente no es importante, pero en ciertos casos (muy raros) puede haber problemas o una profunda incertidumbre.

10. *Respuesta sexual al compañero.* Puede tener cualquier grado de intensidad. Cuando es intensa, lo usual es que se mantenga a un nivel puramente físico, con pocos componentes emocionales (o que se puedan admitir como tales). Esto puede convertirlo en un cónyuge técnicamente apto, pero emocionalmente frío.

11. *Amor a sí mismo y al compañero.* Escaso, puesto que el amor tiene que inhibirse. El narcisismo es común entre estas personas.

12. *Estilo cognitivo. a)* Puede respetar o no el del compañero; rara vez es capaz de aprovechar sus aspectos positivos para

complementar su propia modalidad, ya que esto exigiría intimidad. *b*) El suyo es rígido, con frecuente tendencia a un proceder muy bien organizado.

La sexualidad en los perfiles de conducta

Al comienzo de mis especulaciones en torno a los perfiles conductales establecí una séptima categoría, el «cónyuge sexual», con dos subtipos, pero posteriores observaciones y estudios me hicieron comprender que no constituía un perfil por derecho propio, puesto que sus características podían incluirse dentro de todos los demás perfiles. Sin embargo, los dos subtipos sexuales resaltan lo suficiente como para merecer una mención especial. (Las consideraciones más generales con respecto al papel del sexo en el matrimonio y las cláusulas contractuales referentes a él se tratarán en el capítulo 10.)

El primer subtipo abarca a quienes parecen confundir una fuerte necesidad sexual con amor, sobrevalorando el rol del sexo dentro del contexto de la relación total. El segundo comprende a los que buscan el goce sexual con la misma pasión desesperada y arrolladora con que un drogadicto busca su dosis de droga. Estos dos subtipos conforman una continuidad sin ninguna división pronunciada. Aunque son cuantitativamente diferentes, en algún punto de esa continuidad sobreviene un cambio cualitativo que convierte al apetito sexual en el principal determinante de los actos del individuo.

Algunos de los elementos de estos dos subtipos pueden estar presentes en la conducta de cónyuges que comparten una relación más compleja, sin ubicarse necesariamente en el extremo patológico de la escala.

Quienes integran el primer subgrupo —o sea, aquellos que parecen dar excesiva importancia al sexo dentro de su relación— pueden usar su acuciante necesidad sexual como medio de autoafirmación. Como a menudo confunden sexo con amor, aquel puede convertirse en el determinante principal de su concepto del yo y de su elección de pareja. Frecuentemente constituye una aventura estimulante que refuerza su ego y es capaz de producir una sensación de alegría, una experiencia en el aquí y ahora cuyos resplandores colorean cálidamente las percepciones del compañero y desmienten los aspectos negativos de la interacción. La parte sexual de la relación acaba siéndolo todo para ellos.

Muchas personas jóvenes con un fuerte impulso sexual pueden buscar pareja para «tener a mano» el goce erótico sin los rigores y angustias de los galanteos y rechazos reiterados. En esta elección, el factor predominante es la necesidad de placer sexual, dándose escasa importancia a los demás. La dinámica de este tipo de cónyuge sexual no necesita ser muy compleja. Generalmente se trata de un hombre muy joven (o de una mujer, pues los casos femeninos son cada vez más frecuentes) deseoso de tener una fuente asidua y segura de placer sexual. Quizás es demasiado tímido para experimentar con varias personas, o bien ha dado con un compañero sexualmente adecuado y ha confundido este importante parámetro con el amor, estableciendo una relación prematura y seudo-romántica. Antes, este tipo de relación desembocaba en el matrimonio, pero este desenlace es menos corriente hoy día, porque son más las personas capaces de vivir libremente en concubinato. Haciendo vida en común, evitan la necesidad de concretar un casamiento prematuro y tienen oportunidad de conocer lo que es un vínculo total, así como también el papel que desempeña el sexo dentro de una relación más inclusiva.

El gran número de relaciones entre personas con notables diferencias de edad se debe a que, como es previsible, cuando el sexo es el principal factor determinante de la elección de objeto, el contexto interaccional básico puede ser el de una pareja parental-infantil.* Por otra parte, aunque la esposa más joven trate de obligar al marido mayor a asumir un rol parental, lo más probable es que él entre en la relación marital por motivos derivados principalmente del deseo sexual que ella siente hacia él. En estos casos, la actitud receptiva de la compañera refuerza su sensación de masculinidad y deseabilidad. Lo mismo sucede, muchas veces, cuando un hombre joven se une a una mujer mayor, combinación que parece ser cada vez más frecuente. En estas parejas con gran diferencia de edad, el cónyuge más joven suele incluir entre sus expectativas contractuales la de que su compañero sea fuerte y cuide de él, a pesar de sus propios logros y aptitudes reales.

El segundo tipo de cónyuge sexual vive dominado por una necesidad sexual más imperativa: su vida gira en torno a sus experiencias sexuales y, en casos extremos, llega a anteponerlas a todo lo demás, llámese trabajo, hijos o reputación. Su apetito sexual es tan intenso que busca su satisfacción como el drogadicto busca la droga. El goce erótico no sólo le infunde

* O sea, una pareja en la que uno de los cónyuges tiene un perfil parental y el otro un perfil infantil. (*N. de la T.*)

una sensación de bienestar, sino que también resuelve todos sus problemas y lo nutre espiritual e interpersonalmente. Para este tipo de «adictos» el sexo no es un viaje de placer del yo, ni ese impulso intenso normal entre los adolescentes: es una cuestión de vida o muerte, una fuerza mitigadora de angustias. Por lo común, la sociedad ha condenado este tipo de conducta, fuertemente determinada por la sexualidad.

Es probable que la etiología de este tipo de cónyuge sexual varíe y obedezca a múltiples causas; los determinantes hormonales, ambientales e intrapsíquicos pueden desempeñar un rol importante. Dada nuestra actual falta de conocimientos, sólo podemos suponer que quien tiene deseos sexuales tan fuertes, tan plenamente gratificantes, busca en realidad la satisfacción de necesidades y fantasías infantiles de tipo amoroso. Con frecuencia, los actos y fantasías sexuales más excitantes y persistentes de la persona adulta han sido establecidos en la infancia o proceden de predisposiciones [*Anlagen*] infantiles. Algunas necesidades pueden tener que ver con sentimientos vinculados a la aceptación y rechazo parentales, y con las angustias correspondientes. La rápida recurrencia de la angustia, con su inseguridad subyacente, hace que estos individuos pronto necesiten una nueva «dosis» de sexo.

Los hombres «respetables» pueden satisfacer estos impulsos en costosas casas de citas o recurriendo a las no menos costosas *call-girls*, pero las mujeres han sido menos afortunadas en la pronta satisfacción de sus fantasías y deseos. La mayor libertad sexual de que gozamos en la actualidad, el reconocimiento de que hombres y mujeres pueden experimentar necesidades y fantasías eróticas que aumentan la excitación sexual (y a menudo le añaden un matiz especial), nos han hecho más conscientes de la intensidad y frecuencia de esos deseos, del grado de represión y sofocación a que los someten muchos adultos.

Si el «adicto» puede satisfacer sus necesidades sexuales en su hogar, integrándolas a una relación total, el sexo puede otorgar estabilidad a la díada. Es más probable que esto suceda cuando la «adicción» no se emplea para humillar o dominar al otro cónyuge. Hoy en día, muchos esposos no dudan en manifestar abiertamente sus respectivos deseos y fantasías, y los dramatizan juntos dentro de la seguridad que les brinda el hogar.

Este subtipo de cónyuge sexual necesita un compañero que lo acepte en todos los niveles y que sea capaz de responderle del modo adecuado. Si hay involucrados importantes elementos sadomasoquistas, ambos deben complementarse mutuamente para que uno no sea explotado por el otro. El terapeuta no debe interponer su propio sistema de valores, a menos que la situación sea destructiva para alguno de los cónyuges. Como cada vez se acepta más que el sexo no es intrínsecamente malo,[1] a las personas con fuertes impulsos sexuales les es hoy menos difícil hallar compañeros con quienes pueden satisfacer sin peligro sus necesidades eróticas, así como desarrollar y ejercitar sus otras cualidades emocionales.

Nuestro concepto de «normalidad» sexual ha ido cambiando rápidamente. Por ejemplo, hace apenas una generación, muchos esposos con deseos sexuales orales se veían obligados a satisfacerlos fuera del matrimonio, con personas a quienes se consideraba degradadas, porque tanto ellos como sus cónyuges creían que la *fellatio* y el *cunnilingus* eran prácticas malas y repugnantes. Del mismo modo, ahora podemos satisfacer muchos otros deseos sexuales dentro del matrimonio, aunque, por supuesto, no todas las parejas adoptarán los mismos valores en su exploración de estas nuevas libertades.

Existe una diferenciación definida, aunque un tanto elástica, entre los dos tipos de cónyuge sexual que acabamos de describir. Ambos coinciden en que cada individuo ve en su compañero un objeto sexual y él mismo se le ofrece como tal; en su relación, lo principal es el sexo. El primer subtipo no excede los límites de la «normalidad», pero tampoco presta la atención adecuada a otros aspectos importantes de la relación marital. El segundo puede caer dentro de lo patológico, aunque algunas de sus características no son necesariamente incompatibles con una relación total satisfactoria.

[1] Por supuesto, el modo en que se emplea el sexo puede ser malo: cuando se lo utiliza para dañar u ofender es tan maligno como cualquier otra manifestación de la inhumanidad del hombre hacia sus semejantes.

7. Combinaciones de cónyuges

En el capítulo anterior describí siete perfiles de conducta. Ahora expondré varias de las principales combinaciones topológicas de cónyuges y las razones por las cuales algunas de ellas tienen más probabilidades que otras de satisfacer las complejas cláusulas de los contratos matrimoniales. Como hay veintiocho combinaciones posibles, trataré de centrarme en principios fácilmente aplicables a situaciones clínicas determinadas.

Los perfiles de conducta van cambiando a medida que los cónyuges siguen interactuando y recibiendo el influjo de las fuerzas ajenas a su relación; el sistema no es estático y *siempre* encierra un potencial de cambio. La manera en que se interrelacionan dos esposos depende de diversos factores: sus contratos individuales; sus mecanismos de defensa y el efecto que estos causan en el compañero; la motivación de sus disputas maritales, la energía con que las desarrollan y las metas que persiguen con ellas; el grado y calidad del amor, consideración y afecto mutuos; su deseo de mantener la relación y hacerla funcionar; su salud física; las influencias externas (incluyendo las familias de origen), y muchísimas otras variables. Naturalmente, nuestros conocimientos actuales no nos permiten pronosticar con exactitud la conducta interaccional de la pareja, ni explicar todo cuanto observamos en ella.

Para que haya una relación satisfactoria y duradera, es preciso que los esposos se acepten a sí mismos y al compañero tal como son; una relación basada en la esperanza o promesa de que uno u otro cónyuge cambiará no puede durar mucho tiempo. En la mayoría de las relaciones buenas tiende a observarse una compatibilidad —no es necesario que haya similitud— de propósitos y modalidades, o bien una complementariedad sin ambivalencias, además de una relativa falta de hostilidad.

Las doce áreas correspondientes a los parámetros biológicos e intrapsíquicos de los contratos matrimoniales indican los determinantes importantes de la calidad del matrimonio. En cuanto a los mecanismos de defensa de cada esposo, recién comenzamos a percibir más claramente su importancia y, por ende, a estar mejor capacitados para emplearlos en la terapia. Hace mucho tiempo que descubrimos y describimos los mecanismos de defensa individuales, pero no veíamos con claridad hasta qué punto las defensas del yo y el ello de cada cónyuge determinan la calidad de sus interacciones, o sea, la esencia misma de su relación. Las diversas interacciones generan defensas que, a su vez, las modifican; por otra parte, las características del compañero, y de la relación en sí, pueden provocar en el individuo defensas que permanecían en desuso desde muchos años atrás o que no había utilizado nunca.

La conducta dentro del sistema conyugal es compleja y de múltiples procedencias. Cada individuo trae consigo la historia genética y ambiental que ha modelado su personalidad, y sigue cambiando a medida que continúa su relación marital. Sus reacciones dentro del sistema diádico están determinadas por factores remotos, que datan de períodos anteriores de su vida, y también por factores presentes, es decir, inmediatos. A esto deben sumarse los determinantes externos e incluso los hijos, ya que estos se convierten en determinantes adicionales capaces de afectar profundamente el funcionamiento del sistema marital.

En los niveles de interacción que nos interesan no hay, al parecer, ninguna tendencia conductal determinada por el sexo; las características de cualquier perfil pueden observarse tanto en el hombre como en la mujer. El factor cultural puede determinar el modo o estilo en que se expresan dichas características, pero no su presencia en sí. Por ejemplo, hombres y mujeres por igual pueden desear el poder, pero tal vez diferirá la forma en que cada uno procura satisfacer ese impulso básico. Es importante comprender que el ser humano es ante todo una persona y sólo en segundo término hombre o mujer. En las combinaciones que expondré a continuación, cada perfil puede corresponder indistintamente al marido o a la esposa.

Los siete perfiles de conducta describen el comportamiento básico de cada individuo dentro de la relación particular de pareja. No definen la manera en que él cree comportarse, ni sus ideas manifiestas, ni la imagen de sí mismo que dice tener, sino que lo definen como *es* en realidad al interactuar con su compañero. Por supuesto, ninguno de estos perfiles se da en forma pura; hay subtemas secundarios y terciarios que modifican la relación, y que proporcionan gratificaciones y válvulas de escape cuando las presiones negativas resultan demasiado fuertes.

Culpar de la interacción negativa a uno solo de los cónyuges sería caer en un grave exceso de simplificación, pues ambos pueden ser responsables —aunque no necesariamente culpables— de una interacción insatisfactoria o destructiva. Muchas veces, la «víctima» aparentemente inocente emite señales que estimulan reacciones adversas en su compañero. Es en buena medida el caso planteado por Edward Albee en *¿Quién le teme a Virginia Woolf?*: George hace que Martha, su esposa, hable del hijo imaginario de ambos advirtiéndole una y otra vez que no mencione «al chico», con lo cual se asegura la reacción contraria y permite que la tragedia siga su curso predestinado. Empero, ningún cónyuge se limita a reaccionar ante el otro: ambos procuran satisfacer sus propias necesidades ambivalentes de autoafirmación y defensa, y también las del compañero; ambos se afectan y responden entre sí a nivel de su exquisita sensibilidad inconsciente. Culpar a uno u otro sería establecer un marco de referencia totalmente incorrecto, sin apreciar la importancia del sistema de esa pareja. Los dos esposos provocarán inevitablemente interacciones positivas, negativas o de cualquier otro tipo; los dos deberán desarrollar una actitud de «no culpabilidad», a medida que aprendan de qué modo sus propias interacciones pueden depararles consecuencias positivas y negativas.

En la interacción, cada cónyuge trata de satisfacer su contrato individual, incluyendo las ambivalencias y los elementos disuasivos que él mismo se impone. Cada cual espera obtener más del compañero que de ninguna otra persona en el mundo, y está dispuesto a dar *algo* a cambio de lo deseado. Por eso se entregan a juegos basados en la confianza, pruebas, mortificación, amor, sospecha, coacción, amenazas, manipulación y mil maneras más de intentar obtener lo deseado, o de impedir que el otro lo obtenga. Así, los esposos tratan de provocarse el uno al otro reacciones que satisfagan sus más caros deseos y, además, confirmen sus peores temores y sospechas.

Algunas relaciones cumplen los propósitos de ambos cónyuges y los del sistema dentro de un marco de felicidad y placer, no obstante ciertas fatigas y sufrimientos, pero otras no cumplen unos u otros fines, o los cumplen a expensas de uno o ambos cónyuges. En estos casos hay dolor o sensación de vacío, la alegría es escasa o nula, y no se comparte la vida con un amigo, sino con un enemigo.

Eric Berne explicaba, en su obra *Transactional Analysis in Psychotherapy* (1961), cómo puede cambiar rápidamente el «estado yoico» de una persona durante una transacción con otro individuo. Berne definía tres estados yoicos, muy conocidos: parental, adulto e infantil. Los perfiles de conducta aquí definidos comparten algunas de las características de estos estados yoicos, pero también incluyen otras. Los dos conceptos no son excluyentes: cada cual describe una parte de la interacción diádica, basándose en marcos de referencia diferentes.

Ciertas combinaciones de cónyuges son de por sí inestables y producen el rápido deterioro de la relación (desembocando en el divorcio, la hostilidad armada o el distanciamiento glacial), a menos que entren a actuar mecanismos de defensa adecuados y compatibles. Así pues, los siguientes tipos de matrimonios pueden mantenerse constantes, cambiar o acabar en una separación. . . o en diversos grados de infelicidad. Por supuesto, los cambios en los perfiles de conducta pueden ser el fruto de fuerzas negativas o positivas.

Años ha, tal vez habríamos dicho que algunos perfiles de conducta predominan en el hombre y otros en la mujer, pero hoy día es imposible afirmarlo.

Combinaciones del cónyuge igualitario

Dos personas que interactúan como cónyuges igualitarios pueden ser o no capaces de establecer y mantener una buena relación. Algunas parecen entrar en ella de un modo natural, sin pensarlo mucho, sin indagación del alma ni exámenes ideológicos; otras se afanan concienzudamente por vencer el lastre de toda una vida dedicada a ser aleccionados sobre roles y diferencias rígidamente determinados por el sexo, y sobre posturas defensivas.

Si un cónyuge igualitario insiste en que su compañero también lo sea, es probable que la pareja tenga dificultades. Los individuos deben desear su propia igualdad y participar en los esfuerzos por lograr sus propios cambios: el esposo que ayuda y allana el camino al compañero es bueno, pero el que le *exige* que sea igualitario lo daña a él y al matrimonio.

La pareja de cónyuges igualitarios es el modelo contemporáneo más popular entre los intelectuales, pero no entre los individuos de todos los grupos socioeconómicos: los matrimonios de este tipo funcionan de acuerdo con ese modelo aunque no lo reconozcan conscientemente como su forma de vida elegida. El ideal de la pareja igualitaria atrae a muchos, pero pocos logran alcanzarlo. Es una meta por lo que los cónyuges pueden optar, una meta imposible de alcanzar de un modo mecánico y que debe surgir de un profundo sentimiento de respeto hacia uno mismo y hacia el compañero.

Cuando ambos esposos actúan como cónyuges igualitarios tienden a convivir bien, pero es posible que haya problemas si uno u otro tiene ambivalencias respecto de esa relación igualitaria. Una manifestación común de dichos problemas son las dificultades que surgen cuando uno de los esposos no puede aceptar la igualdad: si uno u otro deja de amar al compañero, busca una mayor satisfacción emocional o sexual fuera del matrimonio o decide desligarse de todo compromiso por un tiempo, las relaciones fracasarán. Dado que tienen bastante seguridad en sí mismos, los cónyuges igualitarios no necesitan actuar de un modo mecánico en otras relaciones; estos individuos toman en serio sus compromisos y no ponen fin a una relación con ligereza. A la inversa, pueden sentirse relativamente seguros con respecto a abandonar un matrimonio que ya no quieren o no les reporta nada.

Cabe presumir que, una vez pasada la etapa temprana de apasionamiento, las parejas de cónyuges igualitarios mantienen la relación *porque quieren estar juntos, y no porque uno u otro teme no estarlo.* La relación de igualdad es la más difícil de mantener para la mayoría de las parejas, porque su prolongación no depende tanto de las fuerzas extramaritales (p. ej., de las instituciones sociales o los hijos).

Conozco el raro caso de dos cónyuges igualitarios que llevan casados treinta años no sólo porque se aman con pasión, sino también porque su convivencia les depara una profunda sensación de paz y contentamiento. La relación entre cónyuges igualitarios no es necesariamente apagada ni aburrida, y rara vez cae en esa chatura tan común entre las parejas de esposos condescendientes, o que prefieren mantener la paz a cualquier precio, porque no se atreven a revolver el avispero. Por otra parte, la competencia y el desafío activos son frecuentes en las parejas igualitarias, y sus integrantes no evitan las discusiones cuando son necesarias para resolver una cuestión.

En la sociedad rápidamente cambiante en que vivimos, los individuos reaccionan de diversas formas ante la presión de fuerzas sociales similares. Las diferencias en lo que desean para «su» matrimonio igualitario son un buen ejemplo de ello. Muchas parejas que luchan por alcanzar una relación igualitaria encallan en interpretaciones distintas de lo que es la igualdad; a veces, la cuestión es sólo una cortina de humo que oculta otros aspectos de sus contratos matrimoniales individuales: tal vez el deseo de ser cuidados, el miedo a la responsabilidad o una sensación de ineptitud ante la idea de tener que competir con otros. Estas angustias y miedos son normales en el hombre y la mujer. No podemos pretender (ni en nosotros ni en los demás) un desarrollo parejo y simultáneo en todos los parámetros emocionales y cognitivos; en algunos somos «avanzados» o «maduros», en otros somos infantiles. Sin embargo, algunas personas les advierten a sus cónyuges que «no pueden tener ambas cosas a un tiempo». Si es la esposa quien lo dice, sus palabras pueden significar: «No puedes pretender que tenga un empleo con horario completo y que también cocine, limpie la casa y lave tu ropa, como lo hacía tu madre». Si lo dice el marido, significarán, quizá: «No puedes pretender competir con los hombres y luego recurrir a esos ardides tan femeninos». ¿Por qué ni uno ni otra *pueden* pretender ambas cosas? La mayoría de las personas lo hacen. Esto no implica que sean capaces de lograrlo, sino la posible presencia de una necesidad o deseo en tal sentido. Estas son cuestiones que la pareja deberá negociar, manejar con cuidado y arreglar mediante transacciones, a medida que elabora su propio *modus vivendi.* Somos el producto de nuestra época; por lo tanto, tenemos que entablar necesariamente una ardua lucha contra aquellas partes de nuestra herencia familiar y cultural que deseamos cambiar.

Ciertos problemas que surgen entre quienes pugnan por constituir una pareja igualitaria ejemplifican algunas de las complejidades implícitas en esa lucha. Su examen nos ayudará, tal vez, a explicar por qué ni las parejas mejor intencionadas alcanzan siempre ese Nirvana. Si a esto le sumamos el problema del cambio dinámico en los doce parámetros biológicos e intrapsíquicos, tendremos una idea más clara de cuán compleja es la relación marital. Empero, esto *no* es desalentador, ya que muchas veces, entre parejas bien motivadas, basta que cambien uno o dos parámetros decisivos para que se modifique todo el sistema interaccional.

Dentro del marco de la pareja igualitaria pueden entrar varios aspectos del llamado «matrimonio abierto», concepto cristalizado por los O'Neill (1972) y basado esencialmente en la idea de que cada persona es un individuo y debe tener libertad para funcionar como tal. Su identificación con los demás se funda en sus propias actividades, no en las de su compañero ni en su designación como «el esposo o la esposa de Fulano»; o sea que su jerarquía, prestigio y funcionamiento sociales no dependen tanto del cónyuge. Los esposos no se pertenecen el uno al otro, ni se poseen como si fueran objetos. Hoy día, las convenciones sociales empiezan a permitir que cada miembro de la pareja vaya solo a reuniones, etc., y hasta que tenga relaciones sexuales extramaritales si así lo desea, aunque esto no constituye en absoluto un signo patognomónico necesario en el cónyuge igualitario. Cada pareja elabora sus propias normas de operación, las cuales no reflejan una simple posición filosófica o teórica, sino las más profundas necesidades emocionales de ambos cónyuges.

Lamentablemente, muchos intentos de formar una pareja igualitaria fracasan porque la verdadera necesidad emocional de uno de sus integrantes es distanciarse so pretexto de mantener su independencia, más bien que alcanzar la igualdad. La exteriorización de esta necesidad de evitar la intimidad e interdependencia puede ser notablemente similar a las manifestaciones del individuo más maduro que busca la igualdad, pero la fuerza emocional que las impulsa y la relación resultante son muy diferentes.

La combinación de cónyuges igualitarios comprende varios subtipos que reflejan diversos afanes y modos de pensar, así como diferentes necesidades intrapsíquicas por parte de uno de los esposos.

Intercambio de roles femeninos y masculinos

Quienes practican este intercambio creen que los roles femeninos y masculinos están determinados, en buena medida, por factores culturales y no biológicamente. Asimismo, juzgan que esos roles reflejan diversos grados de explotación y degradación, algunos de los cuales pueden derivar de antiguas necesidades económicas. Sostienen que las funciones de rol no deben perpetuar estereotipos sexuales, sino que deben ser fijadas basándose en las inclinaciones de cada individuo, y en factores de tiempo y lugar. Algunos creen que los trabajos domésticos, las compras diarias, las tareas culinarias y determinados aspectos de la crianza de los hijos deben ser compartidos por ambos esposos en pie de igualdad. Como todas estas tareas estaban reservadas tradicionalmente a la mujer, se infiere que las actividades supuestamente más masculinas (p. ej., conducir el auto cuando viajan los dos, tomar decisiones con respecto a gastos importantes, enseñar a los hijos o jugar con ellos) también tienen que ser compartidas en forma igualitaria. Las decisiones que afectan a ambos esposos o a toda la familia serán siempre conjuntas.

Roles determinados por el sexo

Aun siendo cónyuges igualitarios, muchos hombres y mujeres son partidarios de mantener una diferenciación algo rígida en los roles determinados por el sexo. La igualdad se basa en las siguientes creencias: 1) la diferenciación entre los roles femeninos y masculinos es necesaria para que la relación sea completa y para que puedan cumplirse las tareas y propósitos de la vida familiar; 2) ninguna de las tareas determinadas por el sexo es menos creativa o más degradante que otra; 3) la verdadera igualdad se funda en el respeto de la individualidad y en la igualdad de oportunidades. El esposo igualitario tiene las mismas oportunidades que su compañero y participa en la elección de aquellas áreas en que actuará como principal responsable. En vez de verse forzado a adaptarse a roles unisexuales que son un verdadero lecho de Procusto, elige y decide por sí mismo, llegando por lo general a alguna transacción basada en la realidad. Hay relaciones excelentes en las que los roles individuales se ajustan más o menos a las nociones convencionales, aunque permitiendo el constante crecimiento y desarollo de ambos cónyuges, en un ambiente de pleno respeto por las opiniones, aptitudes y necesidades de uno y otro.

Evidentemente, las ideas de liberación femenina desempeñan un papel importante en la determinación de la conducta y actitudes de un creciente número de parejas. Si estas procuran reducir las acciones y conceptos de supremacía masculina dentro de la relación, sin culpas, provocaciones o generalizaciones excesivas, pueden obtener resultados constructivos. La igualdad de poder y autoridad nada significan si no hay igualdad de responsabilidades. Esta es una causa frecuente de problemas, ya que las ideas de un individuo pueden ser más avanzadas que sus experiencias en la vida, faltándole aún la capacidad para asumir la responsabilidad necesaria. Empero, esta circunstancia no debe emplearse como justificativo para mantener un *statu quo* característico. Ciertos aspectos de la vulgarización de los conceptos de liberación femenina en los medios de comunicación de masas reflejan la angustia de los hombres ante el inminente cambio de situación. Su temor más llamativo es que las mujeres se conviertan en seres sexualmente exigentes, reduciendo a la impotencia a la población masculina. O sea que se invierte el viejo y reiterado concepto que las madres (y los padres. . .) enseñaban a sus hijas: que el placer sexual estaba reservado únicamente al varón, y que la «bestia viciosa» que había en él podía impulsarlo a hacer cualquier cosa con tal de alcanzar «sus horribles fines», sin pensar en las consecuencias que le acarrearía a la mujer.

Igualdad económica

Algunos creen que este es un elemento necesario para lograr una igualdad auténtica. No sé si esto es siempre cierto, ni si lo es totalmente. En la exposición siguiente, dinero equivale a poder, aunque debo admitir que se trata sólo de una de sus representaciones.

La mujer tiene tres medios principales de obtener dinero y «seguridad económica»: 1) su propia capacidad para trabajar y ganar un sueldo equivalente al que reciba un hombre por ejecutar la misma tarea; 2) el matrimonio con un hombre que tenga buenos ingresos; 3) recibir una herencia. Uno de los efectos más importantes del movimiento de liberación femenina ha sido aumentar los esfuerzos por proporcionar más oportunidades de alcanzar una mayor igualdad económica entre los sexos. Aunque la situación de la mujer ha mejorado, todavía dista mucho de gozar de iguales oportunidades y paga por el mismo trabajo. Cuando el marido es el único sostén del hogar, el estatus de la esposa depende en mucho del éxito de él, no del suyo, y su sentido de la propia personalidad suele definirse basándose en quién es él, y no en quién es ella. En cuanto a la herencia como medio de obtener la seguridad económica, digamos que es una posibilidad limitada a muy pocas personas. . .

La igualdad de oportunidades económicas es un requisito esencial para que haya una base firme y realista de conducta igualitaria entre hombres y mujeres. Al mismo tiempo, debemos admitir que las mujeres que optan por quedarse en casa para cuidar de ella y de los hijos también pueden crecer, desarrollarse y ser creativas como ellas lo deseen: no existe una senda única que todos debamos seguir. Hoy día, muchas parejas comprenden que es imposible alcanzar la igualdad esencial si la mujer no tiene noción de su propia valía como persona; en algunos casos, esto exigirá el goce de la igualdad económica, en otros tal vez no. Algunos matrimonios, que aprecian la importancia que tiene la liberación económica de hombres y mujeres, toman medidas para que ambos cónyuges puedan desarrollar su propia creatividad, sus aptitudes para ganar dinero. En otros casos, cuando la mujer se dedica al hogar y a los hijos, la pareja cuida que ambos esposos tengan el mismo acceso a los fondos de la familia e idéntica voz y voto en su administración: el dinero lo ganará un cónyuge, pero pertenece a los dos. En la distribución de tareas conyugales, le ha tocado a uno de ellos la de sostener el hogar.

Muchas mujeres son capaces de abandonar el matrimonio a pesar de las estrecheces económicas que les aguardan, pero otras no quieren o no pueden hacerlo. Un sistema que mantiene a la mujer en dependencia económica del hombre constituye una carga terrible para uno y otra, restringiendo sobremanera la disponibilidad de alternativas dignas, no frustrantes, para ambos. El hecho de bastarse a sí mismo elimina uno de los miedos que traban la terminación de una relación nociva: el de verse reducido a un menor nivel de vida, o atado a una noria que apenas si da para sobrevivir.

Combinación cónyuge igualitario-cónyuge romántico

Cuando un esposo interactúa como cónyuge igualitario y el otro como cónyuge romántico, se obtienen ciertas ventajas dinámicas y también aparecen áreas problemáticas. Veamos algunas de ellas.

La combinación igualitario-romántico genera a menudo una buena relación, siempre y cuando ninguno de los esposos exija que el otro cambie su perfil interaccional básico. Al interactuar la pareja, es posible que el cónyuge romántico (que necesita bastante intimidad) se sienta amenazado por el deseo de «espacio propio» de su compañero; si este se mantiene independiente, aquel puede aferrarse a él, volverse más dependiente, o irritarse creyéndose traicionado porque el otro no cumple con su obligación contractual (unilateral) de ser romántico. Por su parte, el cónyuge igualitario buscará quizás una mayor igualdad para su compañero y querrá imponerle sus ideas, haciéndole sentirse amenazado y rechazado. Al mismo tiempo, el cónyuge romántico invocará en vano al amor para exigir una mayor intimidad y una comunicación más abierta, y su compañero verá en esto una maniobra anacrónica tendiente a dominarlo. Acosado por las demandas de cambio, el cónyuge igualitario reaccionará, tal vez, de un modo negativo ante las presiones del romántico. A esta altura, ambos pueden trabarse en una pugna continuada que determinará la atmósfera o ambiente de su interacción, y que probablemente degenere en una lucha por el poder.

Por otra parte, debemos recordar una vez más que ningún perfil de conducta aparece en estado puro en la vida real. La mayor parte de los cónyuges igualitarios también tienen una buena pizca de romanticismo, y muchos cónyuges románticos adhieren a algunos aspectos del perfil igualitario (a decir verdad, pueden ser bastante románticos con respecto al concepto de igualdad). De este modo, la pareja igualitario-romántico puede prosperar en el toma y daca de la vida diaria, con tal de que ninguno de los esposos sea un purista, un individuo propenso a angustiarse o dominado por las distorsiones transferenciales.

El cónyuge igualitario puede adaptarse en diversos grados a otros perfiles de conducta y también complementarlos, siempre y cuando su propia libertad no esté demasiado circunscripta. Desea respetar la individualidad del compañero, por lo que podría reaccionar mal ante un esposo infantil o servil. Por otro lado, como la igualdad es un concepto elástico, a menudo le satisface tener un compañero un poquito menos igualitario que él. . .

Combinación cónyuge igualitario-cónyuge racional

Algunas de estas combinaciones comienzan como una relación entre cónyuges igualitarios, de acuerdo con la filosofía implícita o expresa de la pareja, pero existe la posibilidad de que su interacción vaya cambiando a medida que uno de los esposos se angustia por la independencia del otro (definiéndola como irresponsabilidad, ligereza, irracionalidad) y se hace cada vez más racional, en sus intentos de dominar la relación manteniendo su propia conducta y la del compañero dentro de límites «razonables» que aplaquen su angustia. Este cónyuge se vuelve menos libre y abierto, demasiado lógico y razonable, al ir aumentando el influjo de sus impulsos defensivos en la determinación de sus esfuerzos, y la presión de su contrato interaccional, que lo obliga a satisfacer la necesidad de «racionalidad» creada por la irracionalidad del compañero. Aunque puede aceptar el matrimonio igualitario en un nivel intelectual, su angustia le resta capacidad y compromiso emocional para llevarlo a cabo. En una interacción como esta, es frecuente que el cónyuge igualitario (actuando inconscientemente) aguijonee demasiado la angustia de su compañero; como el otro responde en forma negativa, lo acusa de ser demasiado restrictivo y ambos entablan una lucha amarga sin saber por qué.

A la pareja cónyuge igualitario-cónyuge racional le es difícil captar cuándo y por qué se agrió su relación, ya que parecen obrar en armonía y tener dificultades en la definición de determinados e importantes reproches recíprocos. Una de estas parejas me hizo recordar un debate político que había escuchado años atrás, donde cada candidato trataba de convencer al público de que él era más patriota que su oponente, al tiempo que eludía la referencia a cualquier cuestión explícita. Los integrantes de esa pareja hacían lo mismo: uno y otro me planteaban sus argumentos para que yo juzgara cuál de ellos era «el más igualitario», eludiendo los aspectos importantes de sus discrepancias.

Por lo general, la combinación cónyuge igualitario-cónyuge racional es estable; esto se debe, en buena medida, a que el cónyuge racional se esfuerza en ser igualitario y no entrar en juegos que frustren el potencial diádico positivo, *o sea que ninguno de los esposos tiene necesidades inconscientes que le obliguen a sabotear el mantenimiento de una buena relación entre ambos.*

Combinación cónyuge igualitario-cónyuge camarada

Comúnmente, esta combinación funciona bien. Pese a su posible similitud aparente, existe una gran diferencia entre estos cónyuges. El igualitario cree que los dos deben gozar del mismo estatus y oportunidades, que cada cual debe pertenecerse a sí mismo; lo usual es que ame a su esposo y procure vivir según su relación ideal. El cónyuge camarada establece un compromiso realista y renuncia al amor a cambio de consideración, bondad y dedicación; no cree que los esposos deban ser iguales: en verdad, muchas veces se rige por una división convencional de tareas, responsabilidades y actividades femeninas y masculinas.

Las dificultades pueden surgir cuando uno de los cónyuges empieza a excederse en sus expectativas (yendo más allá de lo originariamente pactado) y es incapaz de aceptar algo distinto. El cónyuge igualitario puede desear que el otro lo ame, o que sea más igual a él porque la desigualdad le provoca sentimientos de culpa, interfiere en sus actividades independientes y hace que su esposo parezca menos dotado de personalidad. Por su parte, el cónyuge camarada puede irritarse y exasperarse ante este pedido de amor e igualdad, porque él no suscribió un contrato así ni se siente capaz de cumplirlo; tal vez se angustie al darse cuenta de que su cónyuge igualitario no depende de él y, en realidad, se pertenece a sí mismo, o al ver que no está dispuesto a apoyar su propia dependencia.

Combinación cónyuge igualitario-cónyuge paralelo

Esta combinación también puede funcionar satisfactoriamente si el cónyuge igualitario no se excede en sus exigencias de intimidad. A menudo, el distanciamiento del cónyuge paralelo es como la zanahoria colgada frente a un burro: el cónyuge igualitario vive deseando una mayor intimidad, y esto genera un tira y afloja dentro de su proceso interactivo que puede generar una relación turbulenta pero vivaz, o su eventual destrucción. Es posible que la igualdad se adapte bien a las necesidades del cónyuge paralelo, tal como él las percibe. Uno y otro esposo pueden colaborar para vivir en una combinación seudoigualitaria, en tanto logren actuar constructivamente dentro de su relación.

Combinación cónyuge igualitario-cónyuge parental

Esta combinación tiende a ser inestable. El cónyuge parental se ve impulsado a tratar de dominar al igualitario y, comúnmente, sobreviene una lucha por el poder, aunque esto no ocurre si el cónyuge igualitario posee la suficiente fortaleza como individuo. Si es incapaz de modificar la relación llevándola hacia un *modus vivendi* más equitativo, quizá la dé por terminada; también es posible que el cónyuge parental provoque la separación, por su necesidad de aparentar dominio y por considerarse malcasado.

Combinación cónyuge igualitario-cónyuge infantil

Es otra combinación probablemente inestable, que debe cambiar para que la pareja pueda seguir conviviendo en armonía. En este caso, el cónyuge igualitario puede ser un «cónyuge parental reformado» que se siente incómodo como progenitor o salvador, o el cónyuge infantil es un «ex cónyuge igualitario» cuya necesidad de dependencia ha aumentado. Este último puede llevarse bien con el cónyuge igualitario, hasta que fracasa en el cumplimiento de sus propias expectativas de igualdad (o de las de su esposo) en diversas situaciones. Recurre a todo su ingenio para obligar al cónyuge igualitario a asumir un rol parental, ante lo cual es posible que este se sienta explotado o deje de respetar al compañero —perdiendo, además, toda excitación y amor hacia él— porque su conducta infantil le resulta desagradable o insatisfactoria.

El cónyuge infantil no quiere ser igual al otro. El igualitario no quiere responsabilizarse por un niño y descubre no sólo que sus necesidades son una carga para él, sino también que no desea mantener relaciones amorosas con un individuo que no es adulto.

Combinaciones del cónyuge romántico

Superficialmente hablando, el cónyuge romántico se complementa más con otro romántico que con cualquier otro tipo de esposo. Tal combinación encaja como dos piezas de un rompecabezas, como dos partes incompletas que al unirse constituyen un todo.

Sin embargo, esta combinación, cuando se consuma, es de corta duración; su atmósfera de apasionamiento, franqueza, intimidad y total interdependencia tiende a derrumbarse al cabo de pocos años. Como en esta disminución de intensidad se ve a menudo una pérdida de amor, muchas parejas son incapaces de pasar a una relación satisfactoria y duradera. Además, el cambio de intensidad rara vez se produce en forma simultánea; de ahí que, con frecuencia, el esposo más apasionado reaccione violentamente ante las modificaciones advertidas en la conducta manifiesta y sutil de su compañero. A su vez, estas reacciones hacen que el otro se sienta culpable, acorralado, o desee apartarse de una intimidad que ahora le parece dominante, devoradora o destinada a despojarlo de su individualidad. El ex romántico puede convertirse en cónyuge igualitario, camarada o paralelo, o buscar una nueva combinación cónyuge romántico-cónyuge romántico con otra persona, para volver a experimentar la intensidad de esa clase de amor. La actividad y frustración involucradas en este esfuerzo pueden ser desastrosas para el otro esposo, pues todo cónyuge romántico necesita ser «carne y uña» con el compañero, vivir en una exclusividad y entendimiento mutuos, para obtener la seguridad, pasión y sensación de pertenencia que él ansía.

Cuando uno de los cónyuges románticos percibe, en algún nivel de conciencia, que él y su compañero están en una situación muy parecida en cuanto a sus fuentes subyacentes de angustia, y que les es imposible continuar una complementariedad negativa aunque se lo hayan propuesto, tiende a desilusionarse con respecto al otro. Le parece que no ha cumplido con lo pactado, que lo ha engañado. A menudo, esa semejanza a nivel inconsciente tarda largo tiempo en aflorar, porque los respectivos mecanismos de defensa —y por ende sus rasgos superficiales de personalidad— pueden diferir en grado considerable. Es posible que, por un tiempo, los esposos se hayan complementado el uno al otro en sus métodos defensivos contra la angustia (p. ej., uno reaccionaba ante ella mostrándose más depresivo y pasivo, y el otro con una mayor autoafirmación y capacidad de resolución), pero la similitud básica de sus fuentes subyacentes de angustia suele ser su talón de Aquiles, a menos que logren cambiar la relación negativa y muerta por una complementariedad positiva.

Muchos cónyuges románticos se sienten tan ofendidos y desolados ante la pérdida de su relación con otros cónyuges románticos, que son incapaces de volver a amar apasionadamente. Tal vez busquen una relación de compañerismo nada ardiente, tras su largo período de recuperación.

Si bien algunos cónyuges románticos no parecen hacer tanto hincapié en la similitud de valores e intereses y en el gregarismo como los esposos «tipo carne y uña», la noción de completarse a sí mismos mediante la unión con el compañero continúa siendo un prerrequisito esencial de este perfil de conducta. Muchas veces, esta es la fuerza negativa que afecta la interacción de la pareja, cuando el otro esposo trata de escapar de ese «cautiverio» que constituye la esencia de los vínculos románticos. Lo que se mantiene es el elemento romántico implícito en el hecho de que estos cónyuges necesitan de la relación para funcionar. Este tipo de dependencia no debe confundirse con la relación simbiótica entre madre e hijo, puesto que la nutrición mutua no ocupa el primer plano. Se parece más bien a la relación entre llave y cerradura: el ambiente de seguridad personal libera al individuo de angustia, posibilitándole una existencia más plena, más libre de conflictos, y una mayor explotación de la propia creatividad. Cuando la relación es buena, los cónyuges liberan recíprocamente sus potenciales: en vez de vivir uno del otro, la relación los inspira a ambos.

El romántico capaz de ir diferenciándose de su esposo hasta convertirse en un cónyuge verdaderamente igualitario constituye una excepción. No es raro que, al notar la inutilidad de sus métodos habituales, se transforme en un cónyuge infantil y trate de manipular al otro para que adopte una pauta de conducta parental. Si esta nueva combinación interaccional (cónyuge infantil-cónyuge parental) les resulta agradable, o si extraen de ella más ganancias que tensiones, tal vez continúen en una relación de complementariedad razonablemente buena. Las relaciones pueden cambiar y adaptarse. La existencia del sistema marital peligra cuando la relación pierde elasticidad y se desliza hacia una situación destructiva, insatisfactoria o carente de crecimiento.

Muchos esposos continúan su relación romántica por tiempo indefinido. Son parejas muy afortunadas, que rara vez aparecen en la práctica clínica. Por lo común han desarrollado bien su capacidad de complementarse, asumiendo roles de apoyo o dependencia según sus necesidades y pasándose el poder de una manera adecuada, con el acento siempre colocado en el funcionamiento del matrimonio en cuanto unidad. El miedo al abandono nunca emerge como causa de angustia en estos cónyuges, porque cada cual se siente seguro en el amor y persistencia del otro; sólo temen la muerte del compañero. Aunque estas parejas no están libres de problemas, logran superarlos y sobrevivir como unidad a medida que avanzan en el ciclo marital.

Algunos románticos que prolongan su relación en un vínculo a largo plazo crean un mundo propio que encierra significados secretos y sólo existe para ellos. Lo más probable es que opten por no tener hijos, o sean incapaces de incluirlos en su relación. En su libro *Cat's Cradle* (1963), Kurt Vonnegut (hijo) captó hermosamente la esencia de una pareja así, integrada por el embajador norteamericano Minton y su esposa: «Eran como dos torcacitas, agasajándose perpetuamente el uno al otro con pequeños regalos: paisajes dignos de ser vistos a través de la ventanilla del avión, pasajes divertidos o instructivos de sus lecturas, recuerdos del pasado revividos al azar. Creo que constituían un ejemplo perfecto de lo que Bokonon denomina un *duprass*, o sea, un *karass* compuesto de sólo dos personas». (Bokonon, el profeta imaginario, da una vaga definición del *karass* como el conjunto de aquellas personas elegidas por Dios para participar en la tarea de dotar de significado a la propia vida.) Vonnegut prosigue: «Según Bokonon, "un verdadero *duprass* no puede ser invadido, ni siquiera por los hijos habidos de esa unión". (. . .) Digamos de paso que, según Bokonon, los integrantes de un *duprass* siempre mueren con menos de ocho días de diferencia entre uno y otro».

Combinación cónyuge romántico-cónyuge racional

Con frecuencia es una relación difícil, porque el cónyuge romántico cree que el racional no mantiene suficiente intimidad, no expresa sus sentimientos, es demasiado lógico, etc. No obstante, muchos de estos matrimonios duran toda la vida, a veces porque dentro de esa relación alienta el subtema de la pareja infantil-parental gratificante para ambos. También hay una connivencia inconsciente, en la que el cónyuge romántico puede sentirse superior por ser «el más sensible» y zaherir a su compañero «insensible», mientras uno y otro procuran negar la existencia del subtema. Habitualmente, este ordenamiento inconsciente satisface al cónyuge racional, quien se muestra indulgente con su «niño» a pesar de las frecuentes humillaciones a que lo somete.

Por supuesto, la existencia de un tema secundario o subtema es común en las díadas, actuando a menudo como factor estabilizador. Una vez constituidas, la mayoría de las parejas procuran sobrevivir como tales por todos los medios, pues les resulta difícil aceptar la derrota del divorcio, el dolor del fracaso y el fin de un sueño.

Combinación cónyuge romántico-cónyuge camarada

Esta combinación se da raras veces en las relaciones recién constituidas, no así entre las conformadas originariamente por dos cónyuges románticos. Es posible que el esposo que ve apagarse su pasión siga amando al otro o sintiendo afecto hacia él, aunque sin experimentar las intensas reacciones sexuales o la necesidad de participación constante que sentía antes. Muchas veces pasan a una relación de tipo fraternal o filial, quizá como etapa de transición hacia otra forma interaccional o hacia la separación definitiva. En algunos casos, esto marca el comienzo de un período difícil, durante el cual el cónyuge camarada va distanciándose ante los esfuerzos del otro por reconstituir una interacción puramente romántica.

Combinación cónyuge romántico-cónyuge paralelo

Buena parte de lo dicho sobre la combinación cónyuge romántico-cónyuge racional rige también para esta. Empero, es todavía más inestable que aquella, porque el cónyuge romántico siente el mayor impacto y rigidez de una necesidad de distanciamiento más terminante. Paradójicamente, sus exigencias de mayor intimidad pueden ser una defensa (formación reactiva) contra su propia necesidad de distanciamiento, necesidad que puede transferir a su esposo, pues, siendo un cónyuge paralelo, es de presumir que lo mantendrá a distancia. El cónyuge romántico declara demasiado su deseo de tener un esposo íntimo y afectuoso. Desde el punto de vista clínico, debemos observar con atención estas interacciones para ver si el cónyuge romántico no induce primero al paralelo a aumentar el distanciamiento. Aquí es menos probable que el subtema parental-infantil o algún otro actúe como factor estabilizador. Lo que sí suele mantenerlos unidos es el juego de involucración a que se entrega el cónyuge romántico (o, tal vez, cabría calificarlo de seudo-romántico, puesto que se defiende de la intimidad), en el cual no quiere en realidad que su esposo sea también romántico, pues entonces quedaría en descubierto su propio miedo a la intimidad. Le satisface criticarlo por su distanciamiento, pero no insiste demasiado para que ambos puedan recaer en su *modus operandi* habitual hasta el próximo *round.*

Combinación cónyuge romántico-cónyuge parental

Es posible que funcione bien. Muchos cónyuges románticos se vuelven infantiles junto a un cónyuge parental que no sea demasiado exigente. Es una de las pocas combinaciones eficazmente complementarias para el romántico. La vivencia de una relación «niño romántico-progenitor bueno» genera en ambos esposos una sensación de plenitud.

Combinación cónyuge romántico-cónyuge infantil

Esta combinación tiende a ser bastante inestable. El cónyuge infantil puede haber sido (real o aparentemente) un romántico al comienzo de la interacción marital, adoptando luego el rol infantil. Al persistir en él, inquieta y angustia al cónyuge romántico, el cual preferiría tener un compañero más parecido a él para mitigar su propia angustia. Quiere y necesita un esposo responsable que complemente los rasgos infantiles que detecta en sí mismo; está bien que su esposo sea un poco infantil, pero un verdadero cónyuge infantil despierta en él una reacción defensiva. Por supuesto, el otro lucha entretanto por convertir al romántico en cónyuge parental. Este tipo de combinación complementaria es muy desestabilizadora, a menos que se introduzca algún subtema conductal salvador.

Combinaciones del cónyuge parental

Este cónyuge halla su complemento en alguien que interactúe con él como un niño. Él busca tratar al otro como si fuera un niño, y el otro lo manipula para que asuma un rol parental; la interacción saca a luz el perfil complementario del esposo. Cuando ninguno de los dos es ambivalente respecto de su propio rol o al del compañero, tienden a llevarse bastante bien; muchas relaciones buenas están basadas en esta combinación. Sin embargo, pueden producirse tensiones tremendas cuando ocurre un cambio en los roles debido a los vaivenes de la vida (p. ej., enfermedad o cesantía del cónyuge parental); es posible que, en estas circunstancias, el cónyuge parental se sienta amenazado, degradado o se considere una carga, o que su esposo permanezca en su rol de niño, angustiándose y mostrándose incapaz de asumir responsabilidades. A veces, estas crisis provocan cambios formidables en los que el cónyuge infantil emerge como esposo adulto o parental, especialmente si ha habido amor en el matrimomo y el ex cónyuge infantil no siente necesidad de vengar viejas ofensas o daños, reales o imaginarios.

El cónyuge parental o amo (el Torvald de Ibsen) que procura obtener una respuesta infantil desea ostensiblemente un esposo a quien pueda gobernar con condescendencia, con respecto al cual pueda sentirse superior y que lo ayude a mantener la cohesión de su propio cosmos permaneciendo en el rol infantil. Una versión común de la relación cónyuge parental-cónyuge infantil es la actitud de aquellos hombres para quienes sus esposas son lindas muñequitas que es preciso tratar como si fueran niñas. La necesidad que tiene el hombre de reafirmar constantemente su supremacía prueba su incapacidad de desarrollar una relación de igualdad más madura con una mujer. El caso inverso —la mujer que trata a su marido como si fuera un niño torpe, tonto y chapucero— es también común y obedece a las mismas razones.

Tal como lo subrayan Pittman y Flomenhaft (1970), en los matrimonios estilo *Casa de muñecas* el cónyuge parental es habitualmente una persona cuya postura rígida oculta una patología más grave. Cualquier cambio en el sistema diádico que produzca una mayor igualdad entre los esposos puede causar graves tensiones intrapsíquicas en dicho cónyuge, provocando reacciones tendientes a reimplantar el equilibrio anterior; si no lo consigue, quizá caiga en la descompensación. Por lo general, el terapeuta no debe entrometerse en el sistema marital de un cónyuge parental o amo, a menos que el «niño» se sienta motivado al cambio; sí debe considerar el estado psíquico del cónyuge parental, absteniéndose de apoyar la explotación del compañero. Sus juicios deberán fundarse en las motivaciones, necesidades y capacidades de ambos esposos, *y no* tener como única base el sistema de valores del terapeuta. El hecho de que el matrimonio continúe el tratamiento y desee cambiar para que su relación sea más satisfactoria constituye un importante barómetro motivacional, aunque al principio cada esposo sólo desee que cambie el otro.

Muchas veces, en este tipo de interacción, el cónyuge infantil es el más pasivo, el que sigue al otro, sea cual fuere su sexo. Es importante reparar en esto, dada la excesiva frecuencia con que se cree que los rasgos de autoafirmación o pasividad están determinados biológicamente por el sexo, y no establecidos por la interacción. A menudo, la interacción saca a relucir cierta propensión o tendencia a una capacidad, actividad o rasgo determinado que ya existía por una u otra causa. Las actitudes peyorativas hacia aptitudes o funciones de rol no tradicionales hacen que la persona proclive a ellas se crea psicológica y hasta genéticamente defectuosa. Con frecuencia es preciso aclarar esto a los pacientes, dándoles nuestra aprobación para que satisfagan sus propios deseos e inclinaciones sin sentirse avergonzados o anormales.

A veces, los hijos alteran el equilibrio de la combinación cónyuge parental-cónyuge infantil. Los niños modernos tienden a atacar la posición asumida por ambos progenitores en esta relación, trayendo al hogar ideas propias y de sus amiguitos que encienden la primera chispa de rebelión en el cónyuge infantil. Cuando este procura ser un «compañero» con sus hijos, no es raro que se identifique con el pensamiento más liberado de estos. Poco a poco, las semillas de las ideas actuales germinan en la fértil tierra de la insatisfacción, y el esposo-niño, comienza a luchar fervorosamente por su liberación e individuación. Venga de donde viniere la chispa inicial, sólo él puede llevar a cabo su propia evolución o revolución; los demás no pueden hacer otra cosa que ayudarlo.

Algunos cónyuges parentales aceptan estos cambios a regañadientes pero con indulgencia, comprendiendo que les es imposible detener el proceso de crecimiento; otros hasta se sienten contentos de abandonar el rol parental, si lo han asumido más que nada a pedido del compañero. Como cualquier interferencia en la decisión de cambio del cónyuge infantil precipitaría un vuelco profundo, y aun una posible separación, el cónyuge parental se aviene, quizás, a conceder los compromisos y modificaciones contractuales necesarios, pero librando al mismo tiempo una serie de escaramuzas desesperadas que sólo agravan la lucha.

Combinación cónyuge salvador-cónyuge deseoso de ser salvado

Esta puede persistir, desarrollándose nuevas necesidades de salvación, o convertirse en otro perfil de conducta. Cuando el cónyuge salvador se niega a seguir actuando como tal, o su esposo deja de meterse en situaciones de las que deba ser rescatado, sobreviene una crisis. Es posible que el primero trate de mirar al segundo para poder reasumir su antiguo rol, o que el segundo —enfrentado con la negativa del compañero— precipite situaciones cada vez más disociadoras, volcándose peligrosamente al alcohol o a las drogas, haciéndose despedir del empleo, hospitalizándose por una enfermedad mental o psicosomática, o intentando suicidarse: cualquier cosa, con tal de obligar al otro a reasumir el rol de salvador.

No son raras las operaciones de rescate mutuo, en las que cada cónyuge salva al otro de lo que ambos juzgan una situación mala, salvándose con ello a sí mismos. Cada esposo no desea o no puede salir del atolladero sin la ayuda del otro; muchas veces, advierte qué debe hacer su compañero para zafarse, pero es incapaz de aplicar esos mismos conocimientos y voluntad a su propia situación sin la ayuda, apoyo, aprobación y promesa de recompensa del otro.

Una vez que se han salvado recíprocamente, los integrantes de esta pareja pueden pasar a cualquier otro tipo de relación. Lo más probable es que no entablen una relación permanente, por incapacidad de efectuar el pasaje necesario a interacciones «pacíficas» que no requieran la unión de la pareja en contra de un enemigo común. Las nuevas exigencias de sus contratos e interacciones «de tiempos de paz» pueden hacerles comprender a ambos cónyuges, o a uno de ellos, que ya no desean ni pueden mantener el tipo de relación otrora anhelado. . . justamente ahora, cuando lo tienen presumiblemente a su alcance.

El cónyuge parental no se siente apto para ser amado y cree que sólo pueden quererlo si lo necesitan. Si la combinación cónyuge parental-cónyuge infantil no pasa a un nivel de individualidad basado en la noción del propio valer, de la capacidad de ser amado, que tenga el esposo parental, puede empezar a revelar las necesidades de dependencia de este último. Con frecuencia, estos individuos se rehúsan a admitir dichas necesidades, ocultándose tras maniobras de formación reactiva propias de una posición adulta e independiente (similares a las maniobras de protesta masculina propias del hombre que se siente inseguro de su virilidad). Esta resistencia a las necesidades normales de dependencia destruye todo esfuerzo por conducir la relación hacia una nueva fase; además, sienta las bases de una eventual rebelión del cónyuge infantil, que ya no desea actuar como persona inmadura y percibe los efectos de las necesidades de dependencia que su esposo niega tener.

Si el cónyuge infantil comienza a satisfacer estas necesidades, puede convertirse en cónyuge igualitario o ir cambiando los papeles de manera tal que al cabo de un tiempo el cónyuge parental interactúe en forma infantil. Habitualmente, esta transición va acompañada de numerosos períodos agitados, causados por las oscilaciones del centro de poder y dominio de la pareja.

Cuando cada esposo es capaz de tomar conciencia de su propio contrato y del de su compañero (ya sea por experiencia propia o mediante la terapia), y de negociar sus diferencias sin ser destructivos, su relación puede encontrar un nuevo nivel de integración, más sano que el anterior. El contrato único revisado tendría que basarse necesariamente en la aceptación recíproca de sus respectivas interdependencias, en la capacidad de pasar del rol parental al dependiente y viceversa.

Combinación de dos cónyuges parentales

Puede darse el caso de que dos individuos con perfil parental y ciertos componentes infantiles se unan en relación de pareja. Por lo común, la similitud entre ellos y la ambivalencia presente en cada uno generan una relación deficiente y turbulenta, a menos que se conviertan en cónyuges paralelos o que uno «conquiste» al otro, logrando que asuma una posición infantil más permanente. Sería más constructivo que desarrollaran un modo de vida con roles cambiantes y división de responsabilidades para las diversas tareas y deberes conyugales. Llevada a un grado óptimo, esta combinación puede transformarse en una relación entre esposos maduros e igualitarios, o aproximarse a ella.

La combinación que nos ocupa es de por sí inestable. Esta circunstancia, o el concepto de que el matrimonio constituye inevitablemente una *guerra* entre los sexos, han dado por resultado la idea equivocada —y muy difundida— de que uno de los esposos debe ser dominante y el otro sumiso. Esto no es cierto, o no queda demostrado por mi observación y descripción de algunas de las demás combinaciones conyugales.

Más adelante, dentro de este capítulo, me referiré a otros perfiles de conducta importantes con los que se relaciona el cónyuge parental. Los ejemplos precedentes tienen por fin brindar un enfoque conceptual adecuado, que permita comprender cómo pueden interactuar con este cónyuge otros tipos conductales.

Combinaciones del cónyuge infantil

Ya hemos descripto algunas facetas de la combinación complementaria, *cónyuge infantil-cónyuge parental*, al hablar de la relación cónyuge parental-cónyuge infantil. Aquí sólo añadiré unas pocas derivaciones.[1]

Tal como ocurre a veces entre padres e hijos, el cónyuge infantil puede convertirse en el verdadero poseedor del poder dentro de la relación. El poder de un niño se funda en la ne-

[1] De aquí en adelante aumentará el número de combinaciones que ya han sido tratadas y, por lo tanto, sólo requieren breves comentarios u observaciones adicionales.

cesidad abrumadora que siente el progenitor de tener ese hijo para definir su sentido de sí mismo como adulto. Cuando no hay hijos, los temores del cónyuge parental a la propia anomia y falta de autoestima van en aumento, hasta desembocar en la angustia y en una intensa necesidad de obligar al esposo a asumir una posición infantil. La mayoría de los cónyuges infantiles perciben su poder y, a veces, lo esgrimen mediante amenazas de abandono. Esta lucha por el dominio es la base de muchas interacciones negativas. El poder del cónyuge infantil, fundado en sus amenazas de separación, es frecuente en las díadas heterosexuales, pero se nota aún mejor en las homosexuales, donde el miembro de más edad vive en el constante temor de perder a su compañero infantil, que lo domina.

El cónyuge infantil encierra muchos aspectos interesantes, y no debe estudiárselo con un enfoque simplista. Hombres y mujeres retienen ciertos rasgos de dependencia infantil aunque se trate de personas evidentemente adultas; el encanto y talento de muchos individuos se funda en su capacidad de evocar y despertar al niño creativo que llevan dentro.

Páginas atrás mencioné la inestabilidad de la combinación cónyuge salvador-cónyuge deseoso de ser salvado y dije que, al superarse la crisis, este último trataba de obtener un mayor control sobre su destino, a menos que su propia ambivalencia, la actitud del compañero o la vida misma precipitaran otras crisis. La búsqueda de un mayor dominio puede significar el avance hacia una relación más igualitaria. Si la interacción con el cónyuge salvador permite este paso hacia la individuación y el crecimiento, la unión puede ganar estabilidad, pero también es posible que, al producirse ese crecimiento, la pareja descubra que ya no tiene ninguna base viable para su relación.

Sin embargo, muchos cónyuges deseosos de ser salvados no dan ese paso. Han advertido que su posición les reporta buenos beneficios secundarios, y optan por provocar nuevas crisis o seguir el juego dejándose salvar «aunque no lo necesiten» (esta última actitud es adoptada muy comúnmente). En estos casos, los esposos quedan aprisionados en sus respectivos roles.

Combinación de dos cónyuges infantiles

Un autor muy conocido se ha referido a esta combinación denominándola «matrimonio del cuadrado de arena» (Welch,

1974).* Son dos adultos que actúan como niños o compañeros de juegos, viviendo dentro de la matriz de un mundo infantil carente de futuro, que no les exige grandes responsabilidades. Durante un tiempo, todo puede ser juego y diversión, pero cuando aparecen las crisis y frustraciones cada esposo desea que el otro asuma un rol parental; el desengaño que experimenta al no lograrlo provoca la desintegración de su contrato matrimonial individual. Uno y otro rivalizan por el papel infantil, ninguno de los dos quiere actuar como progenitor, y comienzan las hostilidades. A menudo, las parejas capaces de adoptar roles parentales alternando en ellos con flexibilidad se llevan bien, pero otras optan por envolverse en el capullo de su relación para protegerse del resto del mundo; no es raro que estos esposos se llamen mutuamente «mamá» y «papá», una vez que han elaborado una buena complementariedad para sí mismos. Otros matrimonios son como hermanos y hermanas que «juegan a la mamá»: es un incesto sin culpa.

Cierta vez vino a verme una pareja de actores que habían formado una buena relación tipo «cuadrado de arena», desarrollando sus aptitudes para representar (literalmente) el papel de progenitor ante el compañero cuando este lo necesitaba. El cónyuge de turno era capaz de desempeñar su papel y actuar según lo exigiera la situación real, siempre y cuando pudiera sentir que estaba procediendo *como si fuera* un progenitor, pero la sola idea de que lo era realmente, de que lo obligaban a serlo, bastaba para que abdicara, angustiado, su papel. En terapia los alenté a dramatizar el rol parental y hasta ensayamos varias situaciones. Una de ellas involucraba la angustia que provocaba en la esposa su próxima entrevista con un director y un productor a quienes temía. Le pedí al marido (que también les temía) que asumiera el rol de «padre bueno» evaluando objetivamente la situación, apoyando a su «hija», tranquilizándola y aconsejándole cómo manejar la situación si lo creía conveniente. El actor comenzó abrazándola y reteniéndola entre sus brazos por unos instantes, pero luego la apoyó de veras, en forma constructiva. Más tarde, ya en el hogar, los dos representaron la escena varias veces hasta borrar los límites entre realidad y ficción. La entrevista con el director y el productor salió bien.

* Véase la nota al pie de la página 87.

Combinaciones del cónyuge racional

En muchos casos, este tipo de cónyuge forma una relación complementaria con alguien que aporte la emoción y espontaneidad que él teme experimentar de manera directa, eligiendo para ello un compañero potencialmente capaz de actuar como cónyuge romántico o infantil. Es poco frecuente que se lleve bien con un cónyuge igualitario o camarada. En terapia, al observar una aparente combinación de dos cónyuges racionales, descubrimos a menudo que en realidad son dos cónyuges paralelos. Aquellos se diferencian de estos en que son capaces de amar apasionada e íntimamente (pero deben negarlo en su interior) y en que les gusta tener un compañero que luche por acercárseles y compartir su intimidad. Esto les permite disfrutar la pasión del otro en forma sustitutiva; cualquier «desgracia» se atribuirá al sentimentalismo del esposo o a la bondadosa indulgencia del cónyuge racional.

El clínico no debe subestimar la capacidad de amor, afecto y lealtad de este tipo de cónyuge. El esposo que lo aprecie y comprenda conocerá sus virtudes y aprenderá a no tratar de obligarlo a ser más sentimental o imaginativo. Eso sí, el cónyuge racional siempre mantiene sus pies en la tierra —lo cual puede frustrar y enfurecer a algunos esposos— y sus características pueden montar el escenario para juegos que los harán desgraciados a él y a su compañero, si este lo convierte en chivo emisario.[2]

Combinación cónyuge racional-cónyuge igualitario

Puede funcionar bien si ambos cónyuges desean establecer una igualdad y adherirse a sus contratos. El cónyuge racional queda turbado y perplejo si se produce lo que él considera una violación de lo pactado.

[2] Reconozco que este párrafo sobre el cónyuge racional suena bastante parecido a lo que diría Roger Caris (experto en conservación de la vida silvestre) acerca de una determinada raza de perros, excelentes cuando se los comprende en forma adecuada. No obstante, lo considero una descripción exacta del cónyuge racional y de cómo puede ser mal comprendido, y aun ridiculizado, por aquellos allegados que más necesitan de él, como freno a la angustia que sienten con respecto a su propia capacidad de autocontrol.

Combinación cónyuge racional-cónyuge parental, camarada o paralelo

También puede funcionar bien si los contratos son claros, sin ambivalencias; todo depende de la claridad y aceptación bilateral de sus cláusulas. Es importante que una de ellas especifique que el esposo de un cónyuge racional no debe exigirle que dé lo que no puede dar. Además, deberá poner cuidado en no herirlo en su amor propio. En otras palabras, deberán jugar ateniéndose a las reglas. Por supuesto, su modificación por parte de uno u otro esposo puede causar problemas o conducir a la relación hacia una homeostasis diferente y, quizá, más satisfactoria.

Combinación cónyuge racional-cónyuge salvador

Da resultado cuando el cónyuge salvador ofrece un rico juego de afectos y vitalidad social, de los que tal vez carece el cónyuge racional, salvándolo así —al menos por un tiempo— de una vida relativamente aislada e insulsa. A cambio de esto, el cónyuge racional aporta a la relación orden, certidumbre, confiabilidad, amor, devoción y, con frecuencia, estabilidad económica. Esta transacción resulta satisfactoria para muchas parejas.

Combinación cónyuge racional-cónyuge deseoso de ser salvado

Obviamente, es una relación muy común. Los contratos y sus modificaciones con posterioridad al «rescate» constituyen el área crucial en que naufragan muchas de estas uniones.

Combinación cónyuge racional-cónyuge infantil

Ocurre lo mismo que en el caso anterior. El cónyuge racional puede convertirse en parental a medida que las manipulaciones transferenciales del esposo provocan en él una respuesta de ese tipo. Si no acepta el rol parental, la pareja se verá en graves dificultades. El juego del poder de transferencia tendiente a obtener del esposo la respuesta deseada constituye una fuerza muy potente que subyace en muchos contratos «violados».

Vemos, pues, que el cónyuge racional puede vivir en una unión constructiva con casi todos los demás perfiles de conducta, siempre y cuando los contratos mantengan una consonancia razonable y el esposo no hiera su autoestima. Este cónyuge es vulnerable a los ataques porque ama al compañero y se preocupa por él, pero le es difícil mantenerse en contacto con sus propios sentimientos.

Combinaciones del cónyuge camarada

La combinación más satisfactoria para este tipo de individuo es la formada con otro cónyuge camarada: ambos esposos han convenido en ser buenos compañeros, respetarse y cuidarse; no pretenden dar o recibir amor, pero sí bondad y consideración. Cada miembro de la pareja pide y ofrece las mismas cosas.

Los problemas aparecen cuando hay cláusulas ocultas. Por ejemplo, un hombre que actúa como cónyuge camarada puede brindar, al principio, seguridad económica, pero al cabo de un tiempo quiere reunir en un fondo común sus recursos y los de su esposa. A veces, la invalidez crónica del esposo (por supuesto, no pactada) genera una tensión insoportable en el cónyuge camarada. Otras causas más sutiles de desavenencias surgen de la necesidad de ser amado, o de ser único, que experimenta uno de los esposos. El factor sexual también puede convertirse en foco de discordia, si en uno o ambos contratos se estipuló una escasa actividad sexual y luego se desea un trato intenso o viceversa.

En el caso de parejas que se casan a edad madura o avanzada, el elemento más destructivo de sus interacciones de camaradería suele ser el hecho de vivir en el pasado, más que en el presente o para el porvenir. Los cónyuges pueden competir sobre quién tuvo una vida mejor, o quién es más amado y cuidado por sus hijos y nietos.

El contrato entre cónyuges camaradas se basa en necesidades genuinas y profundas, sumadas a compromisos conscientes con la realidad que resulten aceptables en todos los niveles de conciencia. No debe confundirse con el contrato unilateral del individuo que se lanza a una relación irreflexiva por miedo a la soledad o al desamor, o que sigue exigiendo un amor romántico porque no está preparado para aceptar una relación de compañerismo recíproco y considerado.

Este contrato es muy distinto del de los cónyuges paralelos, cuya falta de contacto íntimo refleja una base sumamente diferente. Los cónyuges camaradas desean una relación íntima y afectuosa, pero están dispuestos a transar con la falta de apasionamiento romántico. Es una relación raras veces vista entre los jóvenes, salvo en aquellos casos en que ambos integrantes de la pareja son homosexuales o tienen gran temor de expresar su heterosexualidad.

Combinaciones del cónyuge paralelo

Su mejor unión es con otro cónyuge paralelo. Si los dos respetan mutuamente sus defensas y son compatibles en otras áreas —lo cual sucede a menudo— pueden convivir en una relación cómoda y satisfactoria.

También puede llevarse bien con un cónyuge racional, con tal de que uno y otro se adapten bien a los ajustes necesarios. Empero, existe la posibilidad de que uno de ellos (sobre todo el cónyuge racional, que necesita afecto para entusiasmarse) emplee la interacción mutua, o su propio retraimiento, para exigir más del otro porque así lo necesita. Del mismo modo, la combinación cónyuge paralelo-cónyuge camarada puede funcionar bien si este último no pide una mayor intimidad.

Su unión con un cónyuge parental o infantil lo arrastrará probablemente a una lucha ardua, porque tratará de hacerle desempeñar el rol que satisfaga sus propias necesidades y él opondrá fuerte resistencia. ¡*Deben* aceptarlo tal cual es! Al esposo infantil cuyos progenitores fueron cónyuges paralelos, o cuyo progenitor del sexo opuesto se mantuvo distanciado de él cuando era niño, le parecerá bien convivir con un esposo paralelo porque este se amolda a sus necesidades infantiles inconscientes. Si el cónyuge infantil se siente obligado a luchar continuamente por ganar el amor íntimo de su «progenitor distante», es posible que su relación marital sea bastante agitada.

Franquear el umbral de intimidad del esposo fuertemente paralelo también causa problemas, ya que este puede reaccionar de diversas maneras, según su modalidad, a la angustia que le provoca la irrupción. Tal vez se distancie más, desarrolle síntomas psicosomáticos, estalle en rabietas aparentemente irracionales, censure al compañero o adopte una actitud punitiva. Si el otro sigue pidiendo intimidad, puede impulsarlo a entablar otra relación más «segura» o aun hacer que se vuelva psicótico, si el conflicto suscitado es demasiado grande e inconciliable. Tanto el esposo como el terapeuta deben respetar al máximo las defensas del cónyuge paralelo, absteniéndose de intervenir en ellas con ligereza.

No es raro que este tipo de persona se case con alguien que perciba su necesidad de distanciamiento pero confíe en que el amor los acercará con el tiempo (o sea, que no sólo perciba esa necesidad, sino que también vea en ella un desafío esencial). Si se brinda amor a un cónyuge paralelo en la esperanza de ser correspondido, sólo se logra angustiarlo, ya que no puede devolver ese amor, y alertarlo más a permanecer distanciado. Al no obtener la respuesta deseada, el cónyuge romántico, que necesita procurarse intimidad, cree que su esposo no lo ama y reacciona poniendo en juego su sistema de defensas; a su vez, el cónyuge paralelo reacciona recurriendo a las suyas. Resultado: una pareja muy desdichada, que se siente perpleja ante fuerzas para ella incomprensibles o imposibles de dominar, se presenta en el consultorio del terapeuta. . .

El cónyuge paralelo no siempre lo es necesariamente. Quizá tenga una simple tendencia al distanciamiento emocional, que aflora en su interacción marital. Supongamos que el esposo le ha ayudado a adquirir intimidad, pero luego lo rechaza porque esa misma intimidad le resulta intolerable. Si este incidente condicionante se repite, al cabo de varias experiencias el cónyuge potencialmente paralelo puede reaccionar con el clásico distanciamiento ante determinadas señales emitidas por el otro (por lo general son inconscientes). En cierto sentido, los elementos condicionantes recibidos intermitentemente durante esas interacciones han caído en el «caldo de cultivo» de una persona cuyas experiencias anteriores ya la prepararon para desconfiar de la intimidad emocional. De tener un esposo más consecuente en cuanto a receptividad, con el tiempo tal vez llegaría a aceptar y mantener sin temor una relación íntima.

La interacción que se da entre un cónyuge paralelo, deseoso de controlar el grado de intimidad emocional de la pareja, y un seudo-romántico, que en realidad podría ser otro cónyuge paralelo pero que se cree un romántico en busca de un alma gemela, sirve comúnmente de base a una relación amorosa sadomasoquista. El cónyuge «romántico» es atraído hacia la potencialidad del paralelo, en un intento aparente de establecer una relación «íntima» con una persona inasequible y, por consiguiente, muy deseable, puesto que le proporciona el estímulo del desafío.

En un nivel consciente, el cónyuge seudo-romántico cree desear una relación romántica, pero inconscientemente quiere más bien una relación paralela o de «tira y afloja» (síndrome del columpio). El «romántico» persiste en sus intentos de demostrar su propia valía como individuo de gran vida sexual, digno de ser amado, mediante la conquista de ese compañero inconquistable cuya incapacidad para comprometerse y brindar un amor romántico lo hace, precisamente, tan atractivo. El seudo-romántico se vale de cualquier medio para seducir al esposo paralelo: procura serle indispensable, satisface todos sus deseos y caprichos expresados o intuidos. . . Al obrar así, el seudo-romántico pasa a ser el miembro masoquista de la pareja, y sufre atrozmente. Como relata Lois Gould en su novela *Final Analysis*, este tipo de cónyuge «romántico» (masoquista) puede llegar a excitarse sexualmente con sólo que su compañero amado, retraído e inalcanzable, le permita masturbarse en su presencia, y hasta sentirse agradecido por esto.

Me explayaré sobre esta situación porque en casi todas las combinaciones de cónyuges puede haber elementos de este mecanismo sadomasoquista, aunque como motivos menores y bajo una forma menos virulenta. Como se suele decir en el Caribe: «Quien no tiene, quiere, quiere; quien tiene, no quiere, no quiere». El sadomasoquismo que surge, a veces, entre el cónyuge paralelo y el seudo-romántico es una parte casi inevitable de su dinámica diádica. El sufrimiento no es un goce por sí solo, sino un concomitante de la satisfacción parcial e intermitente de los deseos de ser aceptado y amado que experimenta el seudo-romántico —quien sólo recibe la dosis de «amor» suficiente como para mantenerlo sujeto a una relación destructiva e indeseable— y del padecimiento constante que le causa su compañero al no terminar esa relación de un modo tajante, ni permitirse a sí mismo amar.

Con respecto a esto último, algunos cónyuges paralelos se prohíben a sí mismos brindar amor, temerosos de que entonces serían ellos quienes empezarían a sufrir. De faltarle un poco de estímulo y recompensas, el seudo-romántico interrumpiría la relación, sufriría una depresión transitoria sintiéndose rechazado e indigno de ser amado, y luego recomenzaría, quizás, el ciclo con otra persona. Pero si conquistara el amor anhelado, destruiría o rechazaría probablemente al ex cónyuge paralelo, porque él no puede respetar a quien lo ama; le encontraría defectos intolerables y debería emprender la búsqueda de otro atormentador para volver a demostrar lo que para él es indemostrable: que de veras es digno de ser amado. Con frecuencia, la conquista del cariño de ese esposo inasequible constituye el factor etiológico básico de este síndrome. Por otra parte, las características buscadas en el compañero tienen que ver, generalmente, con el poder y distanciamiento manifestados por el progenitor del sexo opuesto.

Muchas veces, la necesidad de distanciamiento del cónyuge paralelo es una reacción ante una tremenda necesidad de dependencia, inadmisible para su conciencia. Estos cónyuges parecen ser individuos ultraindependientes, de esos que *deben* controlar todas las situaciones, quizá narcisistas y demasiado preocupados por las apariencias. Si su compañero lograra atravesar estas defensas, podría convertirse en un cónyuge romántico muy necesitado de dependencia y, por consiguiente, extremadamente vulnerable; así lo cree él, al menos, y tal vez es por esa razón que mantiene tan bien sus defensas.

En la mayoría de los matrimonios, el esposo que necesita más de la relación marital es quien tiene las mayores posibilidades de ser herido en sus sentimientos, o llevado a una posición masoquista si el compañero se aprovecha de su vulnerabilidad. El cónyuge paralelo debe tratar de no amar al otro en grado tal que se haga vulnerable a su pérdida. Si adquiere la capacidad de brindar amor y el compañero sigue siendo un romántico, ambos pueden seguir conviviendo «felices y contentos»; si el esposo es un seudo-romántico y adopta una posición distante o punitiva, el ex cónyuge paralelo deberá pagar, quizá, por su actitud anterior (que el ex seudo-romántico sufriente considera sádica). Digamos de paso que, a menudo, el cónyuge seudo-romántico se detecta por su elección de compañeros «incapaces de amar» y por sus ruidosas manifestaciones de su deseo de tener un esposo romántico.

Otra solución que requiere comprensión y amor es que el cónyuge paralelo y su compañero vivan, por así decir, en una perpetua contradanza de acercamientos y distanciamientos recíprocos que no humille ni dañe a ninguno de los dos. Esta reciprocidad casi ritual puede utilizarse para realzar su interacción, dentro del marco seguro de una probable relación madura, «salpimentada» con cierto juego sadomasoquista de carácter leve y mutuamente aceptado.

Los matices y complejidades de las interrelaciones son la sal, la pasión, la angustia y la alegría de las relaciones amorosas diádicas. Muchas parejas que marchan hacia su destrucción por obra de uno o de ambos cónyuges tienen posibilidades de reorientarse por sendas constructivas mediante la compasión y el entendimiento mutuo, estimulados por el terapeuta experto que comprende el modo de vida de la pareja y no se ve impedido de actuar por su contratransferencia.

8. Congruencia, complementariedad y conflicto

Las cláusulas de los contratos individuales de dos cónyuges pueden ser congruentes, complementarias o conflictivas entre sí, y también ser internamente congruentes o conflictivas. Esta circunstancia es causa común de problemas, y de conductas y mensajes ambivalentes.

Lo ideal es que cada contrato individual sea coherente consigo mismo y congruente, o complementario, con respecto al del otro cónyuge. Los que se aproximan a este ideal evolucionan hasta convertirse en un contrato único y efectivo, al que ambos esposos adhieren consciente y libremente. No es necesario, ni siquiera deseable, que todos sus términos sean idénticos, con tal que los esposos sepan dónde están las diferencias y sean capaces de negociar compromisos que resuelvan o prevengan las desavenencias o los disgustos graves. Cuando se produzca algún descontento —lo cual es inevitable—, los esposos deben ser capaces de expresarse, de manifestar sus sentimientos, comunicarse bien y abrirse paso verbalmente a través de las diferencias, hasta alcanzar alguna solución equitativa.

Los objetivos de la terapia, y los roles del terapeuta, son dos: 1) ayudar a los cónyuges a identificar y resolver las cláusulas ambivalentes o contradictorias de sus contratos individuales; 2) iniciar en ellos un proceso de búsqueda y elaboración de un contrato común. En otras palabras, un objetivo del tratamiento es convertir las áreas conflictivas en áreas congruentes (tanto en nivel intrapersonal como interpersonal) y llegar a acuerdos tipo «*quid pro quo*», o a otras soluciones satisfactorias. No todas las discrepancias pueden o deben ser resueltas: algunas han de aceptarse y tolerarse, con tal de que no sean muy destructivas.

En su aspecto estructural, es posible examinar cada contrato individual desde por lo menos dos marcos de referencia. El primero, descripto en el capítulo 2, abarca las tres categorías de cláusulas contractuales: 1) parámetros basados en las expectativas puestas en el matrimonio, o en lo que el individuo desea obtener de él; 2) determinantes intrapsíquicos y biológicos de las necesidades (conscientes o inconscientes) del individuo; 3) focos derivados o externos de problemas conyugales, o sea las cuestiones específicas que suelen ser motivo de discordia entre los esposos. Estos focos externos o derivados no constituyen las causas de los conflictos, sino los terrenos donde resulta seguro y conveniente librar batalla; los factores más básicos provienen, por lo general, de diferencias en las expectativas puestas en el matrimonio y en las necesidades biológicas e intrapsíquicas.

El segundo marco de referencia comprende los tres niveles de comunicación y conciencia intrapersonal e interpersonal: 1) nivel de lo consciente y expresado; 2) nivel de lo consciente pero no expresado; 3) nivel de lo no consciente. Resulta obvio que una necesidad inconsciente puede ser fuente potencial de conflictos intrapsíquicos e interpersonales; empero, hasta las necesidades conscientes y expresadas pueden causar conflictos, a tal punto que los cónyuges sean incapaces de escucharse o no quieran (ni puedan, quizá) satisfacer la necesidad verbalizada. Por ejemplo, en el caso de los Smith el marido explicó muy claramente de qué manera quería que su esposa alimentara su ego, pero ella se rehusó porque juzgaba que su esposo no le brindaba el apoyo y cuidado que deseaba recibir de él.

También existe la posibilidad de que haya cláusulas contradictorias entre los tres parámetros de términos contractuales, dentro de uno de ellos, dentro de los tres niveles de comunicación y conciencia, entre cualquiera de las partes de los dos marcos de referencia o dentro de un contrato individual, aunque al mismo tiempo haya congruencia, complementariedad o conflicto entre ese contrato y el del cónyuge. Como uno de los fines de la terapia es mejorar la relación marital, procuro cumplirlo esforzándome, junto con la pareja, por *alcanzar* un contrato matrimonial único que satisfaga cada vez más los objetivos y propósitos individuales y del sistema marital. El *proceso* de elaboración de este contrato único representa un medio, pero también un fin en sí mismo. El contrato matrimonial único es como el infinito: podemos aproximarnos a él, pero nunca lograremos alcanzarlo.

Un contrato matrimonial sólo posee validez y significado en relación con otra persona, con la cual se mantiene una relación íntima e importante. Al empezar a interactuar y relacionarnos con ella, nuestros deseos con respecto a las cualidades del cónyuge o del matrimonio suelen cambiar notablemente en comparación con nuestras fantasías y proyecciones. Al establecerse una comunicación, también se establecen reglas, roles, pautas de conducta y hasta mitos comunes, en tanto que la interacción puede despertar aptitudes, necesidades y rasgos individuales insospechados.

La mayoría de las personas actúan de manera distinta en cada relación. Aun aquellas que, habiendo estado casadas anteriormente, creen saber lo que pretenden del nuevo compañero, se sorprenden a menudo al comprobar hasta qué punto han modificado sus cláusulas en el crisol de la nueva relación. Cuando dos individuos se transforman recíprocamente en «otros significativos», inician en forma automática la elaboración de un contrato único. A medida que se profundiza la relación, cada integrante de la pareja formula y elabora (de manera consciente o inconsciente) la estructura de un contrato matrimonial. En las relaciones buenas, la pareja puede elaborarlo por sí sola.

Los terapeutas ayudamos a los cónyuges a eliminar las cláusulas ocultas, implícitas y sutiles de sus contratos individuales, pero no esperamos que adhieran invariablemente al espíritu y la letra del nuevo contrato único y conjunto. Esperamos, sí, enseñarles a negociar uno con otro, puesto que los términos de su contrato y los objetivos de su matrimonio evolucionarán de manera constante para reflejar los cambios producidos en sus situaciones cotidianas. Empleamos casi todo el tiempo de la terapia en modificar la necesidad de una cláusula contraproducente, no en examinar los contratos y hablar abiertamente de ellos.

Tal como sucede en los convenios comerciales, es imposible pretender que todas las cláusulas sean del agrado de ambas partes. Uno de los esposos puede aceptar una estipulación «menos ventajosa» a cambio de otra que lo es más. El objetivo es que ambos acepten las *mismas* cláusulas y congenien respecto del contrato *en general.* Como el matrimonio es un sistema dinámico, su contrato jamás se firma, sella y entrega para que permanezca inmutable para siempre. Muchas de las ideas aquí expuestas se elaboran en forma operativa durante la terapia, sin que sea preciso discutirlas abiertamente.

El *Webster's New World Dictionary* define *congruencia* como «acuerdo, correspondencia, armonía». Así pues, cuando hablamos de «congruencia de los términos o cláusulas contractuales», queremos decir que los parámetros poseen una concordancia interna en todos los niveles del contrato individual y en relación con el del cónyuge. Supongamos que un esposo, ambivalente o conscientemente, desea ser responsable de las decisiones financieras importantes. Si el compañero, sin ambivalencias, y aun siendo capaz de asumir esa responsabilidad, está dispuesto a no competir por ella, ambos contratos serán congruentes en esta área y podríamos dar por descontado que este parámetro no será motivo de discordia.

«Complementario» es definido como: 1) lo que sirve para llenar, completar o perfeccionar algo; 2) lo que suple una falta o carencia, en forma recíproca. En nuestro contexto, *complementariedad* es el grado en que las necesidades y aptitudes de ambos esposos se corresponden o encajan entre sí de manera eficaz. Ackerman (1958, págs. 85-6) la definió, en este sentido, como el modo de designar

«las pautas específicas de relaciones de roles familiares que proporcionan satisfacciones, vías de solución para los conflictos y apoyo para la necesaria imagen de sí mismo, y que refuerzan las defensas claves contra la angustia. Podemos distinguir, además, dos clases de complementariedad en las relaciones de roles familiares: positiva y negativa. Hay complementariedad positiva cuando los miembros de las díadas y tríadas familiares experimentan una satisfacción mutua de sus necesidades en forma tal que promueve el crecimiento emocional positivo de las relaciones y de los individuos interactuantes. Hay complementariedad negativa cuando se afianzan las defensas contra la angustia patógena pero sin que se promueva de manera significativa el crecimiento emocional positivo. La complementariedad negativa neutraliza principalmente los efectos destructivos del conflicto y la angustia, sirviendo de barricada a los miembros vulnerables de la familia y a las relaciones de esta contra tendencias que los conduzcan a la desorganización».

Si dos cónyuges deben realizar un largo viaje en automóvil que ninguno desea hacer solo, y en vista de esto resuelven ir juntos y compartir la tarea de conducir el auto, convirtiendo así en viaje placentero lo que hubiera sido un deber angustiante, constituyen un ejemplo de complementariedad positiva. Un caso de complementariedad negativa sería el de la pareja en la que un miembro cree que debe ser responsable de las finanzas para no angustiarse, en tanto que el otro teme asumir esa responsabilidad, angustiándose y deprimiéndose si se ve forzado a controlar o fiscalizar esos asuntos. En este parámetro, un cónyuge desea el control económico y el otro lo evade. Si ninguno de los dos es demasiado ambivalente, se produce una colaboración complementaria y eficaz que los protege de la angustia, aunque a costa de un escaso crecimiento. Habría una complementariedad positiva si el esposo que necesita controlar las finanzas domésticas le enseñara al otro (ahora dispuesto a aprender) a manejar los asuntos básicos, aunando ambos sus energías e ideas.

Según los diccionarios, *conflicto* es, entre otras cosas: 1) la competencia u oposición de elementos incompatibles, de estado o acción antagónica (p. ej., la de ideas, personas o intereses divergentes); 2) la lucha mental resultante de necesidades, impulsos, exigencias (internas o externas) o deseos, opuestos o incompatibles; 3) el encuentro hostil, pelea, batalla, guerra. Aquí empleamos el término *conflicto* para connotar la existencia de: 1) tendencias contrarias o mutuamente excluyentes, dentro del individuo, en relación con determinados parámetros contractuales; 2) necesidades implícitas o explícitas de un cónyuge que contradicen las del otro o se oponen a ellas. Supongamos que un esposo desea conscientemente asumir la responsabilidad financiera, aunque en nivel inconsciente este poder genera tal angustia que, en realidad, quiere que la asuma su compañero. Su conflicto *interno* puede manifestarse en una conducta ambivalente que, a su vez, provoca un conflicto *externo* con el otro cónyuge. Este conflicto externo también puede suscitarse sin que medie ninguna ambivalencia (p. ej., cuando ambos esposos insisten en reclamar para sí el poder de decisión final y la responsabilidad sobre las finanzas); en tal caso, sólo se evitará el conflicto si los cónyuges son capaces de llegar a una solución de compromiso.

Estas diversas maneras de manejar los asuntos económicos nos demuestran que:

a) Cuando hay *congruencia*, uno de los cónyuges está dispuesto (sin ambivalencia alguna) a asumir esa responsabilidad, sin que ello implique un probable problema para el otro cónyuge, que se siente competente y no se considera amenazado.

b) Cuando hay *complementariedad negativa*, un cónyuge se angustia si no toma a su cargo las cuestiones económicas y el otro si las toma; vale decir que sus respectivas necesidades se complementan neuróticamente; el matrimonio funciona bien.

c) Cuando hay *complementariedad positiva*, los dos crecen al compartir la función y vencer su propia angustia.

d) Cuando hay *conflicto*, ambos quieren manejar las finanzas domésticas, convirtiendo esta área en campo de batalla de su lucha por el poder.

Congruencia

Por lo general, la auténtica congruencia de las cláusulas contractuales da por resultado una situación conyugal gratificante. Lederer y Jackson (1968) hacen hincapié en que los matrimonios con mayores probabilidades de éxito (a juzgar por el bajo índice de divorcios) son aquellos en que ambos cónyuges tienen antecedentes sociales similares. Por supuesto, es difícil determinar si la presión de la sociedad contribuye a mantener unidos al muchacho que se ha casado con su vecinita, o si en verdad su matrimonio se asienta sobre bases sólidas debido a que ambos poseen la misma cultura. Parece probable que la congruencia de valores y objetivos proporciona sólidos cimientos y buenas posibilidades de estabilidad al matrimonio; empero, el creciente número de uniones culturalmente «mixtas» y la mayor movilidad de las familias norteamericanas nos impiden reunir la suficiente cantidad de estudios recientes como para indicar con precisión la gravitación que debe atribuirse a este tipo de congruencia.

Los contratos congruentes se dan más en las relaciones entre cónyuges igualitarios, camaradas y paralelos, que entre cónyuges románticos, parentales o infantiles, ya que el buen funcionamiento de aquellas depende menos de la complementariedad de los esposos.

Para ejemplificar esta situación, veamos el caso de los Walden, una pareja de cónyuges igualitarios con contratos congruentes:

Los Walden son dos profesionales que se esfuerzan todo lo posible por asegurarse de que uno y otro tengan las mismas oportunidades de trabajar y triunfar. A los pocos meses de nacer su hijo, ambos empezaron a trabajar medio día, dedicando la otra mitad de la jornada al cuidado del bebé y del hogar; de este modo, los dos tuvieron ocasión de criar al hijo, progresar en su profesión y contribuir al sostén de la familia. No obstante su considerable grado de independencia, marido y mujer experimentan necesidades de dependencia que son satisfechas por el compañero en forma interdependiente; al mismo tiempo, son capaces de aceptar una y otra recíprocamente. Además, ambos integran un grupo cuasi-comunitario dedicado a una causa humanista y cuyos miembros comparten intereses ideológicos similares. Este aspecto de su vida les proporciona el apoyo de una «familia extensa» en cuyo seno se respetan sus posiciones individuales y de pareja.

Rara vez se alcanza una congruencia genuina en todos los parámetros contractuales importantes; por otra parte, es innecesaria si ambos cónyuges son lo bastante maduros como para respetar sus respectivas diferencias. Las áreas de congruencia más comunes corresponden a la esfera de los valores culturales y las costumbres, donde ambos esposos «hablan en el mismo idioma». Si son también congruentes en sus necesidades psicológicas, sus probabilidades de alcanzar una relación fructífera y duradera serán aún mayores.

Como ejemplo de congruencia entre esposos provenientes de grupos socioeconómicos similares, mencionaré el caso de un matrimonio en el que ambos cónyuges procedían de familias de la clase trabajadora, de origen italiano en segunda generación, se habían criado en la misma manzana del barrio neoyorquino denominado Pequeña Italia y ahora vivían a dos cuadras de allí. Su relación y ambiente mantienen un sabor europeo; su vecindario es su aldea: conocen a todos los comerciantes y se saludan con todos los vecinos en cuatro cuadras a la redonda. Su conflicto conyugal concernía ostensiblemente a la crianza de los hijos, tres en total, el mayor de los cuales —un muchacho de quince años— fallaba en el colegio, se hacía la rabona y se había acoplado a una barra de muchachones revoltosos. En un principio, señalaron a este hijo como «paciente» para la terapia.

La madre tenía estudios secundarios completos; el padre sólo había cursado dos años, obtuvo luego un certificado de equivalencia y se empleó en la dirección municipal de saneamiento. Ella aceptaba la necesidad que tenía su esposo de ser el miembro importante de la familia, el más atendido, comprendía su necesidad de respeto y era capaz de respetarse al mismo tiempo a sí misma y a su propio rol como persona. Los dos eran compatibles en todo sentido; su principal discrepancia radicaba en la educación de los hijos, en el temor de la madre de que el hijo mayor se convirtiera en un verdadero delincuente. Quería que sus hijos (especialmente ese) cursaran estudios superiores, pero su marido los creía innecesarios; además, según descubrimos durante la terapia, interpretaba la insistencia de su esposa al respecto como una crítica dirigida contra él.

Con su conducta, el hijo dramatizaba buena parte de lo que él sentía como una protesta masculina del padre contra el mundo que los rodeaba, un mundo en rápida transición a medida que los extraños invadían la Pequeña Italia. Creciendo en la calle como un muchachito machista, el adolescente reflejaba la inquietud y la inseguridad paternas, al par que expresaba, en un nivel inconsciente, los profundos interrogantes que se planteaba el padre con respecto a sí mismo y a la fuerza de su mujer.

Los esposos se amaban, vivían dedicados a su matrimonio y su hogar, pero el marido luchaba por mantener el antiguo *statu quo*. Él y su mundo veíanse amenazados en su misma base y, para empeorar aún más las cosas, hasta su mujer parecía estar cambiando. Su empleo de trabajador sanitario le proporcionaba seguridad, un sueldo relativamente bueno y una posición dentro de la comunidad que todavía se mantenía firme, pero otros vecinos y amigos se habían convertido en empresarios de clase media, varios tenían hijos profesionales y unos pocos eran ricos. Su esposa tenía conciencia de lo que pasaba en su «aldea», relativamente aislada en medio de ese Nueva York inquieto y palpitante, y sabía que era imposible detener los cambios. Comprendía que la Pequeña Italia era una defensa para ellos, pero no lo sería para sus hijos; aunque deseaba seguir viviendo allí, sabía que los hijos se «marcharían» eventualmente. «Marcharse» significaba ser asimilados, abandonar de veras el país de los antepasados.

Pudimos resolver el problema familiar con la ayuda de los dos hijos mayores y del párroco del barrio. El marido aceptó la realidad de un mundo cambiante, su deber de estimular al hijo a seguir estudios superiores, procurando demostrarle el porqué de su importancia. Al obrar así, logro comprender finalmente que su esposa no lo había rebajado, que estaba satisfecha con su posición socioeconómica dentro de la comunidad, que su deseo de emplearse por medio día no era un insulto a su masculinidad y capacidad de ganarse el pan: más que nada, quería trabajar para sentirse mejor como persona. Asimismo, reconoció plenamente, y agradeció, el papel que cumplía su esposa en el cambio familiar, y no tuvo necesidad de hallar el modo de humillarla o humillarse a sí mismo.

A medida que el padre resolvía su conflicto consigo mismo y con su esposa, el hijo también iba cambiando. Durante la terapia, actuaba como intérprete de lo nuevo ante su padre, posibilitando su cambio con el propio. La familia logró todo esto gracias al gran respeto mutuo que existía entre sus integrantes. Marido y mujer alcanzaron una sensación de seguridad más realista acerca de sí mismos, como individuos y como unidad.

Fue muy conmovedor trabajar con esta familia, en especial con los padres. Ver derrumbarse esa vida aldeana de «familia extensa» en la tercera generación y en pleno Nueva York, poder identificar el problema (utilicé extensamente el concepto de contrato con la pareja) y obtener la ayuda de otros miembros de la familia, y aun del párroco, al tiempo que mantenía y reforzaba los aspectos positivos del contrato matrimonial único —que, en esencia, era muy bueno—, fue una experiencia gratísima para mí.

Este caso ejemplifica algunas de las satisfacciones que depara la profesión de terapeuta, así como la importancia de la flexibilidad en los enfoques teóricos y de modalidad. Trabajé con esta familia como unidad, entrevisté a miembros de sus familias de origen, y traté a los esposos y a padre e hijo en sesiones conjuntas. El hecho de ayudar a este hombre y a su hijo adolescente a iniciar un verdadero diálogo, por primera vez desde hacía muchos años, constituyó una de mis experiencias más fructíferas como terapeuta. Cuando el padre fue capaz de deponer su actitud defensiva y contarle al hijo sus temores, el muchacho pudo abandonar su postura desafiante y recusadora frente a aquel. Su explicación de cómo se sentía atrapado entre el «viejo mundo» de sus progenitores y «lo que sucede verdaderamente ahí fuera», llegó al corazón de su padre como no lo habría hecho ningún otro argumento. Entonces, los dos fueron capaces de labrarse el camino hacia una sabiduría que puede parecerle muy simple al profesional que no vive ni participa de esa situación y que, tal vez, nunca tuvo que tender un puente como este en su propia vida, pero que, en verdad, es una sabiduría excepcional, dificilísima de alcanzar para muchos.

Frecuentemente se observa el fenómeno de la congruencia superficial o seudo-mutua (como se diría en terapia de la familia), esto es, de un aparente acuerdo superficial que oculta una falta total de congruencia en los niveles emocionales más profundos. Muchas veces, las parejas de este tipo son esos «matrimonios modelo» que estallan de pronto, cuando uno de los cónyuges denuncia la hipocresía de esa situación.

En su película *Scenes from a Marriage* (*Escenas de la vida conyugal*), Ingmar Bergman describe con esmero esta clase de matrimonio. En la escena inicial, los cónyuges son entrevistados para una revista popular: el marido, aparentemente ansioso y locuaz, describe su matrimonio como una pareja ideal (aunque un tanto insípida), mientras que la esposa, sentada a su lado, guarda un silencio gazmoño. Los dos provienen del mismo medio social, económico y cultural; parecen amar a sus progenitores y estar involucrados con su familia de origen y con la del compañero. A medida que se desarrolla el filme, va emergiendo la falsedad de esa congruencia aparente. La pareja siempre es incapaz de encarar de manera directa las discrepancias entre sus integrantes. El marido verbaliza y manifiesta su descontento ante esa relación tediosa y superficial pero, dada la falta total de congruencia en los niveles de conciencia más profundos e importantes acerca de sus necesidades, los cónyuges son incapaces de emprender una acción conjunta y constructiva en bien del matrimonio. Sólo al cabo de muchos años —después que se han divorciado, vuelto a casar con otras personas y mantenido varias relaciones amorosas—, durante una de sus citas irregulares, lograrán ser una pareja abierta. amante, sin ponerse recíprocamente a la defensiva. . . al menos por el momento.

Complementariedad

Hay más relaciones entre buenas y excelentes fundadas en la complementariedad que en la congruencia. Con frecuencia, la verdadera complementariedad —incluyendo la negativa, o sea la satisfacción recíproca de las necesidades neuróticas— sirve de base a los mejores matrimonios duraderos. En cierto modo, es más fácil encontrar a alguien cuyas necesidades neuróticas ensamblan con las nuestras, que liberarse de la conducta neurótica y las percepciones equivocadas. El hecho de que la pareja pueda complementarse mutua y positivamente en algunas áreas resulta más gratificante todavía, y evita la dependencia y angustia.

En los matrimonios basados en contratos complementarios, las necesidades neuróticas y realistas de los cónyuges encajan entre sí para completar una guestalt positiva para ambos, lo cual puede conducir a una resolución de conflictos diferentes de la transaccional (*quid pro quo*) y, quizá, menos madura. Aquí los esposos conocen y aceptan recíprocamente sus aptitudes y limitaciones, elaborando acuerdos conscientes según los cuales «Tú me sirves en este terreno y yo te sirvo en aquel». Esta forma de complementariedad negativa crea una relación en la que los rasgos y necesidades de un esposo son utilizados por el otro, no como una explotación sino con un profundo sentido de reciprocidad. Esta postura no es forzosamente «madura», pero sí realista, y cimenta numerosos matrimonios. En muchos casos, además de resultar adecuada, la complementariedad es indispensable, pues suministra la combinación de talentos que se requiere para el buen funcionamiento del matrimonio. Los individuos son neuróticos, tienen diversas necesidades, aptitudes e inclinaciones, y los contratos complementarios les permiten utilizar ciertos rasgos y necesidades dentro de una relación. Esto es muy evidente en las combinaciones cónyuge parental-cónyuge infantil, en las de cónyuges románticos que se «completan» entre sí, en las parejas sadomasoquistas, en los matrimonios tipo *Casa de muñecas*, etc. Por supuesto, las relaciones complementarias no son siempre neuróticas: puede haberlas entre personas relativamente normales, con rasgos de carácter recíprocamente «mejoradores», capaces de alcanzar una complementariedad positiva. Con todo, la de tipo negativo posibilita la convivencia de algunas personas muy perturbadas, en relaciones gratificantes para ambos cónyuges.

Los York constituyen un matrimonio excelente, en el que las decisiones finales y la determinación de inclinaciones o gustos corren, en buena medida, por cuenta de la esposa. En muchos aspectos, los York parecen haber invertido los roles estereotipados del hombre y la mujer; sin embargo, el marido se siente cómodo con el callado «gobierno» de su compañera y ambos se respetan mutuamente, con absoluto apego y fidelidad. Aunque en lo posible prefieren estar juntos, también funcionan bien por separado. Ella acepta su propia autoafirmación y la relativa pasividad de su esposo sin ambivalencias, y él hace otro tanto. Tal falta de ambivalencia es esencial para este tipo de relación complementaria. Si él la tuviera con respecto a su rol pasivo, con toda seguridad habría desavenencias conyugales: el marido se sentiría irritado, disgustado o virilmente inepto, o bien podría volcar su autodenigración en su esposa, culpándola de su propia pasividad. También habría conflicto si ella experimentara resentimiento por la pasividad de su esposo, o se irritara por creer que él «la obliga a hacerse valer».

Esta falta total de ambivalencia en cuanto a rasgos que no concuerdan con las normas sociales es extremadamente rara, e indica que cada cónyuge ha alcanzado un modo de vida que le permite mantener una buena relación con el compañero. La ambivalencia o conflicto interno acerca de una necesidad o rasgo puede constituir una fuerza destructora terrible; un doble vínculo autoimpuesto es tan destructivo como el impuesto por otra persona. Veamos un ejemplo. Un hombre con una profunda necesidad de depender de su esposa está en grave conflicto, porque al mismo tiempo los valores culturales lo impulsan a independizarse de ella. Si cede a su necesidad de dependencia, no se respeta a sí mismo; si obra con independencia, cree estar actuando contra su esposa y se angustia, temiendo que ella responda a esa acción con represalias y desamor. Como ocurre en toda situación de doble vínculo, este conflicto puede paralizarlo o impulsarlo a actuar de un modo defensivo, desafiante o inconsistente que, probablemente, será censurado por su esposa, por los demás y por él mismo. Si es vulnerable al proceso esquizofrénico, el conflicto de doble vínculo generado en su interior podría generar una esquizofrenia. Vemos, pues, que la complementariedad funciona bien cuando es relativamente no ambivalente para ambos cónyuges, pero puede ser destructiva si conlleva ambivalencias.

A menudo, dos personas se casan basándose en su complementariedad superficial. Por lo general, elegimos al compañero guiándonos por las cualidades positivas de las que creemos carecer (fortaleza, don de gentes, decisión, ímpetu, etc.). El deseo de agradar que experimentamos durante el período de galanteo puede originar una conducta, motivada en un nivel consciente o inconsciente, que complementa y satisface las necesidades del cortejado, ya sean expresadas o sugeridas en forma subliminal. Empero, con el tiempo sale a la luz la verdad y sobreviene el consiguiente desengaño, dando lugar a la consabida lamentación: «Si hubiera sabido cómo era en realidad, nunca me habría casado».

Muchas veces, la causa de la desavenencia conyugal sólo se aclara cuando la elaboración o el estudio de los contratos matrimoniales revela que, en realidad, cada esposo buscaba un compañero que tuviera las cualidades de las que él creía carecer. Cada cual compensaba sus «defectos» ocultándolos mediante alguna maniobra defensiva, arriesgándose a manifestarlos como último recurso cuando sus reiteradas manipulaciones o pedidos sutiles no lograban «conmover» al compañero, esto es, impulsarlo a proporcionar la cualidad faltante. Este mecanismo —presente en los orígenes de muchas discordias conyugales— causa desencantos amargos y reactiva necesidades primitivas, relacionadas con el miedo infantil a no sobrevivir si no nos cuida el progenitor adecuado. El esposo decepcionado cree que la deficiencia del compañero no hace más que consolidar la suya, abriendo así el camino hacia una destrucción conjunta. A veces, han de transcurrir muchos años —y muchas crisis— antes de que un cónyuge esté preparado para percibir la similitud entre su «deficiencia» y la del compañero; cuando por fin la advierte, se siente traicionado o engañado. La dinámica destructiva de este tipo de sistema funciona en un nivel inconsciente, con un gran sufrimiento y discordia, que, por lo común, son desplazados hasta que el individuo está dispuesto a enfrentar la verdad acerca de sí mismo y de su compañero.

Es muy común que una persona elija como esposo a otra cuyas angustias básicas son similares a las suyas. Con frecuencia, la ilusión de que el otro posee lo que a uno le falta surge de la propia defensa contra la angustia. El caso de Carol y Walter que vimos en el capítulo 3 (pág. 60) es un claro ejemplo de este complejo. Los dos experimentaban un profundo temor a ser abandonados y se defendían de él de diversas maneras, pero las defensas de cada uno no hacían otra cosa que aumentar el miedo del otro. Sólo pudieron empezar a tratarse en forma constructiva cuando comprendieron la similitud de sus temores subyacentes.

Conflicto

El término «conflicto» no tiene por qué ser negativo o despertar temor. El hecho de que un contrato matrimonial contenga cláusulas conflictivas no significa que esa relación esté condenada al fracaso. Muchas veces, la identificación, confrontación y tratamiento de los conflictos o diferencias importantes (no es preciso llegar a «resolverlos») dan como resultado el crecimiento de la pareja. Se daña mucho más una relación tratando de ignorar los conflictos, o accediendo pasivamente a las exigencias del cónyuge para no causarlos, que planteando las diferencias con franqueza, reconociendo su existencia y abocándose a su solución.

Algunos conflictos están basados en necesidades biológicas o intrapsíquicas que el cónyuge *A* no puede satisfacer, pero que son tan imprescindibles para la seguridad del cónyuge *B* que, o bien *B* las considerará desacordes con su yo y solicitará una terapia prolongada o cualquier otra forma de tratamiento para cambiarlas, o bien ambos esposos comprenderán que en esencia no son compatibles entre sí. *B* necesita a alguien que complemente sus necesidades de una manera mejor, aunque también es posible que nadie pueda satisfacerlas dentro de una relación íntima y por un período prolongado. Quizá necesite que lo ayuden a encontrar otro modo de vida que satisfaga mejor sus exigencias.

Es indudable que en la actualidad el terapeuta debe aceptar otros estilos de vida y examinarlos con sus pacientes, sin sentirse obligado a acomodarlos a todos dentro del matrimonio convencional. Entre las alternativas que él y sus pacientes pueden considerar figuran: la vida en comunidad, la vida solitaria, la monogamia seriada, el mantenimiento de múltiples relaciones simultáneas, la relación homosexual.

Cuando se las saca a relucir, las cláusulas contractuales conflictivas pueden ejercer un efecto vivificante creando un potencial de normalidad, tal como la sajadura de un absceso puede conducir a su curación. A veces, es difícil y angustiante aceptar la comprensión o confrontación del problema, por lo que el terapeuta debe tratarlo con la mayor destreza posible, instando a la pareja a trabajar constantemente sobre él, mientras evalúa la angustia suscitada. En ciertas ocasiones, es demasiado fácil apoyar las defensas del paciente en vez de tratar las causas de la angustia; en cambio, en otras podemos excedernos en nuestro tratamiento o perder el sentido de la oportunidad, porque somos insensibles a prioridades que deberían anteponerse a nuestra propia agenda. Cuando mi enfoque de un caso provoca el apartamiento o el «cierre» de los pacientes, en lugar de conducir a una apertura, examen y cambio, descubro que generalmente ello se debe a un proceder mío determinado por contratransferencia.

Las necesidades, expectativas y deseos de cada cónyuge pueden ser discutidas con franqueza y sinceridad aun cuando las cláusulas conflictivas se refieran a necesidades biológicas o intrapsíquicas. El primer paso suele ser que ambos esposos comprendan sus propias necesidades y compartan esta comprensión con el compañero. Esto les permitirá llegar a transacciones por sí solos o con la ayuda del terapeuta (Lederer y Jackson, 1968), o crear soluciones razonablemente complementarias. Con frecuencia, basta que un esposo perciba y comprenda cuáles son los verdaderos deseos o expectativas del compañero para que modifique sus actitudes o posiciones anteriores. En la terapia orientada hacia tareas y con objetivos prefijados, la clarificación de los contratos por parte del terapeuta (comparta o no la información con los pacientes) le sugerirá tareas que generarán un movimiento hacia los objetivos convenidos.

Si los cónyuges llegan a comprender que no pueden dar o recibir lo que desean, tal vez resuelvan separarse o divorciarse; esto se interpreta como un resultado positivo del tratamiento. Recordaré, a modo de ejemplo, el caso de los Jones; aunque los traté varios años antes de la elaboración del concepto de contrato matrimonial, es fácil reconstruir las partes negativas importantes de sus contratos.

En los primeros años de vida matrimonial, cuando el señor Jones luchaba por triunfar, la esposa lo ayudaba en el manejo de la empresa familiar. Se amaban el uno al otro, gozaban estando juntos, mantenían buenas relaciones sexuales y se sentían comprometidos en una causa común. Tuvieron tres hijos y el marido se convirtió en un hombre de negocios bastante exitoso, básicamente gracias a su propia capacidad. Empero, a la esposa le parecía que se había ido distanciando y apartando de ella a medida que escalaba posiciones, dándole objetos y dinero pero no amor; se sentía relegada al hogar y a la asociación cooperadora de la escuela, pero no hacía nada por reanudar sus estudios o desarrollar sus inclinaciones propias, aunque la situación económica se lo permitía. El marido tenía la impresión de que su mujer envidiaba sus triunfos, que se había fijado como meta «ponerlo en su lugar», que no apreciaba sus logros y quería volver a la época en que ambos eran pobres y trabajaban en estrecha unión. Los dos tuvieron experiencias extraconyugales que les revelaron la posibilidad de obtener más afecto de otros que del esposo, si bien ni él ni ella entablaron relaciones demasiado comprometidas.

Ella creía que el hombre a quien había amado y desposado se había vuelto materialista, mezquino, desamorado, esencialmente hostil a ella y, por consiguiente, a todas las mujeres. Él creía que su esposa no lo apreciaba ni amaba, que no hacía más que buscar ocasiones de humillarlo en público y en privado, y que, por lo tanto, era hostil a todos los hombres. Ninguno de los dos podía ya sostener al otro; ninguno se preocupaba por comunicarse con el compañero. Ambos querían recibir amor, pero insistían en que el otro debía ser el primero en cambiar.

Por último, decidieron divorciarse de común acuerdo, llegando rápidamente a un convenio amistoso con respecto a los bienes, el mantenimiento de los hijos y la subvención por alimentos.

En el avión que la conducía a su nuevo lugar de residencia (cambio motivado por el divorcio), la señora Jones conoció a un hombre con quien se casó en menos de un año. Por su parte, su ex marido se volvió a casar a los ocho meses de divorciado. Su nueva esposa lo admira, lo ama, lo protege de los demás y le brinda apoyo cuando y donde lo precisa, correspondiéndole él en todo. Lo mismo ocurre con la ex señora Jones y su nuevo marido. Uno y otro hallaron prontamente un nuevo compañero capaz de darles amor y aceptación, de satisfacer ese deseo de ser amados y necesitados que ya no podían saciar entre sí. Los sentimientos positivos ocuparon y ocupan el centro de sus nuevas relaciones conyugales, que continúan funcionando muy bien a doce años de establecidas.

No todos los divorcios tienen un desenlace tan feliz para ambos esposos. Los Jones tuvieron la sensatez de terminar una relación en la que ninguno podía satisfacer las necesidades del otro, cuando su vida doméstica empezaba a ser dominada por el odio y la paranoia. En sus nuevos matrimonios, encontraron alguien con quien les fue posible desarrollar una complementariedad razonablemente buena. Cabe agregar que los ex esposos Jones todavía se tienen mutua antipatía.

No cabe duda de que ciertos conflictos son imposibles de resolver o tratar de un modo creativo, a fin de llegar a soluciones nuevas y aceptables para ambas partes. Cuando las posiciones antagónicas siguen constituyendo graves motivos de angustia o descontento, uno o ambos cónyuges pueden llegar a la conclusión de que su relación es insostenible. En tal caso, es probable que decidan separarse y, eventualmente, divorciarse.

Si el conflicto primario se debe a factores neuróticos existentes en uno o ambos esposos, e imposibles de tratar con eficacia en una terapia de pareja, tal vez sea aconsejable aplicar un tratamiento individual, retornando la terapia de pareja una vez que se haya elevado el umbral de la reacción neurótica. No es fácil conciliar los conflictos cuando son la manifestación intransigente de necesidades opuestas (biológicas o intrapsíquicas), cuando nacen de una diferencia pronunciada en el nivel de inteligencia de los cónyuges, o cuando uno u otro de ellos padece una enfermedad mental grave. Entre los otros conflictos secundarios que, a menudo, resultan imposibles de tratar con terapia de pareja, figuran la cuestión de la atracción sexual —por qué un individuo se siente sexualmente atraído por *A* y no por *B*— y el problema creado cuando un cónyuge deja de experimentar sentimientos sexuales intensos hacia su compañero.

Cuando un esposo le transmite al otro un alto grado de angustia, sin que ninguno de los dos pueda (o desee) aliviar la angustia del otro, se plantea una situación igualmente difícil. Supongamos que una persona no sabe cómo reaccionar ante la necesidad de dependencia del compañero, u otras fuentes de angustia. Quizás es insensible a estas necesidades, quizá se siente impotente ante ellas o, peor aún, se angustia y actúa en forma destructiva. Cuando, por último, acepta el hecho de que esa angustia es un problema de su cónyuge, y que él ha hecho todo lo posible para cumplir con su responsabilidad, tal vez sólo le resta escucharlo y seguir sosteniéndolo con su amor.

Aunque es el esposo perturbado quien debe tratar de resolver su problema, es una ayuda para él saber que su compañero está allí para apoyarlo y comprenderlo.

Si ambos cónyuges están bien motivados, es posible resolver muchos conflictos maritales a medida que la pareja elabora un contrato único. Juntos han construido su vida, y bien vale la pena que hagan el esfuerzo necesario para tratar de alcanzar una relación más íntima y satisfactoria.

9. Principios y técnicas de la terapia

Los temas centrales de esta obra son comprender por qué son desdichados los esposos y proporcionarles un razonamiento lógico que les ayude en cuanto pareja. La terapia conjunta es útil para tratar los problemas emocionales de cada cónyuge, así como sus dificultades recíprocas de relación. En este capítulo indicaré de qué modo los contratos individuales y de interacción pueden servir para cualquier enfoque teórico o modalidad de tratamiento, ocupándome en especial de aquellos aspectos de la terapia que no he subrayado, o aclarado en medida suficiente, en los capítulos anteriores.

Debo insistir una vez más en que los contratos individuales y el contrato de interacción nos ayudan a interpretar el rico material obtenido de los pacientes, pero nos dejan en libertad de actuar según nuestra propia tendencia; la mía es ecléctica y (así lo espero) flexible. Sugerimos los siguientes enfoques terapéuticos para que el terapeuta reflexione sobre ellos, los pruebe, incorpore, modifique o rechace, según lo indique cada situación. Si desarrolla su propio estilo podrá trabajar con mayor eficacia, aunque siempre debe otorgarse a sí mismo y a sus pacientes el beneficio de familiarizarse con los nuevos avances teóricos y técnicos; esto le permitirá establecer sus propias opciones, en vez de verse atado por el escaso número de alternativas terapéuticas existentes en el momento de su formación.

Si utilizamos el concepto de contrato matrimonial, es relativamente fácil señalar los factores de discordia conyugal que son importantes dentro del marco de nuestras elaboraciones teóricas. Los contratos individuales facilitan la decisión acerca de cuándo, dónde y cómo intervenir terapéuticamente. Por otro lado, proporcionan a los propios pacientes (y al terapeuta) un marco de referencia para examinarse en forma periódica a sí mismos y su relación. Es como cuando se le enseña al paciente psicoanalizado a utilizar sus sueños: este aprendizaje le permite adquirir una dimensión nueva y valiosa para su autoexamen, capacidad crítica, crecimiento, e incluso para desarrollar su autonomía y hacer maravillosos descubrimientos. El contrato conyugal puede desempeñar un papel similar en el futuro de la pareja.

Como la corrección en el diagnóstico es esencial para una terapia adecuada, me ocuparé ante todo de este intrincado problema.

Los contratos y perfiles de conducta en el diagnóstico y la clasificación de las relaciones conyugales

No hay ningún sistema generalmente aceptado, o de aplicación difundida, para diagnosticar y clasificar estas relaciones. La estructura que propongo aquí debe utilizarse con sensibilidad y arte, reconociendo sus limitaciones.

Berman y Lief (1975) examinaron cuatro enfoques parciales para diagnosticar los problemas maritales, cada uno de los cuales se basaba en un solo factor: 1) el de Lederer y Jackson (1968), fundado en reglas para la definición del poder; 2) el de Pollak (1964), que parte de la etapa parental o la inclusión/exclusión; 3) el de Cubor y Harroff (1966), que tiene en cuenta el grado de intimidad; 4) un enfoque elaborado sobre la base del estilo de personalidad y la terminología psiquiátrica, al que varios autores le han agregado síndromes de pautas complementarias a medida que describían un determinado complejo diádico. Mittelman fijó el canon de este cuarto enfoque en dos artículos pioneros (1944, 1948), donde describía cuatro pautas complementarias que podríamos resumir como sigue:

1. Un cónyuge es dominante y agresivo, el otro sumiso y masoquista.
2. Un cónyuge se distancia emocionalmente, el otro está anhelante de afecto.
3. Ambos cónyuges rivalizan continuamente por un dominio agresivo.
4. Un cónyuge es impotente y ansía recibir cuidados y consideración de un compañero «omnipotente»; el otro trata de satisfacer estas expectativas, pero periódicamente desea asumir el rol de esposo dependiente (Sager, 1966*a*).

Podríamos agregar un quinto enfoque: el de Ravich y Wyden (1974), basado en la interacción observada en la pareja durante el «juego del ferrocarril» —un test que mide la capacidad conyugal para interactuar de manera coadyuvante—, y que haría la prognosis de un matrimonio guiándose por el análisis de los resultados de dicha prueba, obtenido por computadora. Aunque todos estos enfoques tienen sus méritos, intentan codificar las relaciones en términos de un solo parámetro de observación, función o comportamiento.

Los contratos matrimoniales individuales y los perfiles de conducta proponen un nuevo enfoque, orientado hacia el eventual diagnóstico y clasificación del sistema marital. La topografía sugerida, y los demás datos ya descriptos, se ocupan de un gran número de parámetros. No los ofrezco como un sistema completo de diagnóstico, sino como una topografía y un enfoque dinámico, interaccional, orientado hacia un esquema de diagnóstico; un enfoque que es también descriptivo y encara diversos aspectos etiológicos relacionados con el funcionamiento del sistema marital, que evita la trampa de intentar explicar los orígenes remotos de la conducta de un individuo, pero tiene en cuenta los componentes intrapsíquicos y transaccionales. La idea de que buena parte de la ira y desencanto experimentados hacia el cónyuge se deben al incumplimiento de cláusulas contractuales (incluyendo aquellas que sostienen el masoquismo propio) explica en pocas palabras muchos de los fenómenos nocivos que observamos en las parejas, al par que nos ayuda a comprender los factores que contribuyen a una relación más satisfactoria.

Un diagnóstico de disfunción marital no puede ser un marbete estático; debe evaluar dinámicamente cómo funciona la pareja, en cuanto unidad o sistema, para cumplir los objetivos y fines del sistema marital *y* los de sus integrantes. Por lo tanto, es siempre cambiante. Los dos perfiles de conducta constituyen la topografía descriptiva de los dos cónyuges, tal como funcionan juntos en el momento presente. A medida que afloran los contratos individuales y de interacción, y que el terapeuta percibe su congruencia, complementariedad y conflicto, van señalando el camino hacia un diagnóstico operacional significativo.

La congruencia, complementariedad y conflicto de los contratos matrimoniales sirven de base a un complejo de factores intrapsíquicos y transaccionales, que pone de relieve los problemas, sus causas inmediatas (aunque no intente tratar directamente los factores etiológicos remotos) y los recursos positivos o «puntos fuertes» de la pareja y su sistema. Todo esto nos permite utilizar estos factores con inteligencia en el programa de terapia, que puede ocuparse o no de los factores etiológicos remotos y transaccionales inmediatos.

Es importante formular hipótesis preliminares de los parámetros positivos y negativos de los contratos individuales y de interacción al comienzo del tratamiento, incluso desde la primera sesión. Los comentarios del terapeuta sobre el caso Smith (capítulo 5) muestran cuán útiles son estas hipótesis iniciales, al proporcionar una organización dinámica de los datos, que ofrece guías o indicios para la intervención del terapeuta. Aun los primeros empeños terapéuticos pueden causar cierto cambio en las relaciones de la pareja, el cual probablemente afectará, a su vez, la dinámica intrapsíquica de los cónyuges, provocando una modificación leve y casi inmediata de los contratos. Vemos, pues, que existe la posibilidad de que el tratamiento altere el diagnóstico dinámico de los contratos y los perfiles de conducta, ante lo cual deberán modificarse las tácticas terapéuticas. Los cambios cualitativos importantes dentro del matrimonio dependen de la motivación de los cónyuges, sus limitaciones biológicas y psíquicas, el grado en que se aman y necesitan recíprocamente, así como de la pericia, resolución y claridad de objetivos del terapeuta. *Esta dialéctica entre el diagnóstico y el tratamiento se mantiene en forma constante.*

La topografía del matrimonio se resume en la denominación que le corresponde de acuerdo con los perfiles de conducta manifestados por los cónyuges, en cualquier instante de su interacción: combinación cónyuge igualitario-cónyuge romántico, cónyuge parental-cónyuge infantil, etc. El aspecto más dinámico puede hallarse en los detalles de sus contratos de interacción, que deben incluir los mecanismos de defensa que emplean entre sí y los que usan conjuntamente en relación con el mundo exterior.

Los contratos individuales proporcionan, por así decir, el material racional y genético para determinar la forma de interactuar de dos personas. Muestran su ambivalencia y voluntad de dar para obtener algo a cambio, y formulan sus deseos (aun aquellos que se excluyen mutuamente). El contrato interaccional u operativo del sistema indica la manera en que los dos esposos interactúan para cumplir sus contratos individuales, a medida que avanzan hacia un contrato único. Si son capaces de hacerlo, el contrato interaccional será cada vez más gratificante, pues irá disminuyendo la necesidad de intentar satisfacer las necesidades antagónicas, contraproducentes o excluyentes.

A decir verdad, la mayoría de los esposos no quieren, o no desean, despertar los fuertes sentimientos negativos que tan a menudo provocan en el compañero. Estos sentimientos son el resultado comprensible de las frustraciones provocadas por aquellas partes de los contratos individuales que no han sido cumplidas en la interacción; por supuesto, esta interacción también puede brindar transacciones satisfactorias y afectuosas.

Los contratos individuales y el de interacción presagian el diagnóstico dinámico; decimos esto teniendo en cuenta, especialmente, el rol de las reacciones de autoafirmación/defensa, tal como nosotros lo entendemos. La comprensión más cabal del complejo de autoafirmación y defensa, y de la persistencia de comportamientos masoquistas y contraproducentes, nos permite explicarnos por qué las personas oponen tanta resistencia al cambio. El cambio planificado representa una transformación ardua para la mayoría de las parejas, por las mismas razones que hacen que el cambio caracterológico sea tan difícil de lograr en el tratamiento individual. Empero, las nuevas dimensiones agregadas con la teoría de los sistemas han mejorado nuestra eficacia y bagaje terapéuticos.

La topografía y los contratos individuales no son abstracciones intelectualizadas, aisladas del tratamiento y que sólo sirven para la investigación, sino elementos de primordial importancia clínica, puesto que inciden directamente en la formulación constante del programa terapéutico.

Como puede ocurrir con cualquier clasificación psiquiátrica, los perfiles de conducta están cargados de peligros latentes, que emergen cuando la descripción que caracteriza en un momento dado un tipo de conducta predominante, pero no única, es considerada como una totalidad inmutable o vista únicamente en forma bidimensional, en blanco y negro, sin grises intermedios o sin pinceladas de todos los colores del arco iris. No debemos permitir que la designación del perfil nos cierre los ojos a la percepción de otros hechos de conducta, secundarios o terciarios. El rótulo aplicado a cada cónyuge sólo describe un impulso principal, y la mayoría de las parejas presentan aspectos propios de más de dos perfiles. Su clasificación es un intento de presentar una imagen en un punto dado; es, por así decir, como la instantánea de una carrera de caballos tomada en un milésimo de segundo: esa foto fija la relación existente entre los participantes en ese momento, pero no puede darnos una imagen de toda la carrera.

El exceso de simplificación es un peligro inherente al uso topográfico de rótulos de perfiles de conducta. Los perfiles son una designación establecida por el terapeuta, y aunque muchas veces uno o ambos cónyuges están de acuerdo con ella, es posible que esos perfiles no concuerden con la imagen que cada cual tiene de sí mismo y de su compañero; con frecuencia, los esposos se resisten a abandonar una imagen de sí mismos, o del compañero, que estiman más ideal o desacreditadora. También es frecuente que se necesiten dos o tres designaciones de perfiles para captar la esencia de la relación que guardan entre sí los miembros de una pareja, sobre todo cuando, aun en un mismo día, hora o minuto, actúan bajo condiciones diferentes (internas y externas). Utilizamos la topografía teniendo presente esta salvedad, con plena conciencia de que es una mera descripción del modo en que se relacionan dos personas en un momento determinado. Los contratos individuales, con todas sus cláusulas y parámetros, también pueden cambiar a medida que se modifica el contrato de interacción; esto nos proporciona datos para la necesaria perspectiva longitudinal, permitiéndonos ver el matrimonio como un *proceso* y no como un objeto.

Los perfiles de conducta son fáciles de comprender para la mayoría de la gente. A menudo, la designación de sus respectivos perfiles, tal como existen en el contrato de interacción, hace que los cónyuges comprendan los aspectos de su relación en grado suficiente como para que se sientan estimulados a admitir o cambiar parte de su propia conducta. Es preciso explicarles claramente que no todo su comportamiento es típico del perfil dominante, que ambos pueden relacionarse de otro modo bajo condiciones distintas. Además, conviene evitar toda actitud o comentario peyorativo sobre determinadas cláusulas o perfiles, y toda valoración de estos últimos.

Dialéctica entre diagnóstico y terapia

Cuando los conceptos de los dos contratos individuales y los del contrato interaccional se usan en forma conjunta, el diagnóstico y el tratamiento se entrelazan como dos factores que se interpenetran y, eventualmente, crean una nueva unidad. El diagnóstico determina el tratamiento y este, a su vez, altera el diagnóstico en la medida en que produce un cambio. Esta reciprocidad queda ejemplificada en los dos contratos matrimoniales, que proporcionan la base para el contrato de interacción u operación. El diagnóstico de la congruencia, complementariedad positiva y negativa y conflicto existentes en y entre ambos contratos indica qué cambios ocurren en ellos, pero no su porqué. Habiendo cambiado la dinámica del sistema, también se modificará algo el diagnóstico, y esto, a su vez, exigirá quizás un cambio en los objetivos, estrategia y/o tácticas del tratamiento. Este proceso de vaivén continúa hasta que la pareja coincide en un contrato único y conjunto, al que ambos esposos pueden adherir en el plano consciente e inconsciente. Semejante congruencia sólo se alcanza en la práctica por sucesivas aproximaciones y —salvo en casos excepcionales— no se mantiene como condición estable sin un empeño deliberado.

Cuando los cónyuges se aproximan al contrato único, el diagnóstico es «no hay disfunciones» y no hace falta continuar el tratamiento; pero deberá prestarse una atención preventiva a la interacción conyugal y al mantenimiento de los objetivos y fines congruentes, por tiempo indefinido. La mayoría de los matrimonios interrumpen el tratamiento cuando sus perturbaciones dejan de superar su placer y satisfacción. A medida que los esposos van comprendiendo los términos de sus propios contratos —que, por lo común, se emplean en forma bastante explícita durante la terapia— tienden a utilizar el concepto y a ocuparse juntos de su contrato, aun después de haber superado durante el tratamiento los obstáculos más importantes. En esta etapa, el principal rol terapéutico *no* es hurgar compulsivamente en cada conflicto, sino enseñarles a los esposos a tratarlos, a encarar los cambios de objetivos, a prepararse para la próxima fase de su ciclo vital y a mantener la cohesión de sus intereses culturales y sexuales. Al término del tratamiento se hará hincapié, por un breve lapso, en el modo de utilizar lo aprendido con fines preventivos.

En resumen: el diagnóstico determina el tratamiento, a medida que la terapia modifica el sistema marital cambian los contratos matrimoniales, y esto obliga a alterar constantemente el diagnóstico; el cambio en el diagnóstico (contratos y perfiles de conducta) realimenta la secuencia, produciendo cambios en el plan de terapia. Una vez que la pareja se une al terapeuta en un esfuerzo común, este último pasa a integrar el sistema marital de aquella. Por consiguiente, la primera tarea terapéutica es lograr incorporarse al sistema para poder ayudar a cambiarlo; la última será desengancharse del sistema, dejando que la pareja, por sus propios medios, evite futuros problemas y logre la mayor realización posible.

A continuación expondré algunas de las modalidades y técnicas utilizadas en terapia de pareja, así como los principales enfoques teóricos.

Modalidades

Existe una gran variedad de métodos para el trabajo con parejas. La siguiente clasificación constituye una versión apenas modificada de la que da Greene (1970, págs. 257-9):

1. Terapia de apoyo, que puede incluir el asesoramiento en momentos de crisis, los encuentros de parejas patrocinados por la Iglesia, los de fin de semana y otros que ayuden a los cónyuges y se centren en mejorar su comunicación.
2. Terapia intensiva. Comprende todas las formas de tratamiento individual intensivo; la terapia en colaboración, método en el que los esposos son tratados por varios terapeutas, quienes se comunican entre sí con autorización de aquellos; la terapia concurrente, donde un mismo terapeuta trata a ambos cónyuges en forma individual pero sincronizada; la terapia conjunta, donde un mismo terapeuta (o un equipo integrado por dos o más) entrevista a la pareja en una misma sesión; la terapia combinada, o sea la combinación de varios de los métodos precedentes y de terapia de grupo (individual o marital) o terapia familiar.

Según Berman y Lief (1975), en la actualidad, el 80% de los tratamientos de terapia de pareja se realizan mediante entrevistas que uno o varios terapeutas hacen a ambos cónyuges a la vez. Yo también me inclino por este método, si bien prefiero no trabajar con un coterapeuta, a menos que sea por breve lapso y con fines didácticos. Esta preferencia obedece a varias razones: en primer lugar, el empleo de coterapeutas escapa a las posibilidades económicas de los centros asistenciales públicos o privados, cuando duplica el costo del tratamiento; en segundo término, creo que el uso de la pareja de coterapeutas como modelos de roles es un método dudoso, basado en la idealización que la pareja de pacientes hace de su propia imagen. Empero, me gusta recurrir a una colega como coterapeuta cuando mis pacientes o yo creemos que los valores masculinos culturalmente determinados, u otros aspectos de mis reacciones, retardan el tratamiento.

La terapia grupal de parejas también ha resultado muy útil. En estos momentos estoy elaborando un enfoque flexible de los grupos de parejas estructurados, basado en parámetros contractuales «temáticos», pertinentes para determinadas parejas. Esta aplicación del concepto de contrato me permite utilizar el enfoque politeórico y politécnico que es mi favorito. Las parejas del grupo ven recíprocamente sus problemas y se ayudan unas a otras en cuanto a percepción, *insight* y elaboración de sus respectivos contratos únicos. Cuatro parejas por grupo, o a lo sumo cinco, constituyen el número óptimo para mi modo de trabajar.

Berman y Lief creen necesario el tratamiento en sesiones individuales, para que la terapia no se quede en un mero nivel conductal. Mi experiencia me dice lo contrario. En las sesiones conjuntas puedo tratar y modificar los determinantes intrapsíquicos remotos del comportamiento, cuando ello se hace necesario para producir el cambio (Sager, 1966*b*, 1967*a*, 1967*b*, 1967*c*). A menudo utilizo el material histórico e intrapsíquico juntamente con el actual y con los enfoques que atañen más directamente a la conducta y la interacción; también es posible basarse en un conocimiento psicoanalítico de la dinámica sin recurrir necesariamente a las técnicas del psicoanálisis o la terapia individual. Entrevisto a los cónyuges por separado cuando necesito superar un bloqueo que les impide progresar en su trabajo conjunto, pero estos casos se han hecho menos frecuentes a medida que he llegado a apreciar la influencia y poder terapéuticos de las sesiones conjuntas. La posibilidad de tratar a las parejas en forma conjunta, individual, grupal o con otros miembros de sus familias permite al terapeuta elegir la modalidad más eficaz para cada caso, sea cual fuere. (Para mí, la principal forma de tratamiento es la sesión conjunta.)

En la primera entrevista, casi todas las parejas manifiestan una conducta determinada por una dinámica recíproca de tipo transferencial y regresivo. No entraré a discutir si este comportamiento es una manifestación de distorsiones paratáxicas, del sistema de introyección-proyección de Dicks (1967), o de cualquier otra forma hipotética en que el terapeuta desee explicar la etiología de estos fenómenos visibles. En esa primera sesión conjunta también podemos captar evidencias de neurosis infantil y conducta regresiva que, tal vez, el psicoanálisis tardaría largos meses o años en sonsacar. No utilizar estos fenómenos en la sesión conjunta, combinándolos con los enfoques teóricos y técnicos basados en las teorías de los sistemas, la comunicación y el aprendizaje, entrañaría un tremendo derroche de influencia y conocimientos clínicos. No debemos refrenarnos en cuanto al uso de nuestros conocimientos psicoanalíticos en las sesiones conjuntas, ni excluirlo en forma drástica, ni reservarlo para las entrevistas individuales, ya que las interpretaciones ofrecidas como hipótesis o tareas fundadas en nuestra percepción consciente de la psicodinámica constituyen instrumentos importantes para la terapia conjunta.

El enfoque sistémico de esta terapia puede incluso adaptarse para el manejo de material onírico e inconsciente. Goldstein (1974) hace que los cónyuges especulen en torno al significado de los sueños del compañero, pero él se abstiene de interpretarlos. Muchas veces les pido a mis pacientes que especulen sobre sus propios sueños y los del esposo, pero también puedo hacer que el individuo trabaje con su sueño con métodos guestálticos y dar mis propias interpretaciones (Sager, 1967*b*). Asimismo, los sueños son útiles para determinar las cláusulas contractuales correspondientes al tercer nivel de conciencia, para verificar e investigar los componentes interaccionales, y para otros múltiples usos relacionados con factores presentes y remotos. Al hablar del caso Smith ejemplificamos una de las maneras de utilizar los sueños en las sesiones conjuntas.

La aguda percepción subliminal que posee cada esposo de los deseos y cláusulas contractuales inconscientes del compañero determina, en buena medida, las interacciones conyugales. Los fenómenos de transferencia desempeñan un rol importante, debido a los numerosos factores inconscientes que influyen en la elección de pareja y en las formas de percibirla. El terapeuta cuya formación incluya los métodos intelectivos del tratamiento individual, diversas técnicas de terapia del sistema marital, terapia familiar y modificación de la conducta, tendrá la ventaja de poder centrarse, alternativamente, en el sistema interaccional de la pareja y en el componente intrapsíquico de cada individuo, para comprobar de qué modo uno afecta al otro y contribuye a determinar su contenido y manifestaciones.

Enfoques teóricos

Las modalidades pueden conducirse de acuerdo con cualquiera de los tres principales enfoques psicológicos, cuya combinación también puede incluir el enfoque orgánico (p. ej., el uso de drogas psicotrópicas). La mayoría de los terapeutas se valen de una mezcla de dos o más enfoques teóricos, si bien es posible que pongan mayor énfasis en uno en particular. Los seleccionamos guiándonos, en buena medida, por lo que nos resulta cómodo y compatible con nuestra propia personalidad, formación y experiencia, por los maestros con los cuales nos identificamos, y por los prejuicios o las tendencias recibidos de otras fuentes de influencia, y poniendo como único límite el número de teorías y técnicas que nos permitimos aprender. Por lo general, un mismo objetivo terapéutico puede alcanzarse de diversas maneras y es raro que podamos, o debamos, emplear un enfoque en su forma pura. En el estado actual de nuestros conocimientos, lo más sensato es ser eclécticos en cuanto a las teorías, y empíricos en cuanto a las técnicas.

Los principales enfoques teóricos son:

1. El *orgánico,* que utiliza métodos basados en el tratamiento físico de determinados factores etiológicos o sus manifestaciones.
2. El *sistémico transaccional*, que emplea métodos basados en la intervención en los sistemas. Tiene por meta cambiar las transacciones entre los cónyuges o modificar, con su colaboración, los objetivos y fines del sistema marital.
3. La *teoría psicodinámica*, que usa métodos basados en cualquiera de las formas del psicoanálisis: análisis clásico, psicoterapia psicoanalítica, terapia guestáltica, análisis transaccional, etcétera.
4. La *teoría del aprendizaje*, base teórica de las técnicas de terapia de la conducta y de modificación de la conducta.

El *enfoque orgánico* hace hincapié en factores determinados físicamente, entre los que figuran los efectos somatopsíquicos. Es importante diagnosticar y tratar estos determinantes de acuerdo con los mejores conocimientos médicos, recurriendo a la capacitación correctiva cuando corresponda. Las drogas psicotrópicas se usarán con prudencia y en los casos indicados. Se tendrá en cuenta que las perturbaciones emocionales primarias, algunas formas de esquizofrenia y los síndromes cerebrales orgánicos someten al sistema marital a una tensión tal, que puede impedir su supervivencia.

El *enfoque sistémico transaccional* está basado en la teoría general de los sistemas, y considera al sistema marital como una unidad compuesta de dos subsistemas individuales (marido y mujer). Aun antes de su casamiento, las interacciones entre los integrantes de la pareja han comenzado a establecer un sistema dotado de reglas y cláusulas contractuales propias; estas últimas pueden ser conscientes o inconscientes. El enfoque sistémico parte de la hipótesis de que cualquier intervención que afecte un subsistema afectará al sistema total. La tarea del terapeuta consiste en idear intervenciones que produzcan en este el efecto que él y los pacientes desean. Este principio deja lugar a una extensa gama de tipos y puntos de intervención. El concepto de sistema permite incorporar a la teoría casi todos los métodos para comprender y modificar el comportamiento de la díada humana. Este enfoque es ampliamente utilizado en terapia de la familia —p. ej., en el método de reestructuración familiar de Minuchin (1974)—.

Existe la posibilidad de que los propósitos individuales de los cónyuges choquen con los del sistema marital. Muchos hombres, y también muchas mujeres, sienten que casarse significa renunciar a derechos y libertades importantes. Si a esto lo consideran un «sacrificio», con toda seguridad habrá problemas, porque esa persona tendrá desde un comienzo la impresión de haber hecho un mal negocio, y buscará la manera de eludir al sistema marital y al compañero. El individuo que contrae matrimonio sabiendo a qué renuncia (y aquí me refiero también a los aspectos negativos que encierra para él la vida de soltero), pero creyendo que a cambio de eso ganará algo mejor, seguirá esforzándose, probablemente, por hacer que su matrimonio funcione, siempre y cuando el compañero satisfaga una parte «razonable» de sus expectativas matrimoniales.

Muchas transacciones conyugales se convierten en pautas que, a menudo, sólo necesitan un estímulo parcial —como resultado de la experiencia y condicionamiento— para activar una reacción previsible. Los orígenes de estas pautas establecidas suelen perderse en la prehistoria de la pareja: es inútil tratar de averiguar a toda costa quién fue el primero en hacerle algo a quién, aunque esto constituye un placer para muchas parejas. . . Las transacciones que han pasado a ser pautas establecidas, y los sentimientos que ellas provocan, pueden alterarse mediante diversos métodos: reestructurando el sistema o modelando la conducta de los esposos a fin de cambiar positivamente las motivaciones, defensas o impulsos de uno u otro; analizando la transacción actual en sí (incluso puede filmarse la entrevista en videocinta y hacer que los cónyuges la vean); alterando los medios y la eficacia de la comunicación conyugal; impartiendo tareas tendientes a modificar la conducta; o bien valiéndose de otras técnicas, algunas de las cuales se expondrán más adelante. Una innovación reciente —siempre dentro del enfoque transaccional de sistemas— es el uso de técnicas desarrolladas por los terapeutas conductalistas.

En la actualidad, la *psicodinámica* abarca mucho más que el legado del psicoanálisis clásico, si bien este comprende aspectos importantes que no deben desecharse cuando siguen siendo válidos y terapéuticamente útiles. Disponemos de numerosos métodos adicionales, teóricos y técnicos, que también son psicodinámicos, tales como: el análisis transaccional, la teoría guestáltica, las teorías psicoanalíticas más interpersonales y culturales —p. ej., las de Horney (1939, 1950) y Sullivan (1945, 1953)—, la de las relaciones objetales de Fairbairn (1952, 1963), su adaptación para el trabajo con parejas (Dicks, 1967), las contribuciones de Ackerman (1958, 1966) a la teoría de la terapia familiar, etc. Esencialmente, todos estos son métodos intelectivos o de *insight*, aunque por lo común también incluyen algunos aspectos de los otros enfoques teóricos.

La psicodinámica de un individuo está determinada por la interacción de su biología y del medio, el cual va más allá de la influencia de los progenitores y hermanos menores, u otros eventos ambientales de sus primeros años de vida. La dinámica intrapsíquica siempre puede ser alterada e influida por experiencias nuevas, incluso por las transacciones con el cónyuge. Empero, dada nuestra complejidad como personas y el hecho de que somos sistemas abiertos, en constante modificación por los diversos influjos y elementos que recibimos, el estilo del sistema marital se determina no sólo por lo que aporta cada esposo, sino también por el medio social de la pareja y el modo en que presiona sobre ella el resto del mundo contemporáneo. Esta última clase de interacción hizo posible que, en 1975, la esposa del presidente norteamericano dijera que no se sorprendería si su hija de 18 años, aún soltera, tenía una relación sexual prematrimonial; este comentario de la señora Ford influye, a su vez, en las costumbres actuales.

Así como el sistema marital recibe influjos y elementos, también realimenta y modifica la dinámica intrapsíquica de cada cónyuge. Por ejemplo, con frecuencia observamos cambios en los que el dominio pasa de un esposo al otro. No es raro que un hombre que ha temido a las mujeres se reafirme al establecer una relación conyugal: una vez casado, ya no les teme, ya no necesita dominarlas o ser dominado por ellas. Presumiblemente, su nueva experiencia con una mujer determinada ha ido cambiando su dinámica intrapsíquica, a medida que ambos alcanzaban un *modus vivendi* conyugal viable.

Dentro de la *teoría del aprendizaje*, las técnicas que interesan a nuestra labor clínica con parejas derivan de la terapia de la conducta y de la terapia de modificación de la conducta. La interdependencia de los dos adultos que integran el sistema marital les proporciona una amplia oportunidad de aprender a reforzar recíprocamente sus rasgos conductales positivos y negativos. Las técnicas que se basan en aspectos de la teoría del aprendizaje desempeñan un rol cada vez más importante en la terapia de pareja. Hoy día, muchos terapeutas utilizan algunas tomadas de la terapia de la conducta (p. ej., impartir tareas para que se las realice en el hogar, usar sistemas de recompensas, etc.). Los resultados de las tareas, los sentimientos suscitados y el empleo terapéutico de los mismos pasan a formar parte de un enfoque técnico polifacético e integrado; suman cada vez más los profesionales que utilizan la asignación de tareas, junto con métodos intelectivos concernientes a las resistencias y reacciones emocionales provocadas por aquellas (Kaplan, 1974). El enfoque purista de la terapia de la conducta, quizá necesario cuando estas técnicas aún estaban en pañales, ha madurado; algunos innovadores de esta terapia han comenzado a adoptar una postura menos rígida, a medida que aumenta el número de clínicos y teóricos que combinan métodos y teorías conductales y de *insight.*

Yo utilicé por primera vez en gran escala la asignación de tareas en terapia sexual, y resultó sumamente eficaz cuando se la combinaba con terapia de *insight.* Una vez estipuladas las tareas a realizar en el hogar, dedicaba la siguiente sesión a considerar las complejas reacciones emocionales experimentadas por la pareja durante su ejecución. Desde entonces, he incorporado este enfoque —orientado hacia tareas y dirigido por objetivos— a mi bagaje terapéutico para el tratamiento de las parejas y sus contratos individuales (Sager, 1976). Otros colegas hacen hincapié en diferentes aspectos de la terapia de la conducta en sus enfoques clínicos. Stuart (1972) ha desarrollado un método de tratamiento interpersonal operante, destinado a las parejas, que modifica la relación marital haciendo que los cónyuges refuercen recíprocamente su comportamiento más constructivo. Fensterheim (1972) pone el acento en el adiestramiento de la autoafirmación [*assertive training*].

Cada uno de los tres enfoques teóricos y psicoterapéuticos básicos (el transaccional de sistemas, el psicodinámico y el derivado de la teoría del aprendizaje) se subdivide en múltiples modalidades de terapia marital. Yo prefiero mantener la flexibilidad, procurando sumar a mis esfuerzos terapéuticos todo nuevo método o elemento que sea útil. Rara vez desecho uno de ellos por completo, pues me doy cuenta de que, tarde o temprano, surgirá la oportunidad de utilizar un enfoque teórico o una técnica aprendida tiempo ha. En nuestra tarea de curar, debemos echar mano de cuanto podamos, y no hay ninguna teoría que encierre todas las respuestas, que posea todos los medios de influir en el comportamiento dentro de la más compleja de las relaciones humanas. Los enfoques orgánicos exceden los alcances de este libro; aquí sólo corresponde advertir al terapeuta que se mantenga atento a los nuevos avances y posibilidades que emergen constantemente en esta importante área.

Técnicas

Las técnicas específicas para la terapia de pareja pueden tomarse de todas las formas de terapia basadas en cualquiera de los enfoques teóricos, o apoyarse en las ventajas que ofrecen ciertas modalidades. Como ocurre a menudo en psicoterapia, puede pasar mucho tiempo entre la elaboración de una técnica y su engarce en una teoría determinada. En cierto sentido, casi todos los terapeutas poseen inventiva y enriquecen el repertorio técnico. Más que intentar dar una lista completa de técnicas, con sus indicaciones y contraindicaciones, me propongo señalar aquí varias maneras de encarar la aplicación de nuestros conocimientos teóricos básicos. Lo primero sería contrario a mi interpretación del proceso de terapia, ya que no hay un tratamiento específico para cada síntoma. Como terapeutas, trabajamos con fenómenos demasiado complejos como para encararlos basándonos en un concepto lineal del cambio, regido por el principio de causa y efecto; esto nos obliga a volcar todos nuestros conocimientos y experiencias en la tarea.

Por ejemplo, hace pocos años aprendí la técnica STOP (Wolpe, 1973) de terapia de la conducta, y la he empleado con éxito para inhibir ciertos tipos de ideas obsesivas y acciones compulsivas individuales. Cuando se me presentó el caso de un matrimonio en el que ambos cónyuges se sentían inquietos y turbados por el parloteo compulsivo de la esposa, se me ocurrió una adaptación de la técnica STOP: previo consentimiento de la pareja, le enseñé al marido a utilizar esa técnica con la mujer cada vez que ella cayera en su parloteo, interrumpiéndola. (Lo del acuerdo previo fue para dar un carácter transaccional al método, pero también lo hice porque la mujer no siempre era consciente de su cháchara compulsiva.) La esposa se sintió agradecida por la ayuda que le brindaba su compañero, y a él le agradó poder hacer algo constructivo. La charla compulsiva disminuyó; al cabo de dos semanas, la mujer empezó a utilizar la técnica por sí sola y consiguió eliminar su compulsión casi por completo.

Contrato único

Desde los comienzos del tratamiento suelo orientar a los cónyuges hacia la elaboración de un contrato único, como un medio para mejorar su relación. A menudo, esto se hace en un principio de manera implícita, cuando los esposos y yo comparamos los términos de los dos contratos individuales verbalizados o escritos por aquellos. En su sentido más amplio, el camino que seguimos y que nos conduce hacia el objetivo del contrato único *es* obra de la terapia. Las cláusulas contractuales no deben ser elegidas por mí, sino por los dos esposos. Yo procuro guiarlos, facilitarles el trabajo, quitarles los obstáculos del camino. Les hago notar las áreas conflictivas, congruentes y complementarias. Ideo tareas para cambiar su comportamiento recíproco, y les doy mi interpretación de su dinámica intrapsíquica y sistémica cuando lo creo útil. Relaciono el presente con el pasado (su relación con sus progenitores, el matrimonio de estos, el rol que les asignaron en su familia de origen, su relación con los hermanos menores, el modo en que todo esto puede afectar su actual conducta marital) y con otras experiencias de la vida cuando es lo indicado. Manipulo su sistema en nombre de ellos, con su consentimiento y cooperación.

El rol del terapeuta se parece un poco al de un guía experto que ha sido contratado para ayudar a los clientes a obtener mejor pesca, pero sin garantizarles el éxito. Este guía procura establecer las condiciones más factibles y expeditivas para el logro del objetivo general: recurre a todos sus conocimientos y experiencias, les informa sobre los hábitos de los peces de la zona, trata de que disfruten de la mayor comodidad posible, pero, por supuesto, sus clientes deben comprender que no pueden pescar desde la terraza de una *suite* del hotel Hilton local, que el viaje puede ser arduo, incómodo y hasta penoso, pero que vale la pena hacerlo —si de veras desean pescar— por el premio que les aguarda. A veces, el guía se ve ante un conflicto: su deber es no conducir el bote hacia aguas revueltas que resulten demasiado peligrosas para sus clientes, pero sabe que puede haber buena pesca en el remanso profundo que hay más allá de los rápidos. Es preciso optar. Por lo común, no les hará cruzar los rápidos con peligro para sus vidas: quizás haya pesca en lugares más seguros, o bien los clientes —en nuestro caso la pareja— comprenderán que su expedición conjunta debe terminar.

Mediante los contratos individuales y el contrato de interacción se trata de llegar a un contrato único conjunto que reemplace a los unilaterales, con sus cláusulas ocultas y no acordadas. El terapeuta se vale de su pericia para ayudar a reducir la cantidad y efectos nocivos de las estipulaciones conflictivas, ya sean conocidas o recién descubiertas. No es necesario que todas las cláusulas del contrato único sean agradables u óptimas para ambos cónyuges; en él puede haber muchas transacciones, muchas cláusulas complementarias negativas y positivas que podrán ser o no satisfactorias para los dos cónyuges pero que al menos les resultarán factibles y podrán ser aceptadas sin rencor, sin una sensación de capitulación o derrota. Ambos tienen que ser capaces de cumplir su parte del contrato, y estar motivados para ello.

Por lo general, para llegar al contrato único (se lo llame o no así) la pareja necesita tener plena conciencia de las áreas conflictivas de sus contratos individuales, o por lo menos de las más espinosas. Aun cuando pueden establecerse acuerdos verbales con respecto a un parámetro, lo habitual es que no puedan cumplirse durante mucho tiempo cuando existe un conflicto subyacente en otro parámetro relacionado con las áreas temáticas de las categorías 1 y 2. En este caso, tal vez haya que eludir el área problemática reduciendo la angustia de alguna manera apropiada, o bien tratar los factores etiológicos más antiguos.

Una vez que la pareja se ha aproximado al contrato único tiene que revisarlo periódicamente, pues los objetivos, fines y necesidades van cambiando en el curso del ciclo matrimonial y dentro de cada individuo.

Comunicación

No es necesario explayarnos sobre el rol de la comunicación verbal y no verbal entre los cónyuges. Esta comunicación es un medio, un mensaje y un fin para las parejas, estén o no bajo tratamiento. Es el instrumento del terapeuta. La dilucidación de los contratos individuales para que los cónyuges tomen plena conciencia de ellos, así como la búsqueda de un contrato único, constituyen una inteligencia mutua transmitida por la comunicación.

Objetivos

Son esenciales en terapia y también ofrecen un enfoque para su rápida iniciación Un método para proceder de manera ordenada, en etapas, es fijar objetivos simples y, una vez cumplidos, pasar a otros. La información contractual ayuda a orientar a los pacientes y al terapeuta en la fijación de objetivos, involucra a aquellos como participantes plenos en la elección de los objetivos que desean, y asegura el cumplimiento de *sus* prioridades, valores, normas y propósitos, en vez de limitarse a los del terapeuta.

Los objetivos expresados al comienzo del tratamiento no tienen que ser necesariamente los definitivos. Cualquier objetivo o propósito en que convengan los cónyuges y el terapeuta es aceptable, siempre y cuando sea asequible. Durante la terapia, es posible que salten a primer plano objetivos o problemas inesperados que es preciso encarar. El terapeuta debe distinguir los válidos de aquellos que son sólo desviaciones o resistencias. El avance paso a paso es un ideal teórico, frecuentemente interrumpido por las necesidades inmediatas de la vida.

En algunos casos, uno o ambos cónyuges se someten al tratamiento con miras a separarse. Si uno de ellos desea irrevocablemente la separación, el terapeuta debe facilitarla con la cooperación de los dos esposos, procurando que sea lo menos destructiva posible. Sin embargo, algunas parejas parecen incapaces de alcanzar un *modus vivendi* practicable hasta que su matrimonio se ve amenazado; entonces, uno o ambos miembros de la díada pueden valerse de esa amenaza de separación para tratar de mejorar la relación o forzar a la pareja a buscar tratamiento.

Mi meta es tratar de ayudar a los cónyuges a continuar su relación, si así lo desean. Les explico claramente que la separación o divorcio de dos personas que alguna vez se amaron representa un desengaño, un golpe para la autoestima de cada esposo, el fin de una esperanza y de un sueño, algo doloroso de aceptar. Les advierto que puede afectar profundamente a sus hijos y a sus relaciones con ellos, así como ocasionar dificultades económicas. Si deciden que lo mejor es separarse, deben comprender al menos por qué lo hacen, y aprender de la experiencia de vida en común. ¿Qué puede aprender cada esposo que mejore sus probabilidades de una mayor realización personal, de una mejor relación futura (si es que la desea)?

Muchas veces, el terapeuta debe arrogarse un liderazgo firme para establecer si ambos cónyuges desean seguir juntos y mejorar la calidad de su relación. Si en un principio la pareja no está segura de si quiere mantener o no su unión, puede ayudársele a utilizar el proceso terapéutico para aclarar sus contratos y tomar una decisión sensata.

También puede ocurrir que un cónyuge, o los dos, recurran al terapeuta con fines encubiertos. Por ejemplo, un esposo desea que el otro esté «en manos» del terapeuta como «protección y garantía» contra una depresión o un episodio psicótico, o bien teme la cólera que estallará en el otro al anunciarle la separación. En tales casos, uno de los cónyuges puede emplear la terapia como un medio para tratar de transferir al terapeuta su responsabilidad en lo que respecta al compañero; algunos se someten a terapia para decirse a sí mismos, al esposo, a los hijos, amigos, parientes y al mismo Dios que lo han intentado todo antes de llegar a la separación.

Cuando ambos cónyuges no desean seguir viviendo juntos, lo mejor es que el terapeuta respete el carácter inevitable de su divorcio o separación.

Así como el galanteo debe durar cierto tiempo, del mismo modo debe emplearse un lapso considerable en resolver los aspectos emocionales y mecánicos de la separación, y en prepararse para vivir sin un compañero. . . al menos temporariamente. Whitaker y Miller (1969) sostienen que una pareja debe tardar en decidir el divorcio el mismo tiempo que tardó en casarse.

En la mayoría de los casos, es importante que el individuo aprenda que puede vivir sin un compañero, que es capaz de sobrevivir y valerse solo. Esto elimina la necesidad de aferrarse a una relación por miedo a la soledad o la impotencia y deja a los esposos en mayor libertad para decidir si vivirán o no juntos, ya que así ninguno tiene que «demostrar» que es capaz de seguir viviendo solo.

Los que no pueden mantener una relación satisfactoria deben saber que tienen la posibilidad de lograrlo con otro compañero. En lo referente a prognosis, la interacción de la díada siempre es más importante que la psicodinámica del individuo. Es imposible pronosticar con eficacia si un paciente, al que hemos entrevistado individualmente, podrá o no mantener una buena relación con un esposo aún hipotético. Lo importante es cómo encajan entre sí. Ha habido veces en que me he sentido sorprendido, y también satisfecho, al ver cómo un individuo lograba hallar un compañero cuyas necesidades complementaban armoniosamente a las suyas.

A menudo, los pacientes definen inicialmente sus objetivos en función de sus quejas inmediatas: «Siempre estamos riñendo. Si él no me acosara constantemente, no habría problemas entre nosotros»; «Creo que ella ya no me ama. Ya no puedo conseguir más trabajo extra, así que andamos escasos de dinero. Ahora, en cuanto llego ella quiere que empiece a arreglar cosas; no piensa en mí»; «Tengo problemas sexuales. . . no puedo mantener la erección. Nunca los había tenido hasta estos últimos seis meses, desde que ella me descubrió una aventura extraconyugal que duró una sola noche»; «Aquí estoy yo, clavada a esta casa, los niños y la camioneta. Él nunca está en casa. Se ha casado con esa empresa, más que conmigo. . .».

Seríamos muy simplistas si creyéramos que para resolver estos cuatro casos sólo hace falta lo siguiente: en el primero, decirle al marido que deje de acosar a su esposa; en el segundo, conseguir que él gane más dinero y que ella le dé más tiempo para relajarse; en el tercero, hacer que el marido deje de sentirse culpable por su experiencia sexual extraconyugal y lograr que ella lo «perdone», así él recobraría su capacidad sexual y todo marcharía bien entre los dos; en el cuarto, instar al esposo a pasar más tiempo con su familia y a brindarse de un modo más directo. Por supuesto, las soluciones que son tan sencillas no existen.

Estas reconvenciones pertenecientes a la categoría 3 son síntomas derivados, más que agentes etiológicos. No cabe duda de que cada caso encierra mucho más de lo que puede modificarse mediante una sugerencia nacida del sentido común. Si fuera tan fácil solucionarlo, el matrimonio ya lo habría hecho y no buscaría la ayuda del profesional.

Las parejas más sofisticadas pueden formular sus objetivos inmediatos de manera distinta, pero aun así seguirán perteneciendo a la tercera categoría de quejas derivadas, igual que los cuatro ejemplos anteriores. Dos versiones más sutiles podrían ser: «Las comunicaciones entre mi esposa y yo han perdido todo significado. Podemos dialogar sobre cosas, pero no sobre sentimientos»; «Sí, yo también puedo extender cheques, pero en realidad no hay igualdad de responsabilidades y derechos entre nosotros cuando hay que decidir gastos importantes. Él puede comprarse un traje nuevo por propia decisión, pero si yo quiero comprarme un abrigo tengo que consultarlo a él». Los objetivos supuestos como solución de estas quejas serían: en el primer caso, «mejorar la comunicación»; en el segundo, llegar a un *modus operandi* adecuado en lo referente al manejo del dinero. Al procurar alcanzarlos, pronto descubrimos que las quejas son derivadas, que en el primer matrimonio la mala comunicación es una manifestación de la necesidad de distanciamiento que experimenta la esposa, y que en el segundo el empleo del dinero es sólo una de las múltiples manifestaciones de una profunda lucha de poder.

La tarea del terapeuta es ayudar a la pareja a fijar objetivos que le ayuden a obtener lo que realmente quiere. Esto suele definirse mejor en términos conductales, aun cuando se requiera *insight* para contribuir a producir el cambio. Quizá sea importante que los cónyuges sepan que la expresión patente de su queja nace de diferencias fundamentales, que es preciso resolver para que la lucha de poder sea un factor menos crucial en sus interacciones diarias. O bien el terapeuta optará por esquivar el problema inmediato y ayudarles a actuar más directamente sobre el poder en sí, tratando más adelante los conflictos económicos (si para entonces los esposos no los han resuelto por sí solos). Los objetivos inmediatos apropiados surgen con más nitidez si se usan los contratos matrimoniales para aclarar las causas subyacentes del mal funcionamiento del sistema marital.

Una vez que el terapeuta y los dos esposos están razonablemente seguros de que estos últimos —incluso siendo ambivalentes— desean de veras tratar de mejorar su relación, pueden proceder a la fijación de objetivos, actuando por etapas. Algunas parejas se contentan con avanzar un corto trecho hacia su ideal de relación perfecta, que es un punto en el infinito; otras son demasiado impacientes como para quedarse mucho tiempo en los tramos intermedios, y quieren avanzar a saltos. En ambos casos —tal como lo subrayan Ferber y Ranz (1972) en su obra sobre tareas y logro de objetivos en terapia familiar— es preciso que los objetivos sean asequibles para que su uso resulte eficaz. Es deber del terapeuta no aceptar metas imposibles o destructivas, como, por ejemplo: «Quiero que mi esposa me obedezca», o «Nuestra relación debe ser perfecta, sin altercados ni peleas». Tampoco tiene que permitir que se establezca un objetivo común imposible de cumplir, o inaceptable para uno de los cónyuges.

Veamos un ejemplo de objetivo inaceptable. En un matrimonio, el marido sufría depresiones y accesos de cólera incontrolable, provocados por incidentes que parecían carecer de una clara base etiológica. Aunque ya era un hombre de mediana edad, con éxitos y renombre en su profesión, abrigaba la secreta ambición de llegar a ser presidente de Estados Unidos. Su esposa lo apoyaba en esto, mitad en serio mitad en broma, pero por dentro compartía seriamente sus deseos, de modo que ambos empezaron a participar activamente en la política local, a expensas de la vida familiar y del trabajo profesional del esposo. Los dos estaban al borde de una *folie à deux* que los turbaba, pero que era muy real para ellos. Al principio del tratamiento, el objetivo subyacente del marido era que yo lo ayudara a cambiar su personalidad para poder llegar a la presidencia, en tanto que la mujer buscaba más bien eliminar sus cóleras y depresiones irracionales, por lo común dirigidas contra ella. Una vez que él convino en abocarse, con su esposa y conmigo, al logro del objetivo más inmediato, dejamos para más adelante la discusión de su ambición presidencial y señalamos que él no había cumplido con las exigencias contractuales de su esposa, en cuanto a su conducta para con ella.

Sus síntomas de depresión y cólera se relacionaban con el hecho de que había visto a su padre como un monarca absoluto, tanto en el hogar como en la limitada esfera de sus negocios; un monarca sabio y poderoso, adorado y admirado por todos y cuyos menores deseos eran cumplidos por quienes lo rodeaban, especialmente por su esposa. Así pues, en su contrato matrimonial pedía ser adorado y obedecido como lo había sido su padre. Pero su esposa no siempre actuaba en la forma prescripta, de modo que él se veía inferior e inepto en comparación con su padre, al tiempo que imaginaba ser omnipotente. Su depresión y rabia sobrevenía cuando algún hecho le demostraba que, en realidad, no era tan poderoso como se creía en sus fantasías.

Su objetivo presidencial volvió a primer plano más adelante, cuando estábamos en mejores condiciones de encararlo. Aunque era evidente que sus ambiciones habían seguido latentes, no habría sido correcto tratar de encararlas abiertamente al comienzo del tratamiento, pues esto podría haberme puesto ante el mismo dilema en que se vio Lindner (1955) con un paciente joven. Según lo relata en el capítulo «El diván a retropropulsión», Lindner se dejó arrastrar por la ilusión arrolladora de su paciente, haciéndola suya e involucrándose profundamente. A raíz de esto, no percibió que, en un momento dado, su paciente desechó esa ilusión por resultarle ya innecesaria, y ahí quedó él, volando solo en el «diván a retropropulsión». . .

No es raro que un terapeuta se enrede en una *folie à deux* con su paciente. Lindner tuvo la valentía de ofrecernos su propio caso —un ejemplo clásico— para que nos sirviera de advertencia clínica. En la terapia de pareja, la contratransferencia también puede impulsarnos a entrar en el sistema delirante o paranoide de un cónyuge contra el otro. De ahí que, volviendo al caso anterior, yo no podía aceptar el objetivo de mi paciente de que lo ayudara a cambiar su personalidad para acceder a la presidencia; tras una exploración preliminar que me reveló hasta dónde llegaba esta necesidad, le pedí que no la tratáramos, en la esperanza de que la desecharía por sí solo. De ordinario, tal vez le habría señalado lo ilógico de su posición, pero me di cuenta de que en este caso sería inadecuado, dado el énfasis con que ese hombre había descripto a su padre como un dios al que jamás podría igualar, a menos que alcanzara un gran poder político. Si en ese momento yo le hubiera señalado cuán ilógica, irreal e inapropiada era su ambición, él podría haber creído que yo me aliaba a su padre para mantenerlo en una posición inferior («Usted es como mi padre, tan superior a mí que siempre seré un niño comparado con él»), confirmando los sentimientos transferenciales que, de todas maneras, pronto desarrollaría. En parte, la confesión de sus ambiciones secretas había sido una maniobra para provocar en mí la misma respuesta que él había percibido en su padre. Sólo más tarde comprendí por qué había sentido el campanilleo de una alarma interior al oírle contarme su ambición presidencial en la primera sesión; era un secreto demasiado grande como para revelarlo tan prontamente.

La fijación de objetivos es una técnica básica, aplicable a todas las modalidades de terapia y sistemas teóricos, que pone en práctica ciertos supuestos teóricos importantes: 1) enrola a la pareja y al terapeuta en la búsqueda común de un objetivo, hecho que Karl Menninger dejó en claro al definir el contrato psicoanalítico (1958); 2) los objetivos motivan a las personas y hacen que sus sistemas cognitivo y afectivo se incorporen al proceso terapéutico; 3) el individuo que es responsable de la fijación consciente de las propias metas en la vida, y que actúa para alcanzarlas sin conflicto alguno, ha dado un paso hacia la madurez; 4) la incapacidad de esforzarse por alcanzar objetivos razonables constituye una evidencia *a priori* de que un factor negativo está actuando en el sistema marital, o en un subsistema; 5) compete al terapeuta ayudar a la pareja a sortear o apartar los obstáculos de su camino, cuando los esposos tienen genuinos deseos de alcanzar sus objetivos.

Tareas

Las tareas destinadas al logro de objetivos deben tener en cuenta la dinámica del sistema marital y las necesidades y psicodinámica de cada esposo. Asimismo, deben enseñar y facilitar el cambio mediante la experiencia, sin provocar angustia o resentimiento en grado tal que asegure su rechazo (a menos que busquemos este rechazo con fines terapéuticos predecibles). Al aclarar las áreas problemáticas y la dinámica subyacente, los contratos matrimoniales facilitan sobremanera la creación de tareas adecuadas. En verdad, nos sirven de guía para fijar tareas que modifiquen la conducta, o que pongan a prueba las áreas de resistencia si tal es su propósito, y ayudan a los esposos a satisfacer recíprocamente sus necesidades inconscientes.

Por ejemplo, la atención sensata o los ejercicios agradables de la terapia sexual pueden emplearse como test terapéutico en terapia marital para explorar, en colaboración con los cónyuges, su disposición a aceptar la intimidad, su capacidad de cooperación, su aptitud para dar y recibir, para comunicarse entre sí y aceptar directivas del otro sin sentirse dominados o humillados. (Para instrucciones específicas sobre ejercicios de placer, véase Kaplan, 1975.)

Las tareas pueden ser individuales y destinadas sólo a un esposo, de compensación (cada cónyuge hace algo para el otro) o conjuntas. Se llevan a cabo durante la jornada o en el hogar. Todas tienen por objeto producir cambios en la conducta, acompañados o no de *insight*. Un ejemplo de tarea generadora de *insight* es la paradójica, que convierte una conducta acorde con el yo en otra desacorde con el yo; por lo común, consiste en que un esposo lleve al absurdo una pauta conductal que perturba al otro (Haley, 1963).

Veamos un ejemplo: una mujer se quejaba de que su marido era desaliñado en el hogar, defecto que él mismo confirmó. Ella se esforzaba inútilmente por corregirlo, gritándole o recogiendo las cosas que dejaba a su paso, tal como lo había hecho su madre. Se le dijo al hombre que acentuara al máximo su falta de pulcritud, que convirtiera la casa en un verdadero desparramo. Al mismo tiempo, se le impartió a la esposa la tarea de gritarle y regañarlo constantemente, pero *sin* recoger lo que tiraba; debería gritarle ante la menor muestra de desorden o desprolijidad, aunque no tuviera ganas de hacerlo. Las instrucciones se impartieron en una sesión conjunta, en presencia de ambos cónyuges. (El terapeuta debe impartirlas con cara seria, dándoles a entender de modo convincente que desea que las cumplan.)

Llevado a tal extremo de extrapolación, el comportamiento de cada esposo se hace ridículamente claro a ojos del otro, se logra una intelección casi inmediata de los efectos de la propia conducta y, con frecuencia, los dos la cambian de consuno. En el ejemplo anterior, el marido comprendió mansamente que estaba actuando como un chiquillo malcriado y ella se vio a sí misma como la fierecilla proverbial que no deseaba ser. Los dos rieron tristemente por lo ocurrido, comprendiendo que la exageración de su comportamiento usual era ajena y contraria a su yo. Esta tarea sencilla nos permitió transformar una conducta acorde con el yo en otra desacorde con el yo, y también bastó para que ambos esposos convinieran en cambiar su comportamiento irritante.

En la sesión conjunta que sigue a la asignación de tareas, los integrantes de la pareja describen lo que han hecho y las reacciones que la tarea les ha provocado. Nos preocupa saber qué sintieron y cómo las llevaron a cabo, qué tuvieron de bueno y de malo para ellos y cómo encaró cada cónyuge la tarea del otro, además de la propia. Es tan importante conocer las causas del fracaso (por qué no se realizó una tarea) como las del éxito. Los fracasos, resistencias y reacciones emocionales son el material esencial de la sesión terapéutica; necesitamos de toda nuestra destreza para tratarlos, y debemos echar mano de nuestros conocimientos técnicos y teóricos para abordar los aspectos etiológicos inmediatos (interaccionales y sistémicos) y remotos (intrapsíquicos, experiencias anteriores).

La elaboración de tareas que rocen los deseos y las necesidades inconscientes de cada cónyuge constituye un desafío fascinante para el terapeuta, quien tiene que examinar rápidamente las cláusulas inconscientes de los contratos para poder utilizarlas como guía. Así procedí, por ejemplo, en el caso de los Smith, cuando ambos cónyuges infantiles trataban de convertir al compañero en un progenitor fuerte pero benévolo y complaciente. Encaré su necesidad simultánea de mando y dependencia haciendo que cada uno asumiera la responsabilidad en cuanto a las decisiones familiares durante períodos alternados de tres días, con lo cual se resolvió el conflicto de poder y el de cómo aparentar sumisión al tiempo que se hacía actuar al compañero según los propios deseos.

Con frecuencia, los problemas originados principalmente en las dos primeras categorías contractuales (expectativas puestas en el matrimonio y determinantes biológicos e intrapsíquicos) pueden tratarse combinando las tareas con técnicas de psicoterapia breve, con las cuales se eluden o penetran las fuentes de las reacciones y sentimientos que se sacarán a luz en la siguiente sesión.

Cómo vencer la resistencia al cambio

El trabajo decisivo del tratamiento consiste en remover los obstáculos que impidan llegar al contrato único. Algunos de los problemas son de tal naturaleza, que a veces requieren que se los trate en sesiones individuales o con una terapia de *insight* más intensa. Asimismo, es posible que en un momento dado convenga recurrir a la terapia marital conjunta o concurrente, terapia familiar (con asistencia de los hijos, hermanos menores y/o progenitores del cónyuge, según corresponda), terapia de grupo o psicofármacos.

Con toda probabilidad, la simple decisión de cambiar la propia conducta tendrá el mismo «éxito» que la resolución de dejar de fumar, o empezar a hacer gimnasia, que solemos tomar cada Año Nuevo. . . La motivación y la disposición al cambio deben estar presentes en todos los niveles de conciencia. Goulding (1972) se refiere a una actitud de este tipo cuando habla de la disposición a reiterar, o retomar, la vieja decisión de «cambiar el libreto de la propia vida».

Cuando el individuo aceptó este libreto en primera instancia, tal vez actuó del modo apropiado para encarar o adaptarse a algo. Empero, en la vida adulta este mismo libreto puede resultar contraproducente y/o masoquista. Es posible que uno o ambos cónyuges no estén dispuestos a cambiar en el momento en que buscan ayuda en forma ostensible, lo cual puede indicar que su situación no es lo bastante desdichada como para que intenten hacer lo necesario para cambiarla, que no han enfrentado las consecuencias finales de su comportamiento actual, o que temen demasiado al cambio.

Una vez que el individuo está motivado para recurrir, al menos, a un terapeuta, su primer objetivo puede ser adquirir la disposición al cambio. Para ello, pueden emplearse los contratos en técnicas de confrontación que le muestren prontamente a la pareja los efectos de algunas de las maniobras defensivas o factores etiológicos remotos. El próximo paso terapéutico será, quizás, aclarar sus áreas conductales, sentimientos y conceptos anacrónicos e inadaptables.

El terapeuta debe echar mano de toda su pericia, arte, creatividad y formación para superar o sortear la resistencia al cambio. Su tarea clave es obtener los cambios conductales y de interacción necesarios, valiéndose de cualquier medio disponible: métodos de sistemas, enfoques psicodinámicos y de *insight*, modificación de la conducta o cualquier otro enfoque teórico. Por lo común, se ve obligado a utilizar alternativamente aquellos métodos que, en su opinión, resultan más eficaces; un enfoque polifacético permite actuar con mayor flexibilidad.

La autoridad del profesional es un instrumento terapéutico importante, una fuerza poderosa que debe usarse en forma consciente, sensata, con pleno conocimiento de sus posibilidades y limitaciones. Esto nos conduce al problema de las contratransferencias del terapeuta, que son las mismas en cualquier forma de terapia marital en que él se vea expuesto a todas las tensiones de la relación triangular con dos pacientes (Sager, 1967*b*). Descubrirá tal vez que en ciertos momentos, y de una manera sutil, rivaliza con el marido, o se pone de su parte contra la esposa, o es propenso a caer en pensamientos machistas, feministas o contrarios al sexo masculino. Deberá examinar constantemente su sistema de valores para no imponerlos a la pareja. Por otra parte, ningún terapeuta debe intentar tratar pacientes hacia quienes sienta un intenso temor o desagrado. Junto con la terapia familiar que incluye a los hijos, la marital es la forma de psicoterapia con mayor tendencia a tocar las fuentes ocultas de las emociones y sistemas de valores del terapeuta, amenazando con quebrar su objetividad.

Las teorías transaccionales de sistemas, psicodinámicas y de aprendizaje sirven de base para el desarrollo de múltiples modalidades y técnicas de tratamiento de los contratos matrimoniales individuales. Si consideramos a estos como un diagnóstico del estado en que se halla el sistema marital, de cómo funciona realmente para alcanzar sus objetivos y fines, esclareceremos el rol que pueden cumplir en la terapia marital.

El contrato matrimonial no es un test psicológico o interpersonal, sino un concepto; de ahí que su aplicación y la metodología de su uso deban ser siempre flexibles. Cada clínico tiene que adaptarlas a sus propias necesidades y a las de cada pareja. Elaborar un «puntaje» cualitativo para los dos contratos individuales, o para los perfiles de conducta, equivaldría a no percibir la esencia dinámica del concepto. Esos dos contratos, que avanzan hacia la unificación con la participación de ambos cónyuges y del terapeuta, no pueden encerrarse en ningún dogma o análisis esquemático. Terapeuta y paciente deben gozar de una constante libertad de movimiento, dentro de su percepción de sus necesidades y de la situación del tratamiento. El deseo de dos personas de permanecer unidas por puro amor, afecto y fortaleza es la mejor fuerza motivacional de que puede disponer para su trabajo el terapeuta, que sólo está limitado por su propia sagacidad e inventiva.

10. El sexo en el matrimonio

El trato sexual se considera universalmente como una función, y aun un deber, primordial dentro del matrimonio, y para muchas personas sólo es lícito entre cónyuges. Sin embargo, a lo largo de los últimos cincuenta años no ha quedado definido el rol del sexo en la terapia marital. Hasta la década pasada, ni los terapeutas generales ni los maritales solían interrogar en detalle a sus pacientes sobre sus relaciones sexuales. Frente a una pareja con un problema sexual, a veces sentíanse incómodos, incapaces de ayudarla, o ignoraban en la misma medida que sus pacientes las fuerzas físicas e interaccionales que influyen en la respuesta y conducta sexuales.

Los nuevos avances en nuestro conocimiento acerca de la fisiología del sexo (Masters y Johnson, 1966) y del tratamiento de las disfunciones sexuales (Masters y Johnson, 1970; Kaplan, 1974, 1975) nos han hecho comprender cada vez más que el terapeuta necesita investigar en forma específica las prácticas sexuales de la pareja. La mayor apertura hacia el sexo en general y el mayor número de terapias eficaces para las disfunciones sexuales han acentuado esta tendencia. La nueva terapia sexual ha influido profundamente en la terapia marital (Sager, 1976).

El impacto de los cambios sociales y tecnológicos referentes al matrimonio y a todas las relaciones diádicas se ha traducido en una diversidad de pautas de convivencia que han venido a reemplazar la pauta única y universal. También aquí los terapeutas deben guiarse por los objetivos, fines y valores de los pacientes, absteniéndose de imponerles sus propios valores.

En este capítulo examinaré la relación entre el sexo y la terapia marital, la cuestión de las relaciones sexuales de la pareja como reflejo de su relación total, y los puntos más comúnmente incluidos en los contratos sexuales de las parejas (individuales y de interacción).

Relación entre los problemas sexuales y otros problemas conyugales

Muchos clínicos no establecen una distinción neta entre los síntomas sexuales y maritales. En lo que a mí respecta, al examinar a fondo las parejas cuya principal dificultad es una disfunción específicamente sexual, y aquellas que tienen otros problemas de desavenencia conyugal, noto que un 75% de las parejas de ambos grupos presentan una mezcla de desavenencias y problemas sexuales importantes, sea cual fuere su queja principal.

El sexo es sólo una de las hebras que forman el cordón conyugal, pero está inextricablemente entretejida con las otras hebras que han mantenido unida a la pareja. Cuando algunas de ellas comienzan a gastarse, es preciso identificar y reforzar las que corresponda para que la relación, ahora tensa, no se deshilache y deshaga. A veces, la única hebra a reforzar es la sexual; en tales casos, la atención terapéutica se concentra en el tratamiento sexual. Empero, es más frecuente que la disfunción o la insatisfacción sexual esté tan íntimamente ligada a otros problemas interaccionales que un tratamiento limitado al parámetro sexual ayudará poco o nada a corregir toda la relación conyugal. Por consiguiente, es de primordial importancia que, al seleccionar los enfoques terapéuticos, actuemos con plena conciencia de la interrelación existente entre los diversos parámetros y definamos la conexión entre la disfunción sexual y otros aspectos de desavenencia conyugal.

Esta última conexión es, a mi juicio, el factor clave que determina el foco inicial de la terapia en el tratamiento de parejas que presenten dificultades sexuales y una grave discordia. Al evaluar la naturaleza cualitativa de la discordia y la relación temporal entre ella y la disfunción sexual, he hallado tres categorías descriptivas que reflejan hasta qué punto la discordia precede o proviene de la vida sexual (Sager, 1974).

En el primer grupo, la disfunción sexual ha producido una desavenencia marital secundaria. En este caso, lo más eficaz es tratar primero el problema sexual, sobre todo cuando la disfunción antecede a la relación entre los esposos. Si al eliminar el problema sexual se disipan otros parámetros de disfunción conyugal, quizá no hará falta continuar la terapia marital.

En el segundo grupo, el funcionamiento sexual es trabado por discordias conyugales correspondientes a otras áreas, debido a que las interacciones negativas han generado sentimientos hostiles, frustraciones o ira, todo lo cual constituye un terreno poco propicio para el placer sexual. Muchas veces, en estas condiciones algo *debe* funcionar mal en materia de satisfacción sexual. Numerosos casos parecen pertenecer a esta categoría. Si los sentimientos positivos de la pareja y sus deseos de mejorar su matrimonio superan a los sentimientos negativos y a los aspectos deteriorados de su relación, quizá dé resultado entrar en su sistema y tratar de mejorar su relación sexual; al concentrarnos tentativamente en los síntomas sexuales, tal vez logremos su rápido alivio. El consiguiente aumento de la autoestima de ambos cónyuges creará un medio más favorable para encarar otros problemas maritales acuciantes. A decir verdad, el desarrollo o restablecimiento de una relación sexual adecuada permite, a menudo, que la pareja haga frente a otros problemas que antes no percibió, o no admitió, debido a la cuestión sexual. En el peor de los casos, la tentativa infructuosa de ocuparse primero del parámetro sexual puede convertirse en un buen elemento terapéutico, valiéndose de este «fracaso» para subrayar cuán necesario le es a la pareja tratar primero otros conflictos más fundamentales.

En el tercer grupo, una discordia marital grave (acompañada por lo común de una hostilidad básica) quita toda posibilidad de un buen funcionamiento sexual. En estas situaciones desafortunadas, debemos atender antes que nada aquellos factores contractuales y/o de interacción que crean la interacción global negativa, ya que la hostilidad de estas parejas no les permitiría alcanzar el grado de cooperación necesario para el tratamiento rápido de la disfunción sexual. La aparente hostilidad intransigente no constituye por fuerza un mal augurio para la terapia marital, siempre y cuando ambos cónyuges deseen de veras mejorar su relación y estén dispuestos a tratar de elaborar un contrato único viable. Si la disfunción sexual persiste aun habiéndose resuelto la hostilidad básica, se la podrá tratar en forma más directa.

Para iniciar y continuar la terapia sexual con los nuevos métodos, se requieren las siguientes condiciones: que los dos esposos se acepten mutuamente desde un punto de vista sexual; que tengan un genuino deseo de ayudarse a sí mismos y entre sí; que sean capaces de postergar temporariamente la satisfacción personal, si ello fuera necesario; que participen en el mantenimiento de un ambiente sexual sin exigencias, cuando así lo exija el tratamiento. Al considerar los objetivos de la terapia y el punto inicial de la intervención terapéutica, deberá tenerse en cuenta la etiología de la disfunción sexual, su relación con la discordia marital concomitante y la capacidad de la pareja de cumplir con los cuatro requisitos anteriores.

Cuando hay una disfunción sexual y la pareja se ajusta a los criterios precedentes, suele ser conveniente tratar primero dicha disfunción —a menos que los objetivos de la pareja den prioridad a otras cuestiones—, recordando que el problema es una manifestación del contrato interaccional. Este fue el primer enfoque aplicado en el caso Smith (véase el capítulo 5). La prioridad en el tratamiento es posible gracias a que los estudios acerca de los resultados obtenidos con los nuevos métodos de terapia sexual, y sus elaboraciones teóricas, indican que las disfunciones sexuales no son provocadas necesariamente por problemas intrapsíquicos profundos que reflejan la interrupción del desarrollo psicosexual en un nivel determinado, perturbaciones de identificación sexual o conflictos inconscientes. La mayoría de los síntomas tienen múltiples determinantes. Muchas veces, el funcionamiento defectuoso se debe a la interacción específica de la pareja que, a su vez, puede servir de factor determinante en la producción de sintomatología (causa inmediata) en un individuo susceptible (cuya susceptibilidad obedece a causas remotas). Vale la pena mencionar que frecuentemente es imposible tratar con eficacia la disfunción sexual padecida por un individuo sin compañero sexual, debido a que el influjo terapéutico de los factores interpersonales no puede utilizarse del modo en que lo hacemos cuando un cónyuge o compañero involucrado participa en el programa de tratamiento (Sager, 1975).

El reconocimiento de que la causa inmediata de la disfunción se da en una persona susceptible, tiene importantes implicaciones teóricas y terapéuticas. Como ocurre generalmente en terapia marital, esto proporciona una explicación teórica lógica para la eficacia de la terapia orientada hacia las tareas y combinada con métodos fundados en los conocimientos que posea el terapeuta sobre los factores etiológicos remotos.

Para mí, el área sexual no está aislada de las otras áreas de funcionamiento conyugal. Todas son manifestaciones de un mismo sistema diádico. El especialista en terapia marital debe sentirse tan cómodo y competente al tratar los problemas sexuales de sus pacientes, como cuando se ocupa de cualquier otra área. Esto significa que debe tener cierto conocimiento y competencia en materia de terapia sexual; empero, también debe sentirse libre de derivar a sus pacientes a especialistas es dicha terapia si advierte que está yendo más allá de su saber y experiencia, o se está adentrando en áreas que no le interesan demasiado.

El sexo como reflejo de la relación total

Hasta hace muy poco tiempo, muchos profesionales aceptábamos como axioma la idea de que la relación sexual de una pareja puede considerarse un microcosmos dentro de su relación marital. Por entonces, aquellos que suscribíamos este supuesto no habíamos hecho terapia conjunta con parejas; no observábamos su interacción, sino que nos limitábamos a tratar a los cónyuges individualmente. Además, basábamos tal supuesto en otras hipótesis teóricas, y no en observaciones clínicas. Esto se debía, quizás, a que los textos sobre psicoanálisis partían de la teoría de que el desarrollo y su interrupción ejercían un presunto influjo determinante en toda la conducta del individuo. Por lo tanto, muchos profesionales suponían que el funcionamiento sexual de dos esposos reflejaba el grado de desarrollo y la calidad de su relación global.

Ahora que estamos mejor preparados para recabar una historia detallada del presente y el pasado sexual de una pareja, descubrimos que el sexo, el amor y el vínculo pueden diferir en calidad y magnitud dentro de una misma relación. Todas las parejas que tienen buenas relaciones sexuales gozan también, en ciertos momentos, de una buena relación total; algunas la mantienen constantemente, pero esto no constituye una regla. Por el contrario, hay matrimonios cuyas relaciones sexuales son deficientes pero que, sin embargo, gozan de una relación buena y afectuosa en otros parámetros de interacción.

A menudo, los matices de los aspectos sexuales y parasexuales reflejan de veras la relación general de la pareja. Las mismas luchas de poder, mecanismos de defensa, capacidad de intimidad o distanciamiento, exigencias, posturas sádicas o masoquistas, actitudes infantiles o parentales, e incluso la misma aptitud para arruinar los goces propios o los del compañero en el preciso instante de su disfrute que existen en las otras áreas de relación, pueden prevalecer también en el área sexual.

No obstante, para muchos matrimonios legales o de hecho la faceta sexual no refleja una similitud total con su relación global. A veces, surge como parámetro único de su interacción (del mismo modo que pueden serlo otros parámetros), en el cual uno o ambos cónyuges pueden actuar de un modo distinto al usual, o bien su actividad sexual parece disociada de sus otras actividades conjuntas. Hay parejas que riñen, discrepan en casi todos los valores, y sostienen constantes luchas de poder, pero que aun así mantienen una atracción sexual intensa y recíproca, y son capaces de gozar y realizarse sexualmente.

También hay esposos enamorados, con una relación excelente, modalidades congruentes, cuyas necesidades e inclinaciones se complementan bien (o al menos presentan una complementariedad aceptable, no corrosiva), pero que sin embargo no se excitan entre sí sexualmente. Les falta esa intimidad, franqueza y excitación que son capaces de sostener emocional y verbalmente. Algunas de estas parejas se cuentan entre las que mantienen buenas relaciones, pero sufren tedio o evitación sexual.

Otro grupo lo forman aquellas parejas que, en general, mantienen una excelente relación afectiva, pero en las que uno o ambos cónyuges padecen una disfunción sexual que, evidentemente, no es síntoma de ninguna aberración intrapsíquica profunda. Cuando un matrimonio de este tipo recurre a la terapia sexual y es ayudado, su relación sexual puede llegar a reflejar las mismas cualidades que sus interacciones totales. Algunas veces hemos notado que, luego de un tratamiento sexual exitoso, la pareja vuelve al tiempo para plantear dificultades maritales más generales, que han salido a la luz al no poder utilizar ya al sexo como chivo emisario o pantalla de otros problemas conyugales.

El funcionamiento sexual humano puede ser muy modificado por el condicionamiento del bebé y del niño y por otras influencias parentales, interpersonales y sociales. Empero, se observa una amplia gama de variaciones en cuanto a la importancia de los influjos corticales y el modo en que, más adelante, afectan el centro cerebral de control sexual. Por razones que todavía no comprendemos del todo, algunas personas no caen en la inhibición o disfunción sexual dentro de una relación hostil, ni se vuelven vulnerables a los estímulos interaccionales negativos. Estos individuos son capaces de separar su respuesta y placer sexuales de aquellos aspectos secundarios y perturbadores de su relación conyugal y afectiva que para otras personas podrían ser causa de disfunciones.

Quienes pueden hacer esta dicotomía sin recibir una terapia extensiva constituyen una minoría afortunada. En otros casos, la discrepancia entre un funcionamiento sexual deficiente y una relación que en otros aspectos es buena, sugiere que el parámetro sexual de esos esposos ha sufrido más alteraciones que algunos otros parámetros importantes para la relación vincular.

En suma, según parece, el sexo puede reflejar o no el comportamiento de la pareja dentro de sus sistemas totales de interacción. Los investigadores de la conducta, los poetas y la gente en general siguen estando perplejos ante la importancia de estos tres factores (sexo, amor y compromiso) en las relaciones de vínculo. Para muchos, esta tríada representa la combinación idealizada, pero es preciso investigar más antes de que podamos evaluar la importancia de cada uno y el modo en que se interrelacionan. Indudablemente, los tres nunca serán idénticos para todas las personas; con demasiada frecuencia difieren bastante incluso entre dos cónyuges. Si queremos comprender mejor las relaciones humanas más fundamentales debemos seguir investigando la tríada sexo-amor-compromiso, encarándola desde distintos frentes y comunicándonos los descubrimientos en forma interdisciplinaria.

Cláusulas sexuales de los contratos matrimoniales

A lo largo de la historia, la mayoría de los países y religiones han reconocido abiertamente el rol que desempeña el sexo dentro del matrimonio, en especial con referencia a la procreación, más que al placer o diversión. Por ejemplo, la mayoría de ellos han concedido el remedio del divorcio o anulación a los matrimonios no consumados sexualmente. Algunos llegaban a permitir el divorcio, o la unión con una segunda esposa, en los casos de matrimonios «estériles» o que sólo tenían hijas.

Sin embargo, las cláusulas sexuales de los contratos matrimoniales van mucho más allá de la supervivencia básica de la especie y de la herencia de bienes. Tanto los individuales como los de interacción incluyen una constelación de influencias sutiles que afectan la sexualidad.

Por ejemplo, en algunos contratos puede haber cláusulas (expresas o tácitas) que establezcan la obligación de un esposo de aliviar los sentimientos de culpa sexual del otro tomando la iniciativa, en tanto que el compañero permanecerá más pasivo; o bien un marido aceptará la fantasía de su esposa de que el pene es suyo, a cambio de lo cual él podrá fantasear en torno a una necesidad homosexual vagamente percibida pero no expresada.

En el caso de los Smith, el marido quería que ella lo acariciara e hiciera avances sexuales desinhibidos, «desenfrenados», pero la mujer necesitaba sentirse amada y deseada por él antes de poder darle eso. Quería un esposo fuerte, activo, que la tomara para sí. Sus contratos los condujeron a un jaque mate sexual, del que sólo salían cuando eran capaces de llegar a un compromiso satisfactorio que concediera a cada uno más de lo deseado.

En uno de mis primeros casos de este tipo, informé sobre los tres niveles de conciencia observados en las áreas sexual y de poder de un contrato matrimonial (Sager y otros, 1971). Los contratos sexuales de esta pareja establecían lo siguiente:

A nivel consciente y expresado:

Esposa

1. Soy capaz de ayudarte sexualmente y lo haré con agrado, sin humillarte.

A cambio de eso:

1. Tienes poder para ayudarme profesionalmente, por cuanto eres un profesor y un escritor talentoso. Yo soy sólo una principiante insegura.
2. A menudo estoy deprimida y emocionalmente lábil; espero que en esos momentos no me rechaces.

Marido

1. Eres una persona libre, sexualmente experimentada, y puedes ayudarme. Sexualmente soy inadecuado, inexperto y vulnerable; espero que me ayudes y enseñes a ser competente.

A cambio de eso:

1. Tengo los medios para ayudar a tu desarrollo profesional, y lo haré con gusto; no competiré contigo en este terreno.
2. A menudo estás deprimida, emocionalmente lábil; en esos momentos no te rechazaré, sino que procuraré brindarte comprensión y ayuda.

A nivel consciente no expresado:

Esposa

1. Esperas que te ayude sexualmente; quiero hacerlo y lo haré. Lograré que aparezcas ante los demás como un hombre sexualmente apto.

A cambio de eso:

1. Estoy angustiada; temo que nunca podré valerme sola en el área profesional. No puedo competir. Estoy indefensa y tengo celos de tu estatus profesional. Quiero tu ayuda para poder ser tan buena como tú y como otros, para poder sentirme aceptable.

2. Temo que me dejes porque soy irritable, deprimida, y en verdad tú eres demasiado bueno para mí. Yo no soy muy buena, así que no debes abandonarme. Quiero que sigas sintiéndote sexualmente inseguro, porque así podré retenerte.

Marido

1. Deseo a muchas mujeres, pero ellas no me desearán a menos que mejore sexualmente. Tú eres mi única posibilidad de libertad sexual. Espero que me la des, a cambio de cuanto hago por ti.

A cambio de eso:

1. Estoy dispuesto a ayudarte profesionalmente y no competiré contigo. Empero, trataré de encauzarte hacia un área diferente de la mía, porque tu rivalidad me inquieta.

2. Estoy dispuesto a infundirte seguridad, pero en realidad eso se hace tedioso. Espero que madures pronto y que llegues a ser tan fuerte como mi hermana, que es la verdadera mujer ideal para mí.

A nivel inconsciente:

Esposa

1. No soy nada, pero ambiciono la supremacía y sólo puedo alcanzarla por tu intermedio. Tú serás fuerte y poderoso para mí, para que pueda valerme de tu poder para controlar, dominar y competir. Me someteré a ti, a cambio del poder masculino que no tengo.

2. Las mujeres son pasivas, los hombres activos. Quiero destruirte porque eres un varón fuerte y activo, lo cual me hace sentir inepta en comparación contigo. No te abandonaré si me permites destruirte.

3. Me excita la idea de que mantengas relaciones sexuales con otras mujeres. Te otorgaré libertad si tienes otras mujeres por mí.

4. Temo que si me comparas con otras mujeres me abandonarás. No debes tener otras mujeres; a cambio de esto, haré que seas sexualmente libre.

5. Debemos mantener una relación estrecha, íntima.

6. Debemos permanecer distantes y separados.

7. Debes acceder a *todas* estas condiciones; a cambio de eso, no te abandonaré.

Marido

1. Temo ser sexualmente libre. Quiero que otros hombres me envidien, pero les temo. Sólo puedo poseer libertad sexual con tu permiso y protección. Espero que me liberes, no sólo con respecto a ti sino también con respecto a todas las mujeres. A cambio de ello, haré de ti una mujer poderosa y dejaré que me domines.

2. Las mujeres son inferiores. Quiero dominarte. Si tú me dominas, me enojaré contigo y me despreciaré a mí mismo por ser tan dependiente. No te abandonaré ni te haré daño, si me dejas dominarte y colocarte en un nivel inferior.

Ambos contratos individuales presentan, evidentemente, elementos contradictorios. Como cabía esperar, su contrato de interacción reflejaba estas fuertes contradicciones y la convivencia conyugal era tempestuosa. El sexo sólo era «bueno» cuando ella controlaba totalmente la actividad sexual de los dos; el marido se «rebelaba» volviéndose impotente con su esposa, pero notaba que tenía éxito en sus relaciones sexuales con otras mujeres. Sus constantes reyertas e insatisfacción sexual, los arrebatos de ira y depresión de la esposa y la irritación que él sentía hacia ella, desembocaron en un divorcio. La última vez que hablé con el hombre, me contó que su ex esposa y él se trataban ahora con cierta amistad, que él era mucho más feliz y tenía una amante con quien mantenía buenas relaciones y trato sexual, pero que por el momento no quería involucrarse mucho con nadie; no estaba seguro de cuál era la situación actual de su ex esposa. Ella vino a verme pocos meses después y me contó esencialmente lo mismo con respecto a las relaciones entre los ex cónyuges; empero, añadió que había tenido algunas experiencias sexuales con otra mujer y que se sentía mejor, más en paz consigo misma: comprendía que armonizaba más con mujeres que con hombres y percibía que, por el momento, le convenía más una relación homosexual, pero no estaba segura de si deseaba establecer un vínculo formal de este tipo.

Este caso ejemplifica algunas de las complejidades de las cláusulas sexuales y la manera en que se relacionan con otros términos contractuales, o pueden utilizarse como elementos de trueque. Si la ambivalencia en el tercer nivel de conciencia no hubiera sido tan grande, o hubiera podido solucionarse, quizá se habría estabilizado la relación conyugal en un nivel satisfactorio.

En lo que atañe a la satisfacción sexual, hay tres maneras principales de adaptarse, y ellas se reflejan en los componentes sexuales del contrato individual.

La primera adaptación es la del individuo que busca, acepta y se casa con la persona que, según cree, será su compañero sexual ideal. Su elección es correcta y el esposo demuestra poseer las cualidades percibidas. Sean cuales fueren sus exigencias, la persona que ha acertado en este sentido en la elección de pareja no suele tener conflictos sobre su goce y satisfacción sexuales. El que los cónyuges continúen o no cumpliendo las cláusulas de los contratos individuales dependerá del modo en que se traten uno a otro en su contrato de interacción.

La segunda adaptación está representada por la persona que se convence a sí misma de que está eligiendo a su compañero sexual ideal, pero que duda de si tendrá o no la clase de esposo que realmente desea. Esto le hará negar las fallas percibidas en la imagen idealizada del cónyuge, elaborar la explicación lógica de que esos defectos desaparecerán una vez que cambien las condiciones, o actuar de manera tal que obligue a un esposo potencialmente ideal a reaccionar —en lo que respecta al sexo— de un modo perturbador o parcialmente satisfactorio. Tiene la torta pero no puede comerla: debe estropearla o destruir lo que tiene de bueno para él.

El tercer tipo de adaptación es el del individuo incapaz de permitirse tener un compañero con quien pueda disfrutar de un verdadero goce sexual. Impulsado hacia la propia frustración, hace una elección negativa (a veces a sabiendas) pero explica su decisión con argumentos lógicos, o se siente cómodo con ella porque no desearía cambiarla, ya que ella satisface una necesidad masoquista o defensiva.

Dentro del marco de estas tres adaptaciones principales, las características de una «buena» relación sexual o del compañero sexual pueden variar considerablemente, según los parámetros que describiré a continuación y otros menos comunes. En esta sección he procurado ofrecer un enfoque del problema, sin pretender abarcar todos los detalles posibles de las variables que influyen en la satisfacción sexual o en la elección del objeto sexual.

Cláusulas sexuales en el contrato de interacción

Además de las cláusulas sexuales contenidas en los contratos individuales, las del contrato interaccional de la pareja establecen los rasgos esenciales de su convivencia sexual y determinan si será satisfactoria para ambos cónyuges. Este aspecto del contrato interaccional es ampliamente tratado en terapia sexual, cuando la interacción de los esposos ha generado en ellos una disfunción o ha perpetuado una de origen premarital.

Es importante recabar la historia sexual detallada de cualquier pareja que recurra a la terapia marital. Si el terapeuta los interroga sobre su vida sexual con absoluto desembarazo, los cónyuges perderán rápidamente su turbación y responderán con la misma franqueza con que hablan de cualquier otra área. La historia sexual debe indagarse en una entrevista a la que asistan ambos esposos, y que dé tiempo para hablar a solas con cada uno por breves minutos.

Si los pacientes no mencionan su vida sexual, puede iniciarse su reseña de una manera simple y natural, preguntándoles: «¿Cuándo fue la última vez que tuvieron trato sexual?», y agregando: «Por favor, describan exactamente lo que ocurrió entonces». El entrevistador no debe conformarse con respuestas vagas (p. ej., «Jugué con ella durante un rato, penetré y fue como siempre»). Es importante que sepa quién inició el juego sexual, cómo se enviaron e interpretaron las señales, cuáles fueron exactamente los escarceos preliminares, cómo se sintieron, cuál era su estado de ánimo, el ambiente del momento y, en suma, que conozca todos los detalles que parezcan apropiados. Entre estos figuran los sentimientos experimentados por cada cónyuge en cada instante del trato sexual y con posterioridad a él.

Volviendo atrás, les pregunto sobre sus relaciones sexuales conyugales y con otras personas. Sus respuestas me sirven de guía para determinar qué puntos pondré a prueba. La calidad y cantidad de esas relaciones constituyen datos importantes. ¿Se hacen el amor de un modo libre y abierto? ¿Qué le gusta o disgusta a cada uno? ¿Usan la imaginación? ¿Dramatizan roles los dos juntos? Mi próximo paso es averiguar qué desearían recibir del compañero siempre en materia sexual, y qué desean y están dispuestos a darle. ¿Qué los excita? ¿Cuál es su fantasía más alocada? También los interrogo sobre sus respectivas historias sexuales, desde la infancia hasta el presente, si lo creo pertinente.

Entre las posibles áreas incluidas en las cláusulas contractuales figuran las referentes a qué los atrae sexualmente, cómo quieren que se inicie el trato sexual, qué roles consideran apropiados para el hombre y la mujer en las relaciones sexuales, con qué frecuencia desean mantenerlas, qué papel creen que desempeña el sexo en su vida, qué mejora o inhibe a su juicio el placer sexual, quién o qué podría incluirse en su relación sexual o excluirse de ella, cuál es la forma ideal de unión sexual para cada uno, en qué etapa de su ciclo marital se encuentran. ¿Quieren que el esposo se inhiba o se libere sexualmente? ¿Que sea un compañero de juegos, un progenitor o su igual? El sexo, ¿debe usarse para obtener alguna ventaja o control en otra área de la relación conyugal? ¿Se lo utiliza para llegar a componendas en otros parámetros, como ocurría en el caso antes citado?

Atracción sexual

Para la mayoría de las personas, el aspecto físico del compañero es un detalle importante; más aún, es un factor clave en la atracción inicial y su continuación. Para ellas, el compañero adecuado debe satisfacer determinadas normas de belleza física, o de hermosura en el rostro y figura. Empero, hay individuos que no otorgan una importancia primordial a los rasgos físicos. A veces, las características físicas especiales que satisfacen necesidades idiosincrásicas son de origen transferencial. Por ejemplo, el hecho de que una mujer sólo se excite ante hombres más bajos que ella no significa necesariamente que quiera dominarlos o ser físicamente más fuerte que ellos; puede deberse a que su padre —muy deseable para ella— era de menor estatura que su madre, a la que dominaba completamente. La forma de vestir, el peinado, etc., pueden tener un significado especial o sugerir toda una guestalt.

El envejecimiento puede influir moderada o terriblemente en el modo en que el individuo observa los cambios físicos propios y del compañero. Quizás aumente con la edad su miedo al abandono. En los hombres, el envejecimiento suele causar angustia sobre su salud y funcionamiento sexual; en las mujeres, genera temor a las enfermedades y una aguda percepción de la pérdida de atractivos físicos y lozanía.

El olor e higiene personal también ocupa un lugar destacado entre las expectativas o necesidades del compañero. Muchas personas tienen fuertes reacciones olfativas, determinadas por factores biológicos o ambientales, pasibles de utilizarse como explicación lógica de la evitación del trato sexual o la intimidad. Los hombres y mujeres antisépticos, higiénicos, inodoros que presenta la publicidad norteamericana no son necesariamente los de mayor atractivo sexual. Nuestros crecientes conocimientos sobre las feromonas (elementos aislados de las secreciones vaginales de mujeres jóvenes y sanas) tienden a respaldar las conclusiones a que han llegado muchos observadores, en el sentido de que, al igual que los otros animales, el ser humano es afectado sexualmente por estímulos olfatorios, además de los orales, visuales, auditivos y táctiles (Michael y otros, 1974).

Las características de la relación tienen que ver con factores de carácter y de personalidad, sobre todo con los indicados en las áreas biológicas e intrapsíquicas de los contratos individuales. Además, el perfil de conducta manifestado por el compañero, o aquel al que se lo conduce a través del contrato de interacción, puede aumentar la excitación o indiferencia sexual. Veamos un ejemplo. A una mujer le gustaba en general su compañero, que ejercía buena parte del control en la relación conyugal. Ella disfrutaba la sensación de poder y competencia de su esposo, y se obligaba a sí misma a actuar como una niña, empujándolo a él hacia una posición parental. En sus escarceos sexuales iniciales, la mujer provocaba casi invariablemente una situación que motivaba su rechazo por parte del marido; entonces la invadía una gran excitación sexual y trataba de «arreglar las cosas», colocándose para ello en una posición infantil angustiada y humillante. «Papito» la perdonaba, aceptando su insinuación sexual. Este ritual era muy excitante para ambos.

La atracción sexual, ¿está determinada por la sensación de ser amado, deseado, o por el afán de conquistar o ser conquistado? ¿Hay una necesidad de ser aceptado, que implica la sensación de ser cálidamente comprendido? A menudo, las sutiles modalidades y necesidades interpersonales son los factores más importantes en la creación y mantenimiento de la atracción sexual entre dos personas.

Antes, en el capítulo 6 (págs. 146-9), hemos hablado del individuo que siente muy intensamente la atracción sexual, como una fuerza arrolladora que determina todas sus actividades. Para este individuo, sea o no un caso de adicción, la elección de pareja se ve limitada con frecuencia a mujeres u hombres con rasgos de personalidad, carácter y aspecto bastante específicos.

Iniciación de la actividad sexual

Algunas parejas elaboran complicados rituales de seducción o apareamiento para cada coito; otras actúan entre sí de un modo muy directo, simple o franco; algunas están prontas a dar y recibir placer, en tanto que otras esperan el acercamiento; las hay, en fin, que prefieren emitir la primera señal consciente o subliminal.

Las señales sexuales y la receptividad a las mismas constituyen por sí solas materia de estudio. Algunas parejas sienten que uno u otro esposo debe dar la primera señal de interés sexual. Algunos hombres y mujeres temen iniciar la actividad sexual porque el rechazo es muy doloroso para ellos; les cuesta comprender que la no aceptación de una iniciación sexual no indica de por sí un rechazo general.

Las señales pueden ser claras o muy sutiles. Las hay que, de tan sutiles, resultan contraproducentes. . . Recuerdo el caso de una mujer que solía colocarse el diafragma, pero sin decírselo al marido. Cuando la interrogué al respecto, me dijo que creía que él debía saber que ella deseaba tener un coito en las noches en que se insertaba el diafragma, porque debía darse cuenta de que permanecía en el baño más de lo acostumbrado. El esposo manifestó que a veces advertía que ella tardaba más en prepararse para irse a la cama y suponía que era una señal de que no deseaba gozar sexualmente con él, de modo que las más de las veces se dormía antes de que ella viniera a acostarse. Ninguno había basado sus suposiciones en una comunicación adecuada.

Hace varios años, a un fabricante de ropa blanca se le ocurrió hacer almohadas con la palabra «Sí» estampada en una faz y «No» en la otra. De este modo, bastaba darlas vuelta en uno u otro sentido para responder a cualquier avance. . . Afortunadamente, la mayoría de las parejas —aunque no todas, según parece— son capaces de idear por sí solas un mejor sistema de comunicación.

Hoy día, muchas parejas creen mentalmente que la mujer también puede iniciar la relación sexual. Empero, algunas no están bastante preparadas para el rechazo o creen no estarlo, por lo que siguen prefiriendo que sea él quien la inicie, para así *saberse* deseadas. Por otro lado, algunos hombres no se creen capacitados para negarse a los avances femeninos, por lo que «se someten» a regañadientes; otros se sentirán satisfechos y responderán con gusto; otros, en fin, creerán que *deben* responder sean cuales fueren sus sentimientos, porque está en juego su virilidad. Esta última reacción se asemeja a la de la mujer que cree que *debe* acceder a todos los requerimientos sexuales de su esposo.

No he advertido que la mayor disposición de las mujeres a formular sus deseos sexuales haya aumentado la impotencia masculina. La mujer liberada, segura de sí, no usa sus derechos para humillar u hostilizar a los hombres, del mismo modo que el varón liberado y seguro de sí no necesita ser hostil a las mujeres. Claro que, desgraciadamente, hay personas que abusan de cualquier poder que posean. . .

A veces es difícil para un cónyuge aceptar que su compañero quizá no comparte su deseo de excitarse o tener un orgasmo, pero quiere satisfacerlo y brindarle placer a él. Esta disposición a aceptar y darse en materia sexual puede ser un reflejo más del amor que une a la pareja, pero a algunas personas les resulta difícil aceptar el placer sin sentirse culpables y obligadas a corresponderlo de inmediato. Un hombre se sintió perturbadísimo cuando su esposa le dijo que esa noche no quería ser excitada por él, pero que le gustaría brindarle un orgasmo. Le fue imposible aceptar su ofrecimiento y se sintió rechazado. Le llevó un tiempo valorarse correctamente a sí mismo y aceptar el gesto cariñoso de su esposa sin sentirse culpable por ello.

Actividades y roles determinados por el sexo

Los estereotipos de conducta femenina y masculina antes, durante y después del acto sexual han experimentado rápidos cambios, que afectan los profundos sentimientos sobre el rol sexual, así como la transferencia y la imaginación misma. Los individuos y las parejas suelen tener dificultad en romper las ataduras de su formación temprana acerca de los roles femeninos y masculinos en el comportamiento sexual. A veces, la mujer que imagina desear un hombre que actúe sexualmente con libertad, inventiva y amor, es incapaz de aceptarlo en la realidad, y lo juzga demasiado agresivo cuando le ofrece lo que ella quiere. Toda pareja necesita averiguar qué desea y disfruta cada uno de sus integrantes, y estos deben expresar sus deseos con franqueza, sobre todo teniendo en cuenta que probablemente cambiarán de un instante a otro, de un encuentro a otro, de año en año y al variar sus estados de ánimo. Es importante que ambos cónyuges experimenten entre sí y se abandonen a su fantasía sin temor.

Uno u otro esposo puede tener ideas y sentimientos muy rígidos con respecto a los besos, caricias y toqueteos, ya sea en los pechos, vagina, clítoris, pene, testículos, ano, dedos de la mano o pie, orejas o cualquier otra parte del cuerpo. Su actitud puede incluir ideas muy arraigadas sobre la inclusión o exclusión del coito anal, la *fellatio*, el *cunnilingus*, diversas posiciones de copulación, etcétera.

En algunos casos, es posible que el contrato de la esposa establezca que ella será una «geisha» para su marido, o viceversa. ¿Qué sienten ambos sobre estos roles? ¿Deben mantenerlos constantemente, o pueden ser flexibles y cambiables? ¿Cómo se manifiestan la dependencia, la intimidad/distanciamiento, la necesidad de poder y otros parámetros de la categoría 2, en las cláusulas del contrato sexual de la pareja?

Frecuencia

Los deseos de cada esposo respecto de la «cantidad» de goce sexual pueden variar considerablemente. ¿Cómo se determina la frecuencia de los actos y juegos sexuales? A veces, uno de los cónyuges esgrime la evitación y gratificación sexuales para negociar una transacción referida a otro parámetro de la relación. Cuando un esposo evita el trato sexual ¿actúa impulsado por una falta de seguridad, o porque teme ser «inepto»? Quizás haya un tedio o evitación sexual de común acuerdo, y esto sea indicio de angustia sexual, problemas de identificación sexual, falta de atracción sexual, inhibición del placer, etc., que hagan necesario un cuestionamiento de los fundamentos de la relación conyugal.

Si un esposo desea tener goce sexual con mayor frecuencia que la fijada por el ritmo o deseos del otro, puede llegarse a un compromiso contractual para que esta área deje de ser conflictiva para la pareja. Empero, algunas veces la evitación sexual está ligada a una sensación de futilidad, generada por una disfunción sexual. En estos casos, el terapeuta hace todo lo posible por determinar si uno o ambos cónyuges desean superar la disfunción o continuar con ella. Si están dispuestos a enfrentarla, un terapeuta experimentado en la materia deberá evaluar la disfunción para establecer si corresponde o no aplicar terapia sexual.

El papel del sexo en la vida de los esposos

El sexo puede cumplir un papel central o secundario dentro de un matrimonio, y su importancia variar considerablemente en diferentes etapas del ciclo vital. ¿Su objeto es la procreación, o tiene por finalidad principal el placer o la diversión? Algunas parejas lo usan para aliviar su angustia y tensión, como un refugio contra los dardos y golpes del mundo externo, pero también puede reflejar las tensiones y luchas de su vida conyugal.

Algunos individuos buscan el goce sexual como manifestación de intimidad y apertura en grado máximo. Cabe preguntar si ambos esposos persiguen lo mismo, si son capaces de satisfacer sexualmente su necesidad infantil de cuidados y placer y sus necesidades adultas de tipo erótico y sexual. ¿Acaso uno de ellos sólo desea retener y mimar al otro sin ninguna pasión sexual (amor parental)? El dominio y el poder, ¿oscilan de un modo no corrosivo, o uno de los contratos individuales exige el ejercicio de un control absoluto o su abdicación constante?

¿Qué desea recibir cada cónyuge a cambio de lo que brinda? ¿Los dos pueden o quieren satisfacer recíprocamente sus deseos? Los dos contratos, ¿son congruentes, complementarios o conflictivos? Veamos el caso de dos esposos que utilizaban el sexo para tratar de satisfacer necesidades diferentes, lo cual daba por resultado una relación sexual funcionalmente buena pero emocionalmente insatisfactoria.

Los Salem eran una pareja joven (no llegaban a los treinta años) y sin hijos, que recurrieron a la terapia planteando como razón principal un alejamiento gradual. El marido dijo que sufría depresiones que le hacían retraerse de su esposa; al principio ella reaccionaba con ira, pero luego cayó en la resignación y la desesperanza. Eran individuos compatibles en muchas áreas, creían amarse y deseaban salvar su matrimonio.

Al pedirles su historia sexual, los dos manifestaron con mucho énfasis que sus relaciones sexuales eran buenas desde el punto de vista mecánico: los dos tenían invariablemente un orgasmo durante el coito. Sin embargo, en el nivel emocional no resultaba gratificante para la esposa, quien en los últimos meses había accedido sólo en forma esporádica a los requerimientos del marido. Antes del matrimonio, la mujer había tenido trato sexual con varios hombres, y con otros dos durante un período de separación conyugal que había durado pocos meses. Sabía, pues, que la unión sexual podía brindarle una satisfacción física y también emocional. Percibía un distanciamiento entre ella y su esposo durante el coito, sobre todo inmediatamente después de terminar el orgasmo: en esos momentos él solía volverle la espalda y retraerse, en tanto que ella deseaba arrimársele y conversar. «En ese instante es cuando puedo ser más franca que nunca, pero él no está allí», comentó. El marido confirmó esto y describió su intolerable deseo de apartarse una vez completado el acto sexual. Percibía la vulnerabilidad de su esposa, pero se sentía dominado y amenazado por el ansia de intimidad que ella experimentaba en esos momentos.

Contrato sexual del marido

1. El acto sexual es peligroso, pero lo disfruto.
2. Las mujeres usan el sexo para conseguir que los hombres hagan lo que ellas quieren (así hacía mi madre).
3. Mantendré relaciones sexuales contigo, pero no dejaré que me atrapes.

A cambio de eso:

1. Cuidarás de mí en otros momentos.
2. Me ayudarás a ganar amigos y me proporcionarás un hogar cálido y acogedor.
3. Soy reservado porque soy maligno; debo ocultarte mi verdadero yo. Por lo tanto, debo resistir a la tentación de ser franco contigo.

Contrato sexual de la esposa

1. Disfruto haciendo el amor, y me entregaré a ti sin reserva alguna.
2. Quiero que me ames y mantengas conmigo una relación franca e íntima.
3. Soy vulnerable cuando me abro sexualmente a ti, y debo saber si sientes lo mismo que yo. Debo conocer tus pensamientos e ideas. Debo saber si me quieres y comprendes.

A cambio de eso:

1. Las relaciones sexuales serán buenas.
2. Te amaré.
3. Te ayudaré a ser amistoso con los demás.

4. Espero que te ocupes de la mitad de los quehaceres domésticos. Los dos trabajamos en empleos de horario completo, y yo no seré tu madre.

Estos contratos revelaron, en el área puramente sexual, las fuerzas corrosivas que actuaban en su relación. Su capacidad de trato sexual era en considerable medida independiente de sus afectos. Él tenía que ver a su esposa tal como había visto a su madre, sensual y amenazadora. Usaba el sexo para obtener placer físico y una intimidad limitada, pero temía ser arrastrado hacia una intimidad emocional con su esposa; frente a la angustia generada por esa intimidad sexual, reaccionaba manifestando una depresión y retraimiento hostiles. La reacción de ella era congruente con su vulnerabilidad al rechazo: quería usar el sexo para obtener intimidad, para reafirmar su condición de mujer amada, pero le era imposible lograrlo con su marido. Su propia conducta reforzaba los temores de él, contribuyendo así a sostener la situación interaccional negativa. Su futuro conyugal era malo, a menos que los esposos cambiaran radicalmente los supuestos básicos con respecto a sí mismos. Se les recomendó un tratamiento individual como primer paso, para tratar de cortar el círculo cerrado de interacciones negativas. La terapia marital había servido para establecer el diagnóstico, pero nos dejaba en un *impasse*.

Este era un caso de relaciones sexuales mecánicamente buenas pero afectivamente inadecuadas e insatisfactorias, síndrome cada vez más frecuente en las parejas. La indiferencia total o los sentimientos inadecuados experimentados durante el acto sexual, o después de él, pueden deberse a causas inmediatas inherentes a la relación conyugal (como en la señora Salem) o a determinantes intrapsíquicos remotos (como en el señor Salem).

Así pues, cualquiera de los determinantes biológicos e intrapsíquicos puede actuar ampliamente sobre los componentes sexuales de los contratos individuales y de interacción.

Elementos y personas que pueden incorporarse a la relación sexual de la pareja

Es posible que uno o ambos cónyuges deseen utilizar otros estímulos sexuales, aparte de su simple presencia, como ser: fijar un ambiente o estado de ánimo determinado, recurrir a lecturas o películas estimulantes, hablar de temas sexuales, dramatizar recíprocamente sus fantasías o valerse de las no expresadas o verbalizadas para aumentar la excitación de uno o ambos integrantes de la díada. Algunas parejas se valen de elementos físicos para acentuar su placer: aceites para la piel, vibradores, consoladores,* ropas estimulantes, etcétera.

Una vez transcurridos los primeros años de un vínculo a corto plazo, es probable que los esposos experimenten la necesidad de mayor variedad y estímulos. Si existe una confianza mutua y usan un poco su imaginación, pronto descubrirán actividades agradables para ambos. En algunos casos, la profundización del entendimiento mutuo y el descubrimiento recíproco de nuevas facetas y misterios les proporcionan suficiente intriga y excitación. Otros esposos, tan enamorados como los anteriores, parecen necesitar de otros estímulos para mantener su pasión sexual. Muchos matrimonios incluyen en su repertorio la dramatización de situaciones románticas o peligrosas, fantasías de amo y esclavo, de prostitutas o sadomasoquistas leves, de donjuanismo, homosexualidad o troilismo.**

La monogamia es un compromiso implícito, cuando no explícito, en la mayoría de los matrimonios. Hasta las parejas «liberadas», que se consideran capaces de aceptar las relaciones extraconyugales de su compañero, descubren a menudo con sorpresa que estas les provocan fuertes respuestas emocionales negativas. El conocimiento de una relación extraconyugal altera casi siempre el matrimonio, aunque el cambio puede no ser negativo. Cada pareja debe decidir si se atendrá o no a la monogamia, pero hoy día son pocas las que consideran que una relación extramarital es, por sí sola, causal suficiente de divorcio. Los esposos pueden juzgar que dicha relación está comprendida en su contrato, o ver en ella una señal de peligro que los impulsa a buscar ayuda profesional (con frecuencia, estas relaciones son actos hostiles dirigidos contra el esposo). Por otra parte, muchas personas toleran más en el cónyuge el esporádico encuentro sexual extramarital que la existencia de una relación emocional no sexual pero importante.

A cada individuo le toca decidir, asimismo, si incluirá a terceros en su relación sexual de pareja, como sucede en el troilismo. A muchas parejas no les resulta tan agradable como lo imaginaban, en tanto que otras necesitarán quizá de la pre-

* «*Dildos*», artefactos con forma de pene erecto, utilizados por la mujer para masturbarse. (*N. de la T.*)

** Troilismo: parafilia o perversión que consiste en necesitar que el acto sexual sea practicado entre tres personas (dos hombres y una mujer, o dos mujeres y un hombre) para obtener satisfacción (*N. de la T.*)

sencia de un tercero —un adulto complaciente— para alcanzar el goce erótico. Esta presencia puede ser requerida por la psicología de sus necesidades y su expresión sexual; lo mismo cabe decir respecto de algunas parejas que mantienen una relación sexual y/o de convivencia con otras y de las relaciones sexuales grupales.

Hace muchos años que se practica el intercambio casual de compañero y las relaciones sexuales grupales con participación de ambos cónyuges. Algunas parejas siguen practicándolas porque así satisfacen sus necesidades y fantasías sin poner en peligro su relación marital, porque es una cláusula contractual importante para uno o ambos cónyuges, porque de este modo responden a sus deseos de variedad sexual y al mismo tiempo comparten la experiencia, o porque refuerza su unión marital. En cambio, otras parejas abandonan la práctica porque les resulta disolvente, o porque se dan cuenta de que nada pierden con dejarla.

A menudo, los componentes sexuales de los contratos matrimoniales y la relación sexual de la pareja se tratan con demasiada prisa en terapia marital. Lo expuesto en este capítulo proporciona un enfoque más amplio sobre la inclusión de información sexual y su papel dentro de la interacción global de la pareja.

11. Parejas en transición, en consolidación y en disolución

Dado que aún no se han estudiado los contratos de matrimonios que no se han sometido a terapia marital o individual, sólo disponemos de ejemplos parciales o sesgados, como lo son los de cualquier tipo de pacientes. No obstante, en las seis parejas que presento en las páginas siguientes he procurado ofrecer la mayor variedad posible de casos, contratos y resultados de la terapia.

El primer caso, los Green, ejemplifica los contratos de un matrimonio sin problemas conyugales o individuales importantes. La segunda pareja, integrada por David y Pamela Black, era muy abierta y se comunicaba de una manera exquisita, manteniendo una conducta interaccional acorde con sus contratos; pero esta pareja no podía convivir ni divorciarse. Los Brown iban inevitablemente camino del divorcio y les ayudé a comprender su necesidad de separarse. George y Penny Blue tenían graves dificultades, pero mejoraron muchísimo gracias a la terapia marital y a su propia voluntad de salvar su matrimonio. Lo mismo ocurrió con la quinta pareja, los White. Incluyo a los Gray como sexto y último ejemplo porque después de la evaluación recibieron tratamiento individual, y por lo mucho que se esforzaron para responder a un prolongado cuestionario, predecesor de la lista recordatoria (véase el Apéndice 1). El síntoma más favorable, en cuanto al futuro de esta pareja, fue la atención que prestaron ambos cónyuges a dicho cuestionario, dando respuestas sinceras y muy detalladas.

En cuanto a los contratos de las otras parejas, me limito a presentar sus elementos esenciales. La mayoría de ellos no se redactaron siguiendo formatos bien estructurados: las parejas respondían por escrito si lo deseaban, o bien elaborábamos los puntos esenciales, por lo común en sesiones conjuntas; a veces nos guiábamos por la lista recordatoria y otras no. De este modo, los casos ejemplifican la flexibilidad del concepto de contrato, así como diversas cláusulas contractuales tendientes a producir toda una gama de resultados posibles.

En general, presento este material tal como lo recogí, salvo algunos retoques leves hechos para eliminar datos accesorios, mejorar la claridad de expresión y preservar el anonimato de los pacientes.

Los seis casos expuestos a continuación demuestran que no podemos reducir algo tan complejo como lo es la relación conyugal a unas pocas frases formales, si queremos atrapar la esencia de ese entretejido de fuerzas positivas y negativas que liga a dos personas y superar, como terapeutas, los clisés de nuestros propios prejuicios para hallar de este modo la manera de ser constructivos.

Los Green, o la armonía marital con discordancias leves

Laura y Monty Green vinieron a consultarme porque no podían ponerse de acuerdo sobre un método anticonceptivo adecuado. Tenían tres hijos y no querían más. Ella había recurrido a la píldora durante muchos años, pero ahora su ginecólogo le aconsejaba dejarla, recomendándole en cambio el diafragma o un dispositivo intrauterino. El primero no le gustaba; lo había utilizado años atrás y le parecía que su uso exigía una interrupción indeseable de su actividad sexual. Tampoco le atraía el dispositivo intrauterino, pues su médico le había explicado algunas de las complicaciones que podría ocasionarle. Pensaba que tal vez ya era tiempo de que su esposo se responsabilizara del asunto; pero como a ninguno de los dos le gustaba recurrir con regularidad al condón, sólo les quedaban dos alternativas: el *coitus interruptus* o la vasectomía. La primera quedaba descartada de común acuerdo, y la segunda inquietaba sobremanera al esposo. Los dos habían conversado detenidamente sobre ella, conocían el procedimiento y sabían que había buenas posibilidades de revertir la operación. Lógicamente, él estaba al tanto de que la vasectomía no le restaría «masculinidad», ni disminuiría sus deseos, capacidad o placer sexual, pero aun así sentía que «sería menos hombre» porque sus eyecciones no resultarían fecundantes.

Discutieron esta delicada cuestión manifestando gran sensibilidad y respeto mutuos. La señora Green no quería «saldar una vieja cuenta», sino que buscaba honestamente un anticonceptivo mejor que no interrumpiera la actividad sexual de ambos. La píldora les había permitido gozar del acto sexual espontáneo, y ahora ella me preguntaba: «Si hay otro método para lograr esto, ¿está mal que Monty sea reacio a emplearlo?».

Le respondí que no estaba ni mal ni bien: si había renuencia de parte de su esposo (y en verdad la había, aunque estaba al tanto de los hechos), se trataba de una cuestión de sentimientos y no era aconsejable practicar la vasectomía en esas condiciones. Añadí que, como hombre, podía empatizar con los sentimientos de Monty. Por último, convinimos en que el diafragma sería un buen anticonceptivo y permitiría la máxima espontaneidad sexual, si se lo insertaba en forma rutinaria todas las noches, antes de acostarse. Los Green aceptaron probar el método y ver si Laura experimentaba resentimiento por tener que seguir responsabilizándose del asunto.

Durante las conversaciones, quedé impresionado por el amor y consideración recíprocos manifestados por la pareja; además, me dijeron que no tenían ningún otro problema conyugal importante. Como yo andaba en busca de una pareja sin problemas maritales graves, para ver cómo serían sus contratos matrimoniales, les pregunté si me permitían explorar sus contratos con su colaboración. Al principio, la idea no les gustó —sobre todo a Monty—, pero cuando les aclaré más mis propósitos aceptaron cooperar. Lo que sigue es un resumen de las dos sesiones conjuntas que mantuvimos.

Mis pálpitos resultaron correctos. Los Green convivían relativamente libres de discordias y su relación marital era todo lo buena que cabría esperar; tenían canales de comunicación franca, de amor y respeto, que usaban para resolver sus discrepancias; uno y otro actuaban sobre la premisa fundamental de que el compañero no tenía intención de dañarlo o de menoscabarlo, y basaban en ella casi todas sus negociaciones, en lugar de buscar la compensación de un supuesto daño.

Los Green llevan casados dieciocho años; el suyo es un matrimonio bastante tradicional, en cuanto a roles y responsabilidades determinados por el sexo. Monty tiene 47 años, ocho más que Laura, y sólo pensó en casarse cuando en su puesto de tipógrafo especializado ganó lo suficiente como para mantener una familia. Laura también proviene de la clase obrera y trabajó en una fábrica, en tareas especializadas, hasta que quedó embarazada; desde entonces se ha dedicado exclusivamente al hogar y a los hijos. Ambos poseen antecedentes religiosos y culturales similares. Tienen una hija de 15 años y dos hijos de 12 y 6 años, y viven en un edificio semiindependiente integrado por dos departamentos, en un barrio neoyorquino esencialmente residencial: Queens.

Discuten de vez en cuando, más que nada sobre asuntos de dinero. Laura cree que Monty le da una suma semanal razonable para los gastos de la casa, pero le duele tener que pedirle «dinero extra» para comprar accesorios domésticos o ropa para ella o para los hijos. Otras veces discuten porque, según ella, Monty podría ganar más. Sin embargo, cuando se le presentó la posibilidad de establecer una imprenta en sociedad con un amigo, habló de ello con Laura y ambos convinieron en que era un negocio demasiado arriesgado como para volcar en él todos sus ahorros y aun dinero prestado. Para Monty fue un alivio ver que Laura se oponía al proyecto. Él es un gremialista activo, ocupó un puesto menor en el sindicato durante varios años y cree que su empleo es seguro.

A veces, Laura se siente intranquila. Aburrida de las tareas domésticas, piensa buscar trabajo —aunque sea con horario parcial— el año que viene, cuando el hijo menor tenga siete años y lo deje a almorzar en la escuela.

Los Green tienen clara noción de que constituyen una familia. Hacen muchas cosas juntos; en las vacaciones salen de campamento, en su auto, y en los últimos veranos han alquilado una cabaña por un mes, en una colonia situada junto a un lago. Se visitan con sus amigos y parientes, miran televisión, van al cine y, de vez en cuando, al teatro o a un estadio deportivo. Algunas veces, Monty y el hijo mayor van solos a ver partidos de básquet y béisbol. También sale solo con su esposa, de noche, y en pocas ocasiones (cuatro veces en los últimos seis años) los dos han ido a pasar unos días en algún lugar de turismo.

Monty y Laura recibieron enseñanza metodista, pero no son religiosos. Insistieron en que cada hijo concurriera a la escuela dominical durante un año y que luego decidiera por sí solo si quería continuar o no. Parecen practicar un verdadero *laissez-faire* en materia de religión, y se han rehusado a cambiar de actitud a pesar de las críticas de algunos amigos y parientes.

Monty cree que Laura no es bastante severa con los hijos, en especial con la hija de 15 años, que es muy atractiva y sale mucho con muchachos. Laura aduce que su marido quiere que los gobierne con más rigor, pero cuando le toca a él fijar o hacer cumplir las reglas se echa atrás y es más blando que ella. No me pareció que esto generara una vida familiar caótica; por el contrario, era tranquila, sin tensiones, y con una estructura adecuada.

Los dos afirman que se empeñan por zanjar sus diferencias mediante el diálogo. Procuran no discutir en presencia de los hijos y, con frecuencia, esperan a quedar solos para ventilar problemas importantes que encierren una carga emocional. Son francamente afectuosos con sus hijos y entre sí. Aunque cada uno constituye una individualidad y una fuerza, están orientados, por sobre todo, hacia el matrimonio y la familia. Se ajustan bastante a los roles determinados por el sexo (la hija es una segunda madre para sus hermanos varones), pero esto no impide que sea Laura quien, al parecer, influya más en la determinación del ritmo de vida y los gustos domésticos.

El contrato

Categoría 1. Expectativas puestas en el matrimonio

Se consideran miembros de una unidad familiar, dueños de una fidelidad, devoción y amor mutuos, y un sostén contra un mundo al que no consideran demasiado hostil. Son muy conscientes de los actuales índices de divorcios, pero están seguros de que seguirán juntos. Monty: «Creo que ambos descubrimos constantemente cosas nuevas en el compañero. Por ejemplo, en materia sexual, desde que empezamos a leer sobre el sexo y a ver más películas prohibidas para menores, hemos aprendido a divertirnos mucho más... ¡Hasta me aparta de todo deseo de tener "aventuras"!». Laura: «Todavía estoy en la flor de la edad... y eso vale por dos "aventuras"». (La respuesta nos hizo reír a todos.)

Toman en serio sus responsabilidades parentales. Laura cree que, a veces, Monty no es bastante sensible para con los hijos, o ante lo que ella ve como problemas emergentes —especialmente en los dos varones—, pero sí es demasiado proclive a preocuparse por las posibilidades que tiene la hija de disfrutar con sus atractivos y sexualidad. Los esposos se brindan compañía, apoyo y consuelo recíprocos.

Aunque el dinero no les sobra, están libres de la inseguridad económica que padecen muchos de sus amigos, pues Monty cree disfrutar de óptima seguridad en el empleo. Es cuestión de evitar algunos gastos extras para poder pagar lo esencial (p. ej., Monty gastó unos pocos centenares de dólares en reparar su auto de cuatro años, en vez de comprar otro nuevo). Los dos creen obtener lo que desean y esperan del matrimonio; ninguno de ellos parece abrigar expectativas quiméricas o tener planes ocultos al respecto.

Categoría 2. Determinantes intrapsíquicos y biológicos

1. *Independencia/dependencia*. Aunque los dos se consideran bastante independientes, Monty dijo que él se sentiría perdido sin Laura, y añadió mirándola: «A menudo he pensado

(sé que esto es egoísta) que espero morir primero. Mi seguro de vida es suficiente y yo no podría vivir sin ella». Concurren con más frecuencia a las reuniones sociales y funciones cinematográficas que prefiere Laura, pero él está de acuerdo y no experimenta ningún resentimiento *a posteriori* porque la elección haya corrido por cuenta de ella. Se las arregla bien sin Laura; por ejemplo, cuando ella pasó una semana en Florida junto a su padre enfermo, Monty manejó eficazmente el hogar y los chicos con ayuda de la hija. Ambos actúan por sí solos y, al parecer, hay una independencia e interdependencia razonables entre ellos.

2. *Actividad/pasividad*. En los niveles básicos, Monty parece ser algo más pasivo que Laura, pero no es un hombre pasivo y goza del respeto de sus compañeros de trabajo. Laura inicia la mayoría de las actividades familiares necesarias y vela por su continuación, pero los dos juzgan que este rol le corresponde a ella. Según parece, saldan sus diferencias mediante el diálogo, sin resentimientos ulteriores.

3. *Intimidad/distanciamiento*. Monty parece buscar y necesitar más intimidad física; le gusta tocar. Laura quiere más intimidad emocional y verbal, difíciles de mantener para su marido. Este suele bromear cuando las emociones se le hacen demasiado intensas. Laura extraña el tipo de intimidad conyugal que desea disfrutar, pero tiene un círculo de amigas íntimas que le proporcionan apoyo emocional y comprensión; ella y sus amigas dan la impresión de constituir un grupo informal de «despertadoras de conciencia». A veces, su deseo de mayor intimidad molesta a Monty pero, al parecer, ella acepta su manera de ser y no toma represalias.

4. *Poder*. Monty usa el poder del dinero casi como una manifestación de su protesta masculina. Él lo gana y, por consiguiente, a él le corresponde distribuirlo. Empero, la realidad es otra porque Monty es ciertamente un hombre de hogar, y el presupuesto o gastos domésticos se determinan antes de que él traiga su cheque. No obstante, el hecho de que tenga poder para obrar arbitrariamente —cosa que rara vez hace— preocupa a Laura, quien se propone volver a emplearse el año que viene. Pensó cursar estudios superiores (tanto ella como su esposo poseen un nivel de inteligencia apto para ir a la universidad), pero optó por «dejar eso para los hijos». En unos instantes que pasé a solas con ella, la interrogué sobre esta decisión y me dijo que, en parte, había desistido de esos estudios porque podrían generar sentimientos de inferioridad en Monty. Se trata de una mujer que lee mucho y no siente gran necesidad de cursar estudios avanzados.

5. *Sumisión/dominación.* Hay un buen intercambio y los dos son capaces de aceptar el liderazgo del otro. Laura domina quizás un poco más, si exceptuamos el uso del dinero por parte de Monty, pero aparentemente ambos se complementan de un modo aceptable.

6. *Miedo al abandono.* Uno y otro parecen sentirse seguros con respecto al compañero, pero no pude explorar lo bastante sus sentimientos individuales. La declaración de Monty de que desea morir primero constituye un indicio en tal sentido, pero, por otra parte, es un lugar común y no estoy seguro de su importancia.

7. *Posesión y dominio.* Aunque los Green son un matrimonio tradicional, estos conceptos no rigen totalmente para ellos. Cada uno espera cierta conducta del compañero y ambos la dan y reciben como cosa natural. Ninguno de los dos parece poseer o dominar al otro de un modo defensivo. Hay una sensación de seguridad, y saben que son recíprocamente «correctos».

8. Ninguno de los dos presenta un *grado de angustia* extraordinariamente alto. Laura manifiesta la suya en forma más directa, pues sus defensas no son tan buenas. En materia de seguridad económica, se muestra menos confiada que Monty. Es una mujer atractiva, que se preocupa por su aspecto y también por las primeras señales de envejecimiento. Su angustia suscita comentarios jocosos o reafirmaciones triviales en Monty; esto la irrita, y entonces él se siente manipulado y cree que ella pretende que le dé más dinero para comprar ropas, lo cual le preocupa. El hecho de que la hija está convirtiéndose en una adolescente sumamente atractiva acentúa, quizás, este *leitmotiv* de Laura. Por su parte, Monty se defiende de su angustia mediante la negación. Juega a lo seguro. En general, es todo lo contrario del paranoico: se niega a reconocer el peligro latente o las amenazas de terceros.

9. *Identidad sexual.* Ambos aseguran estar conformes con sus roles sexuales. Monty cree haber hecho una buena carrera como obrero especializado, y le satisface no haberse convertido en empresario: «Salgo del trabajo a las cuatro y ya no tengo que pensar más en él hasta las ocho de la mañana siguiente. Soy libre», dice. (Dudo de su complacencia: contrariamente al Principio de Peter, no ha optado por trepar hasta alcanzar su nivel de incompetencia.) El mundo cambiante no lo ha amenazado o afectado mucho. Está satisfecho de avanzar por la vida dejando para otros las cuestiones más importantes, pero protege su «territorio» cuando percibe una amenaza. Laura es más inquieta e insatisfecha, le angustia la proximidad de la edad madura y compite con su hija. Se siente realmente segura en

cuanto a su deseabilidad como persona y mujer, y Monty parece reforzar bien esta seguridad. . . así como ella apuntala la suya. Empero, se preocupa cada vez más porque los demás la encuentren atractiva. No quiere otro hombre: quiere que Monty le infunda confianza con respecto a sí misma.

10. *Atracción sexual recíproca*. Desde un punto de vista objetivo, ambos son individuos atractivos y, lo que es más importante, parecen seguir siéndolo el uno para el otro. En estos últimos años ha habido un resurgimiento de su actividad sexual (véanse los comentarios anteriores de Monty).

No hay disfunciones sexuales: actúan abiertamente, sin trabas, han probado el coito en varias posiciones, la *fellatio* y el *cunnilingus*, emplean la imaginación y dramatizan juntos sus fantasías. Laura dice que al principio era muy rígida respecto del sexo, pero Monty le ayudó a superar esta actitud antes del matrimonio. Él tenía experiencias sexuales; ella era virgen. Su relación sexual mejoró después del primer año de casados, cuando Laura alcanzó el orgasmo en el coito y también durante el juego sexual. «A veces», comenta, «me excito con sólo mirarlo. . . Así es como quedé embarazada la última vez. Después que nació Claude (el hijo menor) tardé como un año en volver a gozar verdaderamente del placer sexual. Ahí fue cuando nos ayudaron los libros y filmes pornográficos. . . A lo mejor soy masoquista o me gusta que Monty sea un poco "machista", pero me excito al máximo cuando él toma de veras la iniciativa, cuando, a veces, jugamos a la violación y al final tengo que someterme». Monty la escucha con una sonrisa comprensiva, y agrega: «Eso me gusta, y también ser realmente pasivo, como cuando ella es mi esclava y sabe qué hay que hacer para jugar conmigo y excitarme. ¡Y lo hace!».

Hablando en privado, Laura me dijo que había tenido algunas tentaciones —pocas— pero que nunca se había sentido lo bastante atraída por otro hombre como para desbaratar su matrimonio. Cree que simplemente no vale la pena. Monty me dijo (también a solas) que había tenido cuatro encuentros sexuales extramaritales, siempre con mujeres con quienes no mantenía relación alguna, fuera del hogar y en momentos en que estaba lejos de Laura.

11. *Amor a sí mismo y al compañero*. Se aman lo suficiente para respetarse a sí mismos y dar una imagen de verdadero amor conyugal. Se ha reavivado su pasión recíproca.

12. *Estilos cognitivos* y enfoque de los problemas. Los primeros (incluyendo la inteligencia) no parecen ser dispares, Aparentemente, Laura se preocupa demasiado por no desafiar a Monty, para no hacerle dudar de sí mismo. No estoy seguro

de si esta pequeña deferencia hacia él es producto de experiencias vividas que la impulsan a actuar así, de un determinante cultural (lo dudo. . .) o si fue una «demostración de buena conducta» hecha para mí.

13. Laura se siente traicionada por Monty en cuanto este no es bastante capaz de amoldarse a sus sentimientos y no quiere, o no puede, comunicarle los suyos con franqueza. De recién casada «tuve sueños tontos e infantiles sobre un futuro de riqueza, pero eso fue una tontería. . . No tengo de qué quejarme», expresó Laura. Sin embargo, creí percibir una sensación de que Monty le había fallado, de que deseaba que fuera un hombre superlativo y más eficaz, que trepara a la gloria y la riqueza en vez de contentarse con pertenecer a la «aristocracia del trabajo».

Las principales expectativas contractuales «de canje» son que cada cual se atenga a su rol tradicional; además, Laura brindará a Monty el apoyo de su amor, goce sexual y reafirmación de su masculinidad, y viceversa. Él apoya la feminidad de su esposa fastidiándola pero, en la mayoría de los casos, ella no lo considera un acto hostil, posiblemente porque conoce muy bien su capacidad de excitarlo sexualmente. No creo que este sea un tipo de convenio seudomutuo, aunque tal vez lo parezca. Los Green están básicamente satisfechos con su vida conyugal. Laura no puede lograr de Monty la franqueza de sentimientos que ella desearía, pero acepta esta imposibilidad sin afectarse tanto como para revolver el avispero. Los dos creen que su matrimonio es bueno, comparado con los de otras parejas conocidas. En cierto sentido, sus transacciones o componendas tienen por objeto darles seguridad dentro de su «parcela» y con respecto al compañero. Se divierten, discuten, discrepan, gozan sexualmente, dramatizan sus roles parentales y edípicos con sus hijos, y la vida sigue adelante con sus altibajos; ni suben demasiado alto, ni caen demasiado bajo.

Categoría 3. Problemas derivados

1. *Comunicación.* Por lo general, envían y reciben los mensajes con claridad; eso sí, Monty se «desconecta» cuando Laura trata de discutir los sentimientos y motivaciones posiblemente subyacentes en su conducta.

2. *Intereses.* Cada esposo tiene algunos intereses propios y otros compartidos. Cada cual posee amistades de su mismo sexo. Sus vidas se centran en la familia y los amigos.

3. *Crianza de los hijos.* Tanto él como ella quieren que el otro sea más severo con los hijos; en realidad, toda la familia

parece interactuar casi siempre en forma agradable y sin tensiones.

4. *Hijos.* No los usan de manera adversa en ninguna alianza importante. Es posible que Monty use sutilmente, frente a Laura, a su hija y a su propia defensa contra su sensibilidad sexual hacia ella.

5. El *mito familiar* es que Monty ocupa la posición que él quiere. . . y no la que *tiene* que ocupar; que él podría haberse convertido en empresario, pero prefirió quedarse donde estaba y mantener su sistema de valores «proletario».

6. Sus *valores* son similares. Monty se enorgullece del aspecto físico de Laura y cuando va con ella por la calle sabe que lo acompaña un símbolo sexual. A cambio de esto, ella pide amor e intimidad y obtiene casi todo lo que desea. Está orgullosa de tener por esposo a Monty.

Creo que Laura y Monty constituyen un matrimonio eficaz y que cumplen los objetivos de su sistema marital, así como la mayoría de sus necesidades contractuales individuales. En esencia, poseen un contrato único. Sus contratos individuales son congruentes y complementarios, con conflictos mínimos. Su comunicación es razonablemente buena. Sobre todo, reconocen su importancia recíproca y ambos están dispuestos a desvivirse para hacer funcionar la relación. Se aman de veras. Reconocieron que sus necesidades de placer y reafirmación sexuales podrían causar problemas si no encontraban gratificación suficiente dentro del matrimonio, y se volcaron hacia una nueva libertad conyugal que mejoró y dio mayor realce a sus vidas.

Los Green me dieron la impresión de ser dos cónyuges adultos con un tema secundario de tipo infantil. Son capaces de cambiar sus roles y responder, inconscientemente, cuando el otro se muestra infantil y necesita ayuda, si bien Monty no responde ni brinda tanto como Laura. Probablemente, cuando se casaron Monty era un cónyuge más parental de lo que es ahora.

Por lo general, utilizan sus defensas de un modo positivo, provocando reacciones negativas mínimas en el compañero.

Laura ha aprendido a respetar la necesidad de distanciamiento emocional de su marido, a no preocuparse por su modesta protesta masculina (formación reactiva). Por su parte, a él suele divertirle la angustia de su esposa acerca de sus atractivos físicos y la toma a la ligera, aunque brindándole la seguridad básica que ella pide. Se respetan mutuamente, incluso en sus defensas y debilidades.

Los Black, o el vínculo férreo y elástico

Cuando vinieron a consultarme, David y Pamela Black tenían 54 y 41 años, respectivamente, y llevaban dieciocho de casados; durante la mitad de esos años habían vivido en domicilios separados, aunque seguían viéndose socialmente con frecuencia. Tienen dos hijos: una muchacha de 16 años y un varón de 14. Sus relaciones sexuales son malas: David las evita porque es impotente con Pamela.

Durante los primeros seis años de matrimonio vivieron juntos; luego, David se marchó. En los tres años previos a la separación, había sido impotente con Pam pero mantuvo buen trato sexual con otra mujer más joven, que despertó en él una «pasión súbita». No emprendieron ninguna acción legal para formalizar su separación, continuaron viéndose de vez en cuando y manteniéndose en constante contacto respecto de los hijos, las actividades sociales, etc. Hasta presentaban sus declaraciones de réditos en común. David cumplía con sus responsabilidades financieras para con su esposa e hijos, amaba y visitaba a estos y, a medida que fueron creciendo, compartió más actividades con ellos.

La primera «separación» duró tres años. David volvió para «poner punto final y divorciarse» cuando Pam le pidió el divorcio, informándole que pensaba volver a casarse. David se instaló en casa de Pam y se quedó con ella; a Pamela le agradó tenerlo de nuevo a su lado y sus relaciones sexuales fueron buenas. Empero, al poco tiempo David recayó en la impotencia y empezó a criticar constantemente a su esposa, quien en los tres años de separación había empezado a darse cuenta de que no necesitaba depender de él. Después de otros tres años de vida conyugal, David volvió a marcharse; la causa ostensible fue, una vez más, otra mujer, con quien mantenía buenas relaciones sexuales. Habían transcurrido seis años desde esta segunda separación; David seguía visitando a su familia, quedándose un tiempo con ella de vez en cuando y acompañando a Pamela en varias actividades sociales, aunque cada cual salía también con otros. Pam no tenía problemas sexuales con otros hombres y ahora insistía en obtener ayuda profesional, arguyendo: «Tratemos la impotencia de David para conmigo. Esta vez, o permanecemos juntos y lo logramos (se refería a la cuestión sexual y a la compatibilidad en general), o nos divorciamos de una vez por todas». El hecho de que David se presentara con otra mujer en casa de unos amigos íntimos del matrimonio había precipitado la decisión de Pam: ella optó por tomar ese acto como un insulto, aduciendo que cuando salía con otros hombres no proclamaba a los cuatro vientos su relación sexual con ellos.

David es guapo, conversador, refinado: un hombre de mundo. Pam es hermosa, inteligente, buena conversadora; aunque manifiesta su angustia con más facilidad que él, lo iguala en encanto y aplomo.

David le lleva trece años. Cuando se casaron, Pam se sentía infantil, poco mundana, inepta para ingresar en el círculo de amistades de su esposo. Sus relaciones sexuales premaritales habían sido buenas y, ya casados, Pam alcanzaba fácilmente el orgasmo con David cuando él era capaz de mostrarse cálido y afectuoso. Cuando, en cambio, era hostil e impotente, ella lloraba sintiéndose rechazada y esto lo enfurecía.

Al principio, David se había considerado el protector de Pam, pero ya no pensaba así. Ella era una compañera brillante y atractiva, y él aún sentía que su presencia aumentaba su prestigio. Dudaba de su capacidad de amar a otros y, al igual que Pam, se preocupaba por su aspecto, por su forma y por actuar con ímpetu y elegancia.

Pam decía que todavía amaba a su marido, pero que no toleraría más esa situación incierta. Él no tenía prisa por cambiarla y con el tiempo fue evidente que, en realidad, no quería hacerlo; sólo deseaba que Pam terminara sus estudios de arquitectura para que pudiera trabajar y aligerar, en parte, sus obligaciones económicas.

Mi plan terapéutico comenzó con una exploración conjunta y rápida de sus contratos matrimoniales, para ver si había algún punto de partida para romper ese vínculo elástico, que los mantenía «unidos a medias». Algunos sistemas no deberían tocarse, a menos que uno o ambos cónyuges desearan realmente cambiarlos, ya que es importante respetar las necesidades que han mantenido unidos a dos individuos en una situación aparentemente imposible para ambos. La cuestión era saber si alguno de ellos quería la ruptura completa o si los dos podían aceptar el retorno a la convivencia. Los dos eran francos, estaban al tanto de sus propios sentimientos y hablaban de su situación sin embarazo. Ambos se habían sometido a psicoanálisis durante varios años, pero eso no mejoró su sistema de interacción.

Cuando escribieron sus contratos individuales utilizaron el formulario de los tres niveles de conciencia (véase el Apéndice 1), en vez de atenerse a las tres categorías. David prologó el suyo con la siguiente formulación: «Tengo la impresión de que las soluciones deben buscarse en el tercer nivel (no consciente) antes que en los otros dos».

Contrato del marido

Nivel consciente y expresado (incluye los niveles 1 y 2)

1. Mantenerme sexualmente interesado y activo. Necesito esta clase de reafirmación del yo. . . quizá para descartar algunas dudas pequeñas y persistentes, con respecto a mi masculinidad. Al parecer, la clave de mi satisfacción sexual y psíquica está casi siempre en el hecho de excitar a una mujer.

2. No seas demasiado dependiente. Ábrete camino. Gana dinero. No soy eterno y mis «años de las vacas gordas» tampoco lo son.

3. No me traiciones. Pero hazlo. Aunque me involucro contigo más intensamente, y hasta de un modo irracional, cuando me amenaza tu infidelidad, también tengo la necesidad neurótica —y no desagradable— de sentirme un poco amenazado por tu conducta con otros hombres.

4. Sé mi niña. Presta atención. Aprende. Respeta mis canas. Pero en verdad soy juvenil, atraigo a todas las mujeres, sea cual fuere su edad. . . aunque yo prefiero con creces a las más jóvenes.

5. Has hecho un buen trabajo con los hijos, pero los has protegido demasiado. Es bueno ver que te distiendes un poco, aunque sólo lo hagas por tu conveniencia. Pero lo cierto es que has llevado a cuestas el peso del tiempo requerido para atenderlos. . . que ha sido mucho, aunque no tanto como tú dices. (Nótese cómo otorga algo y de inmediato lo quita.)

Sólo puedo ofrecerte un *show* de atención conyugal. No me excitas. Pero agrado a las visitas, a menos que riñamos. Me considero brillante y bien parecido.

No puedo darte amor en un sentido dramático, tal vez ni siquiera en un sentido real. Tengo apasionamientos súbitos, por lo común relacionados con el sexo, y las personas pueden agradarme, pero no *amo* a nadie. ¿Tal vez a mí mismo?

Seguiré galanteando, a menos que se produzca algún milagro entre nosotros. Y quizás aun así siga haciéndolo.

Nivel 3. No consciente

Todo esto lo sé. Lo que no sé es qué me hace temerte a ti y a las otras mujeres. Con una nueva amante yo soy el dueño, el adorado, pero invariablemente todas aprenden cuáles son mis puntos débiles, como lo has aprendido tú; entonces temo ser dominado, me vuelvo impotente y debo distanciarme. En realidad, me invade el miedo a tu dominación. Sé que esto tiene que ver con mi madre, pero cinco años de psicoanálisis no lo han cambiado. Ya no quiero más tratamientos prolongados: si no he cambiado hasta ahora, ya no lo haré.

Contrato de la esposa

1. Nivel consciente y expresado

1. Experimento ahora una sensación de igualdad, de que yo soy igual a él. No era así en la época de mi contrato original. En ese entonces quería que él me enseñara, y creo que lo hizo.

2. Tú[1] me proporcionas prestigio; yo lo disfruto y saco provecho de él.

3. Compartimos los hijos, amistades, intereses, logros, placeres, y tenemos muchos objetivos comunes. Nos llevamos bien en muchas áreas («pareja atractiva», etc.), y en público nos alabamos el uno al otro; hay una sensación de que así nos ayudamos recíprocamente.

A cambio de eso:

1. Mi temperamento entusiasta y bastante alegre le hace bien a Dave; me di cuenta por primera vez de que cumplía este rol durante nuestra luna de miel. No me resulta difícil, puesto que disfruto de este aspecto de mi manera de ser.

2. Nivel consciente pero no expresado

1. Socialmente soy insegura, me siento angustiada y dependo de Dave para entablar el contacto inicial con las personas que me intimidan (las que son más poderosas que yo, los «adultos»). Necesito el nervio y autoimpulsión de Dave. Me parece que seré rechazada, pero sólo al principio; esta sensación de inseguridad la arrastro desde mi infancia.

2. Siento que Dave me comparará con otras en este aspecto, y que en esta comparación saldré perdiendo (menciona a dos amigas). Esto me hace ser muy insegura; él me rechazará porque no soy bastante buena. Las cosas han cambiado recientemente. Con todo, sé que Dave también se siente inseguro del lugar que ocupa con relación a estas personas, y me necesita.

[1] Pam oscila entre la segunda y la tercera persona del singular al referirse a David.

A cambio de eso:

1. Con mis atractivos generales, etc., recompensaré su protección y su apoyo social. También lo haré parecer sexualmente apto.

3. Nivel no consciente

1. Sin ti no soy nada. Te necesito y te amo por eso, porque eso significa que tú eres muchísimo mejor que yo. Te necesito como protector paternal.
2. Como te necesito como a un padre, me deprimo sexualmente: te odio y te amo por esto. No me brindarás nada desde el punto de vista sexual. En cierto modo, estás cerca de la parte infantil de mi personalidad y apartado al modo adulto. David me necesita tanto. . . nunca amará a otra. Te quiero como padre; es mi «síndrome enséñame».
3. Te quiero como amante. En este sentido experimento una gran privación, pero también tengo miedo.
4. Quiero intimidad.
5. No quiero tener intimidad debido a factores paternos remanentes.
6. Sexualmente no seré como tus otras mujeres.
7. Sé que puedo relacionarme con otros hombres, más fuertes, ricos, poderosos y sexualmente capaces. Lo haré si es preciso, pero te quiero *a ti*. ¿Por qué no estás disponible?
8. Sadomasoquismo. Los juegos a que nos entregamos, el dinero, las decisiones, la rivalidad entre nosotros, el hecho de que me humilles constantemente. . . Quieres verme humillada, que sea una niña. ¿Todavía me excita esto?
9. Mi poder de atemorizarte a sabiendas. Ahora conozco mis puntos fuertes y tus puntos débiles. Sé que temes tener trato sexual conmigo. Yo lo deseo y te ayudaré.

Los contratos revelan con claridad la base de su vínculo férreo y elástico: en última instancia, los dos son conscientes de sus actos, pero no necesariamente en el instante mismo de la interacción; no han podido alterar sus interacciones. Mantienen una relación profunda y sadomasoquista, que iniciaron hace unos dieciocho años, con David como poderoso cónyuge parental y Pamela como cónyuge infantil. Ahora se turnan en invertir estos roles conductales en su ciclo contractual de interacción. Uno de ellos hace o dice algo en su interacción, y entonces cambian los roles: él pasa a ser infantil y la percibe como madre dominadora; luego, ella actúa en forma amenazadora para David y este, no bien se le adelanta, se amedrenta y abandona el control dejándoselo a Pam. Cuando es ella la que lo posee y ejerce, él se irrita y asusta, la ve como su castradora, y se engaña a sí mismo a medida que ella recae en el rol que le ha sido asignado. Todavía persisten varios aspectos de este juego, aunque ahora él no representa una imagen tan paternal para ella. Pamela, que ahora es una mujer hecha y derecha, quiere ser una esposa romántica e infantil, pero no con un hombre castigador como David, sino con uno poderoso que actúe también como un padre bueno. (¿Lo desea realmente? Hasta ahora no ha establecido ninguna relación importante con otro hombre.) La amenaza de David y la realidad de su abandono del hogar se ven realzadas por el hecho de que el padre de Pam desapareció cuando ella tenía 3 años. La reaparición de David refuerza la fantasía de que «papá volverá», pero este es tan hostil que al poco tiempo ella se alegra de que se vaya. A esta altura ha disminuido un tanto en Pamela el impacto emocional del modo de ser de David, porque la constante excitación de sus afectos y esperanzas, seguida inevitablemente del desengaño, ha comenzado a hacerla menos sensible a sus propias expectativas. Su reacción ante los regresos de David ya no sirve tanto para reforzar —positiva e intermitentemente— sus sentimientos afectivos; ahora es más bien la consecuencia de una compulsión de repetición que va agotando la investidura afectiva del acto. Si esto es cierto, puede significar que Pam *está* lista para el cambio. Será preciso probarlo con tareas, y no con meras palabras, para que ambos puedan confrontar sus acciones conmigo.

David depende de Pam para corroborar su masculinidad, del mismo modo que su presencia apuesta y cortés refuerza la imagen pública de feminidad de su esposa. . . tal como uno y otro las ven en su interior. Entretanto, él es libre de intentar reforzar su imagen de sí mismo y demostrar su independencia de Pam de un modo desafiante, manteniendo relaciones breves y apasionadas con mujeres jóvenes y hermosas, con quienes es sexualmente apto hasta que las considera conquistadas; en ese instante, las transforma en una imagen materna y queda impotente, pues cree que lo «pisotearán con botas de hierro», perspectiva fascinante y aterradora a la vez: su masoquismo se complace en ella, su sadismo defensivo hace que ataque primero. Sus defensas son la huida y el distanciamiento físicos y emocionales. Pam reconoce ahora que es «demasiado fuerte» para él; sabe que lo domina en todo menos en sus huidas e impotencia, y estas la enfurecen. Pam declaró haber dejado de amarlo cuando comprendió que él ya no podía seguir desempeñando para ella el rol de maestro y protector fuerte. En algunos aspectos, el contrato de David se refería más concretamente a la situación actual de la pareja, en tanto que el de Pam apuntaba al pasado y no transmitía correctamente sus sentimientos presentes.

Les pedí que se reunieran una tarde, sin los hijos, y esto se convirtió de pronto en un formidable problema logístico, aunque vivían en departamentos separados. Les impartí la tarea de acariciarse mutuamente sin tocarse los genitales. Mientras les daba las instrucciones, David insistió en que Pam no lo excitaba, que él era un mujeriego incapaz de amar. Escuché su mensaje y le expliqué los aspectos sensuales y de comunicación del ejercicio: no sería sexual, ni habría coito o intento de provocarse recíprocamente un orgasmo.

Sus contratos revelaban con nitidez su cuadro sadomasoquista: aquel que ejercía el control debía herir al otro. Esto fue saliendo a luz a medida que avanzábamos en el ejercicio de caricias, y gracias a él.

Primera sesión de caricias, sin tocarse los genitales. Pamela estaba angustiada. El día de la cita «tuvo ganas de ver a un abogado y terminar el asunto». Fue a su casa, reordenó sus libros e hizo otras tareas innecesarias para dominar su ansiedad. David también se mostró ansioso al llegar. La experiencia no le agradaba, aunque yo les había dicho que cuidaran de no llegar al coito. Le preguntó a Pam si deseaba llevarla a cabo, y una vez que se hubo cerciorado de ello asumió un rol parental, trató de tranquilizarla y los dos se dirigieron rápidamente al dormitorio. No bien se acostaron, David aclaró que no pensaba quedarse toda la noche, con lo cual hizo que sus contratos interaccionales negativos entraran en funcionamiento de inmediato. Pam le hizo saber que se sentía rechazada y él trató de enamorarla, pero su sentimiento de rechazo lo irritaba. Se relajaron, se abrazaron, conversaron, se acariciaron los cuerpos hasta cierto punto. . . Lo que más les gustó fue la charla. Alrededor de una hora después, Dave se marchó; Pam lloró durante un rato, pero luego se sosegó, pues le pareció estúpido haber esperado más de él.

Segunda sesión de caricias, realizada una semana después (tocándose los genitales, pero sin coito ni orgasmo). Estas consignas tenían por objeto eliminar la presión de tener que realizar obligadamente el acto. Los dos pasaron un fin de semana juntos en el departamento de Pam y, aunque su dormitorio ofrecía adecuada intimidad, evitaron acariciarse porque estaban presentes los hijos. En la siguiente entrevista conjunta, Pam señaló que cuando Dave se distanciaba de esta manera ella se echaba atrás, pues temía mucho su rechazo. Él dijo que, en su opinión, hubiera sido mejor no acercarse tanto a ella, porque sería pisoteado «por esas botas de hierro». Por consiguiente, ese fin de semana habían dormido en habitaciones separadas, absteniéndose de todo acto sensual. Él se valió de los hijos para promover la evitación de todo contacto físico íntimo con Pam.

Nuevo encuentro, efectuado el fin de semana siguiente. Pam hizo que los hijos no estuvieran en casa; David se sintió incómodo ante la ausencia de sus protectores. Ya acostados, acarició a Pam pero ella no lo disfrutó porque le pareció que estaba apurado. Dijo que la había desanimado a tal punto que cuando le tocó el turno de acariciarlo a él «estaba ausente». (Toda su relación se refleja en esta escena.)

Se atuvieron a los siguientes papeles: Pam: «Preveo que me rechazará y, por supuesto, así lo hace. Esto me hace sentir enojada con él». Dave: «Pam está enojada conmigo. Me pisoteará» (como lo hizo la madre de él). «Tengo miedo. No tengo ganas de darle nada».

Al describir este fin de semana en la entrevista siguiente, uno y otro comunicaron sus sentimientos y reacciones con franqueza. La comunicación fue buena, pero no disminuyó la ira o angustia de los cónyuges; por el contrario, ambos confirmaron que tenían razones para inquietarse.

Tercera sesión de caricias, realizada una semana después (con las mismas consignas). Vinieron a verme a la mañana siguiente, de modo tal que tenían una imagen bien clara de los hechos. Dialogaron así:

Dave: «Cuando hago estas cosas (*las caricias*) me pongo en tensión».

Pam: «Sólo tu cuerpo está en eso. . . no esta parte de él». *(Lo toma de la mano con ternura.)*

Dave (dirigiéndose a mí): «Empezamos a tocarnos, pero me dominé más. Pam me tocó. . . incluso el pene. . . *y no pasó nada*». *(Dijo esto con énfasis, patéticamente, como si fuera la prueba definitiva de su desesperanza: la de ellos, la de él.)* «Luego, cuando me lo hizo, Pam se adormiló».

Pam: «Esta vez me excité cuando él me lo hizo, pero cuando se lo hice a él, Dave estaba tan distante *que me alejé más durmiéndome*».

Dave: «Las caricias y el toqueteo me ponen en tensión y sé que no puedo responder a ellas. ¿No es esta una prueba suficiente de que nuestra relación no sirve de nada?».

Pam: «Si él ya no me quiere, estoy dispuesta a marcharme». Yo les dije que era preciso respetar los sentimientos de David y que, en verdad, lo ocurrido parecía confirmar la posibilidad del divorcio. No bien lo mencioné, los dos manifestaron que querían continuar el tratamiento.

Cuarta sesión de caricias. Los dos se sintieron mejor, pues, de algún modo, les pareció que «no necesitaban llegar al acto o hacer gimnasia». La sesión fue agradable para ambos. (Al enfrentarse conmigo en la entrevista anterior se acercaron entre sí un poco más, para aliarse contra mí, el enemigo que ponía en tela de juicio su *statu quo*... a su propio pedido.) Se mostraron más amistosos entre sí. Él fue al grano y dijo que una velada como esa le ayudaba a calmarse y apaciguarse sin apresurar el asunto; comprendió que no tenía necesidad de llegar al acto consumado y se sintió bien. Dave hizo hincapié en que no había tenido ninguna erección, por si acaso Pam y yo interpretábamos mal su mensaje.

Entonces les pregunté qué querrían hacer en la próxima velada que pasarían juntos, y Dave respondió: «Me viene a la mente una asociación inmediata con un personaje de Sartre. Podría amputarme mi propio pene como un acto existencial». (¡Esto lo decía todo! Sentí una gran empatía, pero también comprendí que deberían representar por sí solos y a su manera el resto de sus papeles.) Sonriendo, Dave añadió que él y Pam habían pensado reunirse en el departamento de él, como si él la hubiera citado.

Quinta sesión, celebrada una semana después. Fueron al teatro y luego al departamento de David; los dos optaron por actuar como si esa fuera su primera cita, sin recordar su larga historia conyugal. Pasaron la noche juntos.

David dijo que no había tenido respuesta sexual ante Pam y ella declaró haberse sentido rechazada y deprimida. Mientras él la acariciaba, Pam imaginó que estaba en el despacho de un abogado tramitando su divorcio. David empezó a masturbarla, y entonces ella advirtió que no la había besado en todas esas semanas, preguntándose por qué evitaba él la intimidad del beso. *En ese instante*, Pam tuvo conciencia de que se había excitado rápidamente y llegó al orgasmo mientras él seguía masturbándola.

David sostuvo abiertamente que él solía excitarse al excitar a cualquier mujer, menos a Pam. (Fue esta una formulación devastadora, destinada a herir a Pam; sin embargo, la excitación y orgasmo de Pam habían surgido de su propia fantasía de herir a David recurriendo a un abogado, sumada a la ofensa que representó para ella darse cuenta de que él no la había besado.) Les señalé cuán importante era para ambos lastimar al compañero: ni uno ni otro se atrevían a correr el riesgo de una campaña sostenida en pro de la convivencia íntima. Les formulé una pregunta que juzgué retórica: «¿Por qué se turnan en perseguirse uno al otro, si los dos saben que son recíprocamente inalcanzables?». Aunque no esperaba que me contestaran, David respondió que a ambos les gustaba ser golpeados, y Pam expresó: «Los hombres simples me aburren y los que me adoran también». Les dije que no sabía cómo ayudarles a cambiar. Al parecer, no querían aproximarse ni divorciarse, como si desearan mantener la situación tal como estaba. David replicó de inmediato que debíamos interrumpir el tratamiento, y lo mismo opinamos Pam y yo.

Abandonaron, pues, la terapia, mientras a mí me quedaba la duda de que hubieran experimentado cambio alguno.

Un año después les envié unas cartas de seguimiento. David no contestó. Pamela me escribió diciéndome que luego de la última sesión conmigo había comprendido que no tenía esperanzas ni deseos de reconciliarse con Dave; creía justificada su decisión por la disposición de este a abandonar la terapia. Todos los conflictos y angustias generados por sus dificultades conyugales habían desaparecido para ella; se sentía libre y aliviada. Me explicó que habían iniciado los trámites para disolver el matrimonio, pero al leer esto me pregunté si alguna vez completarían el divorcio legal.

Los Brown, o la separación

Cuando los conocí, Thad Brown tenía 26 años y su esposa Inge 24; llevaban apenas dos años de casados y no tenían hijos. Vinieron diciendo que querían divorciarse, a menos que yo cambiara sus mentalidades. Al preguntarles por qué debía hacerlo, Thad me respondió que amaba a Inge pero no podía soportar su conducta infantil, sus rabietas, su falta de control, su necesidad de ver cumplidos de inmediato todos sus caprichos; no toleraba que le faltase el respeto, lo humillase públicamente y siempre le diera precedencia a sus progenitores. Por su parte, Inge dijo que Thad no la excitaba sexualmente, que se rehusaba a tener trato sexual con él y que él estaba demasiado atado a sus progenitores; no sabía con certeza si seguía amándolo; le parecía demasiado «formal», demasiado preocupado por todo, demasiado ordenado: ni siquiera podía salir en auto sin saber de antemano adónde iría; carecía de espontaneidad, no le gustaba la *fellatio* ni el *cunnilingus* y, a decir verdad, no era nada divertido.

Contrato del marido

1. Espero que respetes mis sentimientos y no me humilles ante los demás. Te trataré con respeto y no te pondré en ridículo delante de la gente.

2. Espero que trates de ser más paciente cuando te sientas frustrada, y que te domines en vez de entregarte a rabietas. Espero que trates de conversar racionalmente sobre todo aquello que te preocupa, en vez de recurrir de inmediato al insulto iracundo. En lo que a mí respecta, trataré de estar más alerta, de conocer más tus deseos, de ser menos sensible a los insultos ocasionales.

3. Espero que una que otra vez me acompañes cuando vaya a visitar a mis padres, que seas cortés con ellos y no trates de herirlos deliberadamente. También procuraré que te traten con cortesía; si les resulta imposible, no insistiré más en que tú los visites.

4. Espero que confíes más en ti misma y no trates de obtener el apoyo de tu madre cada vez que discrepas conmigo. Espero que concedas alguna intimidad a mi relación contigo, en vez de contarle a tu madre todos nuestros actos y reyertas. Por mi parte, trataré de evitar que mis progenitores interfieran en nuestra vida privada; también procuraré ayudarte más cuando me necesites.

5. Prefiero ciertos roles tradicionalmente masculinos, como ser el cuidado del auto y el manejo de nuestras finanzas, a otros tradicionalmente femeninos (p. ej., preparar la comida). Sin embargo, no creo que los roles sean inflexibles. En suma, en lo que respecta a roles de trabajo, tengo preferencias pero no exijo nada. Únicamente espero que ninguno de los dos se aproveche del otro.

6. Espero que mantengas trato sexual conmigo con mayor frecuencia que en el pasado. Estoy abierto a cualquier idea sobre cómo hacerlo mejor.

Contrato de la esposa

1. Te daré compañía si tú me la brindas a mí; debo hablar con otros porque, en realidad, tus palabras no me dicen la verdad (p. ej., la conversación de tu madre, que siempre está contando historias de alguien más enfermo que mi padre, o cuando Tony me pidió que me acostara con él y tú me dijiste que yo, una mujer de 24 años, lo había entendido mal).

2. Te respetaré si tú cumples con las pequeñas obligaciones de una vida normal, si actúas como un ser humano responsable (p. ej., cerrar con llave la puerta de la casa, colocar la tapa del radiador antes de salir a la carretera, hacer revisar el auto para que los policías no tengan que cuchichear aparte contigo, acordarte de llevar las llaves del auto, comprarte un llavero).

3. Te daré amor si dejas de decirme que me pagas para que te cocine la cena, ordene tus medias, te prepare el desayuno, etc. Por ejemplo: cuando te dije que no te prepararía más la comida si no cooperabas limpiando bien la mesa, luego de comer, tú replicaste: «Pues entonces dejaré de darte dinero». ¿No comprendes que yo también tengo un empleo de ocho horas?

4. Te daré amor si dejas de ser tan aguafiestas: «Hay demasiado tránsito en la carretera», «El huevo tiene demasiada sal», «Esta vez el pan no es tan bueno»; si dejas de decirme que te decepciono. Las personas que se aman no se tratan de «idiota», «tarada» y otras cosas peores.

5. Te daré placer sexual si tú no me apagas toda excitación con lo antedicho. A mí también me gustaría hacer el amor; no soy feliz no haciéndolo. Simplemente me vuelves indiferente y no lo deseo.

Discusión

Las sesiones fueron tempestuosas. Inge —una mujer atractiva, sexualmente seductora— se mostraba muy hostil y provocativa hacia Thad, y hasta adoptó actitudes seductoras hacia mí en presencia de él. Trató de que yo conviniera con ella en que Thad era demasiado serio, formal, poco divertido, etc. Thad era un joven apuesto y formal que, obviamente, no podía habérselas con su esposa hipomaníaca, aparentemente dedicada a destruir su relación conyugal.

Él era un cónyuge racional, ella una cónyuge infantil; la parte infantil dominaba bastante la espiral descendente de su relación. Inge necesitaba que le pusieran límites y Thad era incapaz de hacerlo: su racionalidad carecía de una fuerza suficiente como para controlar la conducta caótica de la esposa; su incapacidad de controlarla la desenfrenaba aún más, impulsándola a abrumarlo de ridículo.

En las entrevistas, dedicaban casi todo el tiempo a establecer quién le hizo algo a quién. Era obvio que uno y otro estaban excesivamente involucrados con sus familias de origen. Ella se había vuelto un ser tan objetable para la familia de él, que en verdad no era bienvenida allí; tal vez lo hizo, en parte, a fin de mantener alejado a Thad de su familia de origen, pues sin duda se esforzaba bastante por excluirlo de ella. Las áreas cubiertas en sus contratos eran pocas y, además, las habían tratado con la mayor superficialidad; Inge y Thad comprendían poco su propia conducta, pero centraban su atención en la del compañero.

Al mes de haber escrito sus contratos, les pedí que redactaran otros adicionales sobre sus progenitores. Como se verá, Thad reiteró en el suyo su pedido de comprensión y respeto.

Segundo contrato del marido

1. Respeto: Espero que me trates con respeto, sin humillarme ante los demás. Yo haré lo mismo por ti.

2. Comprensión: No te serviré de chivo emisario cuando te vayan mal las cosas. Aceptaré ciertas críticas, pero espero que distingas las ofensas grandes de las pequeñas y que tomes más a la ligera estas últimas. Cuando te falle (lo cual es inevitable), no dejaré que me tortures indefinidamente sobre el asunto. Trataré de confortarte y agradarte en cuanto pueda, pero debes entender que sólo soy un ser humano.

3. Tus padres: Nuestra propia relación es de importancia primordial y tiene precedencia sobre la relación entre tú y tu madre. Ella no puede ser el principal factor a considerar en asuntos tales como dónde nos radicaremos definitivamente o si vendrás conmigo cuando me trasladen. (Thad se refiere aquí a un traslado en su empleo, fijado para el año próximo.) No es preciso informarle cada tres horas sobre nuestra situación y estado de salud, ni que conozca todas y cada una de nuestras rencillas. No puedes ponerte siempre de su lado cuando sus opiniones difieren de las mías. Aunque estés con tus padres, yo no dejo por eso de ser tu marido, de modo que no puedes excluirme de tu relación con ellos. Trataré de ser respetuoso y considerado, pero ellos no tienen que interferir en nuestra relación.

4. Mis padres: Nuestra relación tiene precedencia sobre mi relación con mis progenitores. No puedo permitir que sus conceptos interfieran en nuestra relación. Convengo en restringir sus consejos y guía, para asegurar la independencia de nuestra relación y la separación de mi vida y la suya. Si te hacen daño, debo defenderte. Por otro lado, espero que seas cortés con ellos, que los visites de vez en cuando y que durante esas visitas te conduzcas en forma amistosa, sin beligerancia. Espe-

ro que al tratarlos mantengas una actitud abierta, en vez de buscarles defectos.

5. Sexo: Espero que tengas trato sexual conmigo; que ese trato sea como tú quieras, con tal que lo tengamos. No quiero una esposa que sólo desee ser acariciada y mimada; quiero una deseosa de llegar al coito.

Segundo contrato de la esposa

Visitaré a tus padres si me defiendes, si no les permites que me hablen como a una chiquilla, si no les permites que te hablen como si tuvieras 3 años, como a un embrión, si no les permites fanfarronear, sermonear, monologar o dar órdenes delante de nosotros.

Te dejaré visitar a mis progenitores si te interesas de lleno por su bienestar, en vez de hacerlo por mero deber o cortesía. No me importa que los visites o no.

No creo que tu interacción con mis padres sea importante para nuestro matrimonio.

Inge no manifestó ninguna disposición al cambio, e interpretó la actitud más conciliadora de Thad como una prueba de su debilidad. Evidentemente, no había congruencia ni complementariedad entre sus contratos. Estando a solas conmigo, Inge me dijo que mantenía relaciones sexuales regulares con un hombre mayor que la excitaba muchísimo, en tanto que Thad «la dejaba fría». Le pregunté si decididamente quería separarse y ella respondió que sí. Cuando lo vi a solas, Thad pareció deseoso de que le «permitiera» disolver el matrimonio, como si quisiera cerciorarse de que había agotado todas las posibilidades de reconciliación.

Luego conversé con los dos juntos y les dije que quizá deberían divorciarse, tal como lo habían pensado originariamente, pues no vislumbraba ninguna esperanza razonable de que llegaran a constituir un buen matrimonio. Le expliqué a Inge que Thad no se ajustaba a sus deseos, y a él que, si bien su esposa era excitante, traía a su vida impredicción y un desorden perturbador. Además, Inge actuaba como si su marido no le gustara, como si estuviera dispuesta a seguir acosándolo, y no le manifestaba ningún respeto (cosa que yo había señalado varias veces). Dada su posición reticente en casi todos los puntos motivo de discrepancia, no era probable que cambiara. A solas con Inge le sugerí que se sometiera a terapia individual, pero ella creía que sólo deseaba, o necesitaba, escapar de Thad.

A las dos semanas me visitaron para decirme que habían iniciado los trámites de separación, lo cual los había vuelto más amistosos entre sí. Ambos me dieron las gracias y convinieron en que el divorcio era lo mejor.

Fue evidente para mí que esta pareja había venido a verme para convencerse de que era correcto separarse. Los tres tuvimos que pasar por las mociones «sinceras» tendientes a agotar todas las posibilidades de reconciliación. Atados como estaban a sus progenitores, necesitaban que una autoridad les dijera que podían separarse. Me complació desempeñar este rol para ellos y refrendar su conclusión de que no podían convivir bien.

Dos meses después, recibí la siguiente nota de Thad:

«Deseo agradecerle una vez más la ayuda que me dispensó en relación con mi matrimonio. Creo que después de hablar con usted tuve una idea más clara de lo que ocurría realmente en nuestra relación, y sé que me sentí mejor después de haber ventilado algunos de los problemas que pesaban en mi mente. Creo que la separación era inevitable dadas nuestras personalidades y actitudes, y le agradezco que haya sido franco con nosotros.

»La transición a la "soltería" ha sido difícil, pero no me lamento. En verdad, hacía mucho que no era tan feliz».

Los Blue, o cómo seguir adelante

Cuando los vi por primera vez, George y Penny Blue contaban 29 y 27 años, respectivamente, llevaban cuatro de casados y tenían una hija de 2 años de edad. Su problema era la reciente confesión de una aventura amorosa por parte de George. Dicha confesión los hizo sentirse desdichados, pues los confrontó con el hecho de que, pese a que muchos aspectos de su relación marital eran buenos, la misma encerraba ciertas insatisfacciones para ambos. Como advertimos después, la aventura de George había acaecido justo a tiempo para detener el deterioro del matrimonio.

Unos treinta meses atrás habían consultado a un colega mío sobre la depresión, aparentemente infundada, de George; ya entonces la comunicación conyugal era mala. Más adelante se descubrió que George estaba deprimido porque no le iba bien en su trabajo y empezaba a comprender que no tenía ganas de trepar competitivamente hasta la cumbre de una gran empresa; por esos días, había evitado decisiones que pronto debería tomar. Siempre había creído que sería un gran triunfador, que eventualmente se incorporaría a la estructura de poder de su país, y tener que reajustar sus ambiciones constituía una perspectiva demasiado amenazadora para él.

Penny era una mujer independiente cuando conoció a George: tenía su propio hogar y amistades, viajaba, disfrutaba del goce sexual y se sentía liberada. Al casarse tuvo la sensación de que renunciaba a su libertad. Pocos meses después se trasladaron a Nueva York, y entonces le pareció que abandonaba su hogar, sus amigos, para ir a vivir a un departamento solitario; además, en Nueva York no encontró empleo dentro de su profesión. George salió de su depresión cuando decidió renunciar a su puesto y emplearse en una empresa mucho más pequeña de Nueva Jersey. Como las oficinas quedaban demasiado lejos del núcleo urbano y era imposible viajar hasta allí todos los días, los Blue se trasladaron a Nueva Jersey y finalmente compraron una vieja casa casi en ruinas, sita en una zona rural agradable y bastante elegante, cerca del lugar de trabajo de George. Todo esto hizo que Penny se sintiera cada vez más cercada por sus obligaciones y vida doméstica: tenía una casa y una hija que cuidar, amén de otro vástago en camino, y se sentía apresada por el matrimonio y por las decisiones que aparentemente debía tomar para adaptarse a las necesidades de George. Aunque estas decisiones le parecían correctas y necesarias, la colocaban en una posición muy distinta de la que había previsto al casarse.

Los Blue no redactaron sus contratos por sí mismos, sino que estos fueron elaborándose durante las sesiones.

Contrato de la esposa

Categoría 1

El matrimonio significa compartir todas esas cosas y yo acepté quedar embarazada, pero estoy tan atada. . . No me gusta cuidar del hogar y de mi hija; ahora sé que prefiero trabajar y ser libre, como lo fui de soltera. Sé que tenía que «asentarme», pero no así. George trabaja como esclavo para sostenernos a todos. Sé que le irá bien en este empleo; le gusta. Yo soy una fregona en una casa suburbana que ni siquiera podemos sostener; ahora ni siquiera puedo buscar trabajo. No se supone que el matrimonio sea esto.

Contábamos con que George se quedaría en Nueva York, y yo creía que él podría escalar posiciones. A veces pienso que no debería haber atado mi suerte a la suya, que debí mantener mi independencia: era dueña de mí misma, podía ir y venir a mi antojo. De veras siento que él me ha fallado. Sé que lo que digo suena mal, y eso me causa un malestar terrible.

Categoría 2

1. Soy independiente, pero ahora estoy obligada a depender de George. . . y eso no me gusta. Él es bueno, pero irritable y caprichoso, igual que yo. Depende de mí en ciertas cosas y sé que le estoy fallando (p. ej., no manejo el hogar en forma organizada y no siempre tengo la cena lista cuando él llega) pero *detesto esta vida.* Sospecho que quizá fue por esto que tuvo esa aventura. No me he mostrado muy excitada ante él.
2. *Actividad / pasividad.* Me siento negativa y eso está mal. No quiero ser así, pero en verdad me siento engañada, como si me hubieran jugado sucio. Él trabaja duro y se esfuerza, pero siempre será un ganapán y sólo veo por delante una vida de fatigas y aburrimiento. Además, pronto tendré otro hijo. Básicamente soy más activa que George; él es más pasivo cuando tiene que hacerse cargo de las cosas en los momentos importantes. He dejado de respetarlo por esto, pero no puedo decírselo.
3. *Intimidad / distanciamiento.* Cuando usted habla del asunto, los dos tendemos a permanecer apartados, incomunicados con nuestros sentimientos. Sé que si manifestara los míos lo mataría; a él le gusta mantener todo a nivel intelectual, pues de lo contrario se deprime, se irrita y se retrae. Sería bueno que usted pudiera ayudarme a expresarme. (Durante las sesiones, George es intelectual y Penny permanece callada, responde a las preguntas de un modo lacónico, sin franquearse, y acalla los sentimientos que me expone cuando estamos a solas.)
4. *Poder.* Me siento impotente. Antes era dueña de mi vida; es como si un mar de melaza llamado George me hubiera tragado y dominado gradualmente. ¿Cómo puedo ser mala, si él es «dulce»? Me siento atrapada. . . un mar de melaza, eso es: uno no puede debatirse contra él. Incluso sus relaciones con esta muchacha. . . las comprendo y en realidad no estoy enojada por eso. Lo amo de veras; simplemente, no me gusta la situación a que me ha llevado mi amor.
5. *Miedo al abandono.* No es eso. No temo a la soledad, aunque creo que él sí la teme. Esta no es la respuesta. *La cuestión es saber cómo hacer que nuestro matrimonio siga adelante.*

6. No quiero dominar ni ser dominada, a menos que mis deseos de que él tenga más ímpetu para triunfar sean una forma de dominación; en tal caso, digamos que quiero controlar sus objetivos en tal sentido. Pero no es un verdadero dominio, ni tampoco deseo que me controlen. Estoy resentida por el control que me han impuesto estas circunstancias, e indirectamente culpo de ello a George. ¡Nosotros no planeamos un matrimonio así!

7. *Grado de angustia.* (Ambos se defienden de ella. Penny rumia su ira en silencio y padece una depresión moderada; no expresa mucho una angustia manifiesta, pero su retiro de todo afecto por George, de todo deseo sexual, constituye una manifestación de su angustia y enojo. Hace desplazamientos sobre la hija e interioriza sentimientos vinculados con su posición en la familia, con George, etc. Proyecta en él su sensación de angustia e ineptitud, y el reconocimiento de sus propias limitaciones la perturba muchísimo.)

8. Antes me sentía estupendamente bien como mujer; ahora no sé cómo me siento, quizá como una mujer atrapada. George es físicamente atractivo, pero en estos momentos no despierta ningún sentimiento sexual en mí. Tal vez, después que nazca el niño... Pero no es eso; ese nacimiento sólo cerrará más la trampa.

9. *Amor a sí mismo y al compañero.* A esta altura no sé qué contestar. Podría decir que sí, pero estoy disgustada conmigo misma y enojada con él. Quizá debiera estar enojada conmigo misma por haberme dejado meter en esto. Pero sentía que ambos teníamos tanto que dar, que él triunfaría, que yo tendría hijos y un empleo propio.

Dame la vida que deseo y el poder que no puedo conseguir por mí misma. A cambio de eso no seré tan mala y te responderé más... Pero él tiene que comprender mi situación. Nuestros planes no eran que él se convirtiera en un simple caballero rural. Si él me ayudara más, yo trataría de despojarme de esta maldita amargura. (Otra vez da la impresión de que su amargura dependiera totalmente de George; esta área requiere atención terapéutica inmediata.)

Categoría 3

1. No podemos comunicarnos, ni lo hacemos. Todo nos sale mal en este sentido. Yo empiezo a comunicarme y en seguida él parece ausente, como si viviera en un mundo propio donde sólo hablaran en chino, y yo sólo hablara y entendiera el swahili. Así ocurre casi todo el tiempo, menos cuando nos decimos «Pásame la sal».

2. Los dos somos inteligentes y coincidimos bastante en nuestros intereses, pero estamos demasiado ocupados, él en su empleo y yo acondicionando esta casa vieja. Hay alguna diversión, pero casi todo es trabajo; podría ser divertido si yo hubiera elegido esta tarea, pero es como si me hubieran traído a ella mediante engaños y coacción.

3. Nuestras familias de origen no constituyen ningún problema, ni tampoco nuestra hija. Es simplemente esta sensación de estar clavada en un mundo que no elegí.

4. El dinero, etc., no se usa para dominar al otro. ¡Todo debe ir a parar a la casa!

5. A él le gusta planear nuestras relaciones sexuales de una manera teatral, lo cual me quita toda excitación. En un tiempo fueron excelentes: él es bueno para eso y yo lo disfrutaba sin problemas; alcanzaba el orgasmo antes y durante el coito. Pero ahora me deja fría; sé que él arde por dentro, pero no puedo evitarlo. Básicamente, sé que la causa es mi gran decepción; me parece que la decepción es peor que la ira. Si un acto nos enfurece, todo puede enmendarse y conciliarse, o pasamos a otra cosa y asunto olvidado. . .

Pero el desengaño es diferente: si yo no reajusto mis expectativas, la decepción se acentuará y el pobre tipo no podrá hacer nada para remediarla, ni siquiera tendrá oportunidad de hacerlo, porque yo exijo de él cualidades que no tiene ni puede compensar. (Esta claridad de ideas aumentó mis expectativas con respecto al futuro.)

Este contrato fue surgiendo a lo largo de cuatro sesiones, principalmente cuando entrevistaba a Penny a solas, a su pedido. No quería expresarle a George su irritación y desengaño, por miedo a herir sus sentimientos. El fracaso de George en satisfacer las expectativas de su esposa, y la sensación de Penny de verse atrapada en una vida suburbana que le ha cortado las alas y ha cambiado su vida en forma inesperada, conforman una historia común, raras veces expuesta con tanta elocuencia. A medida que avanzaba el tratamiento, Penny tuvo una idea más clara de su propia comprensión e *insight*, y también de su propia inseguridad básica, que la llevaba a pretender que George lograra lo que ella no se creía capaz de alcanzar por sí misma.

Contrato del marido

Categoría 1

No comprendo a mi esposa. Comprendo su necesidad de emplearse, de no caer en la servidumbre doméstica, y ella sabe que puede buscar trabajo en cuanto la niña necesite menos cuidados. No quiero que sea una simple ama de casa. Es brillante, y cuando trabaja se convierte en otra persona, pero también quiso tener hijos sabiendo que no nos sobraba el dinero.

La ayudo en las tareas domésticas. En su profesión es estupenda y bien organizada, ¿por qué no puede aplicar parte de esa capacidad en el hogar? Sé que necesita salir y quiero ayudarla; quiero que se emplee porque así no es feliz. Pero yo también estoy atrapado; ahora trabajo doce horas diarias, seis días a la semana, pero esto no durará eternamente.

Me siento mejor fuera de Nueva York y de las grandes empresas. Sí, aquí me siento mejor, y en pocos años seré un pez grande en este estanque más pequeño.

El matrimonio significa en verdad compartir casi toda nuestra vida, pero Penny también podrá hacer muchas cosas sola. Mi aventura extraconyugal ha terminado. Creo que fue mi manera de decirle a Penny lo que ocurría, en vez de tratar de resolverlo en común. Por eso estamos aquí, en su consultorio. Me gusta la vida conyugal, los hijos, y una esposa que espero tener a mi lado, pero no debajo de mí.

A cambio de su fidelidad y su esfuerzo, haré cuanto pueda por escalar una posición importante; yo también lo deseo. Nueva York y esa compañía me estaban matando; no estoy hecho para eso. (El padre de George es un hombre de negocios brillante, uno de esos promotores que conciertan negocios importantes y aparentemente lo hacen bien.)

No quiero separarme de ella. Tuvimos tiempos difíciles con el cambio de empleo, menores ingresos, dos traslados en cuatro años, una hija y otro bebé en camino. Creo que ahora voy por la buena senda, y si es bueno para mí, pienso que podré hacer que lo sea para nosotros. . . a menos que Penny sólo desee volver a su vida de soltera, pero no lo creo. Tengo la impresión de que todo se debe a que se ha dado cuenta de que esta vida —el hogar, la niña, la falta de empleo— no es la que ella desea. No quiero que fracasemos en nuestro matrimonio. La amo. A cambio de su comprensión le daré la mía, y también mi ayuda. Pero la vida en común puede ser dura, y ahora lo es para los dos.

Categoría 2

1. Soy independiente y, básicamente, Penny también lo es. Creo que las circunstancias (determinadas, quizá, por mí) han moldeado nuestra vida actual, y que Penny está resentida por este motivo.

2. *Actividad / pasividad.* En estos momentos soy más activo y ella está deprimida, pero otras veces ha sucedido lo contrario, como hace dos años, cuando vimos al doctor H. Entonces yo estaba deprimido porque me sentía fracasado en el empleo, y luchaba contra mis viejas ilusiones. Tal vez Penny lo esté haciendo ahora.

3. Soy cerrado; creo que soy demasiado inseguro como para dejar que otros penetren en mi interior. Ya he hablado de esto en el tratamiento, y es verdad. Penny quiere ser más abierta (según dice) pero no lo logra, o yo se lo dificulto.

4 y 5. No creo que ninguno de nosotros abuse del poder o quiera dominar al otro. Es cierto que tengo ideas propias sobre cómo quiero que sean las cosas: la casa perfectamente ordenada, Penny esperándome en la puerta, bien arreglada y con un vermut frío listo para mí, etc. ¡Como andan las cosas ahora, me lo arrojaría a la cabeza!

6. *Miedo al abandono.* No pienso en él. Me aterra la idea de que Penny me deje. No quiero atribuírsela. Creo (¿espero?) que saldremos de esto de algún modo.

7 y 8. Por supuesto que percibo mi angustia, gracias a mi viejo problema estomacal; ahora anda mucho mejor. (George había tenido una úlcera gástrica.) Me pongo tenso cuando me parece que algo no irá bien en el trabajo; todavía persiste ese maldito complejo de inferioridad, pero lo combato. (Sus principales defensas son la intelectualización, la desmentida, la somatización y la reversión.)

9. ¿Cuáles son mis sentimientos con respecto a mí mismo? No son muy buenos. Sé que fracasé en Nueva York, aunque Penny, los amigos o yo mismo digamos lo contrario. Ahora Penny es desdichada conmigo y debo admitir que su actitud con relación al matrimonio, su indiferencia sexual, me hacen sentir miserable. No sé qué hacer; no puedo cambiar la estructura de la vida familiar. Ella no puede ganar lo que yo gano, por más aptitudes que tenga, y sé que esa no es la respuesta. (Nótese que no expresa ninguna ira directa contra Penny.)

10. Con referencia a nuestras relaciones sexuales, diré que amo su aspecto, su cuerpo, lo que hace cuando se siente a gusto; entonces me excita y disfrutamos de un verdadero placer

sexual. Pero ahora son un lastre, y esto me produce resentimiento.

11. La amo a ella pero no estoy tan seguro de amarme a mí mismo. Necesito realmente su apoyo y su amor, sobre todo ahora que paso por momentos difíciles; siento que debo probarme a mí mismo. A cambio de eso la ayudaré a obtener la mayor libertad posible. La ayudaré en las tareas domésticas, y en cuanto gane un poco más contrataremos una sirvienta. La ayudaré a conseguir empleo. Creo que ella me necesita. Tiene que aprender que es una persona maravillosa, tiene que sentirse mejor consigo misma. No me refiero a su fárrago doméstico, aunque lo cierto es que cuando nos conocimos yo estaba harto de la vida de soltero y ahora ella recuerda la suya como si hubiera sido un paraíso. Algo anda mal en su imagen de las cosas, aun teniendo en cuenta que le he fallado un tanto en las finanzas y en ese panorama de *jet-set** sobre el que ambos solíamos bromear. Necesito que su fuerza complemente a la mía. Quiero y espero una compañera. Ahora ya no somos una simple pareja de enamorados, sino una familia.

Categoría 3

Nuestro problema mayor es la comunicación: los dos nos retraemos o no expresamos lo que queremos.

Discusión

Esta pareja vio frustrados sus contratos individuales desde temprano. Penny quería un hombre que le proporcionara el estilo de vida y el poder que ella se creía incapaz de obtener por sí misma; por lo tanto, adoptó la configuración típica y convencional de una mujer de clase media que se casa para ser reflejo del poder y gloria del marido. Su empleo la satisfacía, pero se contentaba con permanecer en un nivel no competitivo dentro de su industria; ahora lo necesita, porque no le gusta dedicarse al hogar y al cuidado constante de la hija. Así pues, está un tanto confundida sobre su propia identidad como persona y el rol que ansía para su esposo.

* Denominación que suele darse a los multimillonarios que pasan su vida desplazándose de un lugar a otro en viajes de placer; deriva de su uso de los aviones a retropropulsión (*jet*) cuando estos constituían el medio de comunicación más costoso y exclusivo. (*N. de la T.*)

Por su parte, George es algo compulsivo y retraído; vive acosado por una vaga sensación de inferioridad, de la que se defiende mediante su intelectualización. Él y Penny se necesitan mutuamente; la cuestión reside en si pueden acceder el uno al otro.

El perfil de conducta de George corresponde por momentos al de un cónyuge racional, pero básicamente es más romántico que racional y quiere una esposa que «complete» y complemente sus puntos débiles, Penny, que a primera vista parece una esposa paralela, tiene en realidad un fuerte componente infantil. Por consiguiente, en la interacción sus características paralelas aumentan cuando sus necesidades infantiles no son satisfechas, llegando a un verdadero rechazo del marido. Cuando ella abandona esta actitud de cónyuge paralelo —que es una reacción defensiva contra la postura de cónyuge racional de George—, y cuando él es más romántico, los dos se llevan bien.

A medida que avanzaba la terapia, Penny fue adoptando una posición más cercana a la del cónyuge infantil-igualitario, y George a la del romántico-igualitario. La comunicación mejoró. Penny se hizo más responsable de sí misma y, por ende, del hogar; después de nacer su segundo hijo, obtuvo un empleo con horario reducido. Sus relaciones sexuales mejoraron gracias a estos cambios generales, pero también cuando George aprendió que podía expresarle su enojo a su esposa de un modo directo, cierta noche en que ella se durmió durante el juego sexual: Penny despertó impresionada por su actitud imperativa, y advirtió que estaba sexualmente excitada. Esta experiencia fue una enseñanza para él.

Su situación progresó. Después de quince sesiones interrumpimos la terapia, en el entendimiento de que podríamos reanudarla más adelante. A los tres meses les envié una carta de seguimiento y recibí la siguiente respuesta de Penny:

«George y yo hemos pasado muy bien estos meses y, en general, nos sentimos animados. Nuestros momentos gratos son mejores y duran más. Los dos tenemos la sensación de que podemos comunicarnos con mayor facilidad que antes, y sobre muchos más temas. Nuestros momentos adversos son tan malos como antes pero, según parece, menos frecuentes y prolongados. Así pues, aunque todavía no hemos llegado a la meta, creemos que estamos más cerca que antes y que ya falta poco para alcanzarla. Por lo tanto, a menos que la situación empeore, nos gustaría esperar y ver cómo siguen las cosas en los próximos meses».

Estoy seguro de que los Blue no habrán resuelto todos sus problemas, pero sí han avanzado un largo trecho y ahora pisan terreno más firme.

Los White, o cómo encontrar el paraíso en el propio hogar

Mary y Norman White llevaban casados trece años y andaban cerca de los cuarenta cuando vinieron a consultarme por un problema de mala comunicación. Mary quería decir con esto que Norman la trataba «como si fuera una empleada suya: le gusta decirme qué quiere que haga, y debo hacerlo a su manera»; sentía que él se cerraba, imposibilitándole todo diálogo. Por su parte, Norman pensaba que su esposa siempre quería hablar de «cosas psicológicas» y que no experimentaba ningún sentimiento hacia él. Tenían dos hijos, de 11 y 8 años. Mary se había casado con Norman luego de fracasar en su intento de ser actriz; por entonces, él era ingeniero y ahora se había convertido en un constructor de éxito. Mary acababa de reanudar sus estudios universitarios. Los dos eran atractivos; Norman, muy atildado, vestía ropas caras y elegantes, aunque un tanto llamativas. Ella hablaba con franqueza y soltura, y aparentaba serenidad; él parecía rígido, intranquilo, contenido.

En mi primera tentativa de evaluación topográfica dictaminé que Norman era un cónyuge paralelo y Mary una esposa romántica.

Por ese entonces, Norman mantenía relaciones con otra mujer, con la que se había marchado por una semana luego de contarle a Mary su aventura; Mary dijo que esto no la había perturbado mucho. A su regreso, Norman le manifestó que quería mantener el matrimonio, pero que ella, y quizá él, tendrían que cambiar. Esto fue lo que precipitó la visita a mi consultorio. En la primera sesión, los entrevisté conjuntamente y también en forma individual durante breves minutos.

Cuatro años atrás, Mary había tenido una fugaz relación extraconyugal porque le parecía que su marido no la amaba y, además, se sentía sexualmente indiferente hacia él. Hablándome a solas, me dijo que con ese hombre se había sentido libre y alcanzado el orgasmo, mientras que con Norman siempre estaba en tensión y rara vez se excitaba sexualmente.

Por su parte, al entrevistarlo a solas, Norman me informó que aún no estaba seguro de si deseaba permanecer junto a

Mary. ¡Era tan puritana!. . . No quería practicar la *fellatio* con él, lo desacreditaba en presencia de otros, lo tildaba de autócrata y compulsivo. A él le gustaba el placer sexual, y si no podía tenerlo con Mary debería buscarlo en otra parte.

Al reanudar la sesión conjunta, Norman reiteró que no sabía con certeza si quería continuar su matrimonio. Ella dijo que deseaba intentarlo de veras, pero que no recibía «ninguna vibración» de él: cada vez que intentaba obtener una respuesta de Norman sólo percibía silencio, a menos que la respuesta buscada fuera sexual; para esta, siempre estaba dispuesto. Norman adujo que él quería que ella lo deseara, pero que nunca sentía que lo hiciera. Ella le dio la razón pero arguyó que le era imposible responderle sexual o afectivamente porque él la trataba como un objeto o una empleada.

Los dos se presentaron a la segunda sesión muy sonrientes, y Norman anunció: «Ayer despedí a mi asistente y a mi amante. Quiero tratar de llevarme bien con Mary». En privado, me informó que la otra mujer lo amaba pero que él no podía sentir otro tanto: ella era una persona demasiado deprimida para él, y seis meses habían sido suficientes: «Me di cuenta de que mi vida con ella sería todavía peor que con Mary. De veras quiero intentarlo».

Mary me dijo que amaba a Norman, pero no «estaba enamorada» de él; no era masoquista. Le parecía que él no le hacía sentirse atractiva, que su actitud podía definirse con estas palabras: «Sé que eres bonita y tú también lo sabes. Entonces, ¿por qué tengo que decírtelo siempre?».

Evidentemente, dada su interrelación actual, era imposible que Mary tuviera libertad sexual con Norman y que este respondiera con prontitud a su pedido de mayor comunicación, que, al parecer, implicaba ser más franco con respecto a sus propios sentimientos e incertidumbres, tener más paciencia frente a la imprecisión con que solía actuar Mary e infundirle confianza sobre su deseabilidad.

Transcribo a continuación sus contratos, tal como fui obteniéndolos en las entrevistas:

Contrato de la esposa

Categoría 1

1. El matrimonio es una sociedad centrada en los cónyuges y los hijos, pero que también debe dejar lugar para otras amis-

tades y relaciones íntimas; no me refiero necesariamente a relaciones sexuales.

2. Si podemos seguir adelante, estupendo; si no, cuanto antes lo sepamos y nos separemos, tanto mejor para todos, inclusive para los hijos. (No parece un compromiso firme. . . ¿Será realista?)

3. (No expresado de un modo directo.) Superficialmente hablando, llevamos una buena vida conyugal. El divorcio sería duro y ningún otro hombre me parece mejor que Norman. Debo tratar de que esto camine, pero no quiero darle el gusto de creer que lo deseo o lo necesito a tal punto. Lo deseo, ¡pero quiero que él me desee de veras!

A cambio de eso:

1. Procederé con más orden y precisión.

2. Trataré de que mi amor se manifieste, pero temo volver a depender de Norman. Espero que su tentativa sea real y no mera apariencia. (Pero esto es justamente lo que ella parecería estar haciendo en este punto.)

3. Debe dejar de humillarme, de hacer comentarios mordaces sobre mí delante de los hijos y de nuestros amigos. Yo haré lo mismo con respecto a él.

Categoría 2

1. He sido defensivamente rebelde con él, pero no independiente. Estoy contenta de haber vuelto a la facultad por propia decisión. Él es un gran triunfador y yo me siento —o me sentía— una nulidad.

2. Él es un torbellino; es la persona más activa y resuelta que conozco, pero yo no soy una incapaz, con tal de que él no me pase por encima como si yo no existiera. Quiero que también respete mis ideas. He estado tratando de hacerme sentir, sobre todo en forma negativa (relaciones sexuales), y quizás haya sido eso lo que lo alejó de mí. . . *pero tenía que volver a él, o me hundiría.*

3. *Intimidad / distanciamiento.* Quiero más intimidad, más sentimientos de su parte. Me irrita tanto que me cierro y no le hablo; ahora lo humillo, y eso lo enfurece.

4. *Poder.* Los dos lo tenemos. A mí me duele simplemente su terquedad. Puedo hacer casi todo lo que deseo. Él quiere que gaste todavía más dinero, pero ese no es el problema. El problema es que él no me respeta como persona. Yo esperaba que Norman fuera poderoso y cuidara de mí, pero básicamente no es más fuerte ni más débil que yo.

5. Norman solía ser muy posesivo conmigo cuando yo conversaba con otros hombres, y aun con mujeres. Yo era un paragolpes social para él: era más desenvuelta superficialmente, etc. Ahora no parece preocuparse por eso. No quiero que sea como antes, *pero sí que se interese.*

6. Tengo un alto grado de angustia; me siento inquieta ante cualquier cosa que me recuerde cuán insegura soy en la realidad. Norman no quiere o no sabe tranquilizarme; cuando lo hace, lo amo.

7. Me digan lo que me digan, me siento inadecuada, inepta. *Sé* que hay partes secretas de mi persona que no me agradan. Quiero hacerme cirugía estética, pero Norman dice que estoy loca. Estoy insegura de mí misma como mujer.

8. Norman es muy atractivo y sexual. Al principio tenía eyaculaciones prematuras, pero desaparecieron después que nació nuestro primer hijo. Cuando él dejó de tener este inconveniente, se hizo menos afectuoso conmigo y yo lo rechacé, no lo quise. (Nótese cómo ella deja de tener atractivo sexual para Norman una vez que este es sexualmente apto. Mary lo atribuye a una disminución de su cariño, pero, ¿qué efecto tuvo la presencia del hijo? ¿Qué efecto tuvo la suficiencia sexual de Norman en esta situación? ¿Acaso Mary sentía ahora que había perdido el control?)

9. Nuestro modo de encarar los problemas es tan diferente. . . Yo tiendo a valerme de mis sentimientos, mientras que Norman es un hombre muy bien organizado, lo cual sería bueno si él no pretendiera que yo fuera igual. De alguna manera logro hacer lo que tengo que hacer, y lo hago bien.

A cambio de su consideración para conmigo y mis necesidades, prometo lo siguiente:

1. Tratar de ser más cálida, más cariñosa y sexualmente receptiva.

2. No humillarlo.

3. Él me da seguridad económica. Yo hago mi parte manejando la casa y nuestra vida social. Odio sentirme en deuda con él, pero supongo que no debería criticarlo tanto.

4. Comprendo que soy una persona y que, como tal, no debería esperar obtener de él tanta fuerza y sentido de mí misma. Mis estudios universitarios están siendo de gran ayuda en este aspecto.

Categoría 3

No hay nada importante en este punto que no haya sido dicho antes.

Contrato del marido

Categoría 1

1. Si nuestro matrimonio funciona, tanto mejor para ella, para mí y para los chicos. Quiero un hogar que funcione bien, del que yo pueda enorgullecerme. Mary ha construido un hogar hermoso, aunque las cosas no se hacen siempre a tiempo. En general ella está bien, y ahora que concurre a la facultad delega correctamente las cosas; me estoy dando cuenta de que es mejor como jefa que como trabajadora.

2. Sé que se supone que debo alentar a mi esposa, pero ella es insaciable. Si le digo que un vestido le queda bien, ella cree que no la considero hermosa porque no se lo he dicho. Es como el hombre al que la madre le regala dos corbatas para Navidad; cuando la visita, no olvida ponerse una, pero la madre lo mira y le dice: «¿Cómo es esto? ¿No te ha gustado la otra corbata?». A cambio de todo lo que hago, sólo pido que ella me acepte y no me haga sentir raro. La necesito de veras. Ella debe comprender esto sin que yo tenga que suplicárselo. Quiero una buena vida doméstica y que nos divirtamos juntos. Creo que los dos ambicionamos las mismas cosas en el matrimonio.

Categoría 2

1. Soy independiente aunque, por supuesto, dependo de Mary. . . pero no hasta el punto de seguir conviviendo con alguien que me trata como ella lo hace. Dependo emocionalmente de Mary. Quiero sentirme amado y que me consideren alguien importante.

2. Ella siempre dice que quiere tenerme más cerca, pero creo que se aparta tanto como yo, o que hace cosas que despiertan en mí el deseo de alejarme. No puedo revelarle constantemente mis sentimientos. No estoy seguro de lo que pretende, pero sí sé que no estaba allí cuando la necesité y que estoy harto de tener que confirmarle constantemente cuán grande es.

3. No creo desear que ella se someta a mí, pero tampoco quiero ser su esclavo.

4. Es cierto que fui posesivo, y también que dejé de interesarme desde que tuvo esa aventura, hace cuatro años. Después de eso, estuve pronto a dejarla en cualquier momento, hasta que me vi de veras frente al problema y vinimos aquí. Sé que estaba por hacer con otra mujer lo mismo que hice con Mary; sería el mismo tipo de relación, aunque las dos difiriesen en algunos aspectos superficiales. Me di cuenta de esto durante la semana que pasé junto a ella. Me hizo bien por eso.

5. Mi angustia permanece oculta. Desde niño, siempre he reaccionado de la misma manera ante cualquier emergencia: se agudiza mi control y actúo a sangre fría. La de Mary aflora siempre. Al principio me gustó, me hizo sentir fuerte y protector, pero a poco se convirtió en una verdadera tortura. Aunque pasara medio día infundiéndole confianza, no le bastaba. Tampoco parecía comprender cuándo yo necesitaba su apoyo, y no me gusta tener que pedirlo.

6. Ahora estoy satisfecho conmigo mismo como hombre. Durante mucho tiempo no lo estuve, pero una vez que empecé a triunfar en los negocios todo marchó bien: hasta me normalicé sexualmente. Creo que Mary está resentida por mi éxito. Por eso la he alentado a reanudar sus estudios, le he dicho que consiga una mucama para todo el día. El hecho de que conozca a otros hombres —seguramente a sus profesores— me da un poco que pensar, pero supongo que tendré que correr el riesgo; claro que todavía me preocupa un tanto, especialmente ahora que he decidido quedarme.

7. Mary me parece realmente óptima y atractiva: su rostro, su silueta, su modo de ser. Pero no me excita, sobre todo cuando se muestra sexualmente fría conmigo. Ni siquiera me besa como corresponde, sino que lo hace con la boca cerrada.

8. ¿Qué siento con respecto a mí mismo y a mi compañera? Pienso que estoy bien, pero no estoy tan seguro de amar a Mary; no obstante, quiero tratar de salvar mi matrimonio. Ella me falló al no facilitarme el conocer mi aptitud como hombre. Es como si hubiera tenido que hacerlo a pesar de ella. . . creo que eso me dolerá por mucho tiempo. Me parece que puedo darle mucho a Mary, de persona a persona, y que si se «soltara» obtendría cuanto necesito y deseo de ella.

Sé que tengo problemas de comunicación, pero ella también los tiene. No estoy dispuesto a asumir toda la responsabilidad.

Trataré de comprenderla y ayudarla, de comunicarme y de manifestarle afecto.

A cambio de eso:

1. Quiero que ella me trate como una persona. Sé que tengo algunas inseguridades, pero quiero que me comprenda, en vez de ridiculizar mis costumbres metódicas; por mi parte, trataré de comprenderla.

2. Quiero que procure distenderse cuando mantengamos trato sexual. Espero que usted pueda ayudarnos en esto.

3. Yo la apoyaré en sus estudios y en la obtención de una mayor independencia, aunque esto depende principalmente de ella. Cuanto he logrado *no* ha sido a expensas suyas, y ella también aprovecha sus frutos. En verdad, creo que merezco respeto, pero no pido adulación ni amor por lo que he hecho. El amor debe nacer de su reconocimiento de que ella y yo seguimos el mismo camino; de lo contrario, no lo habrá y entonces será mejor que nos separemos.

4. Ya no somos niños. Todavía podemos ver cumplidos buena parte de nuestros sueños si cada uno es capaz de brindar un poco más de sí.

(Nótese que en el apartado «*A cambio de eso*» los dos mezclaron sus deseos con lo que estaban dispuestos a dar. Esta era una actitud típica dentro de su relación, y fue tratada desde el principio de la terapia.)

Los contratos constituyeron una experiencia terapéutica y de interacción, ya que conversamos a fondo sobre ellos y fuimos elaborándolos en las sesiones. Ahora comprendía mejor la actitud defensiva de Norman y reconocía la frecuencia con que Mary lo rechazaba con la suya, con su distanciamiento y sus comentarios provocativos. Él era racional, pero también algo narcisista; por su forma de vestir recordaba al pavo real. . .

Al reflexionar sobre sus interacciones, revisé y modifiqué la denominación de sus perfiles: él era un cónyuge racional y ella una seudo-romántica. Mary era por lo menos tan distante como Norman, con el agregado de que su distanciamiento era, quizá, más pernicioso; se declaraba deseosa de intimidad, pero se retraía toda vez que se la ofrecían. Cuando la interrogué al respecto, volvió a su cantilena de viejos desengaños y ofensas recibidas a comienzos del matrimonio (p. ej., las eyaculaciones prematuras de Norman).

Aunque sus cláusulas contractuales no son tan claras y definidas como las de algunas otras parejas, ejemplifican la manera en que ciertos pacientes expresan y conceptualizan sus contratos. Estos son bastante satisfactorios para el tratamiento.

Terapia

Durante las entrevistas, utilicé ciertos detalles de su interacción para confrontarlos y señalar sus similitudes: su ansia de amor y su temor a ser heridos en sus sentimientos. Les impartí tareas y ejercicios eróticos, a cumplir en el hogar, tendientes a aumentar su comunicación. Después de la primera sesión de ejercicios eróticos, Mary me dijo con énfasis: «¡Me gustó tanto ser activa! Nunca lo había sido. . .».

Al enfrentar a Mary con sus propias maniobras de distanciamiento, al hacer que ambos expresaran su resistencia a las tareas y los sentimientos que estas les provocaban, logré que la pareja progresara rápidamente. A pesar de sus apariencias sofisticadas, los dos estaban profundamente motivados para trabajar sobre sí mismos y su relación. Comprendieron cuán cerca habían estado del divorcio, supieron que deseaban permanecer unidos y fueron capaces de arriesgarse a decírselo uno al otro. Los dos advirtieron que necesitaban disponer de tiempo y espacio para sí mismos. Norman dijo: «Tengo que correr el riesgo y dejar que Mary salga al mundo y conozca otros hombres. Por mi parte, no puedo jurar que seré siempre monógamo». (Yo puse en claro el efecto de este comentario gratuito sobre Mary, y cómo Norman creaba un distanciamiento protector entre él y su esposa en el preciso momento en que ambos se aproximaban.) Los dos pasaban buena parte del día fuera del hogar, pero ahora no parecían incomodarse por eso.

En la décima y última sesión, Norman anunció que Mary se haría la operación estética que deseaba. A él le parecía innecesaria pues la amaba tal como era, pero la aprobaba porque comprendía la importancia que tenía para ella. Aunque aún quedaban algunas áreas problemáticas por resolver, decidieron interrumpir la terapia, optando por tratar de poner en práctica y consolidar lo aprendido. Esto constituía una resistencia, por parte de ambos, a una mayor intimidad y cambio caracterológico, una fuga diádica hacia la normalidad que me causó seria preocupación con respecto a su futuro conyugal.

Mary y Norman habían echado un vistazo a la otra orilla y, viendo que allí sólo les esperaba lo mismo que aquí, resolvieron dar la espalda a la «tierra prometida» y tratar de encontrar lo deseado en el propio hogar.

Los Gray, o el peso del pasado

Cuando Sara y Charles Gray vinieron en busca de terapia tenían 24 y 25 años, respectivamente, y Charles expresó así su problema principal: «Me aparto del matrimonio, como si no quisiera estar encerrado en él o junto a Sara». Ella agregó: «Él no está allí cuando lo necesito. Me mantiene a distancia. Al principio eso me dolía, pero ahora me encoleriza cada vez más. Cuando vivíamos juntos, nos separamos por algunos meses a causa de su distanciamiento, pero nos amábamos, así que volvimos a reunirnos y nos casamos hace quince meses». Su matrimonio había tenido muchos altibajos; en los últimos ocho o nueve meses, su comunicación había tendido a ser menos franca y eficaz, el trato sexual menos frecuente, mayor el retraimiento de ambos, más pronunciada la depresión de Charles, y se habían agudizado la ira y frustración de Sara. No obstante, creían amarse todavía y deseaban hacer funcionar su relación.

Sara cursaba el primer año de biología. Charles había reanudado sus estudios luego de trabajar unos pocos años en la industria, y quería licenciarse en administración de empresas. Los dos se sostenían con sus ahorros y, en buena medida, con el dinero que les daban los padres de Charles.

Como vivían fuera de Nueva York, adoptamos desde un principio el siguiente plan: seguiríamos un programa de evaluación amplia y de exploración terapéutica, con un máximo de diez sesiones, y si después de eso necesitaban tratamiento adicional los derivaría a un colega cercano a su universidad. Le entregué a cada uno un cuestionario de contrato matrimonial, y les pedí que lo contestaran para la próxima entrevista. Más adelante dejé de usar este cuestionario, optando por la lista recordatoria que figura en el Apéndice 1, pero lo incluiré aquí para que el lector los compare y vea cuánto más pormenorizado era aquel. Al igual que con la lista, cada cónyuge debía responder por separado, pero luego podían discutir sus respuestas en casa o en la próxima entrevista, según les pareciese mejor.

Cuestionario para cada cónyuge

Nombre y apellido..
Fecha de nacimiento....................................Edad..................
Vínculo (casados, comprometidos, concubinos, etc.).................
Duración de la relación...
¿Tienen hijos? (Indicar edad y sexo)..

El siguiente cuestionario está destinado a matrimonios legales o de hecho. Aunque se emplea constantemente el término «matrimonio», rogamos tener en cuenta que el cuestionario es válido para cualquier tipo de relación íntima entre dos personas. Debe contestarse en el hogar, tomándose el tiempo necesario (incluso varios días).

Hallará tres series de preguntas, que debe interpretar como meras sugerencias orientadoras. No esperamos que reaccione a todas ellas, sino que centre su atención en aquellas que susciten problemas o que provoquen sentimientos intensos. Rogamos indicar las concordancias y también las discrepancias, ya que ambas son igualmente importantes.

Instrucciones

Escriba la respuesta debajo de cada pregunta; si necesita más espacio, escriba al dorso de la página, indicando en cada caso el número correspondiente a la pregunta. Responda en un sentido general, de acuerdo con sus ideas o sentimientos *actuales*, a menos que la pregunta establezca lo contrario; agregue sus ideas anteriores sobre el tema, si les atribuye una influencia importante en sus sentimientos actuales. Procure responder con la mayor franqueza, sin omitir nada, buceando en su propio interior.

Si en sus respuestas formula opiniones o sentimientos *que no desea comunicar al cónyuge* por el momento, marque con un asterisco (*) las preguntas correspondientes. El profesional a quien consulta respetará sus deseos.

ÁREA 1. OBJETIVOS Y FINES DE LA RELACIÓN

Las relaciones íntimas entre personas (incluyendo el matrimonio) obedecen a muy diversas razones. A continuación enumeramos algunas, rogándole responder a aquellas que le conciernan.

1. *«El matrimonio debe hacerme feliz. (¿Cómo?)».*
Sara: El matrimonio debe hacerme feliz en el sentido de que debo tener a alguien que sea sincero conmigo, que me devuelva amor y que comparta conmigo su propio ser.
Charles: Debo seguir creyendo que elegí bien [al casarme]. El matrimonio no ha de hacerme necesariamente feliz, pero no debe hacerme desdichado.

2. «El matrimonio debe satisfacer las presiones sociales ejercidas sobre mí». Especifíquelas (p. ej., «Todos mis amigos se casaban», «Mi familia esperaba que me casara»).
Sara: Que yo sepa, no sufría ninguna presión social cuando me casé. A decir verdad, había una *gran* oposición a que nos casáramos por parte de los padres de mi esposo, especialmente su madre.
Charles: Que yo sepa, el objeto de mi matrimonio no fue, ni es, satisfacer presiones sociales, y me alegro de ello.

3. «No debo seguir viviendo solo; debo buscar compañía». Explíquelo.
Sara: Estoy de acuerdo con eso, aunque admito que, a veces, mi compañero es incapaz de mantenerse junto a mí porque está ocupado, enojado, o porque desea distanciarse.
Charles: Nunca esperé que el matrimonio fuera el antídoto para mi soledad. Con todo, la compañía es un punto más a favor del matrimonio.

4. «Quiero un compañero que comparta conmigo ciertos tipos de experiencias, pero hay otras que prefiero no compartir (p. ej., quiero compartir con él la vida doméstica, pero no mi trabajo)».
Sara: Estoy dispuesta a compartir con mi compañero cualquier experiencia en la que él desee participar, salvo en algunos casos ocasionales, cuando deseo hacer algo sola.
Charles: La única experiencia que siempre me incomoda compartir con Sara es mi tarea de escritor, aunque muchas veces resuelvo leerle lo que he escrito. Empero, debo admitir que a veces me gusta estar lejos de ella, ya sea en casa cuando ella ha salido, o bien caminando, haciendo diligencias o, de vez en cuando, jugando al *bowling*.

5. «Espero que nuestra relación dure "hasta que la muerte nos separe"». ¿Concuerda con esto? Explique su actitud.
Sara: No estoy de acuerdo. Espero que nuestra relación dure mientras nos amemos el uno al otro y satisfagamos mutuamente las necesidades individuales que teníamos al casarnos.
Charles: No sé qué esperar. Comprendo que cabe la posibilidad de que un día uno de nosotros desee separarse, o quizá los dos.

6. «Me gusta la vida doméstica y deseo formar mi propia familia». ¿Piensa usted lo mismo?
Sara: Sí, aunque para mí esto no excluye una profesión y otros intereses.

Charles: Dadas nuestras dificultades económicas, los problemas que presenta nuestra relación y el hecho de que ambos estamos estudiando, en estos momentos no deseo agrandar nuestra familia. Asimismo, la idea de «establecerse», envejecer y radicarse en un suburbio despierta en mí sensaciones desagradables de temor, acosamiento, etcétera.

7. «En mi opinión, el matrimonio exige que renuncie a mi individualidad y libertad, en aras de un objetivo mayor», o bien: «Quiero ser yo mismo, conservar mi individualidad, y que mi compañero se mantenga fiel a sí mismo». Explique si está a favor o en contra de estas formulaciones, o si le provocan reacciones mixtas.
Sara: Deseo que el matrimonio nos otorgue a ambos la mayor libertad y oportunidad posibles para mantener nuestras individualidades.
Charles: El matrimonio no tiene por qué exigir el sacrificio de la propia individualidad, pero sí implica que ambos debemos «renunciar» a parte de nuestra libertad y asumir nuevas responsabilidades.

8. Explique si el matrimonio le otorga posición y estatus a sus propios ojos, y ante aquellas personas que son importantes para usted.
Sara: Esto no rige para mí.
Charles: No advierto que mi sensación de posición y estatus haya cambiado a raíz del matrimonio.

9. «Quiero casarme (o establecer otro tipo de relación íntima) porque quiero (o no *quiero) tener hijos». «Los hijos son (o* no *son) el fin principal; unirse a alguien es sólo un medio para alcanzar dicho fin».*
Sara: Para mí, los hijos no son el principal objetivo del matrimonio. En mi opinión, lo más importante es la calidad de la relación de pareja.
Charles: Mi deseo de casarme es independiente de mi deseo de tener hijos. Ciertamente, la procreación no es el principal objetivo.

10. «El matrimonio hace que mi vida sea menos caótica y ajetreada; tiendo a vivir de una manera más ordenada y razonable; ahora, mi vida tiene un propósito». Explique esto (indicando también el propósito).
Sara: Es cierto. En un sentido ideal, el matrimonio me proporciona una compañía, el acceso inmediato al placer sexual y

la seguridad de saber que tengo a mi lado a alguien que cuida de mí.
Charles: ¡Esto me produce emociones mixtas! El caos y el ajetreo parecen haber aumentado, pero también el orden y la racionalidad. Dudo de que estuviera (y esté) preparado para soportar todo el orden que hay en mi matrimonio. El hecho de que mi vida carezca de sentido o propósito constituye un problema personal que seguramente afecta mi matrimonio. Las dificultades conyugales, las dudas con respecto a la profesión y a la utilidad del estudio, el hecho de gastar el dinero paterno y sentirme inepto ante situaciones sociales, vienen a sumarse a ciertas dudas auténticas acerca de mi noción del significado de la vida.

11. «El matrimonio me permite mantener relaciones sexuales sin alharaca, sin búsquedas y galanteos constantes, sin correr el riesgo de ser rechazado». Describa cómo reacciona ante esta formulación.
Sara: Es cierto. No obstante, a veces conozco hombres con los cuales creo que sería divertido hacer el amor; en esos casos, durante algunos días tejo fantasías en torno a ellos, aunque sin llevarlas a la práctica.
Charles: Es cierto, pero le falta buena parte de la excitación del galanteo. Obviamente, es una relación más íntima, y a veces la intimidad me asusta. El goce sexual sin alharaca no ocupa un nivel alto en mi escala de valores matrimoniales.

12. «Para crear y trabajar con miras al futuro necesito que alguien me inspire». «Es más fácil (¿y mejor?) hacer esto para los otros (esposo e hijos) que para uno mismo». Describa su reacción ante estas formulaciones.
Sara: Discrepo con lo escrito entre paréntesis. Me resulta más fácil trabajar con miras al futuro (esto es, seguir estudios superiores) estando casada, por dos razones: 1) la presencia de un compañero me hace sentir más segura, menos sola, y esto quita trabas a mi estudio; 2) mi esposo financia mi carrera, de lo contrario carecería de recursos. No creo necesitar la inspiración ajena para trabajar con miras al futuro, ni me parece que haya de ser mejor trabajar para el marido y para la familia. Eso sí, al casarnos nos resulta mucho más fácil trabajar para el futuro; es mucho más agradable esforzarse y hacer algo que valga la pena, y tener luego a alguien con quien *compartir* los beneficios.
Charles: Me gusta que me inspiren para el futuro. Ahora percibo cierta rivalidad entre nosotros y temo que Sara me supere, o

llegue a superarme, en los estudios, de modo que no me siento muy inspirado por ella. Sí, sería lindo trabajar para *nosotros.*

13. «Me gusta compartir las responsabilidades con un compañero; esto me ayuda a no equivocarme en cuestiones importantes». Describa su reacción ante esta formulación.
Sara: Me gusta compartir las responsabilidades, no porque dude de mí misma, sino porque compartir cuesta menos y, además, porque creo que en mi matrimonio la mayoría de las decisiones deben tomarse en forma conjunta.
Charles: Me gusta compartir las responsabilidades, pero a veces creo haber dependido demasiado de Sara respecto de muchas situaciones, y eso me provoca resentimiento.

14. Comente el siguiente concepto: «Quiero a alguien que cuide de mí cuando esté enfermo, y también cotidianamente... Alguien que se preocupe *por mi bienestar como yo me preocuparé por el suyo».*
Sara: Es cierto, pero yo no siento necesidad de un progenitor, ni deseo ser infantil. Simplemente, me gusta tener a alguien que se preocupe por mis sentimientos, que esté dispuesto a ser mi interlocutor cuando yo hable de cosas que son importantes para mí.
Charles: Quiero que Sara *se preocupe* por mí, y deseo tener más libertad para corresponderle. No sé qué implica «cuidar de mí». Me parece que la coloco demasiado en el rol de madre y que a veces no confío en ella, como no confié nunca en mi propia madre.

15. Comente el siguiente concepto: «El matrimonio es económicamente ventajoso para mí. Espero (o no *espero) que mi cónyuge aporte dinero o algún otro tipo de contribución».*
Sara: Esta definición es exactísima para mí, especialmente ahora que soy incapaz de contribuir económicamente. Espero hacerlo una vez que haya terminado los estudios.
Charles: Hasta ahora, el matrimonio no ha sido económicamente ventajoso. Espero que mi esposa contribuya económicamente cuando empiece a trabajar. Cuando trabajemos los dos, espero que *ambos* aportemos dinero al hogar y colaboremos en los quehaceres domésticos.

16. «Sólo puedo sentirme completo junto a mi cónyuge. Separados, somos seres incompletos; sólo alcanzamos la plenitud estando juntos». Explique cómo se aplica este concepto a su persona y/o a su compañero.

Sara: Esto no rige en absoluto para mí. Me siento completa con o sin mi compañero.
Charles: No me siento completo ni de un modo ni del otro. Sólo recuerdo haber tenido una breve sensación de plenitud, pero eso ocurrió varios meses antes de conocer a Sara. La presencia o ausencia de Sara no me da ni me quita plenitud. No quiero sentirme como si sólo alcanzara la plenitud con Sara, ni quiero que ella lo sienta con respecto a mí.

17. «Amo a mi compañero; tenemos que estar juntos. Sin él, la vida carece de satisfacciones». ¿De qué manera y hasta qué punto usted «se moriría sin él»?
Sara: Para mí es más difícil la vida de soltera que la de casada, porque quiero estudiar y carezco de recursos económicos. Sin embargo, no me moriría sin mi marido.
Charles: Amo a mi esposa y *quiero* estar con ella. Actualmente, la vida es penosa pero también lo sería sin Sara, y yo no quiero sentirme siempre así. No, no me moriría si la perdiera.

18. Describa otros objetivos y fines de su relación que sean importantes para usted y que no hayan sido mencionados hasta ahora. ¿En cuáles concuerda con su compañero?
Sara: Otro objetivo importante del matrimonio es que mi esposo sea, algún día, el padre de mi hijo.
Charles: La educación, para que ambos nos graduemos. Para triunfar de veras, necesito obtener la licenciatura en administración de empresas; si no apruebo mis exámenes, puede haber dificultades.

19. ¿Qué otra cosa (aparte de las ya mencionadas en sus respuestas anteriores) quiere y puede aportar a la relación a cambio *de lo que desea obtener de ella?*
Sara: Estoy dispuesta a aportar cualquier cosa, salvo aquellas que comprometan mis objetivos individuales (p. ej., graduarme) o nuestra relación (p. ej., concederle libertad sexual a mi esposo, como si el nuestro fuera un matrimonio abierto).
Charles: Es muy difícil contestar a esta pregunta. No estoy seguro de pretender algo de Sara que ella no me dé. Me siento muy capaz de ser sincero con ella mientras examinamos lo que pasa entre nosotros; a cambio de esto, espero que ella, a su vez, sea sincera conmigo. Esta respuesta me deja insatisfecho, pero en este momento no sé qué decir.

Área 2. Necesidades y expectativas internas

Esta segunda área abarca aquellas necesidades y expectativas que se basan, principalmente, en factores psicológicos internos. Quizá sea la parte más difícil del cuestionario, pues le exige una búsqueda interior. Procure arrancar la pantalla o la máscara con la cual oculta sus deseos y sus temores más profundos con respecto a sí mismo y a su cónyuge. La mayoría de las personas son incapaces de sincerarse consigo mismas en lo que atañe a estos temas, pero haga cuanto pueda. Sus respuestas deben contener lo que usted desea *recibir* y lo que desea *dar* a cambio.

20. ¿Hasta qué punto depende, o querría depender, de su compañero? ¿Hasta qué punto es, o querría ser, independiente? Si la respuesta varía según sea la situación, explíquelo o dé ejemplos con la mayor claridad posible. ¿Quiere que su cónyuge dependa de usted? ¿De qué manera quiere, y no quiere, que dependa de usted?

Sara: Dependo de mi esposo para una clase de interacción que, según creo, no puedo hallar —o no he hallado— fuera del matrimonio. Dependo de que me escuche, comprenda y acompañe cuando estoy preocupada, triste o entusiasmada, cuando me siento sola o feliz. A veces, es muy bueno acompañándome y aceptando simplemente mis sentimientos; esto facilita mi propia aceptación de sentimientos y situaciones, sobre todo de los sentimientos generalmente desagradables. Espero que él dependa de mí en este mismo sentido, para esta manera especial de compartir y retribuir.

Charles: Deseo que Sara sea mi madre, que me amamante y me proteja. También deseo crecer, cuidar de ella y ser lo bastante fuerte como para que mi yo no se derrumbe cuando reñimos. Mi dependencia de Sara no me agrada, y a ella tampoco. A veces, le echo la culpa de estos deseos míos. En los últimos meses nos hemos distanciado aún más, emocionalmente; ya no le pido tanto, ni le participo tanto mis sentimientos. A decir verdad, raras veces confío realmente en lo que obtengo de ella. Cada vez veo menos posibilidades de fortalecerme en nuestra relación hasta el punto de poder cuidar de veras de ella. Me siento cada vez más débil, más dependiente y, al mismo tiempo, menos dispuesto a aceptar y más desconfiado de lo que ella puede darme. Quiero que dependa más de mí, pero también quiero que le agrade lo que le brindo. Como están las cosas, supongo que ella es capaz de depender de mí, pero que mis respuestas a sus deseos nunca, o casi nunca, son de su agrado. Entonces se enfurece conmigo, aduciendo que no quiero o no puedo darle lo que ella quiere.

21. ¿Hasta qué punto actúa, toma decisiones, hace lo que debe hacer frente a las cosas y a las circunstancias? ¿Hasta qué punto delega en su cónyuge las decisiones y acciones, limitándose a adaptarse a ellas o vetándolas pero sin aportar iniciativas o proyectos propios? ¿Hace valer sus deseos y emprende acciones tendientes al logro de sus objetivos?
Sara: En general, me considero una persona de acción. A menudo tomo la iniciativa para entablar relaciones, y suelo ser agresiva al formular deseos referentes a situaciones. Mi esposo es, por lo común, muy confuso con respecto a las decisiones que involucren una relación (en nuestro caso, si nos casábamos o no, etc.). Percibo de algún modo que su indecisión se debe a que quiere responsabilizarme de los resultados; de ahí que, con frecuencia, me sienta imposibilitada para decidir si no logro detectar algún apoyo positivo por parte suya, pues en esos casos sé que me culpará si mi decisión resulta equivocada. De todos modos, soy manipuladora, despótica, una zorra. . . según él.
Charles: Generalmente me guío por el principio de la menor resistencia. Sara es todo lo contrario: es muy organizada, siempre está dispuesta a actuar, siempre anda a la pesca de nuevos datos que den pie a nuevas decisiones. Parece una persona más lógica y mejor informada que yo. Cuando discrepamos, sus argumentos suelen ser mejores que los míos. Además, expresa con gran claridad qué quiere, por qué y qué ocurrirá si no me avengo a sus deseos. No tengo gran poder de autoafirmación, ni tampoco una idea clara de cuáles son mis objetivos.

22a. ¿Es capaz de asumir y utilizar su autoridad y poder de decisión, los abdica en su cónyuge, o contempla la coparticipación en el control y la toma de decisiones de acuerdo con alguna división equitativa de poderes? En este último caso, ¿cómo desea usted *distribuirlos entre usted mismo y su cónyuge? ¿Qué desea este al respecto? Dé una respuesta detallada.*
Sara: En general, querría que decidiéramos en forma conjunta todas las cuestiones importantes. Empero, si mi esposo se niega a participar, acostumbro dilatar el asunto hasta que mi angustia me impulsa a tomar una decisión rápida y definitiva. Creo que obro así en la esperanza de que mi marido se resolverá a discutir la decisión conmigo y que, entonces, determinaremos de un modo racional cuál será el mejor camino a tomar.
Charles: No, yo no asumo ningún poder de decisión. Sara es quien decide y opta. Solemos hablar de los asuntos a resolver,

pero por lo común Sara me los plantea después de haber decidido qué haremos al respecto, y yo me someto a su decisión. Tengo la sensación de que he cedido demasiado poder.

22b. ¿De dónde proviene su poder o el de su compañero? ¿Alguno de ustedes renuncia a la facultad de decidir, por temor a perder al compañero? ¿Es un poder económico? ¿Un poder surgido de una personalidad más fuerte y resuelta, o del rigor? ¿Qué sensación le causa la distribución del poder de decisión dentro de su matrimonio?
Sara: Creo que mi poder nace del empuje con que acometo lo que deseo. Además, soy sumamente persistente, tengo una idea clara de mis valores y rara vez los contradigo en mis actos. Actualmente, el poder de mi esposo es más que nada económico, puesto que yo no trabajo y mis padres no están en buena posición. En los primeros dieciocho meses de nuestra relación, su poder sobre mí se debía a su capacidad para desconcertarme y confundirme; esto me mantenía excitada, interesada y atormentada. En un principio, lo dejé porque resolví que ya no tenía por qué seguir sometida al sufrimiento y frustración de una relación informal, totalmente imprevisible. En nuestros primeros cuatro meses de casados hubo mucho intercambio, mucha comprensión, cuidado y franqueza mutuos, con leves perturbaciones y frustraciones. Entonces, el poder de mi esposo radicaba en su manera abierta y franca de velar por mí. Eso es lo que me gusta.
Charles: Mi poder sobre Sara radica en que podría abandonarla. Entonces se vería en grandes dificultades económicas y, quizá, no podría terminar sus estudios. El poder de Sara sobre mí estriba en que podría abandonarme, dejar de preocuparse por mí, ignorarme, dejarme, y yo soy incapaz de cuidarme a mí mismo. Hablando, ella me sobrepasa: la palabra es su mejor arma táctica. No me gusta la forma en que está distribuido el poder de decisión entre nosotros.

22c. ¿Qué sensación le produce el hecho de poder tomar decisiones importantes? ¿Le hace sentirse poderoso, incómodo, culpable, demasiado cargado de responsabilidades, ávido de arrogarse más poder?
Sara: Tiene sus problemas (p. ej., la posibilidad de tomar una decisión importante que perjudique a mi esposo), pero no me molestaría decidir por mí misma en cuestiones importantes, si no me tildaran constantemente de manipuladora. Creo que, de todos modos, estoy llegando a eso, a pesar de las incesantes recriminaciones.

Charles: Me siento más poderoso, pero también más incómodo, temeroso de hacerme responsable de mí mismo o de otros. Mi más preciada sensación de poder es la que me otorga mi capacidad de evadirme de las situaciones: esa es mi primera línea de defensa. También me parece peligroso que sólo pueda mostrar mi poder escabulléndome de determinadas situaciones. A veces, me vienen ganas de abandonar a Sara. . . No sé qué responder.

23a. ¿Se siente seguro en su conocimiento de sí mismo como hombre o mujer? ¿Duda a veces de su «feminidad» o «masculinidad»? Conteste en detalle. ¿Desea que su cónyuge sea muy masculino (o femenina, según corresponda), o que posea algunas de las características estereotipadas de su propio sexo? ¿Necesita un compañero que lo tranquilice con respecto a sus aptitudes masculinas o femeninas?
Sara: Soy mujer y no abrigo dudas sobre mi sexo, ni deseo cambiarlo. Quiero un esposo muy seguro de su masculinidad y que, por consiguiente, carezca de trabas para probar nuevos modos de vida (p. ej., compartir los quehaceres domésticos, la crianza de los hijos, etc.); quiero un compañero tierno, afectuoso y receptivo.
Charles: No estoy seguro de mi virilidad; no me siento muy hombre que digamos. Soy inseguro, tímido, retraído, y me siento prácticamente falto de poder. Creí desear una mujer corajuda, no una de esas mujercitas humildes y apocadas. Sara tiene agallas, pero con ella es como si perdiera aún más mi sensación de masculinidad.

23b. ¿Le preocupa percibir sentimientos, tendencias o impulsos homosexuales en usted o en su cónyuge? En caso afirmativo, ¿qué efectos causa esto en su relación?
Sara: Tengo sentimientos homosexuales, sobre todo cuando no recibo ningún apoyo de mi marido dentro del hogar. No veo en ellos ninguna amenaza; más bien tiendo a aceptarlos como algo normal. No percibo este problema en mi esposo.
Charles: Soy consciente de que ambos tenemos sentimientos homosexuales. Los de Sara no me molestan, pero no me siento tan cómodo con los míos; creo que, a veces, traban mis relaciones con otros hombres, y que es algo infantil. . .

24. ¿Qué atributos a) *físicos,* b) *de personalidad y* c) *de carácter posee la clase de persona que le resulta sexualmente atractiva? ¿Su cónyuge posee esos atributos? En caso negativo, ¿qué rasgo, aparentemente ausente, desearía hallar en él? ¿Qué cree ofrecerle usted (en un sentido sexual) que provoque o no una respuesta en él? Es importante que conteste detalladamente.*

Sara: a) Que sea alto, delgado, de tez clara y cabello y ojos oscuros; *b*) que sea afectuoso, amante, receptivo, estable, sereno, seguro de sí mismo, compulsivo (esto es, que se ajuste a una rutina regular), inteligente, maduro, sensual, optimista, nada rígido y con un sentido afirmativo de la vida; *c*) que sea sincero, con sentido ético, no consuma drogas y se interese activamente por llevar a cabo el cambio social, profesional o privadamente. Mi compañero tiene todos los atributos indicados en *a*; cuando nos casamos, también tenía todos los indicados en *b*, pero ahora considero que le faltan los siguientes: afirmación de la vida, optimismo, madurez, flexibilidad, compulsión, serenidad, seguridad en sí mismo, estabilidad, receptividad, afectividad. Entre los atributos de *c* que no rigen figuran el sentido ético y la abstinencia de drogas. Yo era mucho más feliz al comienzo de nuestro matrimonio, cuando Charles me trataba de otra manera. *Él se excita sexualmente* cuando me muestro tímida y esquiva, o bien muy agresiva. *No se excita sexualmente* cuando soy cálida y franca, más fiel a mí misma, y deseo acceder a su individualidad.

Charles: a) Que sea una mujer alta y delgada, como las de Modigliani, con senos por lo menos medianos; por lo general, me involucro con mujeres de cabello castaño oscuro, pero me excito con las de pelo rubio oscuro. *b*) Es difícil encontrar un modelo. . . Por supuesto, ha de ser inteligente. A veces me gustan las mujeres «frías» que se sienten cómodas consigo mismas, otras prefiero las zorras como Sara; en general, me agradan las que mantienen cierta distancia emocional. Percibo que soy algo masoquista al desear mujeres que no serán afectuosas conmigo, ni cuidarán de mí. También me agradan las personas temerarias y las mujeres animosas, menos pasivas. *c*) Aquí no se me ocurre nada, pues no sé con certeza qué significa esto (el carácter). Sara se ajusta bastante bien a los rasgos físicos. En cuanto a personalidad, parece muy segura de sí misma, ve las cosas sin medias tintas y es ávida de poder. Estas características no me gustan mucho, sobre todo la última. Además, me parece falsa y muy presumida. Este es el único rasgo suyo que no parece tan entremezclado con mis propios arranques sexuales psicodinámicos. Sara se da aires, recurre a distintas máscaras para tratar de impresionar a la gente con su erudición. A veces, hago cosas abiertamente sexuales sin andar con preámbulos: le agarro un pezón, o la entrepierna, o pongo sus manos sobre mi cuerpo. Esto no le gusta mucho; según creo, dice que la hace sentirse despersonalizada.

25a. ¿A qué clase de persona quiere amar? ¿Es el mismo tipo de persona por quien desea ser amado? Especifique sus atributos a) *físicos,* b) *de personalidad y* c) *de carácter. ¿Cuáles serían la relación y trato ideales entre esta persona y usted? Compare este ideal con la relación y trato que mantiene con su cónyuge. ¿Qué le hace sentir esta comparación?*

Sara: La persona a quien deseo amar y por quien quiero ser amada queda descripta en mi respuesta a la pregunta 24. Sin embargo, la persona o personas de quienes me enamoro *típicamente* son muy parecidas a mi padre: oscilan entre el martirio y la ira, su conducta es fluctuante, sus sentimientos y apego hacia otras personas son superficiales, y son sumamente infantiles y débiles, o sea que no puedo confiar en ellas. Lo ideal sería que mi esposo se mostrara tierno y cariñoso conmigo buena parte del tiempo, todo esto sazonado con algunas pizcas de romanticismo; que aceptara las responsabilidades como cosa natural, aunque no le conviniesen por el momento, porque así percibiría el objetivo supremo de querer compartir experiencias conmigo, de querer ser mi esposo. Al menos, esto me haría sentir que él se preocupa constantemente por mí. Mi esposo en nada se parece a esta descripción de mi marido ideal, aunque es afectuoso, cariñoso, hasta un poquito romántico, y cuando nos casamos estaba en cierto modo dispuesto a aceptar responsabilidades. Al recordar nuestro casamiento, cómo regresó para proponerme matrimonio después de una separación de un mes, comprendo que él debía saber que no me casaría con él si seguía conduciéndose como en nuestros dos años de relaciones; debía saber qué clase de marido quería yo, y en el momento de proponerme matrimonio se ajustaba a ese ideal. De todos modos, Charles fue una persona maravillosa para mí y me trató estupendamente durante los primeros cuatro meses de casados, pero poco a poco fue retrayéndose, ensimismándose, sumiéndose en la depresión y también en lo absurdo, y así es como se conduce conmigo casi todo el tiempo. ¿Qué me hace hacer sentir esto?. . . ODIO.

Charles: Los rasgos físicos serían los mismos, pero creo que la persona a quien me gustaría amar sería más fría y hostil que aquella por quien me gustaría ser amado. Quiero conservar la distancia y, al mismo tiempo, mantener la pasión amándola intensamente, pero sin que ella se me rinda. Cuando le doy ocasión, Sara quiere intimar demasiado y entonces yo tengo menos que ofrecer.

25b. ¿Qué entiende usted por «amor», tal como se aplica este concepto en su propia relación?

Sara: Ciertamente, creo que amo a mi compañero. Me intereso por sus pensamientos, sus sentimientos y sus acciones; me inquieto cuando lo veo abatido o desdichado, y siempre deseo ayudarlo, si puedo. Ninguna otra persona me preocupa más en mi vida, pero esto *no* significa que me guste andar revoloteando siempre a su alrededor.
Charles: Si «amor» significa una consideración positiva e incondicional, entonces creo que nos amamos algo, pero no demasiado. Ambos deseamos cosas que no conseguimos (tal vez antagónicas) y obtenemos cosas que no deseamos. No nos brindamos recíprocamente aquello que deseamos (en lo que a mí respecta, tengo deseos contradictorios). Sé que soy capaz de amar y de brindarle a Sara mucho más de lo que ahora le doy.

26. ¿Cuánta intimidad desea realmente mantener con su cónyuge, y viceversa? ¿Pueden revelarse mutuamente sus pensamientos, ideas, sentimientos y acciones sin sentirse angustiados, incómodos o temerosos de que los consideren estúpidos, locos, ineptos, etc.? ¿Espera que su cónyuge censure sus pensamientos y acciones tal como lo haría su padre o su madre? ¿Recibe, quizás, esta clase de crítica? ¿Censura usted los de su compañero?
Sara: Mi ideal sería una relación muy firme, en la que ambos pudiéramos expresar todos nuestros pensamientos y fantasías sin angustiarnos ni preocuparnos por ello, en el entendimiento primordial de que uno y otro estamos comprometidos en la relación y nos interesamos, más que nada, por aquello que mejor le conviene al compañero. Mi esposo censura, ciertamente, todo enojo u hostilidad que manifieste hacia él. Cuando discutimos, si no tiene ganas de escuchar mis razones siempre me dice que cierre mi sucia boca; en este caso, siempre respeto sus sentimientos y me callo al instante. Esta es su manera típica de advertirme que está al borde de la cólera ciega e incontrolable, y que puede caer fácilmente en ella. Cuando él expresa su deseo de abandonarme o de tener trato sexual con otras mujeres, yo lo censuro en forma indirecta deprimiéndome, sintiéndome ofendida o manteniéndome a cierta distancia.
Charles: Fantaseo sobre mi capacidad de decir cualquier cosa, en cualquier momento, sin temor, pero en realidad soy incapaz de hacerlo. Hay una clase de sentimientos —las dudas con respecto al matrimonio— que provocan en Sara un temor, trato de encararlo por mí misma. Por otra parte, sentimientos menos cruciales que no comunico por miedo a sentirme desbordado y tener que justificarme.

27. ¿Experimenta un profundo temor a ser dejado o abandonado? Su conducta, ¿está motivada de alguna manera por ese temor? ¿Qué siente su cónyuge al respecto? ¿Reacciona como usted querría, teniendo en cuenta sus sentimientos acerca del abandono? Responda en detalle.
Sara: Sí. No estoy segura de hasta qué punto sigue motivando mi conducta porque ahora, cuando me invade ese temor, trato de encararlo por mí misma. Por otra parte, a veces pienso que sería mucho mejor para Charles que me abandonara, en vez de: 1) torturarnos los dos permaneciendo aquí [en el hogar] cuando desea marcharse, o 2) amenazarme con el abandono. Toda vez que le manifiesto mi temor a que me deje (ahora no lo hago nunca), Charles se vuelve muy frío y se aparta totalmente de mí. Quiere dejarme.
Charles: Como dije antes, creo que mi poder sobre Sara radica en mi capacidad para poner fin a nuestra relación. Soy proclive a la evitación y la huida; sé que en el pasado, si no lo hice yo mismo, tal vez sí coloqué a algunas personas (p. ej., a Sara) en una situación que casi las obligaba a marcharse. Se me ocurre que ya he sido abandonado, con lo cual el miedo da paso al pesar. Sara dramatiza esta locura bastante bien. Ella tiende a dejarme.

28. ¿Experimenta una gran necesidad de sentir que su compañero le «pertenece», y usted a él? ¿Su cónyuge tiene sentimientos posesivos hacia usted? ¿Qué opina sobre la pertenencia mutua? ¿Rige tanto para el hombre como para la mujer, o no?
Sara: Nadie me pertenece y a nadie pertenezco. A diario opto por estar con personas que me interesan, y sólo puedo esperar que ellas sigan optando por estar conmigo.
Charles: No creo que la «posesividad» constituya un problema especialmente crucial para nosotros. (¿¡Esto explica, quizá, nuestra situación!?) Me parece que ninguno de los dos tiene sentimientos posesivos hacia el otro.

29a. ¿Procura resolver las cuestiones y problemas suscitados entre usted y su cónyuge tratándolos a fondo con él, o uno y otro proceden según sus propias ideas?
Sara: Siempre procuro dialogar a fondo con respecto a esas cosas, pero mi esposo es incapaz de discutir racionalmente conmigo.
Charles: En la actualidad, nuestra comunicación se quiebra muy fácilmente cuando discutimos algo. Últimamente nos hemos distanciado tanto que a menudo no conversamos acerca de nuestros problemas y rara vez nuestras mentes «se reúnen».

29b. ¿Son capaces de expresarse el uno al otro amor, ira, inquietud, preocupación, conflictos, etc., o tienen miedo o renuencia a hacerlo?
Sara: Tengo mucho miedo de decirle cualquier cosa a Charles. Con frecuencia, si le digo que lo amo me rechaza, me ignora. Si manifiesto ira hacia él, incluso la más leve, siempre existe la posibilidad de que él se encolerice más que yo; me lo demuestra gritándome, golpeando las cosas, frunciendo el labio, yéndose de la habitación, durmiendo en el sofá. Hace todo eso para decirme: «¡Cómo te atreves a enojarte conmigo! Después de todo, no eres una buena madre».
Charles: Cada vez tengo más miedo de expresarle estas emociones a Sara. He callado ciertos pensamientos por temor a que la irritaran, desatando una reyerta de esas en las que, al parecer, nunca soy capaz de hacer respetar mi posición.

29c. ¿Prevé que habrá dificultades basándose en su experiencia anterior con su compañero, o reacciona habitualmente así ante cualquier persona importante del sexo opuesto? En otras palabras: ¿Es una pauta general de conducta, o una pauta específica entre usted y su cónyuge?
Sara: Es una pauta específica para ambos.
Charles: Supongo que, en buena medida, es un problema general, aunque Sara es muy inteligente y perceptiva, y ha cifrado muchas esperanzas en nuestra relación. Tiende a «pedirme cuentas», a cuestionar mi conducta y actitudes, en mayor medida que otras mujeres que he conocido.

29d. ¿Cómo se comunican uno al otro las ideas y sentimientos importantes?
Sara: Le digo que quiero hablarle de algo, y si él me deja, así lo hago. A veces lo toco mientras hablo (antes solía hacerlo mucho más a menudo). Él se comunica conmigo de manera casi accidental (si yo, por casualidad, formulo la pregunta apropiada o, en ciertos casos, si escucho lo que les dice a otras personas).
Charles: Nos informamos mutuamente.

29e. La comunicación entre usted y su compañero, ¿es del tipo, caudal y eficacia que usted desea, o de veras querría modificarla porque es todo lo contrario? En este último caso, ¿cuál sería el nivel ideal de comunicación?
Sara: Es la antítesis de mis deseos. Lo ideal sería una comunicación sincera, que fluyera libremente.
Charles: Su modalidad y caudal me parecen buenos, no así su eficacia. No logro expresarle claramente a Sara mi posición y

sentimientos. Querría perder mi gran temor a cómo reaccionará ante lo que yo pueda decirle.

29f. ¿Le es más difícil mantener un diálogo inteligente y lúcido con su cónyuge que con otras personas, y viceversa? Procure explicarlo.
Sara: No creo que esto sea un problema.
Charles: Desde que dejamos el hogar, me resulta casi imposible conversar con los demás en forma inteligente y lúcida. Sara me habla con mucha más inteligencia y claridad de lo que yo le hablo a ella.

29g. ¿Nota que su cónyuge no lo «escucha», esto es, no capta el verdadero significado de sus palabras, ni comprende qué clase de respuesta desea usted? ¿O es él quien se queja de que usted no lo «escucha»? Procure explicarlo.
Sara: Mi compañero sólo me escucha hasta que digo algo que lo irrita. Aunque parezca raro, muchas de las frases que lo ofenden no fueron dichas en absoluto con mala intención. Reacciona de una manera totalmente imprevisible ante las formulaciones más inofensivas. Cuando no le irrita su contenido, le disgusta la forma en que las digo (mi tono de voz, las palabras que utilizo).
Charles: Ella me escucha bastante bien. A veces, responde a mi conversación haciéndome preguntas que parecen un tanto destructivas, y otras es como si me atrapara en una red de amplias generalizaciones. ¿Si nos quejamos de esto? Sí, a veces ella se queja, y yo también.

30a. ¿Usted o su cónyuge se angustian con frecuencia ante problemas aparentemente nimios? Explique cuál es el motivo de esa angustia en cada uno de ustedes (p. ej., «Cuando veo que el saldo de nuestra cuenta corriente es bajo, me pongo muy nervioso»).
Sara: Me angustio mucho si encuentro la casa muy desordenada, o si mi esposo olvida cumplir algún encargo que le he hecho expresamente porque yo debía concurrir a la facultad.
Charles: Muchas veces me enojo con Sara, me vuelvo quisquilloso, y entonces tiendo a perder los estribos por fruslerías. . . sobre todo si puedo echarle la culpa a ella.

30b. Indique el grado de angustia que siente generalmente, y el de su compañero. En la escala, 1 = ninguna angustia; 5 = mucha angustia. Marque con paréntesis la cifra que mejor expresa los respectivos grados de angustia.

Sara:

	Ninguna		Moderada		Mucha
Yo	1	2	(3)	4	5
Mi cónyuge	1	2	3	(4)	5

Charles:

	Ninguna		Moderada		Mucha
Yo	1	2	3	4	(5)
Mi cónyuge	1	2	(3)	4	5

30c. ¿Qué querría que hiciera su cónyuge frente a su angustia, para que usted se sintiera aliviado?
Sara: QUE FUERA SERENO Y RAZONABLE.
Charles: 1) Que no tratara de cuidarme de una manera maternal. 2) Que respetara mis sentimientos, sin demostrar lástima ni condescendencia. 3) Que en lugar de enojarse conmigo por «arrastrarla a la depresión», hiciera lo indispensable para no deprimirse.

30d. ¿Cómo encara la angustia de su cónyuge? ¿Qué efectos causa esa angustia en su estado emocional?
Sara: La angustia de Charles me afecta impulsándome a responder a ella con una actitud servicial.
Charles: Por lo general, soy muy sensible a su angustia, con tal de que no me involucre en forma directa. . . pero desgraciadamente casi siempre lo hace. Muchas veces la dejo sola, o le hago hablar del asunto, la reconforto, la acaricio.

31a. ¿Puede aceptarse a sí mismo y a su compañero tal como son ahora? Expláyese sobre esto.
Sara: Puedo aceptarme a mí misma. No acepto a mi compañero cuando se muestra irrazonable, violento o ambiguo en sus actitudes.
Charles: No puedo aceptarme a mí mismo tal como soy ahora. Comprendo que puedo ser un compañero realmente insoportable, que mis vacilaciones emocionales pueden socavar nuestra relación, y vaya si lo hacen. Odio la posición insostenible en que me coloqué casi con pleno conocimiento de lo que hacía (la total dependencia económica frente a mis progenitores). No me he realizado, ni me estoy realizando. Aunque parezca sorprendente, cuando lo pienso llego a la conclusión de que puedo aceptar a Sara prácticamente tal como es ahora.

31b. ¿Puede amar a su cónyuge, en el sentido de preocuparse por él tanto como por usted mismo (estado al que, a menudo, accedemos en parte, pero que raras veces podemos alcanzar con plenitud)?
Sara: Creo que, en buena medida, he experimentado este sentimiento hacia mi esposo, desde que nos casamos hasta hace poco tiempo. Ahora advierto que, en muchos casos, si he de cuidar de mí misma no puedo darme el lujo de preocuparme por él; debo suponer que es capaz de arreglarse solo. Ocurre que durante los dos primeros años de casados descuidé mi propio bienestar (hubo un momento en que intenté suicidarme), haciendo de él el único objeto de mi preocupación y cuidados. Charles era el único que importaba de los dos.
Charles: Sí.

31c. ¿Obtiene usted de su compañero, y él de usted, esa especialísima excitación y «activación» sexual? ¿Qué cambios o fluctuaciones han habido al respecto desde el comienzo de su relación?
Sara: A veces puedo obtenerla de él, pero para eso es necesario que me sienta muy protegida y, ahora, rara vez me siento así con Charles.
Charles: No es muy frecuente que mi excitación sexual con Sara resulte especialísima. En realidad, tiendo a excitarme ante situaciones sexuales oscuras, misteriosas, quizá prohibidas. Recuerdo una expresión mía que molestaba a Sara: yo quería «robarle un beso». . . Esto no ha cambiado mucho en el transcurso de nuestra relación.

Área 3. Causas de desavenencias en la relación

Son las áreas más comúnmente citadas como causas de roces conyugales, pudiendo considerárselas focos externos de posibles desavenencias.

Es posible que muchas de ellas no sean fuente de problemas en su matrimonio. Las preguntas tienen por objeto orientarlo a usted hacia diversas posibilidades, y no constituyen una lista exhaustiva; añada, pues, cualquier otro punto que juzgue importante para su relación.

32. Dinero. Para usted (o para su cónyuge), ¿el dinero equivale a poder? ¿Lo utilizan el uno contra el otro? ¿Qué porcentaje de los ingresos totales se espera que gane cada uno? ¿Cómo deciden los gastos e inversiones? ¿Quién lleva la contabilidad? ¿Son ambos cónyuges económicamente independientes, o uno

de ellos recibe un subsidio del otro? ¿Qué siente usted ante estas preguntas y cuáles son sus deseos sobre este punto?
Sara: Los dos consideramos que el dinero equivale a poder. Actualmente, él posee todos los recursos y, a veces, los ha usado manifiestamente contra mí. Yo he llevado la contabilidad (él odia las matemáticas y no le importa que llevemos o no cuenta de nuestros gastos). Este año preparé los papeles de nuestro impuesto a los réditos pero, a decir verdad, me tiene sin cuidado que llevemos o no una contabilidad.
Charles: Antiguamente no, pero creo que ahora lo estamos utilizando más como un elemento de poder, debido a nuestra espantosa situación económica (mis padres nos están manteniendo) y a nuestra infelicidad conyugal. Me pregunto si *una* de las razones por las que Sara permanece a mi lado es que podrá graduarse gracias al dinero de mis padres. No hay subsidios entre nosotros, pero creo que yo ejerzo más control sobre el dinero, por provenir este de mis padres.

33. Crianza de los hijos. ¿Discrepa de su cónyuge sobre las ideas y métodos educativos? En caso afirmativo, ¿qué importancia tienen estos para usted? En cuanto a los objetivos de la familia, ¿usted y su cónyuge piensan que lo principal son los niños, los adultos, o lograr un «esprit de corps» igualitario y democrático? ¿O tienen otros objetivos?
Sara: Desconozco las ideas de mi esposo sobre la crianza de los hijos.
Charles: No hay discrepancias capitales en cuanto a las ideas.

34. Los hijos. ¿Se utiliza a algún niño de su familia como símbolo o sustituto suyo o de su cónyuge? Usted o su compañero, ¿manifiestan un cariño o rencor inusitado hacia alguno de los hijos? ¿Por qué? ¿Con qué hijos se identifica cada uno de ustedes, y viceversa?
Sara: La pregunta no nos concierne.
Charles: Creo que podría sentir celos de un hijo.

35. Relaciones sexuales.

a) ¿Su cónyuge es un compañero sexualmente adecuado para usted, según sus pautas? ¿Lo es usted para él? ¿Qué aspectos sexuales le agradan y le desagradan en su compañero? ¿Se excitan sexualmente el uno al otro? ¿Tiene usted, o su cónyuge, alguna disfunción? ¿Cómo sería su compañero ideal, desde el punto de vista sexual? ¿Qué puede decir sobre juegos sexuales, capaci-

dad de reacción del compañero, frecuencia de las relaciones, etcétera?
Sara: Mi esposo es un atleta sexual, muy consciente de las proezas que realiza en la cama. También es muy frío; por ejemplo, raras veces me habla o manifiesta ternura, y en tres años jamás ha pronunciado mi nombre cuando estamos en la cama. No bien empezamos a hacernos el amor, me convierto en un objeto para él. Siento que me «está trabajando», y que durante casi todo ese tiempo él preferiría hacerlo con otra. Antes me decía una y otra vez que mi busto era demasiado pequeño y mis caderas demasiado grandes, sugiriéndome que tomara píldoras anticonceptivas para mejorar el busto y que hiciera gimnasia para reducir las caderas. Me siento completamente deshumanizada.
Charles: Sí, es una compañera bastante adecuada, aunque para ella el trato sexual es más bien un acto comunicativo, después del cual quiere gozar de una mayor intimidad de la que yo deseo. En cuanto a mí, el trato sexual me amedrenta mucho; a veces me siento casi hipnotizado, desprendido de mi ser. Querría que ella me excitara más; por lo general es bastante pasiva. No hay disfunciones. Probablemente me sentiría más cómodo si ella actuara por puro goce erótico, y no por amor; querría que hubiera más juego sexual y menos juego amoroso. También me gustaría que respondiera más. Frecuencia: tal vez unas tres veces por semana.

b) *¿Puede manifestarle sus deseos y fantasías a su cónyuge, y viceversa? ¿Concretan juntos algunos de ellos?*
Sara: Lo he hecho dos veces, y en ambas oportunidades me resultó difícil hacerlo con él, aunque ya había tenido experiencia con otras personas. Las dos veces Charles me tomó en serio. No quiero volver a hacerlo por un tiempo.
Charles: Sí, puedo hacerlo, pero despierto gran temor y desaprobación en Sara. Ella lo ha hecho conmigo sin dificultades aparentes, salvo su miedo. Por lo general, deseo llevar a cabo esos deseos y fantasías.

c) *¿Hay algún problema de fidelidad sexual que les concierna? ¿Qué piensan ambos sobre monogamia, otras relaciones sexuales, experiencias sexuales compartidas con terceros, etcétera?*
Sara: Mi marido preferiría compartir experiencias sexuales con terceros. Yo quiero la monogamia tradicional; creo que, lejos de ser un lastre, puede constituir una situación sumamente creativa y gratificante. Considero que mi participación sexual

con otra persona encierra un significado particular, especial, que, al casarme, deseo comunicar sólo a mi esposo.
Charles: Confío en la fidelidad de Sara, pero no creo que ella confíe en la mía. Obramos en el entendimiento de que ella insiste en practicar la monogamia, en tanto que yo me inclinaría (con emociones mixtas) por incluir a terceros en nuestra vida sexual, al menos por una sola vez.

36. Familias de origen. ¿Desea continuar en estrecha relación con su familia de origen? ¿Se ha casado con el propósito (al menos parcial) de ingresar en la familia de su cónyuge? ¿Está celoso de la estrecha relación o dependencia que su cónyuge mantiene con su madre o padre? Las visitas a los padres, etc., ¿son motivo de discusiones entre ustedes? Si las familias de origen le causan problemas (p. ej., el «problema de los parientes políticos», etc.), ¿cuál supone que es la dificultad? Especifíquelo.
Sara: El único problema de esta clase que tenemos es que Charles me transforma en su madre, y me responde como si yo fuera cruel y peligrosa.
Charles: Ninguno de los dos quiere mantener relaciones muy estrechas con nuestras familias de origen. Yo no me casé para ingresar en la familia de Sara, ni creo que ella lo haya hecho para ingresar en la mía. A veces, siento celos de su padre y me comparo desfavorablemente con él como, con toda seguridad, lo hace Sara.

37. Amistades.

a) ¿Son capaces de aceptar las amistades del otro?
Sara: No experimento grandes sentimientos negativos hacia ninguno de sus amigos. A decir verdad, la mayoría de ellos también son amigos míos.
Charles: Sí.

b) ¿Cree que cada cónyuge debe tener amigos con quienes se vea a solas? ¿Serían del mismo sexo o del opuesto?
Sara: Sí. Del mismo sexo y del opuesto.
Charles: Sí, si así lo deseamos.

38. Inteligencia, etcétera.

a) ¿Cree que su cónyuge es bastante listo, intuitivo, culto y bien hablado, de acuerdo con sus propias pautas? ¿Cree que usted lo es para él? ¿Alguno de estos puntos genera problemas entre ustedes?

Sara: No hay problemas.
Charles: Esas cualidades están decayendo en mí; ahora, Sara parece ser más lista, intuitiva, etc. Esto me provoca celos y, en cierta medida, procuro echarle la culpa. A menudo, siento que rivalizo con ella.

b) ¿Cree que ambos crecerán y se desarrollarán en forma tal, que seguirán despertando el interés del otro? ¿O no le dan importancia al tema?
Sara: Por lo que puedo prever, no hay problemas.
Charles: Al parecer, el abismo abierto entre nosotros, y el problema que representa, son cada vez mayores.

39. Intereses. ¿Cuáles intereses comparte con su cónyuge? ¿Cuánta importancia atribuyen ustedes al hecho de congeniar o discrepar en materia de intereses? ¿Alguno de ustedes siente siempre que no puede emprender una actividad, a menos que el otro participe o asuma el control de ella? ¿Alguno de ustedes experimenta la necesidad de incluir o excluir al otro? En caso afirmativo, ¿qué entraña esta necesidad?
Sara: Necesito incluir a Charles en la mayoría de mis actividades, pero no en todas. No creo que a él le importe incluirme o no en los suyos. Los dos nos interesamos por el cine, los viajes, la música (especialmente el jazz), los libros, los gatos, las plantas. A veces, él comparte mis intereses culinarios; cuando lo hace, suele tratar de controlarlo todo, me critica y se queja de lo que yo hago. Me hace acordar a su padre, quien gusta decir que su esposa (la madre de Charles) está tratando de envenenarlo.
Charles: Ambos nos interesamos por la gente, la música, los libros, las humanidades en general. No creo que nuestras inclinaciones particulares deban depender de la participación del otro, ni que ninguno de nosotros tienda demasiado a asumir el control. No hay ninguna necesidad especial de inclusión o exclusión.

40. Roles. Este es un punto importante, sobre todo hoy día, en que asistimos a un cambio de valores con respecto a los roles masculinos y femeninos en el hogar y en el trabajo. ¿Qué roles, tareas y responsabilidades quiere asumir, y cuáles desea que asuma su compañero? ¿Los determina guiándose por el sexo o de algún otro modo? Indíquelo en detalle. Trate de explicar a fondo cómo funciona esto para usted, en cuanto a tareas domésticas, dinero, cuidado de los hijos, actividades extrahogareñas y otras áreas importantes.

Sara: Quiero que Charles coopere, participe y *tenga iniciativas* en las tareas hogareñas, cuidado de los animales domésticos y programación de actividades. En cuanto al dinero, él teme que toda mujer ande a la caza de su fortuna (eso le dijeron sus padres). No sé cómo puede discutirse esto, pues Charles es muy retraído.
Charles: Creo que debemos compartir nuestros roles, responsabilidades, etc., estudiantiles. Empero, a veces me gusta que Sara haga para mí tareas más «femeninas» (p. ej., prepararme una torta) como una especie de prueba simbólica de que se preocupa por mí. Cuando deseo demostrar mi interés por Sara, suelo hacer algo que sea más tradicionalmente masculino (p. ej., llevarla de paseo). Me siento cómodo así, y el sistema funciona muy bien.

41. Nivel de energía, intensidad, concentración.

a) El hecho de que su esposo tenga menos o más energía que usted, ¿le provoca irritación o una sensación de dependencia?
Sara: Me irrita que mi marido tenga un nivel de energía más bajo que el mío.
Charles: No.

b) ¿Le preocupa la dedicación intensa y concentrada que manifiesta su cónyuge hacia temas que podrían excluirlo?
Sara: No, siempre que esa concentración no le haga olvidar que hay cosas que hacer en casa cuando yo no estoy.
Charles: De vez en cuando, pero no es un problema especial.

c) ¿Se complementan bien el uno al otro en esas áreas, empleando de manera positiva sus respectivas cualidades? ¿O son motivo de molestias e irritación («Me enloquece el modo en que se preocupa por tonterías»)?
Sara: No sé. Querría que nuestras habilidades e intereses se complementaran.
Charles: La compulsividad de Sara me preocupa. Es como si corriéramos una carrera y yo me viera obligado a correr a la par de ella.

42. Críticas. ¿Trata de que su cónyuge sea «perfecto», o viceversa? ¿En qué medida puede aportar y recibir críticas? Estas críticas, ¿son constructivas, o nacidas de la angustia, las luchas de poder o la manipulación? ¿Se expresan de manera constructiva y aceptable, o destructiva y humillante? ¿Alguno de ustedes se vale de los conceptos psicológicos como un arma?

Sara: Me es imposible criticar a Charles en forma constructiva. Casi siempre, basta que le diga *cualquier cosa* de tipo personal para que se irrite y se ponga a la defensiva, creyéndose culpado y humillado. A veces, su falta de respuesta me frustra tanto, que le digo «Me parece que estás loco», no con intención de rebajarlo, sino como diciéndole: «Oye, creo que reaccionas de un modo inapropiado a la situación, como si no me hubieses escuchado». Muchas veces, quiero gritarle: «¡Domínate!». Si empieza a sentirse muy angustiado, Charles no vacila en gritarme que me calle.
Charles: Me es difícil contestar esta pregunta, Sara se ha forjado una imagen de «marido ideal» que, según creo, quiere ver reflejada en mí. Tal vez ya haya desistido de esto. Hoy día, no acepto bien las críticas: siempre me pongo a la defensiva y casi siempre me siento humillado. Por supuesto, puede ser una proyección mía. A veces, Sara me dice que estoy loco y eso me saca de mis casillas. No sé nada de manipulaciones, pero a veces me siento manipulado. Soy consciente de que deseo tener más poder compartido, e incluso tomar parte del suyo. Por eso me achico más de lo que debiera.

43. Horas libres. ¿Hay conflicto sobre cómo, dónde, cuándo y con quién pasarlas? ¿Qué parte de ellas puede dedicarse a actividades independientes? El querer practicarlas, ¿se considera una prueba de desamor? Los intereses culturales y la necesidad de determinados tipos de amistades son factores importantes. ¿Qué implicaciones encierran estas áreas para usted y para su cónyuge? ¿Hay desacuerdo acerca de estos puntos? Responda con claridad.
Sara: No hay ningún problema al respecto.
Charles: Tenemos pocos conflictos en este terreno. Al parecer, los dos nos sentimos bastante cómodos practicando actividades independientes, y no las consideramos una falta de cariño. Empero, pasamos la mayor parte de nuestra vida muy próximos uno al otro.

44. Estilo de vida. ¿Los dos tienen esencialmente el mismo? Indicar las diferencias, si las hubiere. Si sus estilos de vida son distintos, ¿pueden llegar a una solución de compromiso? ¿Actúan de una manera formal o natural? ¿Son planificadores o no planificadores, esotéricos o prosaicos, ultramodernos o conservadores, viajeros o sedentarios, intelectuales o emocionales, abiertos o cerrados a las ideas nuevas, amantes del mar o de la montaña? ¿Qué significan las ropas para ustedes? ¿Qué consideran importante en materia de autos, libros, decoración del

hogar, etc.? Exponga las similitudes y diferencias, y cómo las tratan.
Sara: Nuestros estilos de vida son similares; coincidimos en forma casi absoluta en materia de diversiones y los dos tenemos depositadas aspiraciones en nuestro respectivo trabajo. También coincidimos en casi todas las cuestiones políticas. Diferimos en esto: yo soy planificadora, extrovertida, amante del trato social, físicamente cariñosa, y busco el significado de las cosas a través de mis relaciones con otras personas; mi marido no planifica, es introvertido y en cuestión de trato social tiende a lo periférico, es tranquilo, reprimido, y busca el significado de las cosas a través de su propio sufrimiento y de ideas metafísicas. Yo temo estar sola y él teme no estarlo; yo soy activa y él pasivo.
Charles: Sara es una persona muy organizada y metódica y tiende mucho más que yo a las rutinas. Yo no soy tan organizado, metódico, etc., como ella. Sara quiere tener un departamento limpio y ordenado; a mí no me interesa tanto el orden. Encaramos las responsabilidades domésticas compartidas elaborando soluciones de compromiso que funcionan bastante bien, pero con el tiempo dejan de operar y tenemos que reformularlas.

45. ¿Desea mantener frente a los demás una imagen determinada de usted mismo, de su cónyuge y de su matrimonio? ¿Cuál? ¿Hay mitos que es importante mantener (la pareja perfecta, moderna, etc.)?
Sara: Si tenemos una relación buena, los demás lo advertirán. Los mitos no me interesan.
Charles: No quiero que parezca que en nuestro matrimonio uno de nosotros «hunde» al otro. Estoy seguro de que Sara y muchos de sus amigos creen que yo la «hundo» a ella. Empero, la imagen me preocupa menos que el hecho en sí.

46. Un par de preguntas finales:

a) ¿Qué estaría dispuesto a hacer, abandonar o modificar (en usted mismo) para mantener una relación continuada con su cónyuge?
Sara: No sé cómo responder a esta pregunta. Creo sinceramente que la única manera en que una mujer puede tener una relación duradera con Charles es manteniéndose apartada, ausente, porque las relaciones más intensas de Charles son las que entabla con mujeres a las que sólo puede poseer en su imaginación.

Charles: Tratar de ser más paciente, más comprensivo, más razonable, menos reacio a asumir mi parte en las responsabilidades domésticas. También estoy dispuesto a cortar los lazos de dependencia que todavía mantengo con mis progenitores.

b) ¿Qué cree que estaría dispuesto a hacer su cónyuge para no perderlo a usted? Revise lo que ha escrito y, allí donde corresponda, cerciórese de que ha indicado lo que usted daría o haría a cambio de *lo que su esposo daría o haría por usted.*
Sara: Diga lo que diga [él] durante la terapia, no creo que Charles me desee como compañera. Por lo que sé, mi marido vive en un constante sufrimiento emocional, que se acentúa con la proximidad femenina. Creo que le gustaría hallar el modo de acabar con ese sufrimiento, pero hasta ahora no lo ha encontrado ni por sí mismo, ni en la terapia ni en sus relaciones con mujeres. Me parece que en él no habrá lugar para ninguna otra cosa en tanto no pueda descubrir el modo de encarar este dolor. Creo que se casó conmigo porque deseaba acariciar y ser acariciado, pero eventualmente resurgen los viejos problemas, temores y deseos... Me parece que en esos momentos me odia, porque mi presencia intensifica esos sentimientos. He probado todos los métodos que se me han ocurrido para ayudarlo, desde brindarle una gran intimidad, apoyo y alimento afectivo, hasta distanciarme y dejarlo completamente solo. Cuando me acerco, me rechaza; cuando me alejo, se enoja porque considera que lo he abandonado. Estoy cansada de no recibir de él más que ira y odio; estoy cansada de verlo rechazar todos los momentos de intimidad que le ofrezco. Creo que viendo mis respuestas a este cuestionario, usted se dará cuenta de que la calidez afectiva es lo que más valoro y disfruto en el matrimonio. No me casé con Charles por su dinero; me habría casado con él aunque no lo hubiese tenido. Ahora vengo a descubrir que dependo mucho de ese dinero, ya que no tengo otro medio de vida. Es importantísimo para mí permanecer en este lugar: siento que desde el instante mismo de nuestra llegada, comencé a crecer, a cambiar, a ser más yo misma. Me siento bien así y quiero experimentar un mayor crecimiento. Volver a mi hogar paterno sería atroz.

También quiero decir que detesto nuestras constantes reyertas y altercados triviales. Creo que, de plantearse un problema, deberíamos ser capaces de discutirlo, analizarlo y decidir juntos la manera de resolverlo. No tengo la sensación de que quiera usar a Charles, envolverlo y doblegarlo para mis propios fines. Respeto mucho su posición, sus sentimientos, sus aspiraciones, y deseo atender a sus necesidades, cualesquiera que sean. Quiero que aproveche mis recursos. El hecho

de que interprete mal casi todo cuanto digo o hago, que me recrimine por eso, me deja azorada y ofendida, herida en mis sentimientos. No confía en mí, se retrae, se aparta de mí. Puedo soportar su ira, su cólera, su rabia, cualquier cosa menos la evitación, que es su principal modo de relacionarse conmigo. Me es muy difícil seguir mostrándome afectuosa, suave, sincera y franca con él cuando me está diciendo que se quiere marchar, que quiere tener trato sexual con otras personas, o cuando actúa de manera totalmente ilógica; *sin embargo, creo que eso es lo que él quiere de mí.* No quiero esta conducta infantil en mi esposo, sino algo muy diferente. Soy egoísta.
Charles: Sara me ha dicho que haría cualquier cosa menos: 1) practicar la poligamia sexual; 2) comprometer su carrera; 3) reducirse a una situación en la que no fuera un ser humano completo. Ignoro cómo traduciría, o traduciríamos, esto en actos concretos. Con todo, creo en lo que dijo.

Una de mis necesidades, que involucra a Sara en forma directa, es independizarnos lo más posible de la ayuda económica de mis padres. Las cosas han llegado a tal extremo que luego de una de nuestras peleas (esa vez reñimos porque yo no sabía si quería casarme) Sara abandonó los estudios y buscó empleo, para ahorrar lo suficiente para dejarme. Mi madre lo descubrió y le envió un cheque por la suma que Sara había invertido en nuestro traslado e ingreso a la facultad. Viéndose en una posición financiera más segura, menos dependiente de mí, Sara reinició sus estudios de inmediato. Mi madre podría haber evitado nuestra ruptura (aunque esto fuese casi una contradicción), pero no me gusta que tenga esa clase de poder.

Discusión

Diagnostiqué los siguientes perfiles de conducta: Charles era un cónyuge paralelo con rasgos secundarios infantiles, y Sara una esposa igualitaria con características secundarias parentales. Los dos describieron bien su propia dinámica de interacción. La combinación cónyuge igualitario-cónyuge paralelo no funcionaba bien, ni tampoco la adaptación infantil de Charles cuando abdicaba su adultez y trataba de manipular a Sara hacia una posición parental. A menudo lo conseguía, pero luego ella se irritaba sintiéndose ofendida y esto, a su vez, hería los sentimientos de él. Charles se juzgaba a sí mismo con la misma dureza con que juzgaba a Sara, y se deprimía por ello. Su depresión y retraimiento contribuían al «bajón» general. A esta altura de las cosas, el matrimonio presentaba un mal pronóstico.

Estos contratos extensos nos revelan cuánto material útil podemos obtener con prontitud gracias a ellos, y cuánto pueden aprender los esposos sobre su relación al redactarlos. Los Gray querían ayudarse a sí mismos y, de ser posible, ayudar a salvar su matrimonio, dado que entre ellos había verdadero amor. Una pequeña exploración indicó que no se produciría ningún movimiento positivo en la relación, a menos que se trataran ciertos factores etiológicamente remotos, sobre todo en Charles. Al confrontarlos con elementos de sus contratos, advertí en seguida que un enfoque diádico no daría resultado en esos momentos. Charles estaba demasiado conflictuado y reaccionaba frente a Sara de un modo excesivamente transferencial. La angustia y actitud defensiva de Sara podrían tratarse, tal vez, en forma satisfactoria, pero no en una terapia conjunta con Charles. Por consiguiente, recomendé un terapeuta individual para el marido y apoyé la decisión de Sara de someterse al mismo tipo de tratamiento con una terapeuta.

Un año después de haberlos derivado a terapeutas individuales, les envié una carta de seguimiento. Sara Gray me contestó. Dijo que una semana después de nuestra última entrevista se había empezado a analizar con una terapeuta, en tanto que Charles hacía lo mismo con un profesional de sexo masculino. Ella pensó en abandonar a Charles, pero no lo hizo; luego le pareció que bien podía tener una relación sexual extraconyugal y fantaseó bastante sobre el tema, tratando de convencerse a sí misma de que no amaba a su marido. En esa época se le acercaron varios hombres, y Sara comentaba al respecto: «Creo que por entonces estaba tan necesitada de atención y compañía masculinas (y de trato sexual) que proclamaba mi necesidad con todo mi cuerpo». Después de varias «citas» para almorzar o tomar algo, comprendió que quería a Charles «y finalmente dejé todo eso, ¡sin siquiera haber besado a otro hombre!». Añadía que seis meses después de nuestra última entrevista, al regresar de una sesión de psicoanálisis, Charles «me miró y empezó a hablar (. . .) Yo apenas si podía creer que *él* había iniciado el diálogo». Desde entonces había habido algunos bajones en su relación, pero en general las cosas habían mejorado. Decía estar satisfecha de su situación actual, y expresaba su gratitud hacia mí y los otros terapeutas. Mi carta le había hecho reevaluar su relación y era plenamente consciente del camino recorrido en ese año.

En algunos casos, la terapia individual resulta adecuada para modificar el sistema marital. Puede ocurrir que algún día Sara y Charles vuelvan a la terapia conjunta.

12. Aplicaciones generales y educación para el matrimonio

En este libro, el concepto de contrato se ha centrado en el matrimonio y su sistema diádico, así como en el uso terapéutico de dichas formulaciones. Los mismos principios contractuales y terapéuticos son válidos para cualquier otra situación que involucre a dos personas en relación de compromiso, o incluso a un individuo y una organización.

Dentro de las familias hay contratos tácitos entre padres e hijos, o entre un progenitor y un hijo, entre generaciones y entre otros subgrupos familiares. He utilizado a menudo el concepto de contrato en terapia familiar, tratando los parámetros contractuales esenciales durante las entrevistas. En ciertas ocasiones, sobre todo cuando los hijos son adolescentes, les he pedido a ellos y a sus progenitores que escribieran sus contratos, cuyas cláusulas no se limitan a la conducta, deberes, responsabilidades y reglas familiares, sino que abarcan también puntos de la categoría 2: intimidad/distanciamiento, poder y autoridad, sexualidad, modos de vida, defensas, etc. Cualquier parámetro puede encararse abiertamente en la familia, en el momento apropiado.

También he utilizado el concepto de contrato con pacientes que eran socios comerciales, obteniendo muy buenos resultados. Recuerdo en especial el caso de dos socios cuyos matrimonios eran razonablemente buenos, pero que experimentaban entre sí fuertes reacciones negativas, expresadas en frustraciones y decepciones. Percibí que cada cual deseaba depender del otro, pues en esencia eran dos socios infantiles en busca de un progenitor. Aclaré esta situación y trabajé sobre ella, poniendo énfasis en el deseo de cada socio de manipular al otro para colocarlo en un rol parental, y en sus sentimientos recíprocos de transferencia parental.

Los conceptos expuestos en este libro pueden adaptarse y aplicarse con éxito a la relación entre un individuo y una organización. Las personas tienden a trasladar sus expectativas familiares a los demás ámbitos importantes de sus vidas: los empleadores, las escuelas, los grupos políticos y muchas otras entidades se convierten en los receptores de estas expectativas transferenciales.

Durante siglos, los líderes políticos han sido imágenes del padre o de la madre, y se han preparado cuidadosamente para que la población los experimente como tales. Estos acuerdos «contractuales» son recíprocos, aunque a menudo implican un contrato diferente para cada parte. Muchas veces, a los gremios les es más difícil obtener la concesión de derechos laborales de las compañías paternalistas (estilo «el buen padre») que de las manifiestamente explotadoras. Al igual que la mayoría de las compañías, los entrenadores deportivos explotan al máximo el concepto de «familia» o equipo. Las escuelas, los colegios superiores, los hospitales y otras instituciones tienen por lo común acuerdos «contractuales» con los individuos involucrados en ellas; estos acuerdos exceden en mucho a lo establecido por cualquier convenio verbal o escrito que pueda existir, y varían según correspondan a los miembros del personal o a los usuarios. El hecho de que estas estipulaciones tácitas o implícitas difieran para ambas partes genera múltiples dificultades y malentendidos, tal como lo observamos en las parejas.

A veces, las cláusulas contractuales no escritas se utilizan conscientemente con fines de explotación; otras, las dos partes intervinientes abrigan expectativas quiméricas o equivocadas. Dejo a cuenta del lector imaginar en cuántas otras áreas puede ser útil el concepto de contrato. El potencial de igualdad es mayor en el matrimonio que en otras relaciones cuya desigualdad resulta más obvia (p. ej., la relación empleador-empleado, hospital-paciente, facultad-estudiante, etc.). Es útil inspeccionar nuestros propios contratos tácitos con todos aquellos individuos e instituciones con los que estamos relacionados. Por cierto que el contrato terapeuta-paciente es importantísimo para el profesional y el paciente o cliente.

Educación y prevención

Espero que, con el tiempo, este concepto halle su aplicación más importante en el campo de la educación y prevención. Algo se está haciendo en el área de la educación sexual, pero esto es sólo una parte del total.

Hay mucho por hacer en el frente terapéutico, aunque en última instancia la prevención del sufrimiento es más constructiva que los intentos de reparar el daño hecho. La terapia marital es una prevención fundamental en relación con la vida familiar, dado el grado en que afecta a los hijos, pero en otros puntos de los ciclos de vida individual y marital se dan posibilidades preventivas más amplias.

Hoy día, a los jóvenes no se les enseña las verdaderas implicaciones de una relación íntima de persona a persona, ya sea un matrimonio legal o de hecho. Todavía son niños en el hogar de sus padres, o lo han sido hasta hace poco tiempo. El matrimonio de sus progenitores puede o no ser un modelo saludable, pero aun siéndolo, los hijos apenas si tuvieron oportunidad de meditar o discutir sobre los fines y significado de la relación diádica, sobre sus parámetros verdaderamente importantes. Lo que el niño absorbe en forma no verbal es importantísimo, pero no es necesariamente lo más constructivo para él.

El asesoramiento premarital, tal como se lo practica por lo general, no es un enfoque eficaz, a menos que la pareja esté dispuesta a buscar ayuda para tratar problemas específicos surgidos durante el período de galanteo. Empero, a esa altura, la vasta mayoría de las personas que han decidido casarse o hacer vida en común no quieren examinar y cuestionar sus propios sentimientos y motivaciones, ni los del compañero, ni el modo en que ambos interactúan. Tienden a negar cualquier alarma subliminal. Actúan como si bajaran en un *slalom* irrefrenable, sometidos a la presión de su propio apuro por casarse, el miedo a perder una oportunidad, las afirmaciones tranquilizadoras de sus padres y amigos («Eso les pasa a todos. . .»), el *deseo* de estar enamorados, además de la compulsión social a llevar a efecto los planes matrimoniales una vez iniciados («Ahora no puedo decepcionar a mamá y papá», «Ya se enviaron las invitaciones», etc.). Con frecuencia, uno o ambos novios están demasiado aterrados como para examinarse detenidamente a sí mismos y su interrelación; a esta altura de las cosas, temen examinar una conducta que, en «tiempos normales», sería cuestionable, o enfrentar sus propios recelos. En esos momentos, la mayoría de los individuos o parejas no tienen acceso a una persona o grupo con quien puedan discutir sus temores, o las causas subyacentes de sus dudas, encarándolas desde un punto de vista útil e imparcial.

Los sacerdotes, pastores, etc., en su rol tradicional de consejeros prematrimoniales, han tratado —con mayor o menor éxito— de reforzar los valores humanistas y la importancia mutua de los prometidos, recordándoles sus nuevos deberes y responsabilidades para con Dios y consigo mismos. En muchas Iglesias, si la pareja utiliza este asesoramiento premarital religioso lo hace en forma breve y por puro formulismo. Muchos clérigos sienten la necesidad de enfoques más eficaces, coincidiendo en esto con los educadores de familia, consejeros matrimoniales y otros profesionales afines.

En todo nuestro vasto sistema de instituciones educativas, religiosas y sociales, no hay un lugar donde los jóvenes puedan aprender y explorar sus propias ideas sobre lo que quieren y esperan del amor, del matrimonio, del trato sexual, de la vida en intimidad. Tampoco perciben qué desean y no desean realmente del compañero y qué darán a cambio, ni reflexionan sobre eso. No tienen ninguna ocasión de informarse acerca de las responsabilidades que tendrán (o desearán tener), y la manera en que el sistema marital podrá afectarlos en cuanto individuos. No se les da los medios para explorar transferencialmente determinadas percepciones, expectativas, interrogantes e inseguridades con respecto a sí mismos, el rol de verdadera complementariedad entre uno mismo y el compañero, las diferencias de valores, los métodos para determinar, discutir y combatir las causas básicas de los conflictos, y la elaboración de soluciones.

Desearía que avanzáramos hacia un amplio programa educacional de preparación para el matrimonio y la vida en común, que comenzaría en el primer año del colegio secundario. Los conceptos expuestos en este libro podrían figurar entre las fuentes de dicho programa. El matrimonio ha evolucionado en la mayor anarquía. Ahora que está cambiando con tanta rapidez, resulta imperativo que probemos un nuevo tipo de programa didáctico, un programa que encare en forma realista todo lo que lleva implícito una relación de compromiso. De esta manera, los jóvenes tomarían conciencia de sus exigencias contractuales, de sus necesidades biológicas e intrapsíquicas. Se los alentaría a meditar y debatir entre sí, en clases o grupos, sobre los sentimientos y reacciones experimentados en sus relaciones pasadas y en la presente, y sus expectativas con respecto a las futuras. Serían conscientes de lo que significa, en función de uno mismo y del compañero, «estar enamorado»; de lo que esto representa en materia de intimidad, acercamiento y participación, y del equilibrio que cada cual debe alcanzar entre el compromiso y la integridad personal.

No es mi deseo formular un plan de estudios tentativo para dicho programa, sino más bien establecer la urgente necesidad de un nuevo tipo de plan educativo y de debate dentro del sistema escolar juvenil.

Cualquier punto del ciclo de vida marital cercano a un cambio, o que acaba de experimentarlo, brinda otra buena oportunidad para la intervención profiláctica. En este caso, el problema global es cómo lograr que las parejas perciban su necesidad de ayuda y comprendan que hay otras parejas en la misma situación. Como profesionales, una vez que estimulemos su interés al respecto, debemos estar preparados para proporcionar los programas requeridos por los destinatarios, o colaborar en su elaboración.

Los cambios producidos en la sociedad han generado algunas nuevas fases de intervención, además de las «normales» dentro del ciclo marital. Dos de ellas están relacionadas con la movilidad y desarraigo de muchas familias contemporáneas. Cuando niños y adultos se desarraigan, tanto da que se trasladen de la costa atlántica a la del Pacífico, o del «viejo barrio» a un nuevo sector residencial que sólo dista un kilómetro de aquel; los problemas y efectos alienantes son similares. La separación y el divorcio constituyen otra área de asesoramiento para adultos y niños. El creciente índice de divorcios nos lleva, a su vez, a considerar los problemas inherentes a la familia con un solo progenitor, y a los nuevos matrimonios de los divorciados, tengan o no hijos. Debe haber asesoramiento disponible no sólo para los adultos involucrados, sino también para los niños.

El sistema de salud pública brinda muchas maneras de llegar hasta el individuo en instantes cruciales de su ciclo marital. Las clínicas que tratan enfermedades de la vejez (trastornos cardíacos e hipertensión, artritis, cáncer, etc.) proporcionan un punto de acceso en momentos en que la pareja, además de experimentar los ajustes exigidos por el proceso de envejecimiento, ya no convive con sus hijos y ha debido adaptarse a un nuevo tipo de interdependencia. Otro momento capital para estas intervenciones es cuando las parejas se preparan para recibir a su primer hijo. Es importante que examinen sus contratos y sistema marital, y que se preparen para incluir en él al niño que aún no ha nacido. Para muchas de estas parejas será una gran ayuda reflexionar, conversar y palpar los problemas emergentes. Así se hace, hasta cierto punto, en relación con los aspectos físicos del cuidado prenatal y del recién nacido, buscándose a menudo la máxima inclusión del marido. Aunque, naturalmente, esto también ayuda en lo emocional, lo cierto es que la gran mayoría de las parejas jóvenes no están preparadas para el *stress* que implica pasar de un sistema diádico a otro triádico.

Además de la información proporcionada por la experiencia clínica con el concepto de contrato, ahora disponemos de datos obtenidos mediante investigaciones que nos permiten formular enfoques conceptuales para emprender un programa preventivo y educacional que promete dar buen resultado.

Apéndice 1. Lista recordatoria para el contrato matrimonial de cada cónyuge

La siguiente lista recordatoria bosqueja los temas más comúnmente contemplados en los contratos matrimoniales, divididos en tres categorías generales. El terapeuta puede recurrir a ella para tener presentes las áreas pertinentes que debe abarcar; también puede entregarla a la pareja a fin de que la complete en el hogar. Incluimos, asimismo, una muestra de la planilla, fácil de copiar; cuando se la utiliza deben darse seis ejemplares, de modo que cada cónyuge disponga de una planilla para cada una de las tres categorías.

Tal como la empleamos aquí, la expresión «contrato matrimonial» es poco feliz, pues no nos referimos a contratos formales, a convenios o acuerdos legalmente escritos que ambos esposos redactan y firman en forma manifiesta. Cada uno de ustedes tiene su propio «contrato», que, probablemente, difiere del de su cónyuge. No se sorprendan si les parece inconsistente, pues es posible que experimenten fuertes deseos o necesidades contradictorios (p. ej., quieren ser independientes, pero al mismo tiempo necesitan que su compañero apruebe sus actos). Las contradicciones son habituales en la mayor parte de las personas.

Cada «contrato» comprende los tres niveles de conciencia siguientes:

1. *Consciente y expresado:* Puntos de los que se habla con el cónyuge, aunque este no siempre los escucha.
2. *Consciente pero no expresado:* Aquellas partes del contrato de las que usted es consciente, pero que no menciona a su esposo porque teme suscitar su ira o desaprobación, porque le resulta embarazoso hacerlo, etcétera.
3. *No consciente o inconsciente:* Aspectos que escapan a su conocimiento habitual. Quizá tenga una idea de algunos de ellos; a menudo se los percibe como una lucecita mental de advertencia, o como una sensación de preocupación fugaz y rechazada. Trátelos lo mejor que pueda.

Cada cónyuge actúa como si el otro conociera los términos del contrato (que, en realidad, nunca se convinieron) y se siente irritado, ofendido, traicionado, etc., cuando cree que su compañero no ha cumplido con sus obligaciones contractuales. Anote los puntos de cada área donde cree que ha habido incumplimiento por parte de su esposo; no se preocupe por ser imparcial: indique *qué siente realmente* ante su conducta.

Las cláusulas contractuales —o sea, los deseos, expectativas, aquello que *estamos dispuestos a dar* al matrimonio y al cónyuge, y lo que queremos recibir de ambos— se dividen en tres categorías generales. La siguiente lista recordatoria está integrada por dichas categorías, enumerándose dentro de cada una varios puntos que suelen dar origen a problemas maritales y personales; puede que algunos se le hayan ocurrido a usted alguna vez, pero otros no.

Instrucciones para redactar el contrato matrimonial utilizando la lista recordatoria

Lo que sigue es una guía para que usted redacte su contrato matrimonial; recuerde que sólo pueden comparar sus contratos individuales *una vez terminados.*

1. Use las planillas que le han dado, en la cantidad que necesite. Si no le quedan más, prepare otras usted mismo. Cada categoría debe ir en hoja aparte.
2. Responda a todos los temas que son importantes para usted, salteando los demás.
3. Incluya aquellas áreas donde le parece que su compañero no ha cumplido con sus obligaciones contractuales. Sea claro y diga lo que siente al respecto.
4. Conteste ateniéndose a la situación actual. Si persistiera algún encono surgido en el pasado, indíquelo.
5. Puede responder con la parquedad o extensión que desee, pero sus respuestas sólo serán útiles si transmiten sus sentimientos y no se limitan a un «sí» o un «no».
6. Escriba sus respuestas con letra clara, si es posible a máquina, empleando la misma numeración utilizada en las categorías y puntos (p. ej., 1.3, 2.5, etc.).
7. No intente hacerlo todo de una sola vez; lo recomendable es limitarse a una categoría en cada oportunidad.

1. Categorías basadas en las expectativas puestas en el matrimonio

Cada individuo se casa para alcanzar sus propios objetivos y fines en relación con la institución que llamamos «matrimonio»; por su parte, el sistema marital genera otros fines, quizás ignorados en un principio por los individuos. Recuerde que esta lista sólo tiene por objeto recordarle que debe considerar esas posibilidades. Si hubiera otras importantes para usted, inclúyalas.

Podemos abrigar varias expectativas con respecto al matrimonio. Las que enumeramos a continuación figuran entre las más comunes:

1. Un compañero que sea fiel, devoto, amante y exclusivo.
2. Un sostén constante contra el resto del mundo.
3. Una compañía que nos asegure contra la soledad.
4. El matrimonio en sí es una meta, más que un comienzo.
5. Una panacea contra el caos y la lucha de la propia vida.
6. Una relación que debe durar «hasta que la muerte nos separe».
7. Una relación sexual lícita y fácilmente asequible.
8. La creación de una familia.
9. La inclusión de otras personas dentro de la nueva familia: hijos, progenitores, amigos, etcétera.
10. Unirse a una familia, más que a un compañero.
11. Tener un hogar donde refugiarse del mundo.
12. Una posición social respetable.
13. Constituir una unidad social y económica.
14. Una imagen protectora que nos inste a trabajar, construir, acumular.
15. Una cobertura respetable para los impulsos agresivos («Hago todo esto sólo por mi familia, no para mí. . .»).
16. Indicar otras expectativas, si las hubiere.
17. ¿Ha incluido aquellas áreas donde se siente decepcionado por su compañero? Indíquelas y explique qué siente a este respecto.
18. Escriba un resumen de todas sus *expectativas* matrimoniales (relacionadas con los temas precedentes) y de lo que usted está dispuesto a dar *a cambio de eso.*

2. Categorías basadas en necesidades intrapsíquicas y biológicas

Comprenden las áreas determinadas, en buena medida, por factores psicológicos y biológicos, más que por el sistema marital en sí. Estos factores, que son principalmente de origen interno, generan necesidades y deseos que a menudo escapan al conocimiento consciente del individuo, quien, sin embargo, tiene cierta noción de ellos. Entre las áreas importantes que dan origen a frecuentes problemas figuran:

1. Independencia/dependencia: Tiene que ver con los sentimientos, con su conducta general frente a su compañero. ¿Fija usted sus propias pautas y modo de vida?
2. Actividad/pasividad: Tiene que ver con la iniciativa y la acción.
3. Intimidad/distanciamiento: ¿Cuánta intimidad y acercamiento desea en realidad? ¿Y su cónyuge? ¿En qué medida desean incluirse recíprocamente en sus pensamientos y actos? ¿Cómo se apartan cuando lo desean, o cuando se creen obligados a hacerlo? ¿Son conscientes de su distanciamiento?
4. Poder: Su uso, abuso y abdicación. ¿Quién controla qué? ¿Qué piensa usted respecto a quién es el que manda? ¿Compite usted con su esposo?
5. Dominio/sumisión: ¿Quién domina y quién se somete dentro de la relación? ¿Hay en ella un intercambio equitativo de liderazgo?
6. Miedo a la soledad y al abandono.
7. Posesión y dominio del cónyuge, o viceversa.
8. Grado de angustia: ¿Qué factores o circunstancias la provocan? ¿Cuáles son sus pautas defensivas o combativas para reducirla? Responda a estas mismas preguntas con relación a su compañero.
9. ¿Cómo se ve, y se siente, en cuanto hombre o mujer?
10. Características físicas y de personalidad deseadas o requeridas para la relación sexual: Su compañero, ¿se ajusta a ellas? ¿Lo excita sexualmente? En caso negativo, ¿qué le falta? ¿Le agradan sus actitudes con respecto al sexo? Compárelas con las suyas. ¿Tienen algún problema sexual?
11. Capacidad de amarse y aceptarse a uno mismo y al compañero: ¿Es capaz de hacerlo?
12. Estilo cognitivo: ¿Cómo encara usted los problemas? ¿Y su compañero? Sus estilos cognitivos, ¿son iguales o diferen-

tes? ¿Puede usted aceptar y apreciar las diferencias, o son motivo de dificultades?

13. ¿Ha incluido aquellas áreas que le parecen conflictivas, o en las que se siente decepcionado por su esposo? Indíquelas claramente.

14. Indique otras áreas no mencionadas.

15. Escriba un resumen de todo lo que *desea recibir* de su compañero (en relación con las áreas precedentes) y de lo que usted *dará a cambio*.

3. Categorías derivadas de otros problemas, o que constituyen sus focos externos

Por lo general, estos focos externos son la causa aparente de problemas conyugales, pero en realidad son síntomas de que algo anda mal en las categorías 1 o 2. Entre las áreas problemáticas y los estímulos de reyertas más comunes figuran los siguientes:

1. Comunicación: ¿Hay franqueza y claridad en su intercambio de información y mensajes? ¿Son capaces de dialogar entre sí, de escucharse mutuamente?
2. Diferencias intelectuales entre usted y su esposo.
3. Nivel de energía: intensidad, concentración, entusiasmo.
4. Intereses y hábitos en materia de trabajo y diversiones.
5. ¿Discuten sobre sus familias de origen? ¿Qué está en juego?
6. Crianza de los hijos (los métodos de crianza son causa frecuente de reyertas).
7. Relaciones con los hijos: ¿Se los «usa» aliándose con ellos contra uno u otro de los progenitores? ¿Considera que determinado hijo pertenece más a usted o a su cónyuge? Responda en detalle.
8. ¿Hay mitos o pretensiones familiares o personales que es importante mantener? Especifíquelos.
9. Dinero: ¿Hay discrepancias con respecto a su control, gasto, ahorro u obtención?
10. Sexo y excitación sexual: ¿Quién inicia las relaciones sexuales? ¿Cuál es su frecuencia? ¿Cómo las practican? ¿Tienen relaciones extramatrimoniales? La unión sexual, ¿es agradable, divertida, gratificante, o no? ¿Por qué? ¿Qué puede decir sobre el hecho de sentirse amado y deseado, etcétera?

11. Valores, incluyendo sistemas de prioridades y aquellos relacionados con el sexo, la igualdad, el nivel social, cultural y económico, etcétera.

12. Amistades: ¿Las comparten y, además, cada cual posee otras amistades propias? ¿Poseen uno y otro amigos del mismo sexo y del opuesto?

13. Responsabilidades y roles determinados por el sexo y los intereses (domésticos, sociales, referentes a la obtención y gasto del dinero, al tiempo libre, etc.).

14. Incluya aquellas áreas que le parecen conflictivas, o en las que se siente decepcionado por su cónyuge. Exprese en detalle sus sentimientos al respecto.

15. ¿Cuál es su reacción más usual al sentirse decepcionado? ¿Y la de su esposo?

16. Indique otras áreas no mencionadas.

17. Escriba un resumen de lo que *desea recibir* de su compañero (en relación con las áreas precedentes) y de lo que usted *dará a cambio.*

Última pregunta: Agregue cualquier otro comentario o pensamiento que se le ocurra referente a usted mismo, su esposo y su matrimonio. Sería oportuno añadir un párrafo a modo de resumen general, ya que las preguntas pueden no haber captado su verdadera perspectiva de las cosas, o su matiz peculiar. Explávese cuanto quiera.

Planilla para contrato matrimonial

(Antes de llenarla, véase la lista recordatoria.)

Poner cada categoría en hoja aparte.

Categoría nº 1 2 3 (Circular la que corresponda.)

Nombre:................................ Fecha de nacimiento:..................................

Número	Incluya en su declaración qué desea y qué daría a cambio, así como los problemas que estas cuestiones suscitan entre ustedes	Marcar una		
		Conscientes y expresados	Conscientes pero no expresados	No conscientes

Apéndice 2. Determinantes intrapsíquicos y biológicos

Incluyo aquí los códigos para cuantificar, *grosso modo*, las características más comunes de los doce parámetros correspondientes a la categoría 2 de los contratos matrimoniales, así como un código indicador de los mecanismos de defensa más frecuentes, y una tabla con las características usuales en cada uno de los siete perfiles de conducta (de interacción). Esta tabla tiene por fin indicar la tendencia o consenso de los rasgos comúnmente detectados, que contribuyen a determinar la guestalt de cada perfil; puede ser útil para el clínico e investigador, como elemento descriptivo.

Código para las doce áreas incluidas en la categoría 2 de los contratos matrimoniales

(Todas las escalas van de 1 a 9, indicando cada cifra tope una polaridad dentro de un continuo.)

	1	5	9
1. Independencia/dependencia	Demasiado independiente.	Término medio.	Demasiado dependiente.
2. Actividad/pasividad	Activo.	Término medio.	Pasivo.
3. Intimidad/distanciamiento	Intimidad.	Término medio.	Distanciamiento.
4. Poder	Abdica y/o es sumiso.	Término medio.	Debe tener poder; está obsesionado por él.
5. Posesión y/o dominio del compañero	Necesita ser dominado.	*Laissez-faire*.	Extremada necesidad de dominar.
6. Miedo al abandono	Ninguno.	Término medio.	Extremado.
7. Grado de angustia	Casi nunca la padece.	Mediano.	Extremado.
8. Mecanismos de defensa	(Véase el código de la página siguiente: A, B, C, etc.)		
9. Identidad sexual	Segura.	Vaga, pero sin angustia.	Gran confusión al respecto.
10. ¿El compañero posee rasgos físicos y emocionales deseables para la relación sexual?	Sí, estupendos.	Regulares.	Lo dejan a uno indiferente.
11. Amor a sí mismo y al compañero	Excelente.	Moderado.	Nulo.
12. (A) Estilo cognitivo	Igual al del compañero (o lo acepta).	Acepta la diferencia o similitud como un medio de complementarse mutuamente.	La diferencia lo irrita; no respeta en absoluto el estilo del compañero.
(B) Estilo cognitivo	Disperso, «intuitivo», caótico.	Organizado y emocional a la vez.	Necesita saberlo «todo»; altamente organizado; «nada» emocional; intelectualiza.

Código para los mecanismos de defensa.

A. Sublimación
B. Sacrificio altruista
C. Represión
D. Regresión
E. Formación reactiva
F. Desmentida (y/o defensa perceptual)
G. Inhibición de impulsos y afectos (impulsos agresivos, hostiles, amorosos, sexuales, etc.)
H. Introyección, incorporación e identificación
I. Reversión (vuelta contra la persona propia)
J. Desplazamiento
K. Proyección
L. Intelectualización y aislamiento
M. Anulación (mágica)
N. Fantasías (para mantener la desmentida)

Características más comunes detectadas en cada perfil de conducta (de interacción)

Perfil de interacción	Independencia/dependencia 1	Actividad/pasividad 2	Intimidad/distanciamiento 3	Poder 4	Miedo al abandono 5	Posesión y/o dominio del compañero 6	Grado de angustia 7	Mecanismos de defensa 8	Identidad sexual 9	Respuesta sexual al compañero 10	Amor a sí mismo y al compañero 11	Estilo cognitivo 12	
												A	*B*
1.Cónyuge igualitario	2-6	3-7	1-6	4-6	2-6	4-6	3-7	A,C,F,H, K,L	1-4	1-5	1-4	1-6	2-7
2.Cónyuge romántico	4-9	1-8	1-3	1-8	6-9	5-9	4-9	A,B,C,D, E,F,H,I, K,N	1-7	1-3	1-3	1-5	1-7
3.Cónyuge parental	1-5	1-5	1-9	6-9	6-9	6-9	1-9	C,E,F, J,L,N	1-7	1-7	1-9	5-9	5-9
4.Cónyuge infantil	6-9	5-9	1-9	1-5	6-9	4-9	5-9	B,C,D, E,H,I, J,K,M,N	2-7	1-6	1-9	4-9	1-6
5.Cónyuge racional	1-7	1-7	4-8	3-8	1-9	3-8	2-6	C,E,F, G,J,L	1-6	1-9	3-9	3-9	6-9
6.Cónyuge camarada	3-7	2-7	2-7	3-7	3-7	3-7	2-7	A,C,E, F,L,N	1-6	3-7	1-7	1-6	4-9
7.Cónyuge paralelo	1-4	1-6	7-9	4-9	7-9	4-9	2-6	A,C,E, G,J,L	1-9	1-9	5-9	1-9	6-9

Referencias bibliográficas

Capítulo 1

Berman, E. M. y Lief, H. I. (1975) «Marital Therapy from a Psychiatric Perspective: An Overview», *Amer. J. Psychiat.*, vol. 132, nº 6, págs. 583-92.

Olson, D. H. (1975) «Marital and Family Therapy: A Critical Overview», en A. S. Gurman y D. G. Rice, eds., *Couples in Conflict*, Nueva York: Jason Aronson, págs. 7-62.

Raymond, H. (1971) «A Woman's Lib Parable —of 449 B.C.», *New York Times*, 1º de octubre, págs. 43 y 81.

Sager, C. J. (1966*a*) «The Treatment of Married Couples», en S. Arieti. ed., *American Handbook of Psychiatry*, Nueva York: Basic Books, vol. 3, cap. 15.

(1966*b*) «The Development of Marriage Therapy: An Historical Review», *Amer. J. Orthopsychiat.*, vol. 36, págs. 456-67.

Sager, C. J., Kaplan, H. S., Gundlach, R. H., Kremer, M., Lenz, R. y Royce, J. (1971) «The Marriage Contract», *Family Process*, vol. 10, págs. 311-26; reimpreso en C. J. Sager y H. S. Kaplan, eds. (1972) *Progress in Group and Family Therapy*, Nueva York: Brunner/Mazel, págs. 483-97.

Sussman, M. B., Cogswell, B. E. y Ross, H. A. (1973) «The Personal Contract. New Form of Marriage Bond» (mimeogr.).

Capítulo 2

Duhl, B. S. y Duhl, F. J. (1975) «Cognitive Styles and Marital Process», trabajo presentado ante la reunión anual de la American Psychiatric Association, Anaheim, Calif., 9 de mayo.

Greene, B. L. (1970) *A Clinical Approach to Marital Problems*, Springfield: Charles C. Thomas, pág. 33.

Money, J. y Ehrhardt, A. A. (1972) *Man & Woman, Boy & Girl*, Baltimore: Johns Hopkins University Press, pág. 284.

Capítulo 3

Bateson, G., Jackson, D. D., Haley, J. y Weakland, J. (1956) «Towards a Theory of Schizophrenia», *Behavioral Science*, vol. 1, págs. 251-64.

(1963) «Note on the Double Bind», *Family Press*, vol. 2, págs. 154-61.
Dicks, H. V. (1963) «Object Relations Theory and Marital Studies», *Brit. J. Med. Psychol.*, vol. 37, pág. 125.
(1967) *Marital Tensions,* Nueva York: Basic Books.
Fenichel, O. (1945) *The Psychoanalytic Theory of Neurosis*, Nueva York: Norton.
Freud, A. (1966) *The Ego and the Mechanisms of Defense*, Nueva York: International Universities Press.
Tiger, L. y Fox, R. (1971) *The Imperial Animal,* Nueva York: Holt, Rinehart and Winston, págs. 68-84.
Von Bertalanffy, L. (1952) *Problems of Life,* Nueva York: Wiley.
(1956) «General Systems Theory», *General Systems*, vol. 1, pág. 1.

Lecturas complementarias sugeridas

Las siguientes obras les resultarán útiles a quienes se interesen por la teoría general de los sistemas, tal como se aplica a la conducta humana: W. Gray, F. J. Duhl y N. D. Rizzo, eds. (1969) *General Systems Theory and Psychiatry,* Boston: Little, Brown; P. Watzlawick, J. Beavin y D. Jackson (1967) *Pragmatics of Human Communication,* Nueva York: Norton; W. Buckley, ed. (1968) *Modern Systems Research for the Behavioral Scientist,* Chicago: Aldine. Sobre mecanismos de defensa, recomendamos las obras de A. Freud, y el cap. IX («Mecanismos de defensa») de O. Fenichel, *op. cit.* Quienes deseen ahondar en el tema del amor, pueden leer: M. E. Cristen, ed. (1973) *Symposium on Love,* Nueva York: Behavioral Publications; A. Fromme (1971) *The Ability to Love,* Nueva York: Pocket Books; O. F. Kernberg, «Boundaries and Structures in Love Relations», trabajo presentado en la Academia de Medicina de Nueva York el 6 de enero de 1976 (el doctor Kernberg expone en él una formulación psicoanalítica del amor). W. R. Fairbairn hizo un importante aporte al desarrollar la teoría de las relaciones de objeto, explicitada en sus obras *Psychoanalytic Studies of the Personality,* Londres: Tavistock Publications (1952), y «Synopsis of an Object Relations Theory of the Personality», *Int. J. Psychoanal.*, vol. 44 (1963), pág. 224. Sobre la elección de pareja, encarada desde el punto de vista de las relaciones de objeto, véase: H. V. Dicks, *Marital Tensions, op. cit.*; R. F. Winch y G. B. Spanier, eds. (1974) *Selected Studies in Marriage and the Family,* Nueva York: Holt, Rinehart & Winston, capítulos 11 y 12; para un enfoque sociológico del mismo tema, véase: R. O. Blood, h. (1964) *Marriage,* Nueva York: The Free Press of Glencoe. El libro de L. Tiger y R. Fox *The Imperial Animal, op. cit.*, resultará interesante y polémico para quienes deseen saber más sobre uniones heterosexuales, entre hombres y consanguíneas.

Capítulo 5

Sager, C. J., Kaplan, H. S., Gundlach, R. H., Kremer, M., Lenz, R. y Royce, J. (1971) «The Marriage Contract», *Family Process*, vol. 10, págs. 311-26; reimpreso en C. J. Sager y H. S. Kaplan, eds. (1972) *Progress in Group and Family Therapy*, Nueva York: Brunner/Mazel, págs. 483-97.

Capítulo 6

Money, J. y Ehrhardt, A. A. (1972) *Man & Woman, Boy & Girl*, Baltimore: Johns Hopkins University Press.

Capítulo 7

Berne, E. (1961) *Transactional Analysis in Psychotherapy*, Nueva York: Grove Press.
O'Neill, N. y O'Neill, G. (1972) *Open Marriage,* Nueva York: Avon.
Pittman, F. y Flomenhaft, K. (1970) «Treating the Doll's House Marriage», *Family Process*, vol. 9, págs. 143-55; reimpreso en C. J. Sager y H. S. Kaplan, eds. (1972) *Progress in Group and Family Therapy,* Nueva York: Brunner/Mazel, págs. 509-20.
Welch, M. S. (1974) «Secret Expectations», *Glamour,* mayo de 1974, pág. 179.

Capítulo 8

Ackerman, N. W. (1958) *The Psychodynamics of Family Life*, Nueva York: Basic Books.
Lederer, W. J. y Jackson, D. D. (1968) *The Mirages of Marriage,* Nueva York: Norton.

Lecturas complementarias sugeridas

Para una técnica y sistema de pronóstico de los potenciales de antagonismo y colaboración de las parejas, véase R. A. Ravich y B. Wyden (1974) *Predictable Pairings,* Nueva York: Wyden. El trabajo clásico de R. N. Kohl (1962) «Pathologic Reactions of Marital Partners to Improvement of Patients» *(Amer. J. Psychiat.*, vol. 118, págs. 1036-41) demuestra la complementariedad patológica interdependiente de las parejas. R. G. Tharp ofrece un importante estudio de las pautas maritales en «Psychological Patterning in Marriage», *Psychological Bulletin*, vol. 60, 1963, págs. 97-117. Quienes se interesen por las diferencias y cambios en la estructura marital y familiar, pueden consultar R. F. Winch y G. B. Spanier, eds. (1974) *Selected Studies in Marriage and the Family,* Nueva York: Holt, Rinehart and Winston, págs. 48-208. Sobre estilos de vida, véase L. y J. Constantine, «Counseling Implications of Comarital and Multilateral Relations», en C. J. Sager y H. S. Kaplan, eds. (1972) *Progress in Group and Family Therapy,*

Nueva York: Brunner/Mazel, págs. 537-52. A. Skolnick explora el cambiante escenario marital en *The Intimate Environment,* Boston: Little, Brown and Co., 1973.

Capítulo 9

Ackerman, N. W. (1966) *Treating the Troubled Family,* Nueva York: Basic Books.

(1968) *The Psychodynamics of Family Life,* Nueva York: Basic Books.

Berman, E. M. y Lief, H. I. (1975) «Marital Therapy from a Psychiatric Perspective: An Overview», *Amer. J. Psychiat.,* vol. 132, nº 6, págs. 583-92.

Cubor, J. F. y Harroff, P. B. (1966) *Sex and the Significant Americans,* Baltimore: Penguin Books, págs. 43-65.

Dicks, H. V. (1967) *Marital Tensions,* Nueva York: Basic Books.

Fairbairn, W. R. (1952) *Psychoanalytic Studies of the Personality,* Londres: Tavistock Publications.

(1963) «Synopsis of an Object Relations Theory of the Personality», *Int. J. Psychoanal.*, vol. 44, pág. 224.

Fensterheim, H. (1972) «Behavior Therapy: Assertive Training in Groups», en C. J. Sager y H. S. Kaplan, eds., *Progress in Group and Family Therapy,* Nueva York: Brunner/Mazel.

Ferber, A. y Ranz, J. (1972) «How to Succeed in Family Therapy: Set Reachable Goals. Give Workable Tasks», en A. Ferber, ed., *The Book of Family Therapy,* Nueva York: Science House.

Goldstein, M. (1974) «The Uses of Dreams in Conjoint Marital Therapy», *Journal of Sex and Marital Therapy,* vol. 1, págs. 75-81.

Goulding, R. (1972) «New Directions in Transactional Analysis: Creating an Environment for Redecision and Change», en C. J. Sager y H. S. Kaplan, eds., *Progress in Group and Family Therapy,* Nueva York: Brunner/Mazel, págs. 105-34.

Greene, B. L. (1970) *A Clinical Approach to Marital Problems,* Springfield: Thomas, págs. 257-9.

Haley, J. (1963) *Strategies of Psychotherapy,* Nueva York: Grune and Stratton.

Horney, K. (1939) *New Ways in Psychoanalysis,* Nueva York: Norton.

(1950) *Neurosis and Human Growth,* Nueva York: Norton.

Kaplan, H. S. (1974) *The New Sex Therapy,* Nueva York: Brunner/Mazel.

(1975) *The Illustrated Manual of Sex Therapy,* Nueva York: Quadrangle, págs. 29-59.

Lederer, W. J. y Jackson, D. D. (1968) *The Mirages of Marriage,* Nueva York: Norton.

Lindner, R. M. (1955) *The 50-Minute Hour*, Nueva York: Rinehart.

Menninger, K. (1958) *Theory of Psychoanalytic Technique*, Nueva York: Basic Books, págs. 15-24.

Minuchin, S. (1974) *Families and Family Therapy,* Cambridge: Harvard University Press.

Mittelman, B. (1944) «Complementary Neurotic Reactions in Intimate Relationships», *Psychoanalytic Quarterly*, vol. 13, págs. 479-91.
(1948) «The Concurrent Analysis of Marital Couples», *Psychoanalytic Quarterly*, vol. 17, págs. 182-97.
Pollak, O. (1965) «Sociological and Psychoanalytic Concepts in Family Diagnosis», en B. L. Greene, ed., *The Psychotherapies of Marital Disharmony,* Nueva York: Free Press, págs. 15-26.
Ravich, A. A. y Wyden, B. (1974) *Predictable Pairing*, Nueva York: Wyden.
Sager, C. J. (1966*a*) «The Development of Marriage Therapy. An Historical Review», *Amer. J. Orthopsychiat.*, vol. 36, págs. 458-66.
(1966*b*) «The Treatment of Married Couples», en S. Arieti, ed., *American Handbook of Psychiatry*, Nueva York: Basic Books, vol. 3, págs. 213-24.
(1967*a*) «The Diagnosis and Treatment of Marital Complaints», *Amer. J. Psychoanal.*, vol. 27, págs. 139-56.
(1967*b*) «Transference in Conjoint Treatment of Married Couples», *Arch. Gen. Psychiat.*, vol. 16, págs. 185-93.
(1967*c*) «Marital Psychotherapy», en J. Masserman, ed., *Current Psychiatric Therapies*, Nueva York: Grune and Stratton, vol. 7, págs. 92-102.
(1976) «Sex Therapy in Marital Therapy», *Amer. J. Psychiat.*, vol. 133, nº 5, págs. 555-8.
Stuart, R. B. (1972) «Operant-Interpersonal Treatment of Marital Discord», en C. J. Sager y H. S. Kaplan, eds., *Progress in Group and Family Therapy*, Nueva York: Brunner/Mazel, págs. 495-508.
Sullivan, H. S. (1945) «Conceptions of Modern Psychiatry»; reimpreso de *Psychiatry*, vol. 3, nº 2, 1940, y vol. 8, nº 2, 1945.
(1953) *The Interpersonal Theory of Psychiatry*, Nueva York: Norton.
Whitaker, C. A. y Miller, M. H. (1969) «A Re-evaluation of "Psychiatric Help" When Divorce Impends», *Amer. J. Psychiat.*, vol. 126, págs. 611-6.
Wolpe, J. (1973) *The Practice of Behavior Therapy*, Nueva York: Pergamon Press.

Lecturas complementarias sugeridas

Sobre terapia marital de grupo, véase M. Markowitz y A. Kadis, «Short Term Analytic Treatment of Married Couples in a Group by a Therapist Couple», en C. J. Sager y H. S. Kaplan, eds. (1972) *Progress in Group and Family Therapy*, Nueva York: Brunner/Mazel, págs. 463-82. En el artículo «Mechanisms of Change in Multiple Family Therapy» (en C. J. Sager y H. S. Kaplan, eds., *op. cit.*, págs. 400-15), H. P. Laquer expone la dinámica familiar múltiple en términos sistémicos igualmente aplicables a los grupos de parejas. Por su parte, E. Leichter, toda una pionera en el tratamiento grupal de parejas, resume su labor en un informe excelente, titulado «Treatment of Married Couples Groups», *Family Coordinator*, vol. 22, 1973, págs. 31-42. Hay una buena sección sobre enfoques conductales adicionales de la

terapia marital en A. S. Gurman y D. G. Rice, eds. (1975) *Couples in Conflict*, Nueva York: Aronson, págs. 207-78. Quienes deseen tener una base de referencia más amplia sobre terapia marital, deberán consultar la bibliografía antes indicada y también las que figuran en Sager (1966*a*), Greene (1970) y Berman y Lief (1975), *op. cit.*
Además de las referencias ya dadas, sugerimos las siguientes: R. V. Fitzgerald (1973) *Conjoint Couple Therapy*, Nueva York: Aronson; I. Charny (1972) *Marital Love and Hate*, Nueva York: Macmillan; C. R. Rogers (1972) *Becoming Partners: Marriage and Its Alternatives*, Nueva York: Delacorte Press; V. Eisenstein, ed. (1956) *Neurotic Interaction in Marriage*, Nueva York: Basic Books (esta colección de ensayos, excelente para su época, constituye un texto clásico). En D. D. Jackson y J. H. Weakland (1967) «Conjoint Family Therapy» (*Psychiatry*, vol. 24, págs. 30-45), y en W. J. Lederer y D. D. Jackson (*op. cit.*), se hace hincapié en el uso de la teoría comunicacional. En B. L. Greene, ed. (1965) *The Psychotherapies of Marital Disharmony* (Nueva York: Free Press), hay muchos artículos excelentes que pasan revista a toda la gama de teorías y técnicas existentes hasta entonces. Sobre terapia guestáltica, véase: F. Perls (1969) *Gestalt Therapy Verbatim*, Lafayette, Calif.: The Real People Press; del mismo autor (1969) *In and Out of the Garbage Pail*, Lafayette, Calif.: The Real People Press, y E. y M. Polster (1973) *Gestalt Therapy Integrated*, Nueva York: Brunner/ Mazel.

Capítulo 10

Kaplan, H. S. (1974) *The New Sex Therapy*, Nueva York: Brunner/ Mazel.
(1975) *The Illustrated Manual of Sex Therapy*, Nueva York: Quadrangle.
Masters, W. H. y Johnson, V. E. (1966) *Human Sexual Response*, Boston: Little, Brown and Co.
(1970) *Human Sexual Inadequacy*, Boston: Little, Brown and Co.
Michael, R. D., Bonsall, R. W. y Warner, P. (1974) «Human Vaginal Secretions: Volatile Fatty Acid Content», *Science*, vol. 186, nº 4170, págs. 1217-9.
Sager, C. J. (1974) «Sexual Dysfunctions and Marital Discord», en H. S. Kaplan, *The New Sex Therapy*, Nueva York: Brunner/ Mazel.
(1975) «The Couples Model in the Treatment of Sexual Dysfunction in the Single Person», en E. T. Adelson, ed., *Sexuality and Psychoanalysis*, Nueva York: Brunner/Mazel.
(1976) «Sex Therapy in Marital Therapy», *Amer. J. Psychiat.*, vol. 133, nº 5, págs. 555-8.
Sager, C. J., Kaplan, H. S., Gundlach, R. H., Kremer, M., Leng, H. y Royce, J. R. (1971) «The Marriage Contract», *Family Process*, vol. 10, págs. 311-26; reimpreso en C. J. Sager y H. S. Kaplan, eds. (1972) *Progress in Group and Family Therapy*, Nueva York: Brunner/Mazel, págs. 483-97.

Lecturas complementarias sugeridas

Como lectura básica, se recomiendan las cuatro primeras obras enunciadas en la lista precedente. Quienes se interesen por los componentes de una buena «historia clínica» sexual, pueden leer el informe publicado por el Grupo para el Progreso de la Psiquiatría (1973) *Assessment of Sexual Function A Guide to Interviewing* (vol. 8, nº 88) o el capítulo de R. Greene sobre entrevistas incluido en R. Greene, ed. (1975) *Human Sexuality,* Baltimore: Williams & Wilkins. En *Human Sexuality,* editado y publicado por la American Psychiatric Association (Washington, 1972), se resume un gran caudal de información importante. El volumen editado por E. T. Adelson, *Sexuality and Psychoanalysis* (Nueva York: Brunner/Mazel, 1975), abarca mucho más de lo que sugiere su título y contiene algunos ensayos excelentes. Sobre aspectos generales de la sexualidad, incluyendo los sociológicos, antropológicos y fisiológicos, véase: J. H. Gagnon y W. S. Simon (1973) *Sexual Conduct*, Chicago: Aldine; N. W. Wagner, ed. (1974) *Perspectives on Human Sexuality*, Nueva York: Behavioral Publications; J. Zubin y J. Money, eds., *Contemporary Sexual Behavior*, s. d.

Biblioteca de psicología

Carol M. Anderson y Susan Stewart, Para dominar la resistencia. Guía práctica de terapia familiar
Carol M. Anderson, Douglas J. Reiss y Gerard E. Hogarty, Esquizofrenia y familia. Guía práctica de psicoeducación
Harlene Anderson, Conversación, lenguaje y posibilidades. Un enfoque posmoderno de la terapia
Maurizio Andolfi, Claudio Angelo y otros, Detrás de la máscara familiar. La familia rígida. Un modelo de psicoterapia relacional
Giampiero Arciero, Estudios y diálogos sobre la identidad personal. Reflexiones sobre la experiencia humana
Giampiero Arciero, Tras las huellas de Sí Mismo
Michael Argyle, Análisis de la interacción
Gregory Bateson, Espíritu y naturaleza
Luigi Boscolo y Paolo Bertrando, Terapia sistémica individual
Luigi Boscolo, Gianfranco Cecchin, Lynn Hoffman y Peggy Penn, Terapia familiar sistémica de Milán. Diálogos sobre teoría y práctica
Ivan Boszormenyi-Nagy y Geraldine M. Spark, Lealtades invisibles
Isabel M. Calvo, Frida Riterman y colaboradores, Cuerpo-Vínculo-Trasferencia
Isabel M. Calvo, Frida Riterman y Tessie Calvo de Spolansky, Pareja y familia. Vínculo-Diálogo-Ideología
Morag Coate, Más allá de la razón. Crónica de una experiencia personal de locura
Milton H. Erickson y Ernest Lawrence Rossi, El Hombre de Febrero. Apertura hacia la conciencia de sí y la identidad en hipnoterapia
Joen Fagan e Irma L. Shepherd, comps., Teoría y técnica de la psicoterapia guestáltica
Celia Jaes Falicov, comp., Transiciones de la familia. Continuidad y cambio en el ciclo de vida
H. Charles Fishman, Terapia estructural intensiva. Tratamiento de familias en su contexto social
Steven Friedman, comp., Terapia familiar con equipo de reflexión. Una práctica de colaboración
James L. Griffith y Melissa Elliott Griffith, El cuerpo habla. Diálogos terapéuticos para problemas mente-cuerpo
David R. Grove y Jay Haley, Conversaciones sobre terapia. Soluciones no convencionales para los problemas de siempre
Philip J. Guerin (h.), Thomas F. Fogarty, Leo F. Fay y Judith Gilbert Kautto, Triángulos relacionales. El a-b-c de la psicoterapia
Jay Haley, Aprender y enseñar terapia
Jay Haley, Terapia de ordalía. Caminos inusuales para modificar la conducta
Jay Haley, Terapia no convencional. Las técnicas psiquiátricas de Milton H. Erickson

Jay Haley, Terapia para resolver problemas
Jay Haley, Trastornos de la emancipación juvenil y terapia familiar
Jay Haley y Lynn Hoffman, Técnicas de terapia familiar
Evan Imber-Black, Familias y sistemas amplios. El terapeuta familiar en el laberinto
Don D. Jackson, comp., Etiología de la esquizofrenia
Bradford P. Keeney y Jeffrey M. Ross, Construcción de terapias familiares sistémicas. «Espíritu» en la terapia
Carol J. Kershaw, La danza hipnótica de la pareja. Creación de estrategias ericksonianas en terapia marital
Jürgen Kriz, Corrientes fundamentales en psicoterapia
Eve Lipchik, Terapia centrada en la solución. Más allá de la técnica
Cloé Madanes, Terapia familiar estratégica
Peter A. Martin, Manual de terapia de pareja
Joseph A. Micucci, El adolescente en la terapia familiar. Cómo romper el ciclo del conflicto y el control
Patricia Minuchin, Jorge Colapinto y Salvador Minuchin, Pobreza, institución, familia
Braulio Montalvo, Marla B. Isaacs y David Abelsohn, Divorcio difícil. Terapia para los hijos y la familia
Augustus Y. Napier y Carl A. Whitaker, El crisol de la familia
Irving H. Paul, Cartas a un joven terapeuta. Sobre la conducción de la psicoterapia
Frank Pittman, Mentiras privadas. La infidelidad y la traición de la intimidad
Erving y Miriam Polster, Terapia guestáltica
Giuliana Prata, Un arpón sistémico para juegos familiares. Intervenciones preventivas en terapia
Michele Ritterman, Empleo de hipnosis en terapia familiar
Carl R. Rogers, Grupos de encuentro
Carl R. Rogers, Barry Stevens y colaboradores, Persona a persona
Clifford J. Sager, Contrato matrimonial y terapia de pareja
William C. Schutz, Todos somos uno. La cultura de los encuentros
Peter E. Sifneos, Psicoterapia breve con provocación de angustia. Manual de tratamiento
Fritz B. Simon, Mi psicosis, mi bicicleta y yo. La autoorganización de la locura
Leonard Small, Psicoterapia y neurología. Problemas de diagnóstico diferencial
Ross V. Speck y Carolyn L. Attneave, Redes familiares
Thomas S. Szasz, El mito de la enfermedad mental. Bases para una teoría de la conducta personal
Thomas S. Szasz, Ideología y enfermedad mental
Michael Tomasello, Los orígenes culturales de la cognición humana
Carter C. Umbarger, Terapia familiar estructural
Ellen Wachtel, La clínica del niño con problemas y su familia
Froma Walsh, Resiliencia familiar. Estrategias para su fortalecimiento
Carl Whitaker, De la psique al sistema. Jalones en la evolución de una terapia: escritos compilados por John R. Neill y David P. Kniskern
Jeffrey K. Zeig, Un seminario didáctico con Milton H. Erickson
Jeffrey K. Zeig y Stephen G. Gilligan, Terapia breve. Mitos, métodos y metáforas

Obras completas de Sigmund Freud

Traducción directa del alemán, cotejada con la edición inglesa de James Strachey (*Standard Edition of the Complete Psychological Works of Sigmund Freud*), cuyo ordenamiento, prólogos y notas se reproducen en esta versión.

Presentación: *Sobre la versión castellana*
1. Publicaciones prepsicoanalíticas y manuscritos inéditos en vida de Freud (1886-1899)
2. *Estudios sobre la histeria* (1893-1895)
3. Primeras publicaciones psicoanalíticas (1893-1899)
4. *La interpretación de los sueños* (I) (1900)
5. *La interpretación de los sueños* (II) y *Sobre el sueño* (1900-1901)
6. *Psicopatología de la vida cotidiana* (1901)
7. "Fragmento de análisis de un caso de histeria" (caso "Dora"), *Tres ensayos de teoría sexual*, y otras obras (1901-1905)
8. *El chiste y su relación con lo inconciente* (1905)
9. *El delirio y los sueños en la "Gradiva" de W. Jensen*, y otras obras (1906-1908)
10. "Análisis de la fobia de un niño de cinco años" (caso del pequeño Hans) y "A propósito de un caso de neurosis obsesiva" (caso del "Hombre de las Ratas") (1909)
11. *Cinco conferencias sobre psicoanálisis*, *Un recuerdo infantil de Leonardo da Vinci*, y otras obras (1910)
12. "Sobre un caso de paranoia descrito autobiográficamente" (caso Schreber), Trabajos sobre técnica psicoanalítica, y otras obras (1911-1913)
13. *Tótem y tabú*, y otras obras (1913-1914)
14. "Contribución a la historia del movimiento psicoanalítico", Trabajos sobre metapsicología, y otras obras (1914-1916)
15. *Conferencias de introducción al psicoanálisis* (partes I y II) (1915-1916)
16. *Conferencias de introducción al psicoanálisis* (parte III) (1916-1917)
17. "De la historia de una neurosis infantil" (caso del "Hombre de los Lobos"), y otras obras (1917-1919)
18. *Más allá del principio de placer*, *Psicología de las masas y análisis del yo*, y otras obras (1920-1922)
19. *El yo y el ello*, y otras obras (1923-1925)
20. *Presentación autobiográfica*, *Inhibición, síntoma y angustia*, *¿Pueden los legos ejercer el análisis?*, y otras obras (1925-1926)
21. *El porvenir de una ilusión*, *El malestar en la cultura*, y otras obras (1927-1931)
22. *Nuevas conferencias de introducción al psicoanálisis*, y otras obras (1932-1936)
23. *Moisés y la religión monoteísta*, *Esquema del psicoanálisis*, y otras obras (1937-1939)
24. Indices y bibliografías